民营保险公司的生存与发展之道

Survival and Developmental Way of the National Insurance

（第二辑）

李光荣 著

中国社会科学出版社

图书在版编目（CIP）数据

民族保险业的生存与发展之道. 第二辑／李光荣著. —北京：
中国社会科学出版社，2009.1
ISBN 978 - 7 - 5004 - 7562 - 0

Ⅰ. 民…　Ⅱ. 李…　Ⅲ. 保险业 – 研究 – 中国
Ⅳ. F842

中国版本图书馆 CIP 数据核字（2008）第 213322 号

封面题字　滕文生
出版策划　任　明
责任编辑　官京蕾
责任校对　林福国
技术设计　张汉林

出版发行　中国社会科学出版社
社　　址　北京鼓楼西大街甲 158 号　　邮　编　100720
电　　话　010 - 84029450（邮购）
网　　址　http：//www. csspw. cn
经　　销　新华书店
印　　刷　北京奥隆印刷厂　　　　　装　订　广增装订厂
版　　次　2009 年 1 月第 1 版　　　印　次　2009 年 1 月第 1 次印刷
开　　本　710 ×980　1/16
印　　张　24. 5　　　　　　　　　插　页　2
字　　数　409 千字
定　　价　38. 00 元

序　一

根据中国加入世贸组织的承诺，至 2004 年 12 月 11 日保险业的三年过渡期基本结束，从 2005 年起实行全面对外开放，中国保险市场进入了中外资"短兵相接"的激烈竞争时代。外资保险巨头凭借其雄厚的资本实力，依托混业经营，在产品设计、投资收益、客户服务等诸多方面都具有明显的竞争优势，形成咄咄逼人之势。而中资保险公司所拥有的地域和人脉等优势正在逐渐消失，民族保险业生存和发展面临着前所未有的巨大挑战。

2003 年 4 月，中国保监会主席吴定富在《经济日报》撰文指出，中国保险业贯彻科学发展观的核心就是要"做大做强"。吴主席之所以提出要做大做强，是因为当前我国民族保险业还非常弱小，根本不具备与外资竞争的实力。所谓小，即供给相对于需求小、保险市场相对于经济总量小、保险资产相对于其他金融资产规模小；所谓弱，即保险公司核心竞争力弱、保险监管能力弱、消费者风险意识弱。

回顾中国保险业从 1980 年恢复以来，取得了前所未有的快速发展，每年以两位数的速度递增。截至 2005 年底保费收入已达 4927 亿元，是 1980 年的 1071 倍，世界排名第 11 位。但是，保险业的发展与国民经济和社会发展还很不相称，还不能充分满足人民群众日益增长的保险需求。例如 2005 年保险总资产 15226 亿元，仅占全国金融总资产的 3.72%，如果要实现银行、保险、证券"三分天下"的目标，比如说保险资产占金融总资产的比例达到 30%，假定二者各自保持目前的增长速度不变，则需要再经过 132 年才能实现。因此，中国保险业必须用超常规的办法，来实现超常规的发展。

只有超常规发展，迅速做大做强，才能增强保险公司产品开发的动力、丰富保险产品，才能促进保险公司从低层次的价格竞争转向服务和品牌的竞争，提高全行业的服务水平；只有超常规发展，迅速做大做强，才能增强保险业的资本实力、改善经营管理、防范化解风险，才能使保险的社会功能得到充分发挥，提高保险业在国民经济中的地位，更好地为国民经济全局服务；只有超常规发展，迅速做大做强，才能不断增强保险业自身实力，有效地解决前进中出现的各种问题。

那么，如何理解做大做强呢？我认为，"做大"是规模和范围上的界定，是整个保险市场的做大。第一，应该与保险业在现代金融中三大支柱地位相称，强调保险在金融资产和金融结构中比例不断提高；第二，应该体现我国保险市场在国际保险市场中的应有地位，强调在国际保险市场中的份额不断提高；第三，要健全我国保险市场体系，不但要培育和发展一定数量和规模的国际保险集团，还应建立健全综合性与专业性并存，大中小型公司并存，商业性保险与政策性保险并存的完备市场体系。"做强"是能力和效果上的界定，是保险行业的整体实力的提升。首先是要提升我国保险业的竞争力，强调保险业的健康和可持续发展；其次是保险业服务于社会经济的能力要提升，充分发挥保险的各项功能；再次是提升保险企业的创新能力和盈利能力。

面对中国保险业全面开放的形势，关于民族保险业如何"做大做强"，应该说社会各界仁者见仁，智者见智。李光荣博士担任华安保险股份有限公司董事长以来，带领全体华安人进行了大胆的实践和探索，创出了一条中小保险公司生存和发展的成功之路。《民族保险业的生存与发展之道》书稿，是他在华安保险工作中对保险理论的深度思考和实践总结。我读完后，感到李光荣博士能以强烈的社会责任感和民族使命感，综合运用经济学、管理学、金融学和保险学等诸多学科知识，从宏观和微观两个层面对民族保险业做大做强的内涵、必要性、可行性和实施途径进行了深入研究和探索，高屋建瓴，难能可贵。

《民族保险业的生存与发展之道》突破了就保险研究保险的局限，站在国家和民族振兴的高度，探索中国保险业的生存和发展之道。我认为本书无论对丰富我国的保险理论，还是对指导保险实际工作都具有重要的参考价值。当然，我国保险业的发展尚处于起步阶段，其发展规律和内生增长机制尚处在不断发展变化之中，需要我们进行长期不懈的研究，并在实践中不断总结和提高。

我担任湖南省省委书记期间，李光荣博士也在省直机关工作，对他的为人和敬业精神我非常赞赏。我到北京工作后，听说他"下海"干实业也很有成效，当然，其间充满了曲折艰辛，所谓"艰难困苦，玉汝于成"。我对他近几年带领华安人为我国民族保险事业的发展所作出的努力表示敬意，对他锐意进取、勇于创新和不断开拓的精神表示敬意。为此，我欣然命笔为李光荣博士的《民族保险业的生存与发展之道》作序，并郑重向关心中国保险事业发展的广大读者推荐此书，相信你们读后会受益匪浅。

（作者为全国人大常委会法律委员会副主任

曾任中共山西省委书记、中共湖南省委书记）

序 二

乙酉岁杪，李光荣博士将其书稿《民族保险业的生存与发展之道》送我审阅。因素来欣赏其为人，亦知其从中国社会科学院研究生院博士毕业后这些年搏击商海，历尽艰辛，终有所成，欣喜之余，也很想了解具体过程，于是抓紧春节在海口休假的机会，从头到尾细细地读了一遍。这一读不打紧，顿使我有了"老夫聊发少年狂"的激情，一气写下以下文字，权作序言。

改革开放以来，作为共产党员经济学家，我的脑子里一直在思考着两个有密切联系的问题：社会主义和市场经济能不能相容？共产党员与民营企业家能不能统一？实事求是地说，在理论上，早在20世纪80年代我对这两个问题已经有个基本的认识：1983年在纪念马克思逝世100周年的时候，我提出了从经济上区别社会性质、生产关系性质的，不是剩余价值，而是剩余价值为谁占有以及如何使用，企业家只要不为一己之私利而无偿占有工人的剩余价值，那他与共产党员就可以统一；市场既然是买卖关系的总和，社会主义至少在初级阶段必然存在商品买卖关系，社会主义当然可以与市场经济相安无事，所以，1987年海南建省筹备时，我又参与提出在海南率先建立社会主义市场经济体制。但是，在实践中，这些年总是感到问题，特别是第一个问题解决得不彻底，对于来自左右两个方面的质疑，尚不能作出令人信服和使自己满意的回答。这一方面固然是理论上的不彻底，因为理论只有彻底才能说服人；另一方面，更加重要的是，"理论是灰色的，生活之树常青"，最终圆满回答上述两大问题，要靠千百万人民的实践。令人欣慰的是，在党的领导下，我们已经有了极为丰富的成功实践。共产党员李光荣博士这几年的实践就很有代表性。李光荣的实践证明，共产党员与民营企业家这两种身份是能够统一的。

说到共产党员与民营企业家这两种身份的统一，首先绕不开的问题是：共产党员能不能当资本家？民营企业家是否就是资本家？在我看来，共产党员不能当资本家，但可以做民营企业家。我在上面提到"剩余价值为谁占有以及如何使用"的判别标准问题，企业家甚至工厂主，他只要不是为一己之私利而无偿占有工人的剩余价值，他就不是资本家。资本家手中的资本，"从头到脚，每个毛孔都流着血和肮脏的东西"，而共产党员企业家掌握的资本，则是强国富民的手段或资源。有很多同志知道，恩格斯当年在曼彻斯特拥有纺织厂，从那里获得利润，但他将利润用于资助革命事业，包括接济马克思，所以恩格斯不是资本家，相反，他是杰出的共产主义战士、无产阶级的革命导师。如果说，在无产阶级未获得政权以前，像恩格斯那样两种身份统一的共产党员只能是个案，是极少数；那么，在改革开放的社会主义中国，这样的共产党员则已经成千上万！既然如此，人们怎样衡量其身份的统一呢？中国有句老话，叫做以不变应万变，万变不离其宗。和平建设时期与革命战争年代不同，这时的共产党员面临着多种选择，从事的职业千变万化，这就是所谓"万变"。那么，这时候共产党员的"不变"和"宗"又是什么呢？在我看来，那就是"三不变"：马克思主义毛泽东思想的信仰不变，共产主义的理想不变，为人民服务的宗旨不变。有了这"三不变"就可以"应万变"，共产党员只要坚持这"三不变"，他就可以与任何职业身份统一；换言之，只要坚持了这"三不变"，不管他从事的是何种工作，他都是真正的共产党员。李光荣就是这样的共产党员，就是这样的共产党员民营企业家。

坚持"三不变"，李光荣将共产党员与民营企业家这二者能很好统一，首先表现为他敢于打破传统，做党所希望他做的事，做人民最需要他做的事。

李光荣是湖南人，湖南历来有重仕轻商的传统，他大学毕业后也从政了——被分配在省直机关工作，在许多人看来这相当不错，很有前途。但李光荣不这么看。他认为，既然党的工作重点已经转到以经济建设为中心，而党内不缺愿意当"官"的同志，缺的是愿意下海经商的，于是他要求调到国有企业工作。到了国企以后，他发现国企改革短期内难以到位，机制不行，再加上改革开放以前共产党员到国企工作就很平常，而他喜欢更富挑战性的工作，于是他转而自己创办民营企业，认为民营企业是建设有中国特色社会主义事业中极具活力的生力军。朋友们劝他不要去当老板，理由是风险太大，他笑答"我不下地狱谁下地狱"。应该说，共产党员去创办不同于旧制度下私人企业的民营企业，是我们党鼓励的，是党希望他大胆试验的事。

本来，党所希望的，同人民所需要的，二者是完全统一的，可以不分别叙述。考虑到前者比较宏观，我这里结合李光荣从事的具体的行业工作角度，提及一些他从人民需要出发所进行的创造性的工作。比如经他提议，华安保险公司于 2005 年 2 月 25 日首次推出"食客安心餐饮业综合保险"；于 2005 年 11 月 11 日毅然推出"禽流感无忧疾病保险"。在社会上众多民众的恐慌中，华安公司冒着极大风险首创这一险种，积极应对禽流感，勇于承担社会责任，当时就受到农业部、卫生部好评。李光荣的出众行为远不止这些，据他告诉我，华安今年即将推出"学生助学贷款保险"，以解决助学贷款方面学生有要求但难贷到、银行怕风险而不积极、政府很支持却缺办法的难题。在他看来，即使这个险种有亏损，由于解决了一批贫困学生的上学问题，就非常值得。此外华安在李光荣的领导下，决心破解农民保险难的问题，今年先从烟叶种植保险开始。所有这些，都是群众很需要，但风险大，盈利前景不明甚至很可能亏损的险种，只有以天下为己任的共产党员才愿意做。

坚持"三不变"，李光荣将共产党员与民营企业家这二者很好地统一起来，其最基本的标志，就是他一以贯之地坚持将国家民族利益和社会责任放在第一位，摆正了与企业有关的各利益主体的关系。

这一点无须我多费笔墨，因为它像一条红线贯穿本书的始终，大家在本书中可以不断地读到下面这样的话，就已经很好地体现了李光荣的理念、追求和要求：

企业要讲效益，但更重要的是要肩负起社会责任。要提倡奉献，积极回报社会、回报人民。要多想想我们的民族、我们的国家以及我们身边的每一个人，不能只关心自己，这是做事业的基本要求。

我一直以来都提倡一个观点：做企业，无论是哪一行，都应该以国家利益、民族利益、社会责任为重，在平等、诚信、合作的基础上谋求共同的发展。事实证明，不重视国家利益和社会责任的企业，以牺牲别人利益而搏取自己利益最大化的企业，通常都是不可能做大做强，更不可能基业长青的。

我衷心地希望华安的股东们能够做有责任感的投资家和企业家，华安能够做有责任感的企业，华安的员工能够做有责任感的员工，大家共同遵循社会利益与企业利益相互统一的核心价值取向，在"社会责任感"理念体系的支持下，企业与企业的股东和员工从简单的"利益共同体"提升到"命运共同体"和"事业共同体"，把"社会责任感"作为华安的企业行为准则和全体华安人共同追求的目标。

现在国门打开了，狼来了，国家得培养训练猎狗，去跟他们搏，跟他们拼，而我们就愿意当中华人民共和国的猎狗、中华民族的猎狗。这就是我们的追求，如果要讲价值观，这就是我们的核心价值观！我们这批股东的骨子里面就有"民族"这两个字，希望华安保险在中国的土地上做大做强，树立民族保险业的口碑，把"华"和"安"两个字的意义体现出来，把"华"和"安"很好地结合起来，像这次华安新 CI 系统的标志的含义一样。我对大家最大的希望，就是我们的追求能成为大家的追求，大家也树立起与我们同样的核心价值观。这应该是华安企业文化的灵魂或核心。

要正确对待和处理国家、社会、员工、股东四者之间的利益关系。这四者中，（1）国家利益至高无上。我们做企业的最终目的就是为整个国家的经济社会发展贡献自己的力量，国家利益就是我们的根本利益。在实践中，合法经营、照章纳税是最起码的要求，我们还要进一步自觉做到：国家需要的，赔钱也做；不利于国家民族的事，赚钱再多也不干。（2）社会利益高于公司利益。社会利益是保险企业所担负社会责任的体现，体现了华安作为一家保险公司对公司的客户、对行业的发展、对公司周围发生的事情应承担的责任，是为客户、为社会的利益服务的，社会利益高于公司利益。（3）员工利益高于股东利益。员工利益是企业利益的基石，主要体现在两个方面：一是员工所得应是体现员工自身价值的物质利益；二是一个企业必须为每一个员工提供充分的发展空间，提供一个充分展示自己智慧和才能的舞台，让他们更好地为社会尽责尽力，实现自己的人生价值。（4）最后是股东利益。我认为，前面三个利益保证了，股东利益就能实现最大化……这是我作为股东与一般股东的最大区别，我从来反对将股东利益放在首位。

投资者绝不能仅仅考虑企业盈亏的问题，而是必须考虑要承担着的社会责任，如果社会责任没有尽到，投资者即使赚了钱也没有多大意义，那他只是"经济动物"，而不是大写着的现代"人"。

华安人还要有"心忧天下"的胸怀，要"以天下为己任"。我们要把华安做得有声有色，让我们的做法对行业有借鉴作用，让我们的创新对金融业的发展有启示意义，这是对行业的责任。我们要对社会有所作为，要承担多一点社会责任，要多创造一些价值回馈社会，这样才能真正体现企业的价值，只有这样，我们所做的事情才能称之为事业，这是对社会的责任。"志当存高远"，我们还要关心"天下事"，关心民族金融业如何屹立于世界经济之林，关心中国经济在错综复杂的全球经济格局演变中如何稳健前行。"天下兴亡，匹夫有责"，这是每一个华安人应该共同为之尽责的目标！

我一直相信"道不同不相为谋"。何谓"道"？就是共同信奉的理念和共同追求的理想，就是共同拥有的核心价值观。大家来自五湖四海，是信奉着为国家民族能把华安做成事业才走到一起来的……父母生育了我们，给了我们发肤；国家民族培养了我们，给了我们灵魂，我们都要在这个世上走上一遭，为什么不多做点对国家、对社会、对人民有益的事呢，为什么不多承担一点责任呢？人活着不能没有信念，尽"责任"应该是我们华安人活着的信念。

坚持"三不变"，李光荣将共产党员与民营企业家这二者能很好统一，还表现在他对待困难和挫折的态度。

老实说，尽管改革开放已进行了二十多年，我国民营企业的经营环境仍然多有不尽如人意之处。有人说，办企业难，办民营企业更难。此言不虚。尽管李光荣出身贫农，尽管李光荣是共产党员，尽管李光荣是经济学博士，他八年来办民营企业也绝非一帆风顺，而是充满了艰难险阻，艰苦备尝，他是继承和发扬了我党百折不挠、愈挫愈奋的精神才走上成功之路的。关于这一点我不想多讲，只引书中李光荣所讲的一段话就足以说明：

"人一辈子就是过关，一些关过不去，自暴自弃，则可能一事无成，而越难受越能过关，就是你进步的开始。大家都知道，2002 年我被诬陷而在看守所呆了 69 天，那时比你们现在难受多了，如果当时我自暴自弃，则现在就不可能在董事长这个位置上为国家民族做事了。毛主席生前曾经多次引用以下典故来教育党的干部正确对待困难与曲折、在逆境中不堕其志而要有所作为：'文王拘而演周易；仲尼厄而作春秋；左丘失明，厥有国语；屈原放逐，乃赋离骚；孙子膑脚，兵法修列；不韦迁蜀，世传吕览；韩非囚秦，说难孤愤；诗三百篇，大抵圣贤发愤之所为作也。'毛主席的话和这些典故成了我战胜困难的精神支柱，我今天借用来与大家共勉。"

进入 21 世纪以来，我一直认为，李光荣是我几十个博士生中最优秀者之一，是一名优秀的共产党员，即便在他遭某些利益群体罗织罪名使之身陷囹圄时，我对他的信任都没有动摇过。李光荣博士不求做官只求做事，不为自己赚钱只为社会尽责，为了民族振兴、国家富强、人民幸福而甘下地狱的品行，是值得学习和弘扬的。我们或许能够说，李光荣是党的光荣，民族的光荣，人民的光荣。

　　写到这里，就我自己确定的主题而言，该说的话说得差不多了。但是，我却还没有按惯例对书的内容作全面评介，这种性质的工作我不是不能做，而是有意不做，因为那样多少有点强加于人的味道。有鉴于此，最后我想表达一点本人的愿望，那就是希望有更多的人读读这本书。尽管这本书可能有这样那样的不足，但基调是好的，闪光的思想很多，读了必有收获。特别是我很想请监管部门的同志拨冗浏览一番，它也许对如何促进我国民族保险业做大做强有所裨益。当然，我更要建议华安保险公司的员工认真学习它，虽然你们"近水楼台先得月"，许多人亲自听李光荣博士讲过，但听一耳朵与仔细阅读的效果肯定大不一样。谓予不信，请试读之！

　　　　（作者为中国社会科学院研究员，博士生导师，博士后
　　　　指导专家；中国社会科学院财税研究中心副理事长；
　　　　中国社会科学院金融研究中心副主任）

目　录

华安文化的护法　行业自律的先锋[*]

（2006 年 7 月 29 日）

非常高兴能参加公司特别调查部的工作会议，刚才同志们还问我今天身体行不行，我想无论如何还是要来讲一下。特别调查部的同志们战斗在最前线，张总要求大家打不还手、骂不还口，可见工作环境艰苦。在这种环境下，你们为了公司的利益，为了行业的利益，还在坚持努力工作，相对于你们的奋进精神，我这点感冒又何足挂齿，不能成为不参加会议、不讲话的理由。不过，由于重感冒，有讲不清楚的地方，请大家谅解。

我们公司的特别调查部自成立以来，工作是非常出色的，是很有成绩的。特别调查部为公司战略的实施，为公司规范经营的发展，尤其是在推动行业诚信体系建设方面，起到了很好的作用，社会影响是非常大的。

我们华安能一步一步稳健地走到今天，应该说，与特别调查部的工作是分不开的。这里面有特别调查部全体员工付出的汗水、泪水甚至是鲜血。在此，我代表股东，代表董事会，向特别调查战线上的"战士"们致以诚挚的问候和衷心的感谢！

今天，我主要讲三个方面的内容，目的在于重新审视和深化定位特别调查部的工作，我自己拟了个题目：华安文化的护法，行业自律的先锋。

一、特别调查部 2006 年上半年成绩显著

第一，对行业，凸显借鉴意义。我们有不少同志知道，在监管层，在中国保监会，我们华安已经成为保险业反商业贿赂的典型，其中，特别调查的创新模式以及工作成效得到了领导的肯定和鼓励。在行业内，有些保险公司在效仿；在银行界，有的在尝试设立类似的自律机构。这证明我们特别调查工作的社会意义非常重大，行业影响比较明显。

---

* 2006 年 7 月 29 日在"华安财产保险公司特别调查部上半年工作会议"上的讲话。

第二，对市场，以重典产生震慑。特别调查工作，就像张总所说的，说到做到，刚正不阿、执法严明、彰显霸气、底气。上半年，特别调查部对几件大案、要案查处得力，震慑了暗藏在修理厂、车行、经纪、公估等中介机构中的恶势力。原来市场里流传一个说法"华安的钱好骗"，现在我在社会上得到的信息反馈是："华安的钱不敢骗"。如果没有特别调查部对那些重要典型案件的惩处结果，市场里不会产生这种"敲山震虎"的效果。

第三，对内部，渗透力不断增强。我国的保险业，包括华安在内，这几年发展并不快，尤其是效益这么差，主要就是因为有非法利益集团在里面作祟，也就是"毒瘤"。特别调查部今年上半年所取得的成绩，体现了这项工作的生命力，体现了特别调查工作的渗透力，也体现了特别调查人员的执行力，信息情报及时准确，很多时候做到了"你中有我，我中有你"。这些成绩来之不易，我也知道特别调查部工作开展的难度非常大，肯定要得罪很多人，也包括得罪内部的人。但是我跟大家讲，特别调查工作的方向是正确的，现在华安的价值评价标准扭曲，是非不清、好人坏人不分的局面是不行的，必须采取特别调查的方式，拨乱反正、正本清源。这点毫无疑问。刚才在休息时，我也跟张总讲了，虽然特别调查部前一段的工作不是百分之百都正确，有欠缺的地方，但是，我认为，这是我们必须走的路，一定要杀出一条血路来，一定要把滋生毒瘤的利益链条打破。所以，必须依靠我们特别调查部的力量，必须强调这项工作的战略意义，也必须要求特别调查部的执行力、渗透力不断增强。

二、认清下半年华安面临的严峻形势

第一，华安的民营性质，决定了规范经营是华安的生命线，对自律的要求更严格、更全面。为什么这么讲呢？在中国传统文化背景下，尤其在目前，民营经济主体涉足金融行业，监管部门、政府部门或多或少存在着不大放心、不太信任。在这种环境下，我们必须自己严格要求自己，不能对自己有任何的、丝毫的放松，我们唯有以高于行业的标准以身作则才能赢得社会的认可，我们的一切言行都要经得起社会主义道德和法律的考量，以及社会主义市场经济游戏规则的检验。我一直提倡的"吃苦，吃亏"精神，关键就是自律，"身正不怕影子斜"，华安人只有对自己高标准、严要求，才能为华安的生存与发展争取到时间、空间，我们才有在这个时代发奋图强、大展宏图的机会。特别调查工作也要敢于否定自我，自寻不足，自揭伤疤，这样才叫居安思危，不断提高，通过自己的出色工作，赢得社会的认同、政府的认同。

第二，侵蚀公司利益的行为还远未肃清。在华安，可以说，侵蚀公司利益的行为由来已久，所谓"冰冻三尺，非一日之寒"，而且具有普遍性、复杂性的特点，特别调查部的同仁在工作中应该更有体会。俗话说，"病来如山倒，病去如抽丝"，侵蚀公司利益行为的这种特点，注定了特别调查工作的长期性和艰巨性，特别调查部的同志要以坚忍不拔的精神打好持久战。

第三，侵蚀公司利益的方式，不断地在变化，可能会更隐蔽。"道高一尺，魔高一丈"，与犯罪分子的斗争是不断地斗智斗勇的过程。面对敌人的各种变换的花招，特别调查工作要"以不变应万变"，取得证据是关键，事实说话，一查到底。

第四，随着公司业务规模不断扩大，防范侵蚀公司利益的任务更严峻、更繁重。我刚才听了张雷的报告，下半年要力抓非车险中的侵蚀公司利益的行为，思路很好。同时，我也在想，就是持续了半年的铲除车险毒瘤行动，实际效果究竟怎样？现在是不是真正彻底铲除了？我看未必。所以，铲除车险毒瘤也不能松劲。公司业务规模不断扩大，特别调查部面临这样严峻的环境，繁重的任务，要有充分的思想准备，早作准备和部署。

特别调查部的工作责任重大，你们要大踏步向前，不仅要紧随公司战略调整自身战术，而且要冲在最前方、冲锋陷阵、披荆斩棘，为华安大军的前进铺平道路，这才能称之为"先锋"。

三、对特别调查部提几点希望和要求

第一，重申特别调查工作的深刻和丰富的内涵。

作为华安文化的"护法"，特别调查工作就是用特别的方式调查取证，拨开迷雾，还原真实。特别调查部要体现"四个说话"中的"事实说话"。只有站在事实说话的基础上，才能划清界限、分清责任，依据责任明确每个人的权利义务，以责任为准绳建立科学的评价标准，进而摆正原本扭曲的价值观，引领华安人价值观整体趋同。华安文化的精髓和实质就是责任文化，特别调查工作就是要坚决捍卫"责任"二字的神圣尊严。

第二，工作方式上，要点、线、面结合，立体式布阵、全方位出击。

特别调查工作中抓"点"，就是加大对恶性、典型案例的侦破速度和力度；"线"，就是复勘线、风险资产管理线都要抓；"面"，是要为公司各项战略的推进保驾护航，包括监督中支公司对政策的执行力，监督总公司对政策的推动力，等等。这些都在特别调查部的工作职责范围之内。

第三，作为企业文化的"护法"，特别调查工作人员必须是金刚不坏之身。

我们的特别调查工作人员要经得起诱惑，尤其是"糖衣炮弹"的侵蚀；要经得起打击，敢于碰硬，坚忍不拔，锲而不舍；要经得起考验，必要时要承受得起委屈；要戒骄戒躁，特别是调查工作取得了一定成绩后，还必须保持低调，同时不断提高专业素质。

第四，作为行业自律的先锋，必须保持冲劲和独创。

冲劲，就是我刚才说的，要杀出一条血路。现在监管部门，社会上，尤其是金融行业，都知道华安有个特别调查部，这种"先锋"的示范效应可以做到更广阔的空间去。做先锋，有可能成功，有可能在某一阶段失败，但是我们既然做了先锋，就不能左顾右盼，前怕狼后怕虎，唯有一马当先，勇往直前，在前进中还要不断创新。

第五，特别调查工作的开展，也是蓝海的开拓。

我们的特别调查工作既然是独创，那就无先例可循，缺乏参考和借鉴，这就要求同志们在继续深入开展这一工作时注意总结和归纳，理顺流程、加强制度化建设，形成模式，这样才能提高工作效率，做到有章可循。这次开会的材料，我昨天晚上看了，应该说，特别调查部的工作进步非常大，需要注意的是，工作流程改进和制度化建设始终要跟上。毛主席告诉我们，实践——总结——再实践——再总结，总结时要对做得不好的进行反思，改正过来；将做得好的，进行科学总结、升华，形成一个能够推广的模式。

第六，特别调查工作要加强工作沟通。

特别调查部要注意与公司其他职能部门及分公司建立经常性的经验交流和信息共享。尤其是要加强与稽核部、法律部和产品部门的沟通与协作，围绕规范经营的整体要求，查缺补漏，实现管理制度化、经营规范化，共同推进法制化进程，实现"依法治司"。

在华安半年多的变革过程中，特别调查部的沟通工作还是做得不错的，已经走在前面了。特别调查岗位对人的素质的要求是非常高的。特别调查人员要有比较强的沟通能力，与社会各种人物，三教九流，都要能进行有效沟通；尤其是在内部，各分公司、各部门之间也要加强沟通。

第七，戒骄戒躁，业绩论英雄。

有不少人在议论公司的困难，我要强调的是，工作上的困难是暂时的，一个人、一个部门的地位和尊严主要是靠自己开创。这个方面，特别调查部做得非常好，尤其在设立初期面临困难的时候，特别调查部的同志都咬着牙努力克服，一步一步坚强地走过来了。

对一个人人品的评价、作风的评价、成绩的评价，不是自己说了算，也不是某一个人说了算，其实大家都看在眼里，评价在心里。毛主席说，"群众的眼睛是雪亮的"。只要你取得成绩，谁也抹杀不了。特别调查部的工作任重而道远。

第八，要把队伍建设作为工作的重中之重。

刚才我说了，特别调查的岗位一般人是难以胜任的，既要有高度的责任感，有霸气、底气，还需要专业精神，还必须有妥善协调的能力和忍气吞声的气量，的确非常难。正因为如此，我们要加强学习，坚持修炼，不断提高特别调查队伍的整体素质。我看张总在报告里作了安排，但还要作更详细的研究。我觉得特别调查队伍应在实践中找时间、找机会学习，那是提高最快的方法。要打造一支真正的符合我们"四个四"要求的队伍，要在整个保险行业、金融行业成为最出色的特别调查队伍，就要像汉武帝在上林苑训练御林军那样，个个出去都能打仗，都能带兵。那种修炼不是一朝一夕的，所以，我们需要从骨子里、脑子里时刻意识到自己需要不断提高。

最后，我跟大家表个态，股东会、董事会以及总公司，对大家的工作是非常认可的。大股东，尤其是特华，也是从实践中摸爬滚打出来的，所以非常了解你们在一线的艰辛，尤其是你们面对着钉子户，冒着人身伤害风险甚至生命危险，艰苦奋斗在一线的辛劳，股东会和董事会都非常清楚。

一个伟大事业的成功，是由许许多多参与者的贡献累计而成的，它同时也记载着每个参与者所付出的一切。华安的事业记载着特别调查部的辛勤、汗水甚至鲜血。华安不会忘记你们，董事会及股东们更不会忘记你们，请你们放心。小的困难你们已经克服了，到真正有大困难的时候，我代表股东和董事会在这里表态，我们也绝不会退缩，而且肯定会冲在你们前面。

规范经营是华安生存与发展的生命线*

（2006 年 8 月 7 日）

　　这次会议重不重要，相信我说完后大家就会有清醒的认识。至于为什么开这次会议？我当总裁已经半年多了，将事业往前推进了一步。最近感触颇多，于是决定立即召开这次会议。

　　感触之一。现在，在监管部门、在某些政府部门中，对我们华安有两种声音：一种声音，是说华安还是做事的，工作有起色、有进步，他们确实是想把事做好，敢作敢当；另外一个声音，则说华安这批人，尤其是李光荣，"人有多大胆，地有多大产"，胆子太大了。认为华安做了一些他们不太认同或暂时还看不准的事。我想这两个声音都对，一方面我们确实取得了进步——今天我们不谈成绩，成绩我会在中期会议上好好总结。对另一种声音，我们不能怪人家，千万不要有埋怨情绪，不要感到委屈，一定要反省我们自己，我们的工作确实有做得不好的地方。今天听了稽核部、特别调查部的发言，相信大家都明白公司有些情况还非常严峻。

　　感触之二。前几天发生了一件事情，就是大连分公司出现了一个小学生都不应该犯的错误。公司对王重阳的处理结果是免职。我个人的意见是开除，其他人的意思是留条路给他。我的意思是，在华安，不应该有这样的人，他犯的是一个小学生都不应该犯的错误。这种错误是不该犯的，要么是其专业水平不行，法律意识不强；要么是乱来。这件事发生的前三天，我还和王重阳在北京一起喝茶，勉励他好好工作，后来发现这个问题，我是一票否决。可见，规范经营不提上日程就不利于保护"干部"。

　　感触之三。杨智同志跟我讲，公司经营情况有所好转。但根据我得到的信息，往前走一步发现的情况，事实和你们说的有出入。或许是我们原来设立的标准就不准确、不规范。我发现有的部门在做事时总揣摩董事会想听什么、李光荣想听什么，不把事实说出来，这不行。三个月前，中国

　　* 2006 年 8 月 7 日在华安财产保险公司"规范经营专题工作会议"上的讲话。

保监会把我们公司作为反商业贿赂的典型，这对我们的压力非常大。话说出去了，监管部门也把我们作为典型，但我们究竟是不是典型，有没有资格，华安要好好反省。规范经营的工作我拟了一个题目——《规范经营是华安生存与发展的生命线》，今天与大家交流一下，也布置一下任务。

一、为什么要规范经营?

在今年年初的工作会议上，我在工作报告、总结中多次强调规范经营的重要性。我下面要再简单阐述以下几点，大家一定要从骨子里认识到规范经营的重要性。

第一，华安是全国第一家民营控股的保险公司，华安在历史上有几次大的风险，保监会都给了我们努力自救的机会。但是，直到现在，有关部门对华安还是心存疑虑，不大放心。在中国现在的文化传统和体制下，十年内要么你做出令人信服的成绩，否则别人就会认为你是小偷，你不入流，就是不信任你。好比我们去住一家酒店，或者去吃顿饭，出门的时候要给迎宾的人看看我们没拿东西，我不是小偷。现在的情况是只要我们进去了，我们就是小偷。

难道我们还不重视规范经营? 违规经营就是找死。我华安不想找死。哪个机构一把手自己想找死，那行，我就让你死! 违规经营碰不得，一碰就得死。所以，华安作为民营控股的保险公司，尤其要规范经营。

第二，诚信体系的建立，前提是规范经营。要做品牌，前提就是规范经营。规范经营是华安的发展之本、立业之本。

第三，规范经营是华安文化的要求。华安的文化是"责任、专业、奋进"，因为你不专业，你就没法做到规范。你不知道内在的规律，你就像证券营业部炒股票的老太太，一知半解。如果没有责任心，你也就做不到规范。不规范，那就谈不上理想、奋进精神。我们有一个机制——"天使计划"的激励机制，我在年初讲了，你不规范，谁也拿不走这个钱。就像数据，你瞒了一年、两年，但绝对瞒不了三年，财产险公司的数据是瞒不了三年的。规范经营，是华安文化机制的要求。

第四，规范经营是华安目前完善价值评估体系的内容和前提。不规范怎么完成价值评估体系? 铲除毒瘤、寻找真正的华安人，都是规范经营的内容。不规范就没有标准，当然无法评价。

第五，规范经营是保护、培养、打造一支真正华安人队伍的要求。华安发展历程中，曾经有省分公司老总做假保单这样幼稚的事情，由此可见，我们做得还是不够。对华安这支队伍，我们要保护、培养，要严格要求，这些都离不开规范经营。

第六，规范经营是兑现对社会的承诺。我们已经把材料送到了保监会，对客户也有承诺，迄今为止，好多事情我们还都没做到。只有规范了，流程减少了，有了效率，华安才能兑现自己对社会的承诺。规范经营是华安的生命线，不规范就只有死路一条。

二、什么是规范经营？

关于规范经营，刚才笪总描述得很好，不过，我觉得还不够。我认为，规范经营是贯穿于企业整个经营及服务整个过程中的管理和经营行为。前台后台都有规范的问题。第一，要求我们要尊重客观事实，要遵循事物发展本身的规律；第二，做企业要有效益，保险公司要以保费论英雄，赔付率达100%肯定不行，那是违背事物发展规律的；第三，要遵守法律、法规、政策及行业规定；第四，要有责任意识、全局意识、风险意识；第五，要有奋进精神，有理想、有抱负，要能舍小义，取大义，这才叫大规范。我想能做到这些就能做到规范。

三、华安目前到底存在哪些不规范的行为？

刚才稽核部、特别调查部说得都非常好，但是他们没有往更深处说。现在我来延伸阐述一下，并布置一下任务，希望各部门领导牵头，归类一下，认真做好工作。

第一，规则的制定缺乏科学性、公平性，不能体现公平、公正。

做生意要共赢，就要承担相应的责任。如果我们公司保单有误导消费者的条款，价值评估体系就有歪曲。有时我们制定的游戏规则就不规范，没有遵循客观事实。上梁不正下梁歪，要是这样，我们又怎么能做到规范？源头制定政策时就不规范，就会把公司搞乱。那么你要么是水平不行，要么是故意乱搞；要么你不专业，要么你没责任心。

第二，有规范却不按规范措施执行。

远的不说，年初我作工作报告，大家都说行、不错，但真正贯彻执行的有多少？我的报告是经过大家讨论的，也就是说报告是规范的。明令不允许退费，还有人打电话来要求增加批退的比例，浪费电话费。原来说的规范是闹着玩的吗？明令不许私印保单，私印保单是违法的，你还去搞？明明简单的事情你却把它搞复杂。

第三，三四级机构的管理严重不规范。

对于三四级机构的管理，我非常担心，现在是急得不得了。我主观上很愿意承认克虎精算师、杨智的话是真的，可事实上那不一定是真的，三四级机构的问题太严重了。按我们的抽查，若以机构为单位，在某些地方机构违规甚至是一种普遍现象。面对这样一种现状，老实说，我真是心里没底。

第四，数据的虚假、不对称，严重不规范。

如果回到两年前，那时谁都可以说华安赚钱了。可现在一统计，谁还敢说赚了？像深圳分公司，现在的现金流是负 7000 多万元。去年就说赚钱了，可现金流为什么是负的？数据严重虚假。我们要老老实实，要保守再保守。大家都知道，现在银行放贷造成了损失，相关负责人即使退休了，也照样追究其责任。你给公司造成损失，我们同样会追究你的责任，按法律办事。

现在的一些业务、财务数据总对不上。财务部昨天与今天提供的数据都不一致。搞经济工作最起码的要求我们现在都做不到。我自己都觉得不好意思，不知道各部门负责人是什么感觉。总说我以前批评你们多，提携不够，可你们的本事又在哪里？有本事就把账对清楚。

曾经有人对我说，华安的赔付率不超过 65% 就有钱赚。我最近分析了一下，发现又上当了。我找黎克虎同志核实了一下，我们的费用支出成本已经将近 50%，那么赔付率 65% 还有钱赚吗？外埠成本及手续费平均水平我找黎克虎同志了解了一下，也超过了 20%，团队费用超过 22%，人均税金及保险、保障基金 6.3%，这些加起来有多少？现在的赔付率下降，原因是我们的规模扩大了，我们要考虑到这个因素。你们是老保险了，知道我为什么产生怀疑吗？现金流除了现在的理财险以外，它是专款专用，其他业务根本没有现金流，这样我们怎么会有盈利？希望精算部再测算一下，我要真实情况。我还要深入到基层去，别到时候我把情况了解清楚了你们却什么都不知道，到那时候就别怪我不客气了。

第五，部分业务运作不规范。

业务的核保、核赔，我非常赞同稽核部的分析，有主观上故意搞乱的，客观上，则是有些人水平低。有个高速公路的例子，希望管理层调查一下。据我了解，其他保险公司在沿海一带对高速公路的业务非常谨慎。我们保的都是人家不要的，在这样的前提下我们的两个分公司还争，打架打到杨总这里。

一条高速公路，东莞、山东的公司都来保。说是赌福建一年没有台风，那就是赌今天天黑了明天不会亮！因为历史数据显示，福建等东南沿海每年都有几次台风，你赌福建一年没有台风的根据何在？

还有一些单位，客户出险本来要赔50万，你却说只赔20万，这不就把牌子都砸了吗？核保的时候不把关，怎么做到规范？

要么没水平，要么不负责任，完全与华安的文化相违背，这种人还能让他在华安待吗？你留下了后患，想走也不会那么容易。

我现在非常担心我们的服务检查问题，我没有看到服务检查的报表，三四级机构的整顿问题，如果我们不坚持、坚持、再坚持，后果会非常严重的。我们对客户的承诺就兑不了现。

第六，用人不规范。

我这里说的用人不规范，指的主要是没有真正做到唯才是举，人情、感情因素非常严重。不专业、不对口的一些人放在一些岗位，是长期以来形成的恶习。今天各部门都来了，你们去清理一下。如果不专业、不对口的人待在那里，将来出了问题，你们要负责。这次要大清理。半推半就、不能胜任工作的人你要了，你要跟董事会说清楚，你如果不说，影响了工作，那你要负责。我发现最近的把关不是很严，现在开始都要清理清楚。部门用了这些人误了事，那我就找部门负责人。人事部要做个清理，这也是规范的问题。

第七，部分中高级管理人员行为不规范，不仅没有起到良好的示范、带头作用，反而起了负面"带头"作用。

我听说总公司领导下去检查、调研工作时，有人和分公司的人打牌赌钱。若这种情况再发生，我已经知道而特别调查部不知道，那就追究特别调查部领导的责任。另外，总公司的人谁再和分公司的人打牌，那你就调到分公司打牌去。工作压力大，你周末去锻炼一下身体，那也未尝不可。但晚上通宵打牌，白天怎么开展工作？别人可是故意输了钱给你的，因为你是领导。如果特别调查部没发现，我就追究你们的责任。我们以后要带头，我要抓现场，把派出所带过去抓现场！让你们至少在里面呆12个小时再说。再要我去救，我会好好考虑考虑。我们以前的董事长更出格，经常找人打牌，经常赢钱。我曾经对他说，有本事你跟外面的人打，别让我知道。大家要明白，我想知道你们干了什么易如反掌。很多同志已经领教了我在这方面的本事了。我要是想知道，即使不在深圳，都可以知道你们每天在干什么。我今天把丑话说在前面，我会带派出所的人去，这样做总比你们都进去坐个十年、八年的牢好吧？这个事情要从领导做起，"千里之堤，毁于蚁穴"，再不抓公司就会垮掉，希望蔡生同志具体抓一下。

四、面对上述问题，华安怎么办？

第一，梳理、归类不规范的表现形式，并拿出分析报告。报告要有深层次的背景分析，要刻骨铭心，要搞深搞透，不能只分析现象，要从根源上分析。另外，要制作表格，有利于操作，我们有规范经营领导小组，法律部带头，让部门、分公司、支公司认真填表，首先自查自纠。

第二，以部门、分公司为单位，清查治理不规范行为。总公司所有部门、分公司赶快行动，不要抱侥幸心理。以后出了问题，不会仅仅处理一个人，而是处理一条线，发现不规范行为，立即处理。

第三，蔡生副董事长负责检查验收，梳理、归类以后再让分公司去自查、纠正。

第四，在梳理、自查、清理过程中，各部门对不规范经营的行为，逐类、逐个、逐步加以解决。

第五，对重大、严重的不规范行为，不思悔改或只做表面文章的，对机构负责人要从严、从重处理。对王重阳的处理我的意见就是要开除他，你们商量说给他留条路，考虑到公司原来的警示不够，那就按你们的意见办，但下不为例。今后，不管你原来是否有成绩，出了严重的不规范问题，必须严肃处理，没有商量的余地。

希望有关部门策划搞一个活动，让分公司的人都知道规范经营的重要性。现在等不得了，看看王重阳现象，三四级机构的不规范经营问题肯定更加严重。

这是我对规范经营工作的初步意见，希望大家自己回去对照，希望各部门认真研究，拿出解决的方案。不禁止不规范经营行为，就会害了更多的人、害了公司。最后我用一句话作为结束语："华安如果不规范，就不能善始善终。华安的员工如果不规范，就会被淘汰。"

坚定文化理念　持续推进变革
大步迈入全面盈利新阶段[*]

（2006 年 8 月 26 日）

今天，把大家请来，召开全司中期工作会议，主要是分析当前华安运行的基本情况，听取大家对华安发展形势的看法。自 2005 年以来，董事会不断推出多项战略举措，华安公司发生了深刻变化，业务发展蒸蒸日上，经营状况明显改善。这次大会的主要任务是：全面评价公司战略推行情况，总结经验，吸取教训，深刻剖析自己，明确自身优劣势，扬长避短，找准发展阶段定位，以便更好地做好本年度的经营工作，全面完成董事会部署的各项战略任务。下面，我讲六个方面的问题。

一、当前保险业发展的大好形势

构建和谐社会是党中央今后相当长一段时期的基本国策，保险对社会和谐具有非常重要的功能作用，保险业将大有作为，因此，保险业大发展的形势很好。

从整个金融市场目前的发展态势来看，资本市场在 2006 年的复苏促进了整个金融业的活跃，银行、证券、保险三大金融支柱快速渗透，保险机构成为资本市场非常活跃的机构投资者，保险的金融特性日益突出，其经济助推器的功能空前彰显。

从保险业所处发展阶段来看，由于党中央高度关注和支持保险业的发展，特别是国务院下发了 2006 年 23 号文件《国务院关于保险业改革发展的若干意见》（简称《国十条》），这标志着保险业已经被中央突出地纳入全面建设小康社会和构建社会主义和谐社会的全局中统筹考虑，从而进入又好又快发展的新阶段。"《国十条》为中国保险业的发展铺设了高速路，

---

[*] 2006 年 8 月 26 日在华安财产保险公司"2006 年中期工作会议"上的讲话。

中国保险业迎来了又一个发展的春天"，这是国内外媒体对目前保险业发展形势的基本评价。

从政策源头来看，中国保监会出台了多项务实高效的政策措施，强力整顿不规范的市场秩序，比如"交强险"的推出，治理商业贿赂的深入开展，有效整顿中介市场，等等。可见，中国保监会已积极从政策源头引导和支持各家主体走规范经营之路，这尤其为中小保险公司的可持续发展创建了公平和谐的市场环境，整个保险市场的价值评估体系必将更加完善、更加科学。

同时也要看到，加入 WTO 后金融业全面对外开放的过渡期即将结束，这是民族保险业发展过程中必须面对的挑战，我们不仅应该有充分的思想准备，更要有切实的措施和行动，又好又快地将自身做大做强。一个企业想成长为令人尊重的企业，在竞争中立于不败之地，必须努力做到"取势、明道、优术"。所谓"取势"，就是企业必须认清所处的社会大背景、行业小环境，据此去考量和把握企业生存与发展的机会。"明道"属于决定企业生存和发展的思想层面或文化层面的问题，"道"的内涵极为丰富，"明道"，既可以是掌握发展的规律，我这里侧重于指确立正确的理念、树立科学的核心价值观，我反复讲"责任、专业、奋进"就是华安之"道"，我们就是要明这个道。这里所讲的"术"，是企业生存与发展的方法和策略，"优术"，就是选择最适合、最能促进企业更好地生存与更快地发展的方法和策略，而且在运用过程中使之不断优化。吴定富主席讲得好："保险必须坚持为经济社会发展全局服务。要努力做到想全局、干本行，干好本行、服务全局。只有把保险业融入经济社会发展的全局，保险业的发展空间才会越来越广阔。"事实上，华安就是遵循这样的客观规律，在"取势、明道"的基础上进行着"优术"——回想今年以来推出的多项战略：规范经营、面向弱势群体、铲除车险业务毒瘤……推出之时，多少质疑、多少观望、多少冷嘲热讽，华安人坚持自己的理念，顶着压力、咬紧牙关，奋进在保险业改革创新的前沿。时间和事实证明：华安的战略选择紧扣时代发展脉搏，紧伴行业发展大潮，从政策源头上为公司发展赢得了最好的机遇。

二、1—7 月公司运行的基本情况

1—7 月，公司经营总体状况良好，按考核口径计算，承保利润 2794

万元，保费收入157997万元。利润生存的经营导向建立后，经营结果呈现出明显的分水岭，总体经营结果持续向好；车险战略调整比预期效果好很多，没有出现保费大幅度下滑及关键人员大量流失的情况，相反，保费收入和承保利润都呈现持续稳步增长态势；费用联动政策取得良好效果，营业费用率比2005年下半年降低了2.8个百分点。具体情况如下：

财务状况：截至7月31日，公司总资产达到101亿元，突破百亿元大关，较年初增长了105%，其中流动资产为92.9亿元，较年初增长了114%，经过增资扩股，实收资本达到8亿元，公司偿付能力大幅度提高，六月底达到147%，承保能力大幅度增强。

承保利润：1—7月累计考核承保利润为盈利2794万，计划达成率为59.9%。

保费收入：1—7月累计总体保费收入157997万元，较上年同期（124833万元）增长27%。非车险考核保费收入累计44197万元，较上年同期（24441万元）增幅为80%。非车险总体、产险和人身险的达成率分别为95.1%、99.9%、86.6%，皆处于健康状态。非车险占比为28.5%，险种结构更趋于合理。截止到6月末，我司市场排名为第九位，市场份额1.7%；总资产规模排名第五位，排名除老三家之外，以微小差距稍稍落后于华泰，而遥遥领先于第六名，稳居第二梯队，与第一梯队差距越来越小；产险行业上半年资产总规模约为2000亿，华安占比5%，资产规模较保费规模优势明显——这表明，我们只用了一半的时间就实现了资产规模进入前五名的三年战略目标，这是值得所有华安人欢欣鼓舞的事情。

营业费用：1—7月公司总体营业费用为35075万元，营业费用率为22.6%，较2005年下半年（25.4%）降低了2.8个百分点。

赔付率：1—7月新单总体已赚赔付率为60.5%，低于公司标准。由于新单已赚保费快速增长，以及随着新单赔付率的逐渐下降，新单对利润贡献将起到主要作用。1—7月车险新单累计赔付率为66.3%，较2005年下半年（69.3%）下降了3个百分点；产险新单累计赔付率为33.3%，较2005年下半年（44.7%）降低了11个百分点，处于较低水平；人身险新单累计赔付率为36.7%，较2005年下半年（10.0%）虽明显上升，但仍低于公司标准。

手续费：受取消批退政策的影响，1—7月公司累计手续费率呈逐月上升的趋势，累计手续费率已达到了13.3%，处于一个较高水平，手续费率上升对公司已赚费用率影响明显，也直接影响了公司的考核利润的实现。

应收率：7月底平均12个月滚动应收率为5.5%，超过了公司标准。各险种除人身险应收率（3.8%）好于公司标准外，车险（4.9%）、产险（5.7%）均未达到公司标准。

理财险：1—7月理财险收入达成率为优秀，达43亿元，已超过2004和2005两年累计的收入。同时，理财险新产品报批成功，销售范围已进一步扩大到17个省市范围。

机构情况：全公司处于健康以上状态的机构有12家，处于亏损状态的机构也有12家，老机构中，目前考核承保利润为正而总体保费较上年同期负增长的机构有深圳（－51%）、湖南（－35%）、东莞（－48%）。值得注意的是，保费负增长不利于持续健康发展。在销售进度方面，非车险保费达成率高于90%的有11家，不足50%的有1家。老机构中，除深圳、湖南、大连非车险保费较去年负增长外，其余9家机构均为正增长，增长幅度最大为上海269%。值得一提的是，按照《天使计划》约定的激励方案，2005年利润奖223万元如期兑现，广西、北京、四川、深分营业部等四家机构第一次共同分享了利润创造带来的实际好处。

以上情况表明，1—7月保险业务取得了较好的成绩，不仅业务平稳较快发展，同时结构调整效果初步显现。各机构立足业务长期稳定发展和提高盈利能力，普遍加大了结构调整的力度。

三、今年以来取得的主要工作成绩

1. 法人治理结构不断完善。

7月14日，原股东深圳机场集团所持华安股份转让事宜得到保监会正式批复，最后一家国有股东退出华安股东名单，这标志着华安从民营控股性质转变为纯民营企业性质，股权的性质趋同将使华安的决策更加高效，现有股东将一如既往并不遗余力地支持华安的发展。3月底的股东大会上，公司引入两位德高望重的学界泰斗出任华安的独立董事，董事会力量得到充实，进一步保证了董事会决策的科学性。董事会新设审计委员会、提名薪酬委员会和风险管理委员会，有效监督公司运营管理，公正评价公司经营结果，独立发表决策建议，公司法人治理结构不断完善。

2. 公司资本实力进一步增强。

　　从新股东进入华安起，增资扩股的步伐就没有停止过。在股东单位的充分理解和全力支持下，2006 年增资扩股计划顺利实现，截至 5 月 25 日，7 家现有股东成功认购增发的 3 亿股股份，资本金由 5 亿元增加到 8 亿元，公司实力得到进一步增强，偿付能力指标明显改观，这为华安持续、健康、快速地发展奠定了比较坚实的基础。

　　3. 历史形成的不良资产得到有效盘活。

　　华安发展过程中一直背负着沉重的历史包袱：烂尾楼和不规范的车贷险，这两座大山一度将华安压得喘不过气来。但是这两项巨额不良资产在 2006 年均得到实质性解决。

　　华安大厦一直被"誉为"深圳 26 个著名的烂尾楼之一，这项工程筹建时就产权不清，这是先天不足，而且从建设之日起就建建停停、停停建建，饱受煎熬。新股东从 2002 年起接手烂尾楼后，一方面股东持续不断地追加建设资金，确保大厦建设不停工；另一方面华安董事会四处辗转奔走，动用了大股东大量社会资源，经历了无法想象的艰苦谈判，包括受到严重的人身威胁，一步步理清了产权关系，捍卫了华安资产，最终化解了这个沉重的历史包袱。华安大厦历经十年磨难，如今旧貌换新颜，焕然一新的五星级酒店红火开业，客房率和就餐率不断攀升，效益良好。如果说华安大厦也是有生命的，那么华安人坚定的意志力和强烈的责任感就是大厦的生命之源。

　　新股东接手华安时，不规范的车贷险形成的不良资产已达 3 亿，董事会毅然停止了车贷险业务，一方面，内部组建风险资产管理专项队伍，加大追偿追欠力度；另一方面，积极在外围寻求合作伙伴，寻找有效盘活不良资产的办法。为了能赢得合作方的真诚合作，公司董事会动员并联合其他股东共同对合作方在其他业务领域提供了巨大的支持，才促使对方签订了该笔 2. 17 亿元的债权购买协议。截至 5 月 8 日，我司已经成功收回现金人民币 6000 万元，剩余 1. 54 亿元转让款预计在年底前可全部收回。

　　4. 资金运用得到长足发展。

　　上半年，我司在农行的资产托管工作，目前交接顺利，过渡平稳。同时，中国保监会全面放开了我司资金运用渠道，这既是对我司资金运用能力的信任和肯定，也是发挥股东投资银行优势的必要条件，资产管理工作面临良好的发展机遇。从现有资产管理状况来看，投资操作稳健成熟，投资产品匹配科学合理，投资收益丰厚而稳定，原有的利差损基本得以解决。保守估计，今年年底的投资收益将实现净利润 6000 万至 8000 万元，投资业务与传统业务双轮并进的格局正逐渐形成，这是现代保险企业的要求，也是华安实现行业赶超目标的重要手段。

5. 品牌价值不断提升，社会形象不断改观，行业地位稳步提高。

"比出险客户的亲人早到三分钟"的服务理念推出以来，公司上下扎实推进客户服务工作，得到了社会各界对我们客户服务建设工作的肯定。从《2006 年上半年客服质量抽查情况总结通报》来看，2006 年上半年，市场部共收到客户投诉 40 余起，客户反应的问题，均得以及时答复和妥善解决。调查表明，客户满意度逐月提高，多数分公司在客户服务建设工作方面都取得了可喜的成绩，有了质的飞跃，并且稳定在一个较高的水平。我这里要特别提出表扬的是福建分公司，在上半年 9 次客服抽查评比中，福建分公司共得到 4 次优秀，4 次良好，在 26 家机构中整体排名第一。另外，7 月 3 日，我公司的呼叫中心系统顺利上线，借全国服务号码 95556 上线东风，客服水平将更上一层楼，华安的服务品牌价值也将随之不断提升。

2006 年 1—7 月，华安共签署保单 124.2 万份，其中，承保车辆 80.2 万辆，为全社会提供 20871 亿元的风险保障；赔款 22.6 万笔，赔付金额 7.5 亿元，较好地发挥了社会"稳定器"的作用。我们自行开发的学贷险产品、麒麟卡等创新产品，从人民群众实际需要出发，取得了良好的社会效益。特别是 6—8 月，四次台风接连肆虐沿海省份，据不完全统计，华安预估损失 1990 万元，其中车险预估赔款的 20% 在最短的时间送达客户，福建、浙江、宁波、广西、广东、深圳等沿海地区分支机构，主动参与应对强台风的防灾、救灾和灾后重建工作，获得社会广泛好评。华安人勇担社会责任的精神和真诚服务社会的行动赢得了社会的认可和尊敬，各层面比以往更加关注和关心华安的发展。

在保险业内，华安的行业地位也在稳步提高。从中国保监会《关于2006 年上半年保险公司分支机构行政处罚情况的通报》来看，我司因违规受处罚在行业中属于比较少的，整体风险把控较好。华安上半年不断推出的新措施、新方法，从保监会到各地保监局都给予极大的关注和支持。例如，学贷险产品在推广过程中，江苏、四川、湖南等地的保监局长亲自出面协调政府和银行，协助我们开拓市场。在全行业深入开展反商业贿赂的过程中，华安成为保监会树立的典型，在行业内有些公司在效仿我们的特别调查的创新模式，在银行界，有的在尝试设立这样的自律机构。还有铲除车险业务毒瘤战略的实施，一度在业内引起不小的震动，监管层经过深入调研，否定了社会上的一些传言，坚定地支持这项战略的实施，并希望发展成一种模式，对全行业起到借鉴示范作用。华安人用自己的实际行动在行业内逐渐塑造出一种果断敢为的先锋形象，行业地位稳步提高。

6. 法律监察体系有效发挥屏障作用。

法律部——稽核监察部——特别调查部共同构建华安的法律监察体系，半年来，这几个部门大胆主动工作，积极配合各项战略调整和改革措施，克服了很多困难，工作卓有成效。

法律部在上半年对公司保险条款进行了全面的清理整改，并将条款整改情况形成正式书面报告向中国保监会报送，圆满完成了条款清理整改工作。同时，他们积极主动处理案件，有效化解法律风险，今年1—6月全公司发生诉讼案件总计1295件，案件标的金额合计1.32亿元，一审已判决案件460件，减损案件374件，减损金额1564万元，占减损案件总标的的47%，同时为公司节省约300万元的律师费用。

稽核监察战线2006年上半年共处理违法违规人员34人，处理人数已接近2004、2005两年的总和，通过查处多起违法犯罪案件，化解了很多风险、挽回了大量损失、净化了员工队伍。具体查处情况：截止2006年6月，对1家中心支公司进行了通报批评；处理人员34人，其中：被司法机关刑拘并判刑2人；开除、劝退11人；警告处分8人次；撤、降职处分7人次；降薪、记过等处分9人次；另外对三名机构负责人进行诫勉谈话。在处理的34人中，各级分支机构总助以上负责人共16人，占47.06%；财务人员3人，占8.82%；其他管理人员6人，占17.64%；一般业务人员9人，占26.47%。减少、挽回损失情况：2006年1月1日至6月30日，针对机构在经营当中的违规违纪行为，稽核监察部在检查过程中对发现的问题及时进行了纠正，查处"小金库"、虚假理赔、虚假保费、虚报费用、多提手续费以及超期应收保费等，涉案金额共计两千多万元，总体为公司节约、减少和挽回损失共计1千多万元，其中稽核监察部直接收回违法违规资金125.69万元；经稽核监察部积极参与清理应收保费，帮助分公司收回应收保费共318.48万元；参与华安康年国际大酒店大宗采购事中监控以来，共计节约酒店采购开支625.2万元。

特别调查战线的同志们出色地完成了上半年董事会交付的各项任务。第一，特别调查部以典型案件的调查和处理为突破点，上半年对全系统16起大案进行深入查处并成功取证，处理人员21人，包括福州假药品案、云南大理水电站减损案、广东天河弄虚作假等影响恶劣的重大案件。

第二，复勘方面，特别调查人员半年复勘案件2248宗，累计减损1943万元，其中对骗赔、虚报损失类案件拒赔减损1708万元，三个月以上超账龄应收追回114万元，被盗车追回121万元。第三，风险资产追偿追欠方面，完成追欠收入9800多万元，追偿收入340万元，扣车一次还贷金额520万元。第四，建立了完善的全国性情报信息网络。

7. 铲除车险毒瘤取得初步战果。

从三月底开始实行车险经营战略调整后，车险的经营管理情况有了初步的改善，赔付率状况呈现逐渐好转的趋势，各方面的管理水平也得到了不同程度的提升。车险战略调整取得初步成果。

首先，从经营指标来看，车险经营综合成本开始下降。

车险经营综合成本率：2006年上半年（考虑老单）车险综合成本率104.2%，较2005年全年下降21.8个百分点；保费收入完成调整后全年计划190400万元的52.39%；比2005年同期（84102万元）增长18.6%，这表明战略调整对业务有一定的影响，但整体规模和行业占比变化并不大。

2006年保单满期赔付率：从2006年最高的2月份的72.3%下降到6月份的61.9%，下降了约10个百分点，已接近公司标准（60%），下降幅度明显。

历年制赔付率：从2006年最高的2月份的91.93%，下降到6月份的81.18%，下降近11个百分点，7月份数据还在继续下降。

其次，经营思想的转变。

对公司内部而言，经过战略调整，员工士气深受鼓舞——"众人拾柴火焰高"，每个人的努力汇聚成这项系统工程的初步成果。车险经营不再是雾里看花，车险盈利也不再是海市蜃楼，或遥不可及。只要我们掌握了规律，能抓住关键因素，就一定能将车险治理好。员工思想意识发生转变——铲除车险毒瘤的过程也是车险利益的阳光化过程，其中暴露出的道德操守上的缺陷和两核管理上的黑洞，给员工直接的警示作用，员工自觉意识到：获得阳光利润才是公司车险的唯一出路。与此同时，公司上下对全面盈利的目标和意义也有了更深的认识和理解。

对公司外部而言，华安铲除车险业务毒瘤的战略也打破了行业内以车险养公司、以车险养机构的传统思路；华安人用实际行动粉碎了车险不可能赚钱的传言；毒瘤的逐步清除逼迫着窝藏在车险经营各个环节上的腐败行为暴露出来，形成"老鼠过街，人人喊打"的局面，规范和稳定了车险市场，净化了行业风气，这些都将留给社会及行业深刻的启示和借鉴。

再次，人力资源的优化。

第一，人员调整力度大。截至 7 月 31 日各分支机构共调整人员 2002 人，调整幅度为 30.06%；其中调整后线人员 788 人，调整幅度为 23.18%；调整前线人员 1214 人，调整幅度为 37.23%；老机构共调整 1430 人，调整幅度 31.11%；新机构共调整 572 人，调整幅度 27.73%。

第二，人力成本降低。通过调整，各机构预计降低人力成本 308.3 万元/月，其中后线预计降低人力成本 215.3 万元/月（包括工资、交通、通讯、餐补、社保等）；前线预计降低人力成本 93 万元/月（包括固定工资、交通、通讯、餐补、社保等固定成本，不包括业绩工资等变动成本）。

第三，人均绩效（人均利润）提高。通过调整，2006 年人均绩效（1—6 月利润折算成全年）较 2005 年（7—12 月折算成全年）有了较大幅度的提高，全系统 2006 年 1—6 月份人均利润比 2005 年 7—12 月份人均利润提高了 1.66 万元。

最后，此次铲除车险业务毒瘤战略调整幅度大、涉及人员多，在调整过程中，公司上下承受了巨大的压力，付出了艰苦卓绝的努力。特别是分支机构在人员和架构调整过程中承受了内外两方面的非议，坚定不移地完成了公司要求的阶段性目标。应该说，参与这项战略的华安同仁们表现出的坚定意志和勇敢否定自我的决心是令人敬佩的，行业主管部门也给予了高度肯定，行业内也广为推崇。对我们自己来说，取得如此好的阶段性成效，自然也更增强了我们继续进行战略调整、坚持车险规范化经营的决心和信心。

当然，我们也应该客观地看到，华安长期积累下的各种问题并不能一朝一夕就能完全解决，战略调整也不是短短几个月就能完全调整到位的。而且，随着战略调整的进一步进行，也将不断出现新的问题。我们必须认真地分析，总结得失，面对变化了的情况及时调整，把战略调整工作不断地深化和强化下去。我们坚信，只要我们坚定战略调整的决心，坚持正确的方向，不懈地努力下去，是一定能实现华安车险真正赢利的目标的。

8. 费用联动管理初显成效。

公司自 2006 年 4 月份正式开始实施费用联动管理以来，这一科学的管理工具在成本控制、指导机构经营、树立效益观念等方面开始发挥积极作用。

首先，强化效益经营观念，成本控制、费用节约意识得到高度认同。各级经营管理者在思想观念上有了极大转变，对公司利润为导向的经营思想有了更为深刻的认识，公司上下树立了良好的费用节约氛围，每个员工都深切感受到了费用节约关乎公司效益、关乎员工利益，没有节约意识就是对公司不负责任，也是对自己的切身利益不负责任。

其次，营业费用管控得到有效加强。至 2006 年 6 月底，全体分公司与预算相比共节约营业费用开支 3833 万元，各分公司营业费用使用率（实际营业费用/可用营业费用）都在 100% 以下，只有少数几家接近100%，其他大部分都在 85% 以下，公司平均水平为 88%，与去年相比有非常大的改进；今年上半年各分公司实现承保利润 2776 万元，3833 万元费用节约对承保利润贡献率为 138%。

再次，费用联动管理正成为公司费用管控的有效手段之一。公司费用联动管理的实施，解决了允许费用开支额度与实际可支付费用之间可能存在的矛盾问题；各机构针对费用联动管理都重新制定了新的费用管理办法，各项费用管控办法也得到进一步严格执行；随着费用联动的稳步推进，费用联动管理正成为公司一项有效的日常费用管控工具。费用联动管理已经不再是简单的费用管控办法，自 2006 年 7 月份起，各分公司班子成员工资发放直接与费用联动管理考核结果挂钩，机构全体后线人员的工资发放与费用联动管理考核结果挂钩，费用联动管理已经成为公司一项重要的管理工具。

最后，费用联动管理实施以来，一些机构不太适应，个别经营不好的机构费用出现较大的困难。这里需要说明的是，费用联动管理只是工具，目的是引导机构树立正确的经营观念和成本观念，况且，任何独立核算的经济单位都应该将成本和效益挂起钩来，这是经营的基本要求，费用联动管理绝不过分，而且早该实施，问题的关键在于机构经营者有没有以主人翁的心态敢于承担经营责任。我曾对机构负责人讲过：一方疆土交给你，你对经营有没有信心？你敢不敢完全承担经营责任？你有没有底气把自己的积蓄拿出来用在机构的经营上？如果机构经营者能有这样的魄力和勇气，费用联动管理又怎么能难倒经营者？

9. 学贷险战略进入实质操作阶段。

现在学贷险工作已进入全面销售阶段。当前的工作重点是落实合作银行并进行实质性的操作。总对总方面，七月份公司已分别启动了与招商银行、中国农业银行、国家开发银行总行的谈判。招行、农行表示了积极的合作意愿，并就具体合作细节问题进行了多方探讨和交流。分对分方面，公司下属二十一家分公司谈判了 96 家学贷险合作银行。其中谈判进入实质阶段的银行已增至 18 家。根据销售进展情况，总公司经过战略调整，已推行和生源所在地的农村信用社或地方商业银行合作，开展生源地贷款的保险合作业务。

为有效防范风险，公司已与中国财产再保险股份有限公司签署再保合作合同并积极争取与国外再保险公司的合作。

目前有一些分公司，包括江苏、北京、四川、浙江、广西、湖南、河北、安徽、云南、江西等分公司或下设的一些三级机构，已签订或即将签订与银行的合作协议。即将进入实质性操作的有四川、浙江和广西，均为生源地就学贷款业务。

总的来说，今年以来公司运行是比较健康的，发展势头是比较好的。经过全体员工的共同努力，华安的发展正逐步走上良性的发展轨道，公司发展正发生着根本性的改变。

四、目前华安经营中存在的主要问题

在公司发展不断向好的同时，我们也必须看到，当前公司还存在一些突出的矛盾和问题，需要引起我们的重视，采取切实有力措施逐步加以解决。

一是干部队伍问题。以现有的公司干部队伍来说，华安整体队伍水平有待提高。在机构方面，主要表现在分支机构负责人的政策水平和经营核算能力上：一方面，对总公司出台的政策及内控制度，出现理解偏差，或者不考虑自身实际情况形而上学地盲目照搬照套，出了问题又不积极想办法解决；另一方面，经营核算和合规经营能力有高有低，个别分支机构负责人不理解考核指标，不理会制度规定，不会算账，经营好坏心里没数，依法合规经营意识不足。在总公司中，主要表现在部分中高级管理人员比较浮躁，缺少艰苦奋斗的精神：一方面享乐主义严重，自我陶醉在以往工作业绩当中，勤勉敬业不够，贪图享受，缺乏奋进精神；另一方面平庸主义严重，碌碌无为，不思进取，所承担的责任和工作业绩与高职位高待遇不匹配；还有一些同志不能正视手中的权力，本来属于自己职责范围内的事，下属找其办事时还需要"攻关"，否则就拖延，"留中不发"，以致耽误时机，到下级机构时官场派头十足，乐于被奉承抬轿，官本位思想严重；再有一些同志专业水平不够，不按规律办事，不尊重客观事实，瞎指挥、乱作为，还不虚心学习。干部队伍中一些人的这些表现，与我们所提倡的"四个四"理念中"反对四种倾向"的要求格格不入，也与"责任、专业、奋进"的华安精神背道而驰，这是我们不能允许的。大家应该看到，前一段我们对干部队伍已经做出了一些调整，但干部队伍的调整是一项长期的战略任务，必须常抓不懈，否则对不起真正作出贡献的华安人，也会害了干部、害了公司、耽误事业。

二是对变革的认识问题。近年来我们推出了多项变革措施，每当一项变革措施推出之时，总会听到这样那样的怀疑的声音；推行之中，总会面对各种各样拖延的借口；执行过程总会遇到形形色色的阻挠。这些疑虑、借口和阻挠时刻对战略进行着"婉约地颠覆"。这种颠覆的力量相当一部分来自于公司内部。这些问题的存在，说到底，就是对变革缺乏认识：一部分人不但没有认真学习和领会变革的深远意义，犹豫彷徨，怕这怕那，甚至说三道四、动摇军心；一部分人并没有认识到变革的艰巨性，而且妄自菲薄，没有奋进精神，遇到困难就开始抱怨、气馁、退缩，机会主义、逃跑主义严重；还有一部分人把自己当局外人，"事不关己，高高挂起"；更有甚者，有些人唯恐天下不乱，试图看公司的笑话，他们竟然对同事发出这样的声音："你怎么还这么有精神干事？你那么出风头干吗？你干好了，我们多没面子啊？"有这样的害群之马存在于队伍当中，我们的目标能实现吗？我们的事业能成功吗？

三是总公司部门推动力不足的问题。总公司各部门不同程度地存在职责划分不清，没有形成内控合力问题。落实内部控制制度，以及在内控制度执行过程中，需要相关部门、岗位切实落实责任、通力合作。但从实际运行情况看，部门间职责划分或部门内部岗位职责的划分出现重叠或真空，导致沟通协作不畅，难以形成内控管理的合力。在出现问题后，又互相推诿，无法分清责任，对相关责任人未能追究相应责任。在违规成本较小的情况下，一些人员为追求短期利益，置风险控制于不顾，使得内控制度形同虚设，导致内控机制失效。一些岗位责权不清，工作不注重效果，具体表现为：某些部门权力过于集中；也有一些部门没有科学合理地划分职责范围；一些岗位缺乏长远规划；工作效率不高；工作主动性不强；经营绩效考核不严格，责任无法落实，等等。其结果就是：总公司在分支机构管理上没威信，在业务指导上不统一，在风险管控上也不到位，总公司与分公司之间上下脱节，管理与业务两张皮。在一些分支机构，经常能听到这样的口头语："你们总公司……"这些细节暴露出的是总分之间相互信任方面存在较大问题，必须引起足够的重视。

四是分支机构执行力递减问题。从目前的执行情况看，随着分支机构的增多，公司的方针政策和规章制度难以有效向下传递，出现公司对三四级机构的管控力度越来越弱的现象。在具体经营中，表现为：各分支机构对执行总公司的内控制度细化不够，没有根据本地区的实际情况制定实施细则，因而缺乏可操作性；制度执行力度和效果到三、四级机构后递减，没有约束力。正因为如此，一些重大问题往往发生在三四级机构，等等。

五是成本控制问题。公司的成本控制在一些局部有了可喜的变化，但整体状况仍然不容乐观。首先是费用管控方面分支机构执行不力，财务制度中明令禁止的"小金库"、虚报冒领等问题仍然存在，尤其是在三级机构，稽核检查中发现"小金库"等违规现象相当严重；其次是外部销售成本居高不下且管理混乱，展业成本普遍高出同行业平均水平，简单来讲，买同样一个东西，要比别人多花更多的钱，这能算本事吗？

六是营销缺乏竞争力的问题。华安发展到现在，稳定的大金融企业框架已经逐步成型。然而，相对完善的营销网络与相对羸弱的营销能力之间的矛盾，日渐成为影响华安快速发展的主要制约因素，当前传统业务发展遇到瓶颈，规模增长缓慢的事实可以证明这一点。华安虽有大金融机构的骨架，却没有肉，即没有形成大金融机构应有的、整体的、有竞争力的市场营销模式。无论是理财险，还是学贷险，也只是某几个点、某一条线上的尝试。尽管在这些尝试中我们也取得了局部或某一条线上的成功，比如和农行的合作，比如去年的大连市场、今年的广东市场、江苏市场都有进展、有成绩，但是，同志们，我们应该看到，广阔的市场中商机无限，时时处处都有机会，时时处处也都是战场，而现在的我们只能先躲在一旁窥视等待，寻找机会，被动地选择参与难度比较小的战斗，这实际上意味着错失了许多良机。我们现在缺乏的就是随时应战、随时杀敌、随时立功的能力。大家可以扪心自问：我们的客户群在哪里？我们的市场在哪里？我们如何实现渠道的交叉销售？我们如何体现规模优势？我们如何为客户提供一揽子的和终生的保险服务？我们的销售力量在哪里？我们如何做到系统内有序的销售管理？据了解，有的机构30%—40%的营销人员没有业绩，仅是营销员上岗持证率这一简单问题，华安只有62%，在全行业排在倒数第一位。市场部的职能也没有很好发挥，我们再也不能允许营销的这种现状持续下去了！总之，管理者把握市场的功力不增强、团队营销能力不提高，服务社会的承诺也只是空谈。

七是规范经营未到位问题。毋庸讳言，目前我们公司关于规范经营的要求没到位，首先是规范经营的意识没到位，这是缺乏责任意识的表现，例如，我们早已明令禁止批单退费，可还是有机构负责人不负责任地提出这方面的要求。其次是达不到规范经营所要求的专业和水平，不知道怎么去规范，面对发展业务的任务，竟然不知道什么能做，什么不能做，什么该做，什么不该做，结果触到了规范的红线，损害了公司的根本利益，也葬送了自己的前程，大连分公司王重阳的过错就是活生生的例子。最后是规范的工作要求没落实，例如，在业务管理中仍然存在埋单、截留保费以及违规批退等违法违规行为；理赔把控不好，质量不高，层层侵占公司利益的行为屡禁不止，个别公司、人员内外勾结，通过制作假赔案、扩大损失等手段侵占公司资产的行为仍然存在；业务毒瘤以及损害公司利益和客户利益的事，在某些业务链条、某些机构中仍然严重存在。

八是价值评估标准不科学问题。如果不规范经营，哪有科学的价值评估标准呢？过去的华安不遵循客观经济规律，在"以保费论英雄"的错误思想影响下，整体的价值观是扭曲的，经营思想误导，内控意识缺乏，走了很多弯路，受到了市场的惩罚。在"利润生存、服务至上、规范经营、创新发展"新的经营方针指导下，华安正在逐步走向人间正道，以效益为导向的价值判断得以确立，但是，具体的价值评估标准还没有系统地建立。具体表现在：第一，部分中高级管理人员仍然存在重展业、轻管理的思想，"以保费论英雄"的错误影响仍不同程度地存在，造成公司内控制度执行效率低下，违规问题反复出现。第二，考核评价体系不健全。目前公司对机构考核评价主要是经营结果的一些指标，而产生经营结果的控制过程尚无量化标准，因此无法对内控制度执行情况专门进行考核评价。相应地，公司对个人工作业绩评价存在同样的问题，前线人员、机构班子以经营指标结果为主要依据，后线人员考核还停留在比较笼统、感性的评价阶段，缺乏具有操作性的根据岗位职责细化的量化考核标准。这种现状亟待改变。当今社会，许多先进的管理工具已经能把非技术性因素量化成百分比来考量，我相信，我们工作中技术性因素的评价一定能够量化并且做好。

同志们，以上问题存在的根源，都在于队伍的素质水平整体偏低、参差不齐，进而未能真正树立"责任、专业、奋进"的理念。其具体表现，正如吴定富主席所归纳的保险行业干部的三种消极工作状态：一是不作为，有些同志身为高级管理干部和人员，考虑事业少，考虑自己多，小富即安，不思进取，瞻前顾后；二是乱作为，有些干部在工作中不遵循客观规律，有法不依，有章不循，有令不行，有禁不止，只讲报酬不讲贡献，只讲待遇不负责任，为了个人和小团体利益，不惜损害投保人和公司利益；三是不知道怎么作为，有些同志不注意加强学习，不注意调查新情况，研究新问题，不了解整个形势的变化，不能做到与时俱进，站得不高，看得不远，方向不明，思路不清，在困难面前裹足不前。吴主席讲得好："又快又好发展对保险业各级领导干部的政治素质、大局意识、战略眼光和业务能力等各方面提出了很高要求，加强保险业的教育培训工作，提高保险业各级领导干部的整体素质刻不容缓。"在我们的队伍当中，干部的政治意识、大局意识、责任意识也跟不上改革的步伐。另外，个人利益、小团体利益、享乐主义、平庸主义等消极思想仍在一定范围、一定层面根深蒂固，尤其有一些人不注意个人思想修炼，不重视专业学习，不脚踏实地工作，虽然一知半解，却总自我标榜为行业专家、老保险、经验高手，不是当"克里空"指指画画，就是牢骚满腹、怨天尤人。同志们！以上问题中的任何一个都可能葬送华安的事业，我们必须警醒起来、振作起来，充分认清形势的严峻和问题的严重。目前华安正处于发展的关键阶段，以前我们是在打仗，也打胜了一些小仗，而现在摆在我们面前的是更艰苦、更大规模的硬仗！没有一支作风过硬、技术过硬的队伍能打胜仗吗？

五、目前华安的定位与战略规划

经过华安全体同仁一年多艰苦卓绝的努力，公司目前已阶段性摆脱危机的漩涡，经营发生了质的变化，发展进入良性健康的轨道，公司在行业中的地位从下游步入中游，良好的形象开始树立。但是，我们没有任何骄傲自满的理由，华安仅仅是摆脱了前段生存的危机，它面临着新的、更严峻的挑战，我们更要严阵以待。这个时候必须明确自身发展阶段，找准自身发展定位，我们要用历史的、发展的眼光审时度势，只有将自己准确置身于时代和行业的发展大潮中，才能把握机遇，继往开来。

1. 学习延安精神，坚持华安的价值观和规范经营的道路。

我想从 2002 年谈起。那真是华安的危机存亡之秋，当时内外多股消极力量从各个方面围剿华安，华安人通过艰苦卓绝的努力，就像红军当年突破敌人的五次大围剿一样，胜利地冲出了重围。华安在 2003—2004 年经历了艰难困苦的"长征"岁月，在这两年中，华安人爬雪山过草地，常常是前有阻截，后有追兵，华安内部也不断受到各种"左"倾和右倾机会主义思想和势力的干扰，严重影响了华安的健康发展，甚至威胁华安的生存，但是，华安人凭着对党、对国家民族的坚定信念和无比忠诚，捍卫国家民族利益的坚强决心和毅力，挺过来了！2005 年是华安经过艰难的"长征"胜利到达"延安"的一年。就在这一年中，华安人发扬自力更生、艰苦奋斗的精神，自己动手、丰衣足食，在中国保监会的关怀、支持下建立了十几家分公司，理财险和常规业务均取得前所未有的发展。就像延安时期共产党不仅领导人民取得了抗战的胜利，而且团结一切可能团结的力量，利用一切可能的条件发展壮大了自己。目前的华安就像我党历史上的延安革命时期。

我不揣冒昧，斗胆将华安目前特点与党在延安时期作个比较。

第一，延安时期的中国共产党所处的陕甘宁边区，是一个充满活力和极具创造性的社会，是许多仁人志士和爱国青年向往的地方；现在的华安，在企业这个层次上也有勃勃生机和创新精神，同样吸引了经济金融界特别是保险界的众多优秀人才加盟。

第二，延安时期我党总结了二十多年的革命斗争经验，形成了马克思主义和中国革命的具体实践相结合的思想精髓毛泽东思想，并建立了以毛泽东同志为核心的坚强的领导集体。华安经过十年的发展，总结成败得失，我们提出了"责任、专业、奋进"的公司理念，确立了规范经营、利润生存的指导思想，形成了以董事会为核心的有事业心、有责任感、朝气蓬勃团结奋进的领导班子。

第三，延安时期我党通过对解放区、根据地的领导，通过建立边区政府、大生产运动和土地改革等实践，有效地实施了对社会的管理，并积累了丰富的经验，为未来领导和建设新中国打下了良好的基础。华安通过这几年的摸索和实践，无论在业务发展上还是在公司管理上也都取得了可喜的成绩，并积累了有效管理大企业的经验，为今后做大做强在思想上和技术上做好了充分的准备。

第四，延安时期，我党在建设边区政府的过程中，坚持正确的指导思想，团结一切可以团结的力量，注重正确处理各种利益关系，从而赢得了广大人民的拥护和支持。在处理与各党派的关系中，坚持正确的政治方向和政治主张，建立了最广泛的统一战线。华安在坚持正确的经营理念下，确立了新型的企业价值观，摆正了"国家、客户、员工、股东"的利益关系，同时勇于承担社会责任，关注社会弱势群体。同样赢得了广大员工和社会各方的信赖和支持。

第五，延安时期尽管我党走出了困境，并在八年抗战中发展和壮大起来，但是革命形势依然相当严峻，全国大部分地区仍在国民党统治下，国民党仍视共产党为匪，必欲除之而后快。无论在经济、军事，还是其他方面，我党仍处于弱势，国民党在美帝国主义支持下，时刻准备发动内战，武力消灭共产党。华安目前虽然取得了长足的进步，但当前的形势同样面临重重困难，虽然有政府和监管部门的积极支持，但作为一家民营保险公司仍然受到一些偏见与歧视，国门大开，国际金融资本全面进入，竞争环境非常严峻，竞争日趋激烈，如何在严酷的市场中取得突破，如何做到严格自律、奋发图强，是我们在这一关键的历史发展时期面临的重大问题，对华安来讲，革命尚未成功，同志仍需努力。

总之，延安时期是我党历史上光辉的一页，延安精神永放光芒。为什么当年贫瘠的延安竟那样地令人神往，为什么在艰苦的岁月中有那么多志士仁人奔赴延安？就是因为共产党的理想和信念在国家民族的危机年代，激发了人们救国救民的强烈诉求，符合国家和民族的利益。华安的价值观可以说是源于延安精神，华安提出的处理各种利益关系的原则同样符合广大员工的价值理念，符合国家民族和人民群众的根本利益，这正是一个企业未来健康发展和基业长青的保证。

2. 公司下一阶段战略性任务。

从近期来看，学贷险的战略任务是全盘工作的重中之重，学贷险是华安持续发展的动力与源泉，下半年学贷险战略任务光荣而艰巨。值得一提的是今年又适逢华安成立十周年，我们初步打算邀请国内顶尖的节目制作人策划组织一场大型公益演出，前提是学贷险销售实现既定的阶段性目标，十年庆典的主题将与"华安圆十万学子大学梦"的立意结合起来。

如果华安目前良好的运行态势能持续下去，到年底，华安将大步迈入全面盈利的新阶段，"十年磨砺成一剑"，当华安人手持宝剑之时，华安人将开始新的征程，今后两年的初步战略蓝图是：今年年末在全面盈利的基础上资产规模超过 150 亿元，不良资产全部化解；2007 年稳步提高保险产品盈利能力，投资收益实现净利润 2 亿至 4 亿元；2007 年下半年实施上市辅导计划，或借壳上市，或在三年盈利的前提下，公司积极争取以 IPO 方式上市。

六、坚定信心、振奋精神，大步迈入全面盈利新阶段

当前保险业的发展不仅形势喜人，形势也逼人，不进则退。目前华安的良好发展形势来之不易，我们要倍加珍惜，我们务必坚定信心、振奋精神，大步迈入全面盈利新阶段。为确保 2006 年全面盈利目标的实现，在今后几个月的工作中，要尤其注意以下几个关键点。

1. 不断加强学习修炼，适时进行培训调整，打造并集聚一支过硬的"华安人"队伍。

决定事业成败的关键因素是人的素质问题，人的思想道德素质和科学文化素质同等重要。一方面，在这个信息爆炸的年代，理论知识的快速更新对专业水平不断提出新的要求；另一方面，在这个价值观多元化的年代，思想观念的不断变化对人的判断力和意志力不断提出挑战。我们必须不断加强学习和修炼：学习是指知识结构的更新，读书使人长智慧、不轻信；修炼是指在实践中的提升本领，增强应变能力；磨炼使人不骄躁，百折不挠。

随着中国金融业全面对外开放，中小保险公司面临残酷的竞争环境，一场又一场的硬仗将再次改变目前中国保险市场的格局，华安的未来，决定于华安人的战斗能力，如何尽快提高干部队伍的整体素质以应大仗，显得越来越紧迫。董事会经过认真研究，从提高战略素养、管理素养、金融素养和个人修炼等方面的需要出发，精心挑选了 20 多本优秀书籍作为下半年的培训教材，逐步推出，要求全系统员工戒骄戒躁，不断加强学习和修炼，坚持理论学习与实际操作相结合，在工作过程中不断否定自己、不断充实提高自己，为迎接更大的挑战做好充分的思想准备和行动准备。对于保险人才的培训、培养，华安的人力资源部和市场部要主动把担子挑起来，尽快拿出详细的、可操作的、保证华安人才发展战略所需的工作方案。同时，要及时调整不适应岗位的干部，腾出位置，以便安排更能胜任相关岗位的同志去工作。

2. 进一步统一思想，坚定文化理念。

"责任、专业、奋进"的文化理念是华安历经十年曲折发展换来的宝贵经验总结，这是华安企业文化的核心，也是华安人宝贵的精神财富，必须坚定而不动摇，坚持而不教条。"责任、专业、奋进"也是检验是否是真正华安人的重要标准，是塑造华安正确的价值评估标准的思想基础。全

体华安人的思想和行动必须统一到"责任、专业、奋进"的理念上来，以承担责任多少衡量工作业绩大小；以专业水平高低评价工作能力高低；以奋进精神发挥程度检验精神风貌好坏。

3. 规范经营是华安生存与发展的生命线。

首先，民营性质决定了规范经营是华安的生命线。中国三十年的改革实践和民营企业的蓬勃发展证明，党中央支持非公有制发展的决策非常英明。不过，我们也应该清醒地看到，虽然在政策源头上解决了民营企业的生存和发展问题，但是在中国传统文化在一定层面还存在对商人片面认识的背景下，加之前些年某些民营经济实体涉足金融行业出了一些问题，造成了较大风险，对社会造成了一些危害和负面影响，以致一些政府部门、监管部门目前对民营企业不大信任或不怎么放心。实事求是地说，中国保监会是很开明的，对国有、民营一视同仁，为了民族保险业做大做强，他们在不断尝试和摸索新的监管模式。华安是全国第一家民营控股的保险公司，对于监管部门来说，一方面，本着新事物要鼓励，问题在发展中解决的精神，华安在历史上有几次大的风险，保监会都给了我们调整、改正和改革的机会。当然，另一方面，他们对民营企业也存在不放心的问题，到现在还是将信将疑。为什么会这样？他们担心什么？我想，监管部门就是怕民营企业不讲诚信、不规范经营、损害行业形象、影响社会稳定。在这种情况下，我们没有选择，我们必须严格自律，不能对自己有任何的、丝毫的放松，我们唯有以超出行业一般水平的高标准严格要求自己，才能让监管部门放心，才能赢得社会的认可。我们的一切言行都要经得起社会主义道德和法律以及市场经济游戏规则的检验，我一直提倡的"吃苦，吃亏"精神，就是严格自律，"身正不怕影子斜"，只有对自己的高标准、严要求，才能为华安的生存与发展争取到时间、空间，我们才有在这个时代发奋图强、大展宏图的机会。

其次，规范经营内涵深刻、外延丰富。第一，规范经营的要求应该贯穿于企业整体经营管理及所有服务链条中，工作的方方面面、管理的前台后台、言行的点点滴滴都有规范的问题，都必须符合规范。第二，要尊重客观事实，要遵循事物自身发展的规律。过去做保险，以保费论英雄，赔付率到几百都不闻不问，那是违背事物发展规律的，也是缺乏规范意识的表现，必须坚决摒弃。第三，要遵守法律、法规、政策及行业规定。第四，要有责任意识，大局意识，风险意识。第五，要有奋进精神，有理想、有抱负，要能舍小义，取大义，这才叫大规范。我想能做到这些才能叫规范经营。

最后，规范经营的要求必须在系统内强力推行。第一，梳理、归类不规范经营的具体表现形式，并拿出分析报告。第二，以部门、分公司为单位，清查所有的不规范行为。第三，在梳理清查过程中，对不规范经营行为逐个、逐类、逐步加以解决。第四，对重大、恶劣影响的违规行为，对不思悔改的个人，对只做表面文章的自查单位，相关负责人要从严、从重处理。第五，要有专人负责检查验收。

4. 建立华安正确的价值评估标准。

树立正确经营理念，完善考核评价体系。一是各级管理人员要摒弃"以保费论英雄"观念，完善内控，提高公司盈利能力和可持续发展能力，确保公司健康发展。二是完善考核评价体系，既重视经营指标制定的科学性、先进性，又重视经营指标执行结果，也重视内部控制制度执行过程。

华安公司十年来之所以能一步一步艰难地走到今天，是因为华安的队伍中还有一批真正的"华安人"在默默无闻地用实际行动、用汗水、用奉献来为华安创造价值，来支撑着华安的事业命运。他们是华安最可爱的人，是华安的股东、董事会最尊敬的人。他们是真正的"华安人"，他们是真正的用本事说话、用事实说话的人。"寻找真正的华安人"活动要深入开展下去，把真正为华安作贡献的人找出来，寻找的范围要涵盖到前线后线、各险种、各岗位。寻找真正华安人的过程就是华安正确的价值评估标准建立的过程，而规范经营要求、铲除业务毒瘤战略、费用联动工具等举措，从技术及非技术层面保障着华安正确的价值评估标准的建立和完善。

5. 大营销要有大突破。

首先，保险自身的发展规律告诉我们，保险的费率厘定是以大数法则为基础的，保险的经营必须以保费规模为依托，规模的萎缩会使标的风险过度集中，容易产生系统性经营风险。目前华安具备大金融机构的渠道网络，但是传统业务保费规模不充足，就不能很好地支持系统良性运转，造成资源闲置浪费，致使运营成本过高，直接体现在机构费用不足、固定成本比例偏高，这也是费用联动难以有效推行的内在原因。如何实现保费规模快速有效增长，如何找到有竞争力的市场营销模式是目前华安必须面对的发展课题。

其次，在华安的发展过程中，一度依赖高手续费和高退费来发展业务规模，这是一种不规范的畸形扩张规模的做法，我多次讲过，这是一条不归路。这种杀鸡取卵的做法是以牺牲公司发展为代价的，已经受到经济规律的严厉惩罚。在这种经营思想的指导下，华安价值评估体系整体扭曲，许许多多为华安发展呕心沥血的真正华安人被抛弃在主流决策力量之外；在这种经营指导思想之下，华安的销售仅仅停留在拼手续费、打价格战的低层次水平上，这条路是万万不能走的！

最后，为体现规范经营的指导思想，我们开展了轰轰烈烈的铲除车险业务毒瘤的战略，从某种意义上讲，这是在偿还华安以前不规范做法留下的孽债，有果必有因，欠下的终将要偿还，当然这也是华安人解放思想、超越自我的进步表现。那么，在规范经营的背景下，在风险可控的前提下，如何实现规模的快速发展？只有实施蓝海战略，不断开发新的市场，才是发展正道，这必然对公司整体营销能力提出新的要求。所以，公司在目前阶段，营销能力的大突破是保障华安各项战略顺利实现的关键，而大营销的理念才能促进营销模式的大突破。时不我待，我将亲自抓市场部，市场部应该乘势而上，要有所作为，成为大营销突破的新生力量和主导力量。

6. 强化推动力和执行力。

推动力和执行力不足的实质，是内控机制不健全。建立科学有效的内控机制，保证制度得到充分贯彻执行是一项长期的重要任务。

第一，要迅速建立符合公司特点的内控机制。要总结经验，勇于创新，结合公司的业务特点和市场定位，探索建立适合本公司的内控机制，规范经营流程，防范和化解风险。

第二，强化稽核监察和特别调查工作，继续加大责任追究力度。稽核监察和特别调查部门要加强对内部控制检查的频度和深度，充分发挥对内控机制的合理性和有效性的监督和评价职能，同时加大对违规操作人员责任的追究。

第三，建立风险评估和监测制度。认真研究借鉴国外保险业先进的风险防范和控制方法，结合自身实际抓紧建立风险评估监测制度。

第四，要逐步形成内控文化。要对员工加强内控建设和风险防范重要性、紧迫性的宣导，树立"风险无处不在，风险无时不有"观念，同时发动员工积极参与内控制度建设工作，增强广大员工对内控制度的认同感，实现员工从被动遵守到自觉遵守的转变。

我真心地希望，随着总公司内控合力和对机构指导能力的逐渐加强，随着分支机构政策水平、经营能力和执行力度的不断提高，我们经常能感觉到：上下齐心、良性互动、为业务发展献计献策；各司其职、相互提点、风险管控逐步到位。我们经常能听到：分支机构的同志们发自内心地称总公司为"我们的总公司"；总公司的同志们发自内心地称分支机构为"我们的分支机构"。

7. 不断增强产品创新能力。

蓝海战略理念的实施有赖于好的产品支撑，打硬仗也需要武器装备，公司需要不断增强产品创新能力。

我们公司目前依然存在产品开发不合理的问题，一方面业务部门反映公司条款无法满足客户个性化需求，出现擅自变更已报批或备案的条款，或协议承保不向监管部门报备的不规范行为；另一方面新产品开发缺乏可行性论证，一些险种项下保费挂零或只能收取少量保费，严重浪费资源。据统计，我司现有 113 个条款，其中保费挂零的有 11 个，约占 10%；保费收入在 5 万元以下的约占 33%；保费收入在 10 万元以下的约占 40%。这种局面必须尽快改变。

鉴于目前国内现有的传统险种中找不出好产品，董事会委托蔡生同志牵头，组织成立项目小组，搜集网罗国外及香港、台湾地区各大产险公司现有的保险产品，并对这些产品进行归类整理，研究分析这些产品在中国大陆地区的适用性，做到心中有数，然后，在此基础上提出建设性意见，指导公司产品创新。与此同时，还要网罗专业人才，成立专门的产品开发小组，先归口在市场部管理。此外，十年期的理财产品要马上开发，争取明年三月左右上市。

8. 持续推进已经确定的各项战略。

2006 年全年工作的核心目标是实现全面盈利，在目前取得较好成绩的基础上，要明确各险种经营及各分项战略的阶段目标，不折不扣地完成好年初全国会议部署的各项战略任务，大步迈入华安全面盈利新阶段。

第一，传统险种经营。

车险经营：尽管上半年赔付率有所下降，但同时手续费率也在不断增长，执行手续费标准的管控需要从系统操作上逐步规范。车险在三季度要实现综合成本率持平，四季度实现盈利。主要工作是继续深化战略调整的各项工作，在三级机构管理上实现突破，并指导机构增强车险业务的盈利能力。

产险经营：上半年各项指标达成较好，但是新机构保费贡献率偏低，要注意加强对机构的指导和推动，全方位地做好对学贷险的技术支持和推动促进工作。

人身险经营：上半年保费增长超过 100%，风险管控较好，对三级机构的推动颇有成效。人身险发展到现在初具规模的阶段，首要面对的是协调好规模与效益的关系，基本方法就是要不断开拓新的市场，只有这样才能确保保费与利润双达标。

第二，理财险战略。

上半年理财险销售表现优秀，并且各项费用成本支出均控制在预算范围内，还有节余。下半年要做好十家新设机构的启动工作，做好七家老机构的新老产品的换代工作。渠道合作上，要不断开辟新的合作领域和合作渠道，保证业务稳定、持续高速发展。希望金融保险部百尺竿头更进一步，在销售能力和销售模式上实现大突破，并在系统内做出表率。也希望各机构一把手高度重视理财险的战略意义，一如既往地支持这项战略的推行与发展。

第三，学贷险战略。

就在这次会议召开前夕，我们的学贷险有了质的飞跃，四川分公司成功做下第一单，四川德阳地区的大学生贷款的保险业务顺利启动，招商银行已同意与华安保险就此产品进行全面合作。"万事开头难"，希望所有机构向四川分公司学习，在学贷险销售上形成百花齐放、百家争鸣、比学赶超的繁荣局面。这里需要提醒两点：一是要在根据各地的不同市场状况，多出招、出狠招、出绝招；二是不能将工作只停留在一纸协议上，这不是衡量业绩的标准，要沉下去、挤进去、渗进去，百折不挠，坚忍不拔地开展起来。

第四，铲除车险业务毒瘤战略。

铲除车险业务毒瘤的工作虽然取得了初步成果，但是还远远没有达到董事会的要求，特别是某些三级机构的业务管理上，毒瘤依然滋生蔓延，需要引起高度重视；同时要总结检讨前一阶段的工作，并且对原有分类标准等技术因素进行评估，比如 80% 的赔付率画线是否合理？ 80% 的标准下要求的工作是否到位了？是否有的毒瘤业务换个面孔又出现？寻找真正华安人的标准是否科学？另外，借鉴车险毒瘤铲除过程中的经验，这项战略要向纵深发展，要贯彻到其他险种的经营当中。同时，按照分工，特别调查部和稽核监察部的工作要跟上去，深入监督检查战略执行情况。

第五，费用联动措施。

费用联动政策出台以来，大多数分公司都能主动加强费用管控，效果也非常好，这部分机构、分公司负责人、财务经理们值得表扬。今后分公司在执行时应注意：第一，要多在压缩本部费用方面下工夫，不能把费用压力转移给三级机构，造成真正做业务、创造效益的三级机构展业费用明显不足。第二，各分公司调剂分配三级机构的费用时，要按照效益导向的原则，对不同绩效的三级机构体现出费用倾斜政策。第三，各分公司要懂得算账，比如说职场成本方面，总公司有明确的职场标准规定，但仍然有大量机构职场超标，有62%的机构职场面积超过了总公司规定的标准，2006年因职场面积超标而增加的直接职场成本是1490万元，提高了公司综合成本率0.8个百分点。今后机构办公职场设立等问题由办公室统一归口，尽快拿出方案来。

今年1—7月的费用开支比预算节省了3833万元，而1—7月的承保利润是2794万元，费用节支对承保利润贡献率是138%，如果没有实施费用联动，在费用没有节支的情况下，公司还将亏损1039万元。换句话说，今年以来的盈利实际上是节约营业费用的结果。这一事实道出了企业经营的基本之道："开源节流"，纵观国内外许许多多优秀大公司的发展史，基业长青的保证就是他们长期的成本优势，对于身处市场竞争激烈的华安而言，如何通过不断有效节约费用体现行业内的成本优势，将是我们长期思考的课题。

在报告即将结束的时候，我想同大家分享一点今天会议中的感受：会议开始前，会场播放着一段企业短片，里面一直重复着几句荡气回肠的话——志存高远、心忧天下；广袤华夏、幸福安康；华安保险保华夏安康——大家的感受如何？我的激动是久久不能平息，我们所为之奋斗的华安事业是多么壮丽的事业！我们所从事的工作是多么高尚的职业！华安人的身上承载着多么神圣的责任和使命！

今年恰逢华安成立十周年，这十年走得实在不容易。华安一路跌跌撞撞走来，始终没有倒下，是因为还有一大批真正的"华安人"在默默支撑着事业的命运，"华安之鹰"是他们的杰出代表，还有更多的华安人正快速成长为"华安之鹰"。华安的价值评估标准就是要拨开云雾展现一大片蓝天，让真正的鹰搏击长空，扶摇直上九千里。

同志们！今年以来，华安绝大多数员工在"责任、专业、奋进"的理念指引下，讲大局、讲责任，专业水平不断提高，奋进精神日渐高昂。华安人勤奋工作，不断超越自我，勇敢尝试新思路，不断推出新措施，各项战略协同推进，促使公司逐步走上良性发展轨道。华安人对保险自身规律有了越来越深刻的认识，华安人越来越善于把握发展机遇，时间和事实证明了这些战略的前瞻性和科学性。现阶段是华安发展的关键时期，刚刚走出困境的华安，面临的形势依然严峻，只要稍有懈怠或徘徊，已有成果很容易付诸东流。今年剩余的时间不多了，希望大家坚定信念，振作精神，巩固已有战果，发扬奋进精神，努力实现全面盈利，迎来华安新的发展机遇期。

资源倾斜三级机构，彻底改变华安面貌[*]

(2006 年 8 月 27 日)

　　刚才见到了这么多的华安之鹰，非常激动，祝贺你们、感谢你们！

　　昨天讲完话后，我就在考虑今天讲什么，就在刚才看见梁炳煊的一刹那，我突然形成了一个思路，然后就把原先的题目改了。改了题目之后，觉得心里非常踏实，觉得有目标了。今天，我的总结主题可能会出乎大家的意料——资源倾斜三级机构，彻底改变华安面貌。

　　为什么用这个题目？因为今天来领奖的，绝大部分都是三级机构的负责人或者基层人员，今天讨论的时候，龙飞同志的一个观点，也恰好印证了这个思路，他说：华安就是一个家，如果把总公司、董事会看作家长的话，那么每个三级机构就是一个家庭成员，就是儿女，一个家庭要保持百年、千年家业兴旺，子女如果不兴旺、过得不好，这个家庭就没法兴旺。这话说得很对。其次，我们从广西分公司来看，去年年底颁奖的时候我就有印象，华安公司选出的先进三级机构，十个有六个是广西的。就是因为有好的三级机构，才有好的分公司，就是因为有好多像梁炳煊这样的华安之鹰，广西分公司才能做好。就是因为一些分公司所管辖的三级机构管理不到位，业务不稳定，漏洞很多，绩效心里没底，所以这些分公司的绩效也差。所以我们现在要把管理半径缩短，具体怎么到位要迅速研究。现在总公司要和分公司一起，目标一致——坚持服务三四级机构。所以我今天讲话的题目是：资源倾斜三级机构，彻底改变华安面貌。我首先对这次会议进行总结，最后再重点谈主题。

一、深度反思，找出根源

　　当前，华安人包括与会同志的思想不太稳定，某些不稳定的思想已经

＊　2006 年 8 月 27 日在华安财产保险公司"2006 年中期工作会议"上的总结讲话。

影响到一部分同志的行为。为此，我对华安人的思想进行了一下归类，不知大家是否认同。我认为积极的思想状况有：绝大多数人都认可华安的企业文化——责任、专业、奋进；绝大多数人认为公司有进步；大部分人感觉公司有希望，认为董事会提出规范经营不是做表面文章，不是说给别人看的，是动真格的，不是说着玩的，不管是调整人也好，铲除毒瘤也好，"寻找真正的华安人"也好，都是在动真格的；下一步指标的修正与完善以及透明化，是确定的，不做我们就没有希望；规范经营是非干不可的；大家比较一致的看法，三级机构是事业成败的关键。这是我集中大家意见之后，结合自身感受，得出的结论。以上是积极的思想。比较消极的思想有以下一些表现，大家也可以对照一下自己有没有这些思想：第一，一部分人没有底气，尤其是一些机构负责人没有信心。第二，一些机构心态开始浮躁，效益不好的机构不从自身找原因，把亏损原因归咎于许多客观因素；个别做得较好的机构也迟疑不前，乃至有人问："你要我真干还是假干？如果真干，那我就得得罪很多人了"，好几家都是这么说的，在此我就不点名了。我告诉你们，现在还不真干，你们以后就没有干的机会了，还怕得罪人？第三，也有些人在想，华安看样子要动真格了，如果做不好该怎么办？由于信心不足，到底留不留在华安，在犹豫：李光荣的刀子太狠了，要是碰到刀口上怎么办？这是另一种心态。还有一个就是原来华安留下的恶习，老议论一些别人的事，文总的事、任总的事，甚至还有人议论华安目前面向全社会公开刊登招聘总裁、副总裁、机构部门负责人、投资部总经理、副总经理的事，也有些人议论说，李光荣又想退了。大家如果还有这种思想的话，我劝你赶快调整。我为什么要劝大家深度反思，寻找根源呢？出现这些问题，一是不自信，今天有个分公司老总发言说，他是亏了一点点，并说出很多为什么亏的原因，我说你说得非常对，总公司也不是随便调整一个人，要知道，调整的成本非常非常大，但你说这些，不从自身找原因，没有具体的招数，我看你是自信不够。二是专业不够，专业不够是技术因素，自信是非技术因素，根源在这，没有我去年在太原会议上归纳的山西晋商精神，没有晋商的"四气"。暂时做得不好，但要敢于正视自己的问题，敢于承担责任也是一种精神，大家要从思想上找出根源。

二、梳理思路，选择华安

梳理什么思路？很多人都看到了华安到底要办成什么样企业，要办成这样的企业我们应该要有责任感，对国家民族的责任感，敢于承担社会责任，做成服务社会、报效国家的企业。这样的企业应该要有一个怎样的文化？那就是"责任、专业、奋进"。大家的思路要理清，看是否真正认同这样的文化。如不认同，那我劝你尽快离开华安，否则肯定干不下去，今年不发生冲突，明年、后年也会发生冲突。我们需要的是用心做事的人，有远大抱负的人，有责任感的人。我们要规范经营，君子爱财，取之有道，要能控制风险的机构，才能办成一个可持续发展的企业，能担负起社会责任的企业。其次，要是做好了怎么办？华安已经明确要摆正四个利益关系，而且员工利益排在股东利益前面。华安是一个大家庭，大家应该看到，我昨天也说了，按"天使计划"的安排，广西、北京、四川、深圳的奖励已经兑现，分配的标准只有一个，就和今天表彰的"华安之鹰"一样。所以，同志们要搞清楚，我们要办成什么企业，这个企业需要什么人？请大家早做决策，如果还有犹豫的，我劝大家早做选择，梳理思路，选择华安。因为华安从事的是一个值得你终生付出的有前途的事业。

三、明确定位，扎实工作

既然选择了华安，那就不要说三道四，也不要想东想西，要找准自己的定位。这个定位包括几个层面——一是华安的定位，在昨天的讲话中，我已经明确了华安在这一历史阶段的定位；二是总公司各部门的定位，这是各部门负责人应该想清楚的，我要再具体一点，就是部门负责人的定位了；三是机构的定位，机构班子负责人也要想清楚，你们是怎么定位的？在座的都是华安的领导干部、华安之鹰，你们的定位是什么？应该起什么作用？这是定位问题。解决了定位问题，就要一心一意、聚精会神做好本职工作，同事之间不要相互指责，应该相互支持、友好合作、共同提高。我们有些人在这方面差距太大，我举个以前一家分公司班子成员的例子，一个正职，一个副职，现在这两个人都走了，特别调查部、稽核监察部此前曾经做了一个调查笔录，我看了以后感觉这不像是两个大男人干的事，相互埋怨、指责，至少有一个人在说假话。分公司的一个正职、一个副职，都在相互指责，还能一起把事情做好吗？既然能在一起共事，就是一种缘分，但他们不知道珍惜，一个到北京找我，一个给我打了近一个小时的电话，说的都是一些鸡毛蒜皮的事，纠缠不清，这样的人能干大事吗？大家要相互支持，友好合作，今后如再发生这种事，不管之前有多大贡献，一句话，我们这里不需要这种人。

四、找出差距、迎头赶上

昨天黎克虎同志作了一个 2006 年中期经营分析，指出了各分公司各机构的差距。我认为这次开会的目的是达到了的。让机构来，大家一起交流，优点在哪，缺点又在哪？优点多的也要说缺点，缺点多的也要找出优点，目的就是要帮你，大家要和好的相比，用高标准来要求自己，明确优劣势，才能真正实现差异化管理。面对这些差距，各机构各部门要尽快拿出措施，我看一部分机构负责人信心不足，百万盈亏就把大家难倒了，真的就那么难吗？我没当过分公司老总，我和陈爱民、蔡生说不定哪一天也去当个分公司老总，找机会试试看，到底怎么管，到底有多难？

五、分清责任、严格奖惩

有标准才能分清责任，我们要尽快完善有关标准。精算企划部、财务部、市场部及其他业务部门要尽快把标准建立和完善起来，现在的标准有进步，但还是值得斟酌，需要修订改善。从反映的问题看，有些机构提供的数据有问题；还有人提奖励要兑现。其实，大家都看到了，自寻找真正华安人之后，这段时间天天在兑现，包括"天使计划"。我们现在要真正做到及时惩处，及时调整。今年年底之前，这几个月，力度会更加加强。龙飞讲，他原先认为看懂了我，半年出一招，现在是隔三岔五就亮剑，首先是斩毒瘤，我们有一篇文章就叫《亮剑斩毒瘤》，这剑亮出来之后，我就一直亮在那，决不收回。调整快，力度也大，被调整的对象不要以为是件坏事，对你本人可能也是一件好事。为什么？因为你不太适合这个岗位，再呆一年半载对你的成长不利，不如及早调整。总之，公司是负责任的，会把你安排到另一个较适合你的岗位，在这点上大家的心态要好，要及时适应调整的要求。

六、分工协作、全面推行

分工协作、全面推行，是对目前工作的一个要求，我们要抓住"国十条"给我们的机遇，按照中国保监会的制度政策要求来开展工作，这是大的要求。

具体说来，第一是要细化公司文化理念，解决"责任、专业、奋进"文化理念怎么细化的问题，我们要贯彻落实党中央提出的"八荣八耻"，进一步丰富我们"责任、专业、奋进"的文化内涵，会后要商量如何往前推进，请人力资源部落实。

第二是规范经营要全面启动，由蔡生同志牵头，我们前面的准备工作已经完成，但是怎样启动，各部门各分公司各机构要根据总公司的要求调查研究，要拿出具体可操作的方案，紧张起来，要赶快启动。

第三是产品线上的事情，现在车险问题很多，在华安业务结构中非常重要，一是车险毒瘤必须继续铲除，二是80%的标准合不合理？在这种前提下怎么做，合不合理，应该怎么做？总公司车险部要拿出方案，对例如车险代索赔，合作修理厂的问题等大量具体问题要赶快落实，特调部、稽核部要跟上去；三是交强险的工作，大家要重视，要严格按照保监会的要求去做，现在在抓典型，更何况我们本身就要求规范，如果做得好，内部宣传要适当跟上去，内部刊物与监管部门遥相呼应，要做一下宣传。财产险的同志要加强历练，卢翔同志辞职了，人事部要及时支持，市场部也要看怎么支持，产险部是一个技术性非常强的部门，人事部要看是在内部还是从什么渠道尽快找到负责人，此前杨智同志先兼上，因为这里还有一个学贷险工作，推动是在市场部，但业务操作还是在产险部。人身险部的工作要更上一层楼。理财险要提前两个月，或者至少提前1个月完成任务，同时要搞好内部管理。这是产品线上给大家提的意见。

第四是市场部，工作由我和林华有同志一起抓，这要花工夫了，一个是大营销怎么做，一个是对机构的管理如何进行，如何实现差异化管理？怎样做好一司一策？现金流为负的机构怎么管理？例如广州、湖南、东莞这几个老机构这样下去不行。现金流老是负数不行，做企业尤其是金融企业最重要的一个指标就是现金流指标，现金流负几千万甚至上亿，利润几百万，又有什么意义？这些老机构问题虽然不是你们现任领导造成的，但现金流总为负，应该不是你们的成绩吧？你们不把现金流状况扭转不行，现金流对整个公司生存影响极大，你们要想办法，要出狠招，长期这样下去不行。市场部要看怎么研究这些事情，还要对现有的营销队伍进行摸底，持证上岗的事要马上做，不然怎么做规范的典型？人事部要把家底摸清楚，东莞公司一共80个人，现在前台只有20多人，后台却有60多人，平安是1：2，后台1，前台2，东莞却是3：1，这样子你说能赚钱，我很难相信。有些机构有30%—40%的营销员没有业务，你的人均产能能高吗？这些就是市场部，人力资源部要做的事，这些事要一件一件落实，这些事有那么难做吗？关键是用心敬业。

第五是队伍问题，我们准备在《中国保险报》、《中国证券报》、《金融时报》刊登招聘广告，引进人才，还要对现有干部进行培训，以更新知识、提高水平。人事部这两年工作非常辛苦，但我昨天也说了，已做的工作与事业发展的要求还相差甚远，要想点新招。这次招聘想试一下市场的感觉，从另一角度看华安在市场上到底是一种什么形象。现在人才储备不够，我以前就说过猎鹰的事，平时可以放着练兵，放在市场部，随时可以放出去，这个工作要赶快做，人力资源部和市场部要专门做这一专项工作。培训员工的事要赶快策划，这些成本省不得。因为现在前线打仗有的打不赢了，就撤回来，换人，撤下来的人要培训提高；有的不幸牺牲了，减员了就要补充人。

第六就是监督处罚线的问题，这两年稽核监察部、特别调查部做了一些工作，很有成效。但最近听说有没处理下去的事情，有心慈手软的人。要天下人服你，就要一视同仁。现在有些机构的一些事，没有处理下去或者没处理完就将人放走了，这样不行，这是对整个保险行业不负责任。詹总和其他同志工作要更加严格，我只有一条要求：不冤枉好人；但不管是谁，如果知道了他的问题，处理时却心慈手软了，那稽核部和做假案就没什么区别，而且影响更坏，所以不能手软。我听说最近有个别案子处理时手软了——说得不一定对，但这种情况，不允许再发生。特调部要进一步发挥积极的作用，这次我们还请来了比较大的机构的特调部经理，为的就是让你们感觉到公司董事会的决心。我们要以事实说话，任何人做的事都要对结果负责任，我们要坚持这一工作原则，加大惩处力度，加大信息的收集，起到更重要的作用。我相信你们，但现在做得还不够，我们已经做了"恶人"了，不杀出一条血路，不把剑亮出来就没有生路。我再和大家交流一下，为什么叫亮剑？中国保险报原来不同意我们用这个词，大家有可能思考过，《亮剑》中的李云龙为什么要亮剑？因为他要生存、要活命，要把仗打赢、消灭敌人，他自己没说他是对的。在商品经济社会，"法人"也是人，也有生存和发展的问题，它必须在市场中去拼杀，我们也没说自己就是正确的。对错由事实来评价、由社会来评价、由历史来评价。我们就是要把这剑亮出来，而且要一视同仁，要不然对社会没法交代。我们要坚持一个标准，寻找华安人，文化体制线对奖励也只有一个标准，只有盈利，而且是在规范经营前提下的盈利，没有第二个标准。要加大力度，现在分公司领导都来了，大家心里要有数，现在我们要求规范经营，如果原来的问题敢于承认，说出来大家一起处理，问题还好解决，但是你不要存有侥幸心理，我们的稽核监察部和特别调查部厉害着呢，从事非法的、不规范的经济活动你是掩盖不了事实的，隐藏不了的，藏得了今天藏不了明天。以前我们这个团队就有一天到晚说假话的人，结果大家都知道了。为什么不能做一个坦荡的人，阳光的人呢？这就是我为什么要强调监督线，因为我们要规范经营、铲除毒瘤，只有真正的处罚线到位后，真正的华安人才会显现，才能真正打造出聚积成一支战斗力强的华安人队伍。

第七是作风问题，要整顿作风，尤其是总公司的作风，中高层领导干部要以身作则。毋庸讳言，某些人的作风存在问题。一方面是工作中的作风，该你做的事情，你还要人来公关，对此我会一票否决。这次很多人对卢翔有意见，其实就是这方面的原因，他这次走也是这个原因。还有的部门的个别同志也是这样，组织安排你在这个岗位上，该你做的事情你不做，对下面的人打官腔，还要别人来公关。谁有这方面的问题，赶快改。另一方面就是生活作风，不良的生活作风影响工作，必须整顿，明天我会请董事会把文件发下去。这两天会议期间我请人检查了，看有没有打牌的，幸好没有。整顿作风实际上是给各分公司减轻压力，当然也不排除一些机构负责人也有这个爱好，一些人到三级机构也有这种爱好。今后如果是董事会干部下去打牌，我们有两条措施，一是请上派出所的人，直接去把他抓了，先抓进去，我再考虑救不救人。二是如果是董事会的成员，董事长建议在股东大会上免去其董事职务，同时免去董事会干部职务；如果是总公司领导班子成员，则就地免职。分支机构负责人没有义务陪总公司的人打牌，分支机构也不允许任何一个人陪他们打牌。公司现在这种样子还要打牌？当年我党的对手不就是在防线上打牌打完了（失败了）吗？上面的人到了二三级机构还要打牌，二三级机构负责人不安排陪打又不好，打的时候还带点"彩"，赢了对谁有好处？老华安有两个总裁级的人物，就喜欢天天找公司同事打牌，天天要赢这些同事的钱，这些同事后来心理不平衡了，心想这样下去不行，于是为了弥补"损失"就"做"个案子——假赔案，就是这样的游戏规则。这样发展下去，不是毁了公司吗！今天我们把话说明了，如果再发生这样的事，我知道了，特别调查部不知道，我就拿特调部是问。我相信你们有这个本事。不刹这个歪风，再这样玩下去，就会把事业玩完。今后整顿这类作风的措施要逐渐细化，要从上面做起。我觉得总公司的个别领导干部在这些方面就是做得不够好，反复强调也没用，了解我的人都知道我是说到做到，我是亮了剑的。你们看看我出的那本书，我出书的目的就是让你们看看我5年前说的话和现在说的话是不是一致，看看我说的和做的是不是一致？我说了就要做，不然会没有面子，也做不下去。大家可以来监督我，人与人之间都要讲诚信。

以上说的是几项具体工作。最后要说的是今天的重点，重中之重，也是会后的工作要求。

七、资源倾斜三级机构，彻底改变华安面貌

现在看起来，处理一件事情一定要抓住关键点，我现在确实佩服蔡生同志，他确实看到了关键点，再加上今天龙飞同志从非技术因素用非常简洁的语言把这事说了出来，我非常认同他的说法，他是看到了问题的关键点。我们不能像证券营业部炒股票的老太太，今天股票跌了，她能说出100个理由，但都似是而非、不得要领。我认为公司的工作从三级机构开始，应该能抓到点子上。既然大家认清了华安状况欠佳的主要矛盾或矛盾的主要方面，那我们没有理由再犹豫不决，必须果断行动。

为什么要这么做？第一，三级机构健康了，才有好的二级机构。我刚才提到龙飞说的这个例子，家长和孩子的关系，一个家庭要兴旺，孩子必须兴旺。包括做我们现在创新的学贷险，在座的各位可能大多数都是农村出来的，包括我也是，我现在出来工作至少可以帮助家里很多，支持家里的后人读点书了。学贷险也是一样的道理，孩子是希望。如今华安要保持基业长青，持续发展，那么三级机构就要做好，做好了华安这个大家庭才能越来越兴旺。

第二，三级机构是搞好经营管理的基础。首先，华安的现状不能令人满意的表现之一，就是某些机构特别是三级机构业务经营上的"三没主义"，不知分公司老总有没有这个感觉？对于公司提出的要求，他们年初

表态说"没问题"，年中检查时说"没关系"，年末业绩不佳时则说"没办法"。原来股东面对的公司经营层也是这样的，现在没有做好的分公司大多主要也是这个问题，你管控不到位，也没帮到他，更管不了他的结果。其次，目前的各项管理也令人担忧，特别是三级机构的现状使我深感忧虑。前几天开规范经营会，稽核部的报告说，查小金库，问题很严重。为什么？因为没有人管嘛，家里的孩子没有人管了，就放羊了，吸毒或者干什么去了，这会形成了什么局面呢？在某些省级分公司下辖的三级机构，小金库的存在甚至是一种普遍现象，再不管行吗？所以，我们必须重点抓三级机构。

第三，团队稳定也要从三级机构抓起。目前公司还有一个不好的现象，就是三级机构不稳定，团队随时可以走人，稍不如意就人去楼空，人一走把业务也带走了，儿子不认你了，认干爹去了，或者倒插门当上门女婿去了，你把他培养出来了，装备起来了，他却不管你，走了。现在二级机构对三级机构的管理不到位，这也和董事会、总公司原先的资源倾斜有关系，重视不够，支持没有到位，"布德泽"只到二级机构。华安存在的一个不争的事实是：目前好的二级机构就是因为他有很多好的三级机构，差的二级机构就是因为有很多不好的三级机构。这就是为什么我要提出资源倾斜三级机构。

具体该怎么办？我稍微想了一下，会后，总公司要尽快研究，由市场部牵头，立足帮助和服务于三级机构，实行一司一策，一个分公司一个政策。同城、异地情况也不一样，要考虑怎么实现良性对接。要检查督促，通过这项工作来促进二级机构的管理，这样总公司和二级机构的目标一致，应该能比现在开口"你们总公司"、闭口"你们总公司"的状况要好得多，从这个角度来讲，二级机构就是总公司派去管理三级机构的代表，二级机构要及时反馈、服务、请求总公司支持，把着眼点放在三级机构。我现在要管市场部，就在考虑要达到什么目标，目标就是把三级机构管理好了，二级机构就不要管了，总公司和二级机构目标是一致的，这就是我这非技术因素想的招，会后我们会与有关部门一起详细研究。

最后，我在此要对一些对事业有贡献的人表示谢意。华安有今天，我要感谢的人很多，首先，要感谢你们这些华安之鹰。感谢华安之鹰这些年付出的努力，你们是董事会、股东最尊敬的人，所以我要感谢你们！其次，要感谢的还有今天到会的各位与会代表。华安现在虽然还有困难，但走到今天很不容易，不管是被调整过的，还是曾被批评过的人，我们都是朝着共同的美好目标前进的，请大家不要计较，非常感谢你们这么多年的付出，同时也拜托你们，现在是打仗的时候，公司亮剑可能会很快，而且会比较频繁，也请你们理解。另外要感谢我们的监事长、老校长赵老师，还有几位独立董事、金融专家，还有我们的股东代表卢德之先生，长期以来，他们毫不动摇地支持华安的事业，谢谢！感谢你们！

抢抓机遇　再接再厉
争取华安理财险战役的新胜利[*]

（2006 年 12 月 19 日）

在中华人民共和国 2006 年 12 月 11 日金融全面开放之际，我们接到中国保监会的通知，通知我们马上组织理财险的销售，要赶快启动，尽快形成规模，扩大区域。这说明，在国门开放之际，我国的主管部门为了做大做强中国金融业，为了尽快发展成经济强国，认识到位，方向明确，作出的部署、采取的措施都非常具体。为了尽快落实保监会的通知精神，我们今天特别举行这样一个动员大会。

一、华安目前面临的形势

（一）国际形势

最近大家可能都读了弗里德曼写的《世界是平的》一书，其中提出三个版本的全球化概念：1.0 版本是国家的全球化，1492 年到 1820 年，这轮全球化是将世界从大号缩为中号。这一时期的全球化是以国家意志为主，最大功臣是哥伦布，他发现了新大陆，并告诉了英国女皇地球是圆的。在西班牙、葡萄牙海外殖民已走在前面的时候，这时英国也开始了海外殖民。2.0 版本的全球化，是 1820 年到 2000 年间公司的全球化，唱主角的主要是欧美国家，最早是荷兰。这轮全球化使世界从中号缩到小号，一个国家的公司，可以在世界几十个甚至上百个国家开分店，加上交通运输工具的改进，它可以把产品卖到其他国家。跨国企业的全球化是为了市场和廉价的劳动力，在这种全球化时期中，公司通过市场行为赢利。3.0 版本的全球化是个人全球化，从 2000 年开始，世界从小号缩到极小号，推动力是软件和网络，主体是个人，因此是个人和小团队的全球化，与原

---

[*] 2006 年 12 月 19 日在华安财产保险公司"理财险新产品销售动员大会"上的讲话。

来的两个全球化不同，不是只有西方白人可以参与，能联上网络的全世界各种肤色各个民族的个人或人群都可以随时参与。这就是为什么弗里德曼说"世界是平的"的根据。这也意味着，在今天这个因信息而紧密、便捷的互联网世界中，全球市场、劳动力和产品都可以为整个世界共享，一切都可以以最有效的方式和最低的成本去实现。

我认为弗里德曼的观点非常对，他从国家行政疆域的拓展阶段到公司架构的广域化，最后到个人和产品参与的无边际，一定程度上展示了人类社会未来发展的蓝图。这个时代的独特之处，就是要求个体和小团队必须主动以全球化的视野进行思考，并主动投入世界新全球化的浪潮之中做一个勇敢的弄潮儿。弗里德曼的理论对国人的提醒应该更为深刻，我们的金融业已经度过了5年准备期，进入了全面开放时期，金融保险业者更应该关注这些，明白自己身处什么样的环境和位置。面对新世纪这样一种全球化，作为华安人，我们做好准备了吗？最近，由于受到境外方方面面的因素影响，我感触良多，体会非常深。我认为，面对这种瞬息万变的国际形势，我们再也不能浑浑噩噩混日子了，一定要有危机感，一定要只争朝夕的精神练好内功，以"灭此朝食"的气概投入竞争之中。

（二）国内形势

在我国加入WTO过渡期行将结束、金融全面开放之际，很多媒体登载了国际上一些著名专家学者对中国近年发展状况的看法，主流意见认为，中国经济进入了快速发展的轨道，这一点我十分认同。我国今年的GDP增长率为10.5%—11%，明年预计也会达到两位数。这可以从两方面分析：

1. 国家重视，政府这只"看得见的手"越来越注意发挥"看不见的手"的作用，越来越尊重客观经济规律。比如许多决策更加科学，包括"国十条"、股权分置改革等都表现出了政府在尊重客观规律，引进外资的同时也增强了适用性、针对性和选择性，不再像以前那样"一外就灵"，来者不拒了。

2. 地方政府也出台了一些政策，更注重市场作用的发挥。前段时间经常有地方政府邀请我去给他们讲课，重点就是谈政府如何讲究效率，按经济规律办事，今天的地方政府也开始尊重客观经济规律，在认真研究投入产出，如何以最少的钱办最多的事，以尽可能低的成本获取最大的收益，这证明地方政府的理念也在发生很大的变化。

政府如何引导经济？中国现在所处的年代与美国上个世纪三四十年代，即罗斯福时期十分相似，国家调控经济非常到位。对保险业也是如此，包括"国十条"的出台，表明一个国家的行业监管部门在尊重客观规律的基础上，正在对整个行业发展进行引导和调控。对上海陈良宇事件的处理表明，我党坚持社会公平、反腐倡廉、依法治国的态度和决心。再加上一系列外交政策，尤其是前不久举行的"中非论坛"，我认为这些国策是非常正确的。总之，我们党和政府对经济、政治及外交的掌控能力使中国经济建设进入了一个前所未有的好的发展阶段，国内经济形势在未来若干年都将是快速地向非常好的方向发展。

（三）保险业的发展形势

2006 年上半年国务院出台的《国十条》，还有保监会年初提出的"又快又好"，最近提的"又好又快"，就是要把保险业做大做强。政府运用"看得见的手"，引导保险需求，增加保险需求，从各方面都做了很多工作。尤其是对财产险如何做大做强，保监会在今年 1 月份的全保会上提出了明确方向。保险业要做大做强，空间最大的就是财产险的发展。此次批准我们继续做大理财险就是具体举措之一，由此可以看出保监会领导的决心，我们要清醒认识到我们面对的是这样一个好的历史阶段和历史环境，一定要抓住难得的机遇。

二、华安在抢抓机遇方面所做的主要工作

第一，理财险的销售抓住了机遇，取得了比较大的成绩。今天各位与会者都是抢抓机遇的参与者和实践者。到 11 月底，我们的资产规模已经达到 152 亿元，在国内财产险公司中排名第五，与第四名的差距也不大，而且我们的资产质量非常好。通过理财险销售，我们的银保产品在全国产险财险里排名第一，产寿险里排名第五，而且我们还只是在四个省、两个市开展理财险销售，其他保险公司都是全国性销售。这说明，我们的队伍是能打硬仗的。在这个过程中，我们出台了规章制度，对内部管理操作流程进行了规范，强化了内部管理，有效地控制和防范了风险，积累了一些管理经验。其中还涌现出了一批优秀的机构团队，2005 年是大连，今年先是广东，紧接着是辽宁，形成了力争上游的良好氛围。特别值得一提的是，金融保险部这个准事业部，在与各分公司各部门的配合上非常融洽，

大家的积极支持和密切配合保证了理财险业务的顺利发展。此外，通过销售建立了渠道客户、积累了经验、涌现出一批优秀的机构和个人、锻炼了队伍和团队。

第二，华安在 2006 年有了一个好的经营结果。我们今年的投资收益取得了很好的成绩，以至于在我们的传统险业务还没有完全走向良性发展的情况下，年初提出的经营目标也完全能够实现——这就是到年底公司可实现利润 8000 万元至 1 亿元，这样好的结果主要得益于理财险的销售。

第三，华安的理财险销售能力和投资能力得到了监管部门领导的认可。今天的理财险启动会，说明监管部门对我们的销售组织能力和投资能力的认可。因为我们销售的是为客户服务的产品，客户有需求，保险公司就应满足大众的需求。同时，尽管我们有付出，但还能赚钱，能保证资产增值保值，也就得到了认可。监管部门现在放手让我们做，是对我们的信任，也是我们的使命，更是对我们下达的任务，我们踏对了时代发展的节拍。据我了解，今后几年，保监会将把人保、华泰、华安这三家公司作为重点支持的对象，作为试点单位。我认为，今后三年里，到 2007 年年底，我们公司理财险的余额应该就能达到 230 亿元，甚至更多；到 2008 年底应保持余额 300 亿元；到 2009 年底超过 300 亿元。根据我们团队投资能力的增强，以及经营环境的改善，我们将保持甚至超过这样的发展速度。

三、华安人的生存发展之道

首先，我们从华安的近期战略——"一个目标，三大战役"谈起。确定正确的战略目标，组织好、打好实现目标的诸战役，这是华安生存和发展所直接需要的"道"。尽管它是属于较浅层次的"道"，我们也不能有丝毫的懈怠。

华安近期发展的一个目标，就是 2007 年年底左右，公司将借壳上市。这就要求公司透明、阳光化运作，要加强各层面的监督。面对这一目标，我们需要打好"三大战役"——即"赢利之战"、"学贷险战役"、"传统业务战役"。

"赢利之战"——资产增值。这是一个企业的起码要求，要赢利才是好企业。我此前说的各个版本的全球化时期，都是围绕以财富资本为目标而进行的。这一战役牵涉到两个方面：1. 理财险；2. 投资增值管理。这一战役的意义在于"资本自救、化解历史包袱、解决华安生存问题"，这是借壳上市的基本要求。

"学贷险战役"——这是作为一个有责任感的金融企业必须做的事情，必须承担的责任。华安的文化"责任"当头，这是我们一个长久的战役。据我了解，监管部门对我们的这个产品非常支持，因为监管部门看到了我们在云南、重庆、江苏等地做出的成绩，已经提到议事日程上了。这也说明了我们的理念走在了行业前面，把握了正确方向。所以，我们要继续不遗余力地发展学贷险，这也是华安持续发展的动力和源泉。

"传统业务战役"——这是追求品牌、价值的保险公司所应做的。应该说在这方面我们一直做得不好，我们现在的有所发展主要是因为打了一些单个的战役，例如理财险、铲除毒瘤、学贷险、投资管理等，但在传统业务经营管理方面，一直没有走上良性轨道。传统业务之所以要在尽量短的时间内做好，也是为借壳上市目标打基础，借壳上市就是要求透明、阳光化，要经得起投资者的检验，包括所有业务程序、服务能力、理赔能力等方方面面。我认为"传统业务"这一仗是最艰难的，打个比方：即使我们到今年年底能赢利了，但经过几场战役后，剩下的已是一片废墟，我们需要重建家园，要休养生息，要安居乐业。

这一仗的艰难，主要是因为我们在传统业务方面欠账太多，作为一个金融企业，要加强总部的管控能力、服务能力和风险管控能力，打造一个强大的总部，为一家家分支机构服务，帮助分支机构做大做强。这是金融企业内在价值的表现。

其次，我们在上述基础上进一步来谈决定生存与发展的深层次的"道"，即企业文化或公司文化问题。

我不清楚大家还有没有印象，我曾经引用一句非常有用的话告诫大家："企业有一种人不能用，就是有本事、有能力、有威信、有贡献，但不认同公司文化的，这种人不能用。"这句话是韦尔奇说的。我们将有一套完全符合公司文化取向、适合华安发展的重要举措陆续推出，如果在这一过程中谁再抱残守缺，不确立华安的核心价值观，而是自以为是，我行我素，那么，对不起，道不同不相与谋，谁就得出局。我们的公司应该是强者的世界，一方面要关心弱势群体，一方面要实行强有力的管理、过得硬的管理。

我上面讲最艰难的是第三大战役，即使打这个最艰难的战役，技术也不是什么大问题，关键还是在观念、文化方面。我建议大家都去看一下最近播放的纪录片《大国的崛起》，研究一下为什么某个国家能迅速崛起为大国，又为什么某个大国会衰落，最深层的原因何在？电视采访中有一个专家说"最要害的就是文化"，可谓一语中的。

我们华安发展到现在，无论是环顾国内，还是放眼世界，迅速做大做强都已时不我待。

为了加深大家的印象，我这里再讲一下很著名的鹰的故事：鹰是世界上寿命最长的鸟类，它可以生存 70 年。鹰要活那么长的寿命，它就必须在 40 岁时做出困难却极其重要的决定。因为 40 岁时，它的喙变得又长又弯，几乎碰到胸脯；它的爪子开始老化，由尖变钝，无法有效地捕捉猎物；它的羽毛长得又浓又厚，翅膀变得十分沉重，以致飞翔十分吃力。此时的鹰只有两种选择：要么等死，要么经过一个十分痛苦的更新过程——150 天漫长的蜕变。鹰当然选择重生：它很努力地飞到山顶，在悬崖上筑巢，并停留在那里，不得飞翔；鹰首先用它的喙击打岩石，直到旧喙完全脱落，然后静静地等待新的喙长出来；接着，鹰会用新长出的喙把爪上老化的趾甲一根一根拔掉，拔得鲜血淋漓；当新的趾甲长出来之后，它再用新的趾甲把身上的羽毛一根一根地薅下来；这样经过 5 个月以后，新的羽毛也长齐了，鹰重新开始飞翔，更新后再度过 30 年岁月！

这个故事就是要启迪我们，要敢于否定自我，超越自我。华安就是要不断否定自我，超越自我，不断进入新境界、达到新高度。这样的任务非常重，董事会将全力以赴支持管理层，支持经营班子展开这方面的工作，但基础和关键，还是要解决文化观念的问题。

希望大家再认真去读一下我的《民族保险业的生存与发展之道》那本书，那是集体智慧的结晶，书的主旨就是要解决文化观念问题。很多政府监管部门的领导看了这本书之后，都给予肯定，说我们华安把形势和市场分析得很透彻，问题抓得准。但是在公司内部，却有不少人还没有认真看过这本书，建议这些人还是看看。如果下次我和你交流时，双方的文化理念还是不一样，那就是道不同不相为谋了。

说到这里，我还要提到一件事。前不久公司给全体员工的手机设了公司彩铃，竟然有一部分人不愿意，还提意见，说不方便，说影响他做其他生意。这种人肯定是在"炒单"！这种现象说明的是大问题，即文化的问题。要把这些"身在曹营心在汉"的人找出来。对不起，你不认公司，不认我们，我们也不认你，我们也不稀罕你的那些业务。如果我们没有把握做好，我们可以再"退"，铲除车险业务中的毒瘤时我们不就"退"了吗，我们现在还可以"退"。那些人不认同公司，不以公司为自豪，反而看作负担，一事当前先为自己打算，这就是韦尔奇说的那种"不认可公司文化的人"。借用易中天关于技术因素与非技术因素的说法，技术因素不是最重要的，还是要着重从非技术因素着手。所以我们要从公司文化着手，站在公司发展战略的高度，打好"传统业务战役"。

四、关于理财险战役的部署

应该说，此前的理财险战役打得不错，但是，我们也要看到迄今为止理财险经营管理中存在的不足。金融保险部之前否定自我、剖析自我比较到位，比如说分部经理的综合素质、销售人员的展业技巧、专业技能等方面的问题，以及分部与分公司的合作模式，都提出来了。在这个基础上，金融保险部要针对存在的问题和不足，因时因地制宜，尽快提出对策，而且要制度化、程序化、规范化，使制度机制更加科学合理。

在此，我也提几点要求：

1. 要统一思想。发展理财险是公司一项长期重要的战略，因为华安的强项在投资能力。理财险同时也是一项大的系统工程，不是靠哪一个人、哪一个部门、哪一个分公司就能完成的，要倾全司之力、全员之力，共同去努力。要高度认识理财险的重要性和紧迫性，目的只有一个——就是排除一切不利因素，调动一切可以调动的力量迅速做大理财险。

2. 协同作战，积极配合。金融保险部代表公司董事会和总裁室负责理财险的销售推动工作，是理财险业务的直接责任人，在公司授权范围内，全权进行理财险工作的安排和部署，同时对经营结果负全责。请童清同志和金融保险部同志认真落实执行。应该说，去年的理财险战役打得非常好，今年以来的理财险战役也打得很漂亮。总公司将会对金融保险部理财险业务系统进行奖励。各分公司要服从金融保险部的部署和安排，全力以赴，支持协助金融保险部和各分部开展工作。2007 年在对开展理财险业务的分公司经营班子成员的考核中，要给金融保险部一定的话语权，理财险业务要占 20% 左右。各职能部门也要认真负责地支持和配合（协助）金融保险部和金融保险分部开展此项工作。

3. 资源倾斜。金融保险部实行准事业部制，加强垂直管理，公司进行充分授权。在总公司预算范围内，根据金融保险部的工作需要，充分给予其自主经营权和经营决策权；金融保险部要加大垂直管理力度，要因地制宜，在管理体制和考核机制方面要大胆创新，对不同状况的机构要及时调整，增强服务意识，实行差异化管理。

4. 集中力量，尽快启动。面对现在的环境，发展理财险要以快取胜，越快越好，越多越好。理财险业务力争三个月内销售规模突破 100 亿。

同志们，时代留给华安的机遇相当宝贵、非常有限，稍纵即逝，如果没有时刻保持生存的危机感、没有追求发展的紧迫感、没有把握时代脉搏的战略、没有招招见血的执行力，那么，机遇将和我们擦肩而过。在国门打开之时，外面的"狼"来了，为了国家、为了民族、为了民族保险事业、为了华安的发展，是华安人大显身手去拼搏的时候了！我们必须努力开拓、努力创新！要勇敢地去打，打错了不要紧，打败了不要紧，可以总结经验教训、提高本领去再战，争取打对、打胜，关键是要去打。我相信在华安文化哺育下熏陶下的我们这支队伍是有开拓、创新、奋进精神的，是有战斗力的！祝愿华安人在华安理财险战役中取得新的胜利！

没有"放弃"就没有战略[*]

（2006 年 12 月 30 日）

很久没有见到分公司的同志们了，今天一见非常高兴。为什么？因为大家精神都不错，没有被这个严酷的市场所累倒，这可以说是不幸中的万幸。有同志们在，华安所规划的战役还是能打的。这次会议之前，大家应该都不知道会议内容，总公司为此次会议酝酿了 10 天，期间保密性很强。开始是小范围，然后逐步扩大范围。首先是我与总公司班子成员逐个交谈、请教，接着是和几个部门负责人交流、请教，然后总公司的人在一起开会研究、讨论、拿方案。和他们交谈、讨论时，我就要求大家把我作靶子打，多说不同意见，我来舌战群雄，把反对的意见一一驳倒。总公司统一意见后，这才请各位分公司老总来开会。由此可见，此次会议何等重要。虽然总公司的保密工作做得不错，但还是有一些分公司事先知道了会议内容。不是说不能让大家知道，我是要打造这支团队，看看执行力如何、大家讲不讲诚信。关于会议内容，大家现在看看今天会场的标题就一目了然了。这个内容说重要也重要，说不重要也不重要。为什么不重要？因为这些事也没有太特别的，都是我们本该做的事，是一个中国公民、一个中国企业法人该做的事，遵纪守法是对公民最低程度的要求。可是这个该做的事，目前对我们来说却非常重要。为什么？因为就是这样一个起码的要求，华安过去没有做到，这个行业也没有做到，在座的各位又有几个人做到了呢？我为此深感忧虑，所以下决心现在就做到这件简单的事情，如果我们还做不到，那我们只有解散这个团队。

我今天的讲话主要是务虚，我要从反面的角度来讲这个问题，题目是《没有"放弃"就没有战略》。为什么要谈"放弃"？因为成功的企业是不断进行理性的放弃才获得持久的成功的，而失败的企业则不能进行理性的放弃才导致了最终的失败。可以说，战略是理性放弃的结果，没有放弃

---

* 2006 年 12 月 30 日在华安财产保险公司"规范经营工作会议"上的讲话。

就没有战略。对目前的华安来说，尤其如此。对此，我讲四点供大家讨论，希望大家就此搞清几个问题：华安为什么要学会放弃？放弃什么？怎么放弃？

一、放弃是战略的必然选择——学会放弃

一般认为，经济学研究的是一个经济社会如何对稀缺的经济资源进行合理配置以期获得最佳效益来满足人的需要。从经济资源的稀缺性这一前提出发，当一个社会或一个企业用一定的经济资源生产一定数量的某类产品时，这些资源就不能同时用于其他的生产方面。这就是说，这个社会或企业所获得的一定数量的收益，是以放弃用同样的资源来生产其他产品时所获得的收入为代价的，这就是说，还有机会成本。一个社会必须将有限的社会资源投入到最能实现社会发展总体目标的社会部门，才能促使社会进步；一个企业也必须将其拥有的有限资源用于能够取得更大收益的业务项目，才能实现企业的经济价值和社会价值。企业的资源是什么？主要是人、财、物等有形资产和技术、品牌等无形资产。华安目前80%的人在做车险等传统险种，相当大一部分资源也用到了这上面。可车险给我们带来了什么效益？大家有目共睹。以车险为代表的这些险种不但不能实现盈利，而且吞噬了其他业务来之不易的收益，这还没有计算资源倾斜于其中所造成的巨大的机会成本损失。企业是经济组织，实现经济效益是企业存在、企业经营的最主要目的之一，也是衡量企业价值的最主要指标之一，更是决定企业内各个业务品种存废的最主要尺度之一。如果说一个企业把宝贵的稀缺资源用于一些不赚钱的业务，你们说这个企业应不应该有所放弃？华安目前的车险等传统险种举步维艰，难以为继，造成这一局面的根源就是不规范的经营方式。你们说，我们应不应该放弃这种不规范的经营方式？

经济学中"机会成本"的原理不但对华安重要，对每个华安人同样重要。一个人最稀缺的资源是什么？是时间。"人生百年"，百年不是很有限吗？不然为什么有那么多绝顶聪明的人却痴迷于长生不老？所以，人生苦短，要珍惜生命、珍惜时间。一个人正常的工作年限一般是三四十年，如何在这有限的时间里成就自己的事业、实现自己的价值是每个人必须用行动做出的战略选择，"郎怕入错行"讲的就是这个意思。我经常和特华的其他团队讲，我给了你们做事的机会，带领你们做正确的事，你们

也很努力地做了，特华取得了一个个成功，你们没有浪费时间，你们实现了自身价值。可在座的各位恐怕迄今为止还不能这样和你的同事们讲，因为你下面的人工作都很勤勉，付出了那么多时间和精力，但是没有达到预期的效果，没有获得应该有的成功。可以说，大家的时间没有取得最佳收益，机会成本太大了。我们中间一些人也就剩下 5—10 年的工作时间，他们还能经得起多少浪费啊！所以我常说，我们首先要做正确的事，然后才是正确地做事。

只有站在理论的源头搞清楚了为什么说"没有放弃就没有战略"，我们才能统一思想、开始行动。因为放弃而取得成功或成就一生的人和事，古今中外比比皆是。例如毛泽东在领导中国革命时放弃了首先夺取大城市的战略，改走农村包围城市的道路，终于取得中国革命胜利；我们党在新时期由于否定了"文化大革命"，放弃以阶级斗争为纲而转到以经济建设为中心，中国才出现了长达几十年的高速发展局面。企业的例子就更是多得不胜枚举，像摩托罗拉、松下、西门子、IBM、微软，等等，无不有以退为进、既放弃又创新的战例，所以他们能持续发展，才有今日的辉煌。

敢于承认并坦然面对失败是一种根深蒂固的自信。如果我们不放弃，从近年实践的结果来看又怎么样呢？比方说今年我们铲除车险毒瘤在一定范围内某种程度上是失败了，"野火烧不尽，春风吹又生"，铲除这些毒瘤在某些地方就像割韭菜一样，割了又长，如深圳分公司赔付率 80% 以上的车险业务又占到了 33%。你们说，问题究竟出在哪里？我们应不应该放弃？

二、华安目前在干什么——应放弃什么？

看清楚了公司的现状，我们就会马上明白应该放弃什么？用制度经济学的术语来讲，华安目前的状况是深陷一种"路径依赖和自我强化"的境地。路径依赖是指一种制度一旦形成，不管是否有效，都会在一定时期内持续存在并影响其后的制度选择，就好像进入了一种特定的路径并只能按照这样的路径走下去。"自我强化"是指某些人由于从这个制度中得益，便积极地遵循它、主动地适应它，而且还可能有"创造"，比如能创造出与这个制度安排相适应（配合）的制度安排，其中既有正式规则，也有非正式规则，即潜规则。华安车险等传统业务的不规范经营，目前正是这样一种状况。这几年华安的车险业务占据了总业务量的大半壁江山，而长期的不规范经营使得车险业务陷入恶性循环，造成严重后果，积重难返。我总结了八种现象，大家可以看一看华安是不是进入了"路径依赖"和"自我强化"，是不是产生了相应的恶果。

1. 长期以来形成的惯性思维使很多人认为财险公司必须依赖车险、财产险，甚至有人认为华安是车险公司。

2. 80%的人爱干车险，公司将大部分资源用于车险。

3. 中国保监会规定的"15%"和"4%"得不到落实，外部成本内部化，机构和业务员的种种方法和处理方式使这一规定名存实亡，根本没有收到实效。

4. 车险队伍中的大部分业务人员都在伸手，都在严重损害公司利益，有人甚至公开说，争不到5%以上的回报不会干。

5. 我们还在自套枷锁，还在讨论和追求大家明知几乎不可能实现的"财务打平"和"96法则"，这不说是自欺欺人，至少也是讳疾忌医。

6. 可以预见，我们正在做的事情——准备做的车险经营5年后还看不到向好的迹象。公司每年都在做预算，但从来完不成，根本不可能解决公司生存和发展的问题。公司经营班子今年即便降低5—10个百分点的成本，也不可能扭转这一局面。

7. 互相欺骗，破坏诚信。公司内外之间、内部上下之间不讲诚信，无视"建设责任诚信文化"的倡导，与公司的文化严重背离。比如某些机构年底作假、指标数据不真实，明显做不到财务打平，却还在不知疲倦地讨论如何做平；又比如我们一位总公司班子成员兼分公司老总，这次稽核调查部下去一查，他报的那个利润就有问题。本来并没有怪你们没做好，因为你们已经做得有起色了。但你们为什么要做假？是因为你们要面子，一想着自己是老保险，不产生点利润交不了差。缺乏坦诚是商业生活中最卑劣的秘密。韦尔奇说过，有一种人不能用：有智慧、有贡献、有本事、有能力但不认同公司文化的人。请你们记住韦尔奇的话。

8. 公司内部互相埋怨，最后集中埋怨我。坏事生怨，成事和谐。做得不好就互相埋怨，其结果是做得更差，于是互相埋怨发展到互相指责，这已经成了恶性循环。我在特华成功的一个重要因素就是和谐，而华安某种程度上则缺少这种和谐。

以上种种，都与车险等业务的不规范经营密切相关，甚至大部分是其直接后果。这种明显的"路径依赖"和"自我强化"造成一种螺旋式上升的恶性循环，严重威胁到华安的生存和发展。我问过很多人，五年后华安的车险能不能做到 100 亿元？他们都说难。我又问他们，"96 法则"标准下的 100 亿元呢？他们说几乎不可能。就算车险 5 年后达到 100 亿，前面四年要亏损多少？华安能背着这样巨大的亏损活到 5 年后吗？所以说，我们现在已经陷入了一片沼泽地，污泥浊水已经淹到各位的胸口啦！我现在就是要把你们从沼泽地里拉出来，然后带领你们走一条通过规范达到我们既定目的的新道路。事实也证明，我再不拉你们一把，你们就会陷于灭顶之灾而不能自拔啦。前一段时间我们铲除车险毒瘤，赔付率 80% 以上业务一刀斩断。可现在又产生这么多赔付率 80% 以上的业务，照这样发展下去，从明年开始每年要亏损 10 亿元以上，我一想起这些就感到恐惧。你们说这为什么？因为整个车险市场、我们的车险队伍已经是积弊难除、积重难返。我们要从现实出发，而不是从过去的实际和自己的主观意愿出发。你们说，我们应该放弃什么？车险方面的毒瘤再难除也得除，再难返也得返回到规范经营上来！

三、树财险公司的社会形象——应放弃什么？

现在请大家稍稍放松一下，不要过分自责。因为不单单华安一家如此，整个财险行业都是如此，积重难返的弊病极大地破坏了所有财险公司的社会形象。平安的老总马明哲曾经说，华安送给他，他都不要。同样地，平安财险送给我，我也不要。为什么？迄今为止，财险公司中确实存在社会形象太差的问题。我总结了存在于某些财险公司中的五种社会形象，大家看看是不是这样：

1. 保险品牌的自毁者——车险的不规范经营使得保险公司的品牌形象大打折扣，甚至完全毁掉。社会上流行的"臭保险"等称谓，主要是车险等传统险种的不规范经营造成的。

2. 公司生命的自残者——不规范经营造成的亏损越来越大，包袱越来越重，饮血止渴，自己在喝自己的血，而且流出来的血绝大部分都被那些违规者喝掉了，一些财险公司正在走向一条不归路。

3. 和谐社会的破坏者——承保恶性竞争，内部相互埋怨，在很多方面严重破坏了公司和谐和社会和谐。

4. 法制进程的阻碍者——经营不遵守法律法规，违规操作、暗箱操作比比皆是，以致某些机构几乎成了罪恶的温床，严重阻碍了法制社会建设的进程。

5. 诚信文化的背离者——在理赔过程中，对客户承诺的服务不兑现，欺骗客户，年底指标作假、欺骗公司和监管部门。

上述五种社会形象不是我凭空杜撰，都有事实根据。面对这样一种令人尴尬、令人汗颜的局面，我们唯有下决心改变它。要改变就必须放弃我们原有的思维习惯和行动惯性，改弦更张，执行新的战略。在这方面，我早就说过，华安要做行业中的先行者，要不折不扣地依《保险法》行事，要做中国保监会相关政策规定的坚定拥护者和坚决执行者，要为改变财险公司的不良社会形象率先垂范，作出自己的社会贡献。

四、华安"放弃"的是不规范的传统保险业务——怎样放弃？

华安要做行业中规范经营的先行者，要为改变财险公司的不良社会形象率先垂范，就必须放弃不规范的传统保险业务（包括车险、财产险、人身险），实现完全、严格、彻底的规范经营。那么，究竟怎样放弃呢？

1. 统一思想。

对于实行"放弃"战略，股东、董事会、总公司的思想都已经统一。今天把分公司一把手请过来，花两天时间开会讨论，就是为了统一思想。会上大家可以提不同意见，而且我希望多提意见。这次会议就是通过交流、对话、解答等方式来统一思想。我当然希望大家尽快统一思想，但我也没有奢望你们100%都赞成，因为各人的知识背景、工作经历、考虑问题的角度并不一样。

为了尽可能统一思想，我再务点虚。"放弃"既然是一种战略，那我希望大家认识到，企业的战略选择应该做到"三个有利于"，即：有利于企业资源的合理配置，有利于增强企业的核心竞争力，有利于企业的可持续发展。不符合这"三个有利于"的，企业就应该果断放弃。必要的放弃是一种极重要的明智的战略选择，放弃车险等的不规范经营同样是华安明智的战略选择。

当然，在目前的市场环境下，严格执行这一战略，意味着几乎要放弃车险和其他一些传统险种业务，因为严格执行中国保监会规定的"15%"和"4%"，有关人员就不会把业务带到华安来。对此，我们要有坚定的决心，不论付出多大的代价，也要实现车险的规范经营；我们也要有充分的准备，通过公司直接掌握客户资源、改变营销模式等多种手段去争取客户。因此，这次所谓的放弃，实际是在理智地选择、在寻找新的机会、在迎接新的挑战，更是阳光化地参与竞争。我相信，只要我们内功修炼得好、工作做到家、服务做到位，客户的眼睛是雪亮的，他们懂得如何选择。

我知道大家对此次"放弃"有很多担心，我把大家的担心归纳为五个方面，下面让我们一起来逐一分析一下到底值不值得担心：

（1）担心监管部门是否支持。我知道有些人为什么有这种担心，因为你们误认为监管部门只追求保费规模，我们率先规范经营，前期必然会导致车险规模一定程度的萎缩，怕监管部门有意见。但是，监管部门并不只追求保费规模增长，保监会要求又好又快地发展，好字还放在前面。我相信，监管部门对华安的这个举动是支持的，因为规范经营是保监会的要求，"15%"和"4%"是保监会的规定，铲除车险毒瘤对这个行业健康发展大有好处。非常令人振奋的是，黎克虎带来了最近保监会财险部会议的精神，我们的举措完全符合保监会监管精神。

（2）担心同行有意见。实事求是地说，财险同行对我们的行动反应是复杂的，有人散布"华安不做保险了"就是最极端的反应，对此我们不必太在意，"不做不规范的保险"等于"不做保险"，哪有这样的逻辑？不过，对我们有意见的是少数。我们应该相信，同行最终是会支持我们的，因为我们是在为整个行业的健康发展探索一条正确的道路，做正确的事比正确地做事更重要。

（3）担心客户流失。严格执行保监会"15%"和"4%"的规定，刚开始的一段时期，车险客户会有所流失。但是，我们要相信大多数客户是理性的、眼睛是雪亮的，我们这么做是彻底地去掉中间环节侵吞利益，是真正把资源倾斜于为客户服务，日久见人心，客户最终会选择华安。

（4）担心对公司内部机构和人员不利。既然是做正确的事，而不是不做事；既然是规范地做保险，而不是不做保险，我们就不会因此而裁撤机构和裁减人员，所以，这样的担心也是不必要。但是有一条，所有机构和人员都必须适应，都必须不折不扣地执行公司这一战略。如果不能适应，如果不尽心竭力去做，收不到实效，那么，该关的机构坚决关，不适应的人、特别是不愿意适应的人自己会走。以前做车险等业务的人，由于规范使这些业务量不足的情况下，我们鼓励他们转做学贷险、理财险、责任险，等等，由此富余出来的后线人员要求他们到前线去工作。总之，公司不会抛弃任何人，一定给任何人以时间，给任何人以机会，当然，结果如何，取决于每个人自己。

（5）担心影响公司的现金流。这一规范举动必然带来车险等业务规模的暂时萎缩，由此而造成的赔付现金流缺口是大家最为担心的。但是，我可以负责任地告诉大家，我们选择在这个时候下定决心这么做，是有足够底气的，是完全有能力的，公司在其他业务上的现金流和收益完全可以弥补这一缺口。因此，在讨论我们的行动是采取"稳步推进"还是"休克疗法"时，我更倾向于"休克疗法"，因为我有把握在"休克疗法"中不"休克"，而长痛不如短痛。

我们已经定下了华安要不迟于明年底借壳上市的目标，现在条件已基本成熟，从国家宏观形势、保险形势、华安形势来看都是如此。但是，如果我们继续容忍不规范的车险等业务不规范经营的存在，我们将丧失我们的优势，将失去历史给华安带来的一次好的机遇，我们好不容易、辛辛苦苦争来的大好发展态势将烟消云散。所以，我们切不可掉以轻心，规范经营时不我待，大家一定要有紧迫感。

2. 彻底规范经营，明确责任。

关于如何"放弃"，关于如何规范经营，我们的原则是要把复杂的问题简单化，今后华安的车险经营必须严格遵守保监会"15%"和"4%"的规定，不允许有任何形式的其他外部成本和费用处理方式。公司会就此出台一些文件，规定一系列操作措施，希望大家不折不扣地执行。

3. 狠抓客户服务，认真兑现对客户的承诺。

"放弃"是为了更好地规范经营，更好地为客户服务。不能因为短期内我们的车险等业务下滑就忽视服务、放松服务、不愿服务，相反，要利用这个比较艰难的过渡阶段来锻炼我们的队伍，使之比以前能更快、更好、更优地服务于客户。关于客户服务问题，公司会有更加严格的要求，分支机构一把手要高度重视、认真组织落实，出了问题一票否决。

4. 沉下心来，扎实抓好公司已经创出华安特色的几项工作。

公司已经创出华安特色的工作主要有以下几项，希望大家扎实抓好。

一是理财险。中国保监会已重新放开了华安的销售口子，对此，理财险部老总童清将作出专门布置。

二是学贷险等面对弱势群体的新险种。总、分公司要尽快成立学贷险部（分部），实行垂直管理，公司授权学贷险部全权负责学贷险工作的安排和布置，对经营结果负全责。给予学贷险业务以资源上的倾斜，给予其经营决策权，并配套建立相应的考核、激励办法。

三是开发小额农贷等新产品。公司将组织专门的队伍，尽快进行研究开发。

5. 全员动员、狠抓创新，在华安掀起创新高潮。

华安目前的工作重点要落在新产品开发和营销模式创新两个方面，要通过不断推出市场需要的保险新产品和有竞争力的营销模式来弥补"放弃"而给公司带来的不利影响。我们现在也已经有精力和时间静下心来做我们愿意做并且能够做好的事情。公司在会后要马上成立产品创新部，扎实组织和推进公司的产品创新工作。董事会将会支持公司出台一系列鼓励创新的措施，实行资源倾斜，大奖特奖，真正让一批讲责任、懂专业、有奋进精神、勇于创新，为华安事业作贡献的华安人实现自己的价值。

6. 狠抓诚信，提倡奉献。

要在公司上下掀起"以诚信为荣"的系列活动，使不诚信者无立足之地。请董事会负责组织系列活动，各位分公司老总要率先行动，做出表率，首先就要把年底的数据搞准确、搞清楚。这是华安的文化，这种文化就是一种"责任、诚信、奉献"的文化，不认同这种"诚信"文化的人公司绝不能用。公司以前有位老总就是因为不讲真话、不讲诚信，虽然他并无大过，没有做什么坏事，我也将他请走了。不讲真话不行，不讲真话的人我们就只有请他离开。

关于奉献，我还想讲几句。前段时间有人跟我讲，华安有的人8小时工作制都不遵守，上班迟到，下班提前开溜。问他原因，他说是华安给他的工资打了折，所以他的上班时间也打个折。这连起码的职业经理人素质都没达到。何况华安现在不但要求职业经理人的素质，更要求大家有革命精神。人是要有点革命精神的，没有革命精神，华安的事业就做不好。特华的其他团队为什么做得那么好？一个重要原因就是因为他们有"奋进、奉献"的革命精神。今后我们在华安也要大力提倡这种精神。

我今天主要说的是"放弃"，人该放弃的时候就应该放弃、必须放弃，放弃是为了更好更多的拥有。我讲的内容很多，中心意思可以归结为三句话：坚决贯彻保监会的政策法规，彻底摒弃业务的不规范经营，保证华安可持续阳光发展。

在规范经营工作会议上的补充讲话[*]

（2006 年 12 月 31 日）

在陈爱民副董事长作总结之前，我先向大家讲三点补充意见。

第一，刚才童清同志代表董事会、代表公司向大家作了理财险工作的计划部署，各分公司一定要相信金融保险部这些人的能力、服务态度和服务水平，特别是要相信他们对提高分公司的服务水平、帮助分公司开拓渠道的能力和方法。童清是一个非常直爽的人，包括郑新、陈彪、邓山这几个同志，都是能打仗的人。这一年我和他们的接触非常多，你们一定要相信他们，并且要请他们去指导，一些鸡毛蒜皮的事情不要在面上扯来扯去。要以工作为主、为重，刚才童清说话的口气有特色，毕竟是童清，不这样讲就不是他了，而事实证明，他是能打仗的，包括原来在大连，以及后来负责金融保险部。你们分公司老总一定要相信金融保险部的力量，他们是打出来的。刚才童清说的这些话，也是代表董事会、代表公司的意见。现在我们时间紧，一切要看结果，扯多了没用，不要滥扯。要相信，金融保险部他们完全可以指导你们把仗打好。

第二要和大家说的，今天我想提一件事，这事已经向你们吹了很多风，也一直想找一个机会给各位分公司老总讲一堂课。什么事呢？那就是要打造一个强大的总部。一个金融机构要有价值，其总部的力量必须强大，就像一支能打胜仗的军队，必须有一个强有力的司令部。这也是我在否定自我中认识到的，我原来什么事情都要分公司一把手去干，结果事实证明有问题，当然也有很多其他因素。同时，我也通过对平安、民生银行、招商银行等机构，以及不少金融业的百年老店的研究，发现其价值主要在于总部的力量强大。做金融风险非常大，总部的控制能力、系统驾驭能力，包括对分支机构的服务能力是关键。例如一些国际金融财团，拥有全球网络，他是如何控制的？就是因为他们虽然是全球化，点多面广，但

---

* 2006 年 12 月 31 日在华安财产保险公司"规范经营工作会议"上的补充讲话。

是控制能力非常强。因为总部控制能力强，所以他们管理高效，业绩不凡。我们董事会现在也要打造一个强大的总部，所以收权会收得多一点，分公司一把手要能理解金融、理解保险，理解一个金融企业站在高层面看这件事的观点。大家要想开一点，总公司不是和你争权，是因为如果一个金融机构的董事会、总部不强大，分公司也不可能强大。所以包括这次实行"放弃"战略开始，我们先（把权限）收上来，该垂直管理就垂直管理，各分公司一把手在当地和在总公司都是一样的，例如原来李军当云南分公司老总和现在当财务部老总都是一样的，只是一个角色的转换，作为一家金融机构，我们必须这么做。为什么民生银行的股票一个劲地往上冲？就是因为前几年他率先进行了一个大规范、大调整，你看他现在的案件为零，比招商银行还好，今年福布斯把它评为2007年第一流的银行。所以大家一定要明白，从我们的发展看，不那么走不行，不是为了和分公司争权，是为了遵循金融企业发展的内在规律，所以我希望我们的分公司一把手要明白这些。当然，在这个过程中不可能做得都对，有意见可以提上来，我们现在不是要自我否定吗？

　　第三点意见，就是大家回去后要在第一时间抓紧向当地的保监局局长汇报。我在报告中曾提醒过大家，我说过产险这个行业存在的五种角色或五种形象（保险品牌的自毁者、企业生命的自残者、和谐社会的破坏者、法制进程的阻碍者、诚信文化的背离者）。大家在汇报这些问题时，一定要注意要在前面加个定语（我讲的时候在前面是加了限制性定语的），比如说某些产险公司在某些方面、某种程度或者在某项业务上面存在什么什么。你们在汇报的时候切忌简单化，太省略了不行，切记要在前面加上定语，以免引起监管部门的误会。上次我们刚提出铲除车险毒瘤的时候，就曾有保监会领导问我："李光荣，你说车险就是毒瘤？"我只好耐心解释说，我没说车险是毒瘤，我是说车险业务里面有毒瘤，违反保监会规定，不规范做车险会形成毒瘤。所以大家要注意，要讲求汇报的艺术，我的讲话也可以给他们，现在正在整理，整理了以后争取在4号（2007年1月4日）前发到你们邮箱，我所说的都是可以汇报的。我就补充这三点。

认清形势　明确任务　修炼学习　主动工作*

（2007 年 1 月 5 日）

刚才看到张雷同志做 2006 年稽核调查工作总结报告时大汗淋漓，我很感动。最近两次参加稽核调查部会议，我也同样"流血流汗"了。上次参加稽核调查部在广东清远召开的 2006 年中期会议，我从杭州飞往广州，半天会议下来，全身都被汗浸湿了；这次在深圳参加稽核调查部 2006 年工作总结暨培训大会，昨晚从北京飞到深圳，早上起来，发现鼻子流血了。看来，要有资格参加稽核调查部的会议真不容易，也要流血流汗。可见我们的稽核调查工作是何等艰辛，何等困难。

怎么难？我想和大家作个交流。

2006 年 12 月 11 日，加入 WTO 过渡期结束，国门全部开放了，反应最快的是资本市场，整个中国资本市场将发生翻天覆地的变化，这与我们在座各位也息息相关。对保险市场肯定也会产生深远的影响，我们必须认真研究对策，做好自己的工作。稽核调查部，包括原来的稽核监察部和特别调查部，应该说在 2006 年做了非常多的工作，而且都做得非常好。刚才张雷同志在 2006 年稽核调查工作报告中提到，去年为公司挽回损失 2 亿多元。大家可以想一想，一个一年做 20 多亿元保费的公司，减损就达到 2 亿多元，占比达到 7%—8%，是多么不容易！同时，还对 52 名违法违纪人员进行了处理及处罚，其中凝聚了多少稽核调查部人员付出的汗水，泪水甚至是鲜血。

近几年，华安能一步一步稳健地走到今天，应该说是与稽核调查部的付出有很大关系。如果说，两年前我在台上对稽核调查工作一般性地表扬表扬，鼓励鼓励，可能只是一种形式；那么，今天我在台上讲话，对稽核调查工作给予肯定，则是一种发自内心的赞许。这两年，我虽然没有直接在稽核岗位上工作，但感触也非常多。

---

* 2007 年 1 月 5 日在华安财产保险公司"全国稽核调查工作总结会议"上的讲话。

　　在以往的工作中，稽核调查线的同志们战胜了很多困难，付出了艰辛的劳动，也取得了很好的成绩。可以说除了完成董事会交办的任务外，稽核调查部始终坚持一切以公司利益为重的根本出发点，凭借高度的责任心与使命感，大力查处了一批违法违纪案件，为公司的健康稳定发展做出了突出贡献。这一点，我和陈爱民同志从2005年年初成立特别调查部开始就一直在关注，非常有感触。

　　这两年，稽核调查部做事公正，处理得当，没有出现过一起被冤枉的案例。当我司工作人员遇到人身威胁时，稽核调查人员及时挺身而出，维护了公司、客户和员工的合法的正当的利益，正义之师初露锋芒；在铲除车险毒瘤，打击外部不法分子时，稽核调查人员不徇私情、打击得力，在公司及行业内打出了威风，打出了名声，威武之师所向披靡；面对强权和威胁，稽核调查人员不卑不亢，不屈不挠，严于律己，洁身自好，在坚决打击不法分子的同时，以高尚的职业操守赢得了公司上下的信任和尊重，文明之师彰显风采。

　　我们稽核调查部所做的工作和取得的成绩，在保险行业和相关行业都引起了极大的反响，这一点也得到了保监会领导的充分肯定。相当一个时期，车险、财产险的产业链条，由于恶性竞争、不规范经营，在某种程度上成了罪恶的温床，相信大家在稽核调查工作中面临的压力都很大，我本人也深有体会。例如要将一台已赔付的被盗车真正追回来，要付出多少汗水和艰辛？这不是每个人都可以做到的，你们的成绩的确来之不易。

　　今天，能有这样一个机会和战斗在第一线的为这个事业作出贡献的同志们进行交流，我首先代表股东、董事会向稽核战线上的同志们表示诚挚的问候和衷心的感谢。

　　下面，我想从公司规范经营角度，对稽核调查战线上的同仁们提几点希望。

一、认清形势，增强紧迫感

　　我这里不是泛泛地讲一般的形势，而是讲与我们稽核调查工作有关的形势，分三方面来谈。

　　第一，国家层面。

　　一个时期以来，国家非常重视纪检监察工作，加大了对商业贿赂和执法人员本身的查处力度。企业法人也是社会的一分子，也是国家的一分子，有义务有责任参与到国家的各项工作中去。中国要真正自立于世界强国之林，拥有强大的软硬实力，实现长治久安，实现十多亿人民的富裕安康，最重要的就是要对内部坏分子和不法分子进行严厉的惩处和打击。这需要各个层次的纪检监察部门（包括稽核调查）发挥职能作用。

第二，行业视角。

目前金融行业最大的风险在保险市场。保险行业恢复经营二十多年以来，风险基本上没有暴露过，但却一直在高增长。风险防范是今年保险行业工作的重中之重。目前保险行业在经营管理上存在很多问题，监管部门今年对行业诚信体系建设和整顿行业规范经营的力度都会很大。前几天中国保监会产险部的领导在我公司的讲话中也表明了要实现规范经营的决心。"劣币驱逐良币"，劣币多了，良币就没有一个正确的价值评价标准了，所以必须消灭劣币。我们下这么大的决心带头彻底规范经营，为行业的良性发展做出贡献，在业内还是第一家。2007 年我们更应该加大规范经营的工作力度，这同时也要求稽核调查线的同志们加倍努力，要能充分保障这一目标的实现。

第三，公司本身。

今年公司打算借壳上市，面临的重大任务就是要实现经营管理的阳光化，透明化。我在去年 12 月 30 日专门作了题为《没有"放弃"就没有战略》的讲话，华安的"放弃"就是指传统保险业务（包括车险、财产险、人身险）完全、严格、彻底的规范经营。有些公司或领导不理解，认为谁先规范是要吃亏的，没有好处。后来我在向保监会领导做汇报和交换意见时，得到赞赏，也证明了我们规范经营的思路是正确的，是绝对有利的。现在华安只有一条路，就是率先规范，做出成绩，只有这样，才能保证华安的可持续发展，才能承担起该承担的社会责任。

稽核调查战线的同志们要认识到进行这场战争的严峻性、艰巨性。一个国家从一种政治经济体制转化到另一种政治经济体制，或是从一个经济圈转化到另一个经济圈，需要几十年甚至上百年的时间，而一个企业要做行业中的佼佼者，至少需要三到五年才能摆脱困境、胜利实施新战略。华安现在要做行业的佼佼者，这个战略转变非常难，没有长远的战略眼光是无法看清的。

今年元旦前后，公司变化比较大，震撼也非常大。短短一个月发生了太多的事情，有些同志会上不说，会后乱说。张雷同志信息多，我的信息也不少。有些传言说我们公司没有责任，不做保险了，有人说李光荣只赚钱了，就是只字不提我们是以壮士断腕的精神搞规范经营，只字不提我们是在严格按保监会的 17 号、19 号、71 号文件的要求规范保险业务。这些都是平常按部就班的人看不到的不好的一面。所以稽核调查战线的同志们一定要认识到这场战争的严重性、艰难程度，要有充分的思想准备。

这个行业在某些部分、某些业务、某个阶段还存在几种不良形象，我曾经将其归纳为"保险品牌的自毁者，企业生命的自残者，和谐社会的破坏者，法制进程的阻碍者，诚信文化的背离者"，这些都是滋生罪恶的温床。我们改变行业不良形象的努力是在闹一场革命，要打破旧的利益格局，打破旧的制度安排，建立一种阳光化的、规范经营的，对行业、国家和民族负责的制度。稽核调查战线的同志们一定要意识到任务的艰巨性，认清形势，加强紧迫感。

二、找准定位，明确任务

第一，稽核调查工作要能够为公司的规范经营保驾护航。

我希望稽核调查部的同志进一步解放思想，开动脑筋，求真务实，加大稽核调查工作力度，千方百计地为公司的规范经营战略保驾护航。稽核调查工作是对公司的事业，也是对国家、行业做贡献，同志们要与公司董事会保持高度一致，要有大局观，全局观，要看得远，必须毫不保留、不折不扣地支持和执行公司的战略部署，要在这个特别的战略转折时期做出特别的贡献。

第二，监督各级机构提高内控执行力，更多地为公司经营服务。

稽核调查部除了对各分支机构进行公平、合理、客观的评价和监督外，更重要的是针对稽核调查过程中发现的问题，深入查找经营管理上存在的漏洞、产生弊病的根源，对存在或者可能出现的问题进行全面分析，提出有利于公司规范经营的合理化建议，充分发挥内部稽核在强化管理与监督方面的重要作用。处罚和调整都是为了帮助和支持公司的发展，不能树立与业务发展对立的形象。

第三，稽核调查自身要有明确的任务指标。

我最近在北京收听保监会张处长视频讲话，他在讲话中提到，如果保监会在检查过程中查出问题，而公司自己没有查出来，按道理相应的负责人要受到处罚。张处长讲得很对。所以，稽核调查部同志们的任务很重，必须要有个指标，请稽核调查部拿出方案来，这是一个任务。我们会请非常知名的会计师事务所、律师事务所来检查审核，会请保监会的同志来检查指导。总之，稽核调查部要明确定位、明确任务、明确责任。

三、修炼学习，发挥革命精神

此前公司的稽核调查工作有成绩、有贡献，同志们付出了很多，应该肯定，但并不是没问题。张雷同志在报告中对稽核调查工作存在的问题进行了反省、分析，说得非常到位。现在我们所从事的工作是一场革命，不发扬革命精神，就称不上铁军，就完不成任务。为此，我再简单地提三点要求。

第一，公司要加大人员培训力度，大家都要坚持学习，努力修炼提高自己。

第二，稽核调查部同志要有超职业经理人精神的精神。

我的意思是，同志们光有职业经理人的精神不行，我一再重申华安这个事业需要革命精神。什么是革命精神？就是要敢于牺牲自己，敢于流血，敢于向困难作斗争并战胜之。尤其在公司目前这场变革之中，没有这种革命精神，拉不下脸皮拉不下面子，不敢碰硬，工作按部就班，像算盘珠子那样拨一下动一下，华安事业就没有指望。稽核调查部这个队伍大部分都有这种革命精神，希望你们继续发扬，不断强化，后进的同志火速赶上来。

第三，要积极主动开展工作。

刚才我说了我们任务艰巨，环境复杂。哪里的经营出了问题，稽核调查部同志就要马上扑上去。我觉得这是作为一个监督执法者最起码的要求。这次调整之前，我们就做了预期，分析了哪几家分公司可能会出问题，一旦有风吹草动稽核调查部就应及时采取行动。这就要求稽核调查部要有预见性，要主动开展工作，要有团队精神，要提高整体的作战能力。

在今天这样一种复杂的社会环境、行业背景和华安历史情况下，我们做这样一次大的战略调整，稽核调查部承担着艰巨的历史使命和任务。希望大家珍惜机会，认真交流，加强培训，修炼提高，积极工作，不负众望。再次代表董事会向各位表示衷心的感谢，请你们相信，董事会不会忘记你们！

彻底规范经营是华安
可持续健康发展的唯一选择*

（2007 年 1 月 26 日）

这次传达贯彻全国保险工作会议精神，我只讲为什么彻底规范经营是华安可持续健康发展的唯一选择，拟从三个方面来阐述。

一、为什么要彻底规范经营

1. 从理论层面来讲。

经济学就是研究一个经济社会如何对稀缺的经济资源进行合理配置以期获得最佳效益来满足人的需要的科学。从经济资源的稀缺性这一前提出发，当一个社会或一个企业用一定的经济资源生产一定数量的某类产品时，这些资源就不能同时用于其他的生产方面。这就是说，这个社会或企业所获得的一定数量的收益，是以放弃用同样的资源来生产其他产品时所获得的收入为代价的，这就是说，还有机会成本。一个社会必须将有限的社会资源投入到最能实现社会发展总体目标的社会部门，才能促使社会进步；一个企业也必须将其拥有的有限资源用于能够取得更大收益的业务项目，才能实现企业的经济价值和社会价值。企业的资源是什么？主要是人、财、物等有形资产和技术、品牌等无形资产。华安目前 80% 的人在做车险等传统险种，相当大一部分资源也用到了这上面。可车险给我们带来了什么效益？大家有目共睹。以车险为代表的这些险种不但不能实现盈利，而且吞噬了其他业务来之不易的收益（2006 年经营亏损 3.9 亿，2007 年经营预计亏损 6 亿），这还没有计算资源倾斜于其中所造成的巨大的机会成本损失。企业是经济组织，实现经济效益是企业存在、企业经营的最主要目的之一，也是衡量企业价值的最主要指标之一，更是决定企业

---

* 2007 年 1 月 26 日在华安财产保险公司"全国保险工作会议精神传达大会"上的讲话。

内各个业务品种存废的最主要尺度之一。如果说一个企业把宝贵的稀缺资源用于一些不赚钱的业务，你们说这个企业应不应该有所放弃？华安目前的车险等传统险种举步维艰，难以为继，造成这一局面的根源就是不规范的经营方式。你们说，我们应不应该彻底规范经营？

经济学中"机会成本"的原理不但对华安重要，对每个华安人同样重要。一个人最稀缺的资源是什么？是时间。"人生百年"，百年不是很有限吗？不然为什么有那么多绝顶聪明的人却痴迷于长生不老？所以，人生苦短，要珍惜生命、珍惜时间。一个人正常的工作年限一般是三四十年，如何在这有限的时间里成就自己的事业、实现自己的价值并得到社会的认可，他首先必须作出正确的战略选择，"郎怕入错行"讲的就是这个意思。我经常和特华的其他团队讲，我牵头给了你们做事的机会，带领你们做正确的事，你们也很努力地做了，特华取得了一个个成功，你们没有浪费时间，你们实现了自身价值。可在座的各位恐怕迄今为止还不能这样和你的同事们讲，因为你下面的人工作都很勤勉，付出了那么多时间和精力，但是没有达到预期的效果，没有获得应该有的成功。可以说，大家的时间没有取得最佳收益，机会成本太大了。我们中间一些人也就剩下5—10年的工作时间，他们还经得起多少浪费啊！所以我常说，我们首先要做正确的事，然后才是正确地做事。我们现在"做正确的事"就是规范经营；"正确地做事"，就是规范地经营。"诚信"可以说是人的另一个重要资源，目前社会风气不好，诚信也成了稀缺资源，不规范经营就是不诚信的表现形式。"人无信不立"，我们华安人要尽快做到不缺诚信这种资源，彻底规范经营。

2. 从华安的实践过程来看。

敢于承认并坦然面对失败是一种根深蒂固的自信。如果我们不放弃，从近年实践的结果来看又怎么样呢？比方说，今年我们铲除车险业务毒瘤，在某种程度上就是失败了，"野火烧不尽，春风吹又生"。这些毒瘤就像割韭菜一样，割了又长，如深圳分公司赔付率80%以上的业务又占到了33%。为什么会这样？就是因为不彻底。我们的实践证明，像铲除车险毒瘤这种大动作，必须与所有业务的彻底规范经营结合起来才能从根本上解决问题。我从2005年开始就反复强调规范经营，反复强调"规范经营明得失，人间正道是沧桑"的理念，但事实证明，迄今为止我们没有彻底回到规范经营的正道上来，这是"毒瘤"割了又长的最主要的原因。

3. 从产险行业及华安公司经营结果看。

在最近五年中，全国真正有经营利润的产险公司又有几家呢？全国产险的综合成本率从 2005 年的 97% 上升到 2006 年的 102.7% 。近五年华安公司真正有经营利润的分公司又有几家呢？除广西分公司外，还有吗？这样的经营结果不得不让我们深思：目前产险行业及华安公司这种不规范的经营方式还能继续让它存在下去吗？不能！我们一定要彻底地规范经营。

4. 从监管部门的政策规定来看。

中国保监会看到了产险行业问题的症结，所以在 2006 年上半年接连下发了 17 号、19 号、71 号等一系列要求规范经营的文件。执行情况如何呢？面对近一年时间产险行业对监管部门这一系列政策的婉约颠覆，保监会于 2006 年 12 月 18 日召开行业大会再度重申规范经营对行业发展的重要性。在 2007 年全保会上，吴定富主席谈到"三高一低"时脱稿讲到："我年年讲这个问题，但一些公司重视不够、措施不力"；在 2007 年全保会期间，产险部郭主任在产险公司讨论会上也强调 2007 年的监管重点是解决贴费问题和服务问题。我们的产险行业，包括我们华安，又有什么理由不能彻底地按监管部门的政策规定规范地开展保险业务呢？

二、华安不规范经营的根源、现状及对社会产生的不良后果

吴定富主席在 2007 年全保会报告中指出："我国保险业仍然处在发展的初级阶段，保险市场、保险经营者、保险监管机构和保险消费者都还不成熟，在快速发展的过程中，存在这样那样的问题并不可怕，关键是要对问题的本质和成因有清楚的认识，并在保险业发展实践中切实加以解决。"我们可以结合自己的情况来分析。用制度经济学的术语来讲，华安目前的状况是深陷一种"路径依赖和自我强化"的境地。路径依赖是指一种制度一旦形成，不管是否有效，都会在一定时期内持续存在并影响其后的制度选择，就好像进入了一种特定的路径并只能按照这样的路径走下去。"自我强化"是指某些人由于从这个制度中得益，便积极地遵循它、主动地适应它，而且还可能有"创造"，比如能创造出与这个制度安排相适应（配合）的制度安排，其中既有正式规则，也有非正式规则，即潜规则。华安车险等传统业务的不规范经营，目前正是这样一种状况。这几年华安的车险业务占据了总业务量的大半壁江山，而长期的不规范经营使得车险业务陷入恶性循环，造成严重后果，积重难返。我总结了八种现

象，大家可以看一看华安是不是进入了"路径依赖"和"自我强化"，是不是产生了相应的恶果。

1. 长期以来形成的惯性思维使很多人认为产险公司必须依赖车险、财产险，甚至有人认为华安是车险公司。

2. 80%的人爱干车险，而且大部分只会干车险，因为车险简单，进入门槛低，相应地，公司将大部分资源用于车险。

3. 中国保监会规定的"15%"和"4%"的手续费政策，以及大家耳熟能详的2006年中国保监会的17号、19号、71号等文件得不到落实，外部成本内部化，机构和业务员的种种方法和处理方式使这一政策规定不痛不痒地被婉约颠覆，没有收到实效。

4. 车险队伍中的大部分业务人员都在伸手，都在严重损害公司利益，有人甚至公开说，每单业务挣不到5%以上的回扣不会干。

5. 我们还在自套枷锁，还在讨论和追求大家明知几乎不可能实现的"财务打平"和"96法则"，这不说是自欺欺人，至少也是讳疾忌医。

6. 可以预见，我们正在做的事情——准备做的车险经营5年后还看不到向好的迹象。公司每年都在做预算，但从来完不成，根本不可能解决公司生存和发展的问题。公司经营班子今年即便降低5—10个百分点的成本，也不可能扭转这一局面。

7. 互相欺骗，破坏诚信。公司内外之间、内部上下之间不讲诚信，无视"建设责任诚信文化"的倡导，与公司的文化严重背离。比如某些机构年底作假、指标数据不真实，明显做不到财务打平，却还在不知疲倦地讨论如何做平；又比如我们一位总公司班子成员兼分公司老总，这次稽核调查部下去一查，他报的那个利润就有问题。本来并没有怪你们没做好，因为你们已经做得有起色了。但你们为什么要做假？是因为你们要面子，一想着自己是老保险，不产生点利润交不了差。缺乏坦诚是商业生活中最卑劣的秘密。韦尔奇说过，有一种人不能用：有智慧、有贡献、有本事、有能力但不认同公司文化的人。请你们记住韦尔奇的话。

8. 公司内部互相埋怨，最后都埋怨我。坏事生怨，好事和谐。做得不好就互相埋怨，其结果是做得更差，于是互相埋怨发展到互相指责，这已经成了恶性循环。我在特华成功的一个重要因素就是和谐，而华安某种程度上则缺少这种和谐。

以上种种，都与车险等业务的不规范经营密切相关，甚至大部分是其直接后果。这种明显的"路径依赖"和"自我强化"造成一种螺旋式上升的恶性循环，严重威胁到华安的生存和发展。我问过很多人，五年后华安的车险能不管能做到 100 亿元？他们都说难。我又问他们，"96 法则"标准下的 100 亿元呢？他们说几乎不可能。就算车险 5 年后达到 100 亿元，前面四年要亏损多少？华安能背着这样巨大的亏损活到五年后吗？所以说，我们现在已经陷入了一片沼泽地，污泥浊水已经淹到各位的胸口啦！我现在就是要把你们从沼泽地里拉出来，然后带领你们走一条通过规范达到我们既定目的的新道路。事实也证明，我再不拉你们一把，你们就会陷于灭顶之灾而不能自拔啦。前一段时间我们铲除车险毒瘤，赔付率 80% 以上业务一刀斩断。可现在又产生这么多赔付率 80% 以上的业务，你们说这为什么？因为整个车险市场、我们的车险队伍已经是积弊难除、积重难返，因为我们对不规范经营行为睁一只眼，闭一只眼。我们要从现实出发，而不是从过去的实际和自己的主观意愿出发。你们说，我们应不应该彻底规范经营？

我越往前思考、越往高思考就越感到恐惧和自责。因为我带领华安的大部分同志们做了一件做不好、做不到而又逼着同志们去做的事。这个事情现在这种做法，从明年开始每年仍要亏损 10 亿元以上，你们说能不恐惧吗？华安有什么资格谈承担社会责任？哪有能力来承担社会责任？由此我自责。特华其他团队运作良好、班子和谐、经营效率高，是因为我带领他们走了正确的路，去做正确的事、能做好的事。而华安这批股东和董事会却还一直放任华安的同志们用不诚信的行为去做不规范的事，这怎么行呢？

华安公司前些年的社会形象太差，近几年有所转变，但还没有赢得社会的认可。我总结了产险行业某个阶段、某些机构以及某些极不规范的经营方式形成的五种社会形象，这在华安公司也不同程度存在，大家看看是不是这样：

1. 保险品牌的自毁者——车险的不规范经营使得保险公司的品牌形象大打折扣，甚至完全毁掉。社会上流行的"臭保险"等称谓，主要是车险等传统险种的不规范经营造成的。

2. 公司生命的自残者——不规范经营造成的亏损越来越大，包袱越来越重，饮血止渴，自己在喝自己的血，而且流出来的血绝大部分都被那些违规者喝掉了，一些财险公司正在走向一条不归路。

3. 和谐社会的破坏者——承保恶性竞争，内部相互埋怨，在很多方面严重破坏了公司和谐及社会和谐。

4. 法制进程的阻碍者——经营不遵守法律法规，违规操作、暗箱操作比比皆是，以致某些机构几乎成了罪恶的温床，严重阻碍了法制社会建设的进程。

5. 诚信文化的背离者——在理赔过程中，对客户承诺的服务不兑现，欺骗客户，年底指标作假、欺骗公司和监管部门。

以上五种社会形象并不是我凭空杜撰，都有事实根据。面对这样一种令人尴尬、令人汗颜的局面，我们唯有下决心改变它。要改变就必须放弃我们原有的思维习惯和行动惯性，改弦更张，执行新的战略。在这方面，我早就说过，华安要做行业中的先行者，要不折不扣地依《保险法》行事，要做中国保监会相关政策规定的坚定拥护者和坚决执行者，要为改变产险公司的不良社会形象率先垂范，做出自己的社会贡献。

三、怎样规范经营

1. 认真学习、深刻领会今年全国保险工作会议精神及吴定富主席的讲话精神，认真贯彻落实到华安的各项工作中。

吴定富主席在 2007 年的全保会议上把目前保险业的粗放型的增长方式形容为"三高一低"，即高投入、高成本、高消耗、低效率。所谓高投入，突出表现在一些公司的业务增长主要依靠设机构、铺摊子，主要通过加大投入谋求外延式扩张，集约经营和内涵式增长的能力不强；高成本突出表现在公司管理水平比较低，经营成本特别是部分公司高管人员的薪酬不断攀升；高消耗表现在公司依靠简单的费率和手续费竞争占领市场，保费大量流失，行业利益得不到有效维护；低效率主要体现在对保险资源的利用比较粗放，部分公司追求短期利益，对保险资源进行掠夺性开发，严重损害了行业的整体形象。吴主席的报告同时也对"诚信经营"这一困扰保险业的难题进行深刻剖析，在对"不诚信"的现象及成因进行阐述后强调，随着保险市场的发展，诚信经营越来越重要。必须以诚信服务赢得客户，规范经营赢得市场。

2. 不折不扣地贯彻执行中国保监会有关政策规定。

要规范经营，就得全面掌握和切实贯彻执行中国保监会有关政策规定，特别是要严格按照中国保监会 2006 年的 17 号、19 号和 71 号文件规定来开展保险业务。同时，在展业过程中要严格执行总公司据此作出的关于规范经营的一系列政策操作要求，严格把住"贴费"销售关，公司渠道业务的代理手续费严格按照交强险不超过4%，其他险种不超过15%掌握。总公司班子成员、各部门、各分公司必须责任明确，哪个环节拖沓或不到位或产生相反结果，都必须严格追究责任。

3. 狠抓客户服务，认真兑现对客户的承诺。

规范经营是为了更好地为客户服务。不能因为短期内我们的车险等业务下滑就忽视服务、放松服务、不愿服务，相反，要利用这个比较艰难的过渡阶段来锻炼我们的队伍，使之比以前能更快、更好、更优地服务于客户。我们要继续推行"比出险客户的亲人早到三分钟"的服务理念，客户服务问题公司会有更加严格的要求，各分公司一把手要高度重视、认真组织落实，出了问题一票否决。总公司也要加大对分公司的支持力度、检查力度，公司上下都应各司其职、各负其责。

4. 沉下心来，扎实抓好公司已经创出华安特色的几项工作。

公司近年来已经创出了具有华安特色的几项工作，希望大家扎实抓好。

一是理财险，保监会重新放开了华安的销售覆盖面和销售规模，这说明保监会对我们销售能力和投资能力非常信任，我们要下大力气抓好此项工作。

二是学贷险等面对弱势群体的新险种。总、分公司要尽快成立学贷险部（分部），实行垂直管理，公司授权学贷险部全权负责学贷险工作的安排和布置，对经营结果负全责。学贷险部要下大力气迅速扩大学贷险销售的规模和覆盖面。为此，要给予学贷险业务以资源上的倾斜，给予其经营决策权，并配套建立相应的考核、激励办法。

三是加大力度进行小额农贷险等新产品、餐饮综合责任保险产品的推广销售，总公司要重点研究销售策略，分公司要组织专门的队伍进行销售推进。

5. 全员动员、狠抓创新，在华安掀起创新高潮。

华安目前工作重点要落在新产品开发和营销模式创新两个方面，要通过不断推出市场需要的保险新产品和有竞争力的营销模式，来弥补因规范经营而带来的业务增长速度暂时放缓的不利影响。而且我们已经有精力和时间静下心来做我们愿意做并且能够做好的事情。公司已在筹备成立创新发展部，扎实组织公司的产品创新、渠道创新等工作。董事会将会支持公司经营班子出台一系列鼓励创新的措施，实行资源倾斜，大奖特奖，真正让一批讲责任、懂专业、有奋进精神、勇于创新、为华安事业作贡献的华安人实现自己的价值。

6. 狠抓诚信，为华安彻底规范经营创造文化环境。

要在公司上下掀起"以诚信为荣，以不诚信为耻"的系列活动，使不诚信者在华安无立足之地。请董事会负责组织系列活动，各位分公司老总要率先行动，做出表率，首先就要把 2006 年底的数据搞准确、搞清楚。这是华安文化的要求，这种文化就是一种"责任、诚信"的文化，不认同这种"诚信"文化的人公司绝不能用，也不能留。公司以前有位老总就是因为不讲真话、不讲诚信，虽然他并没有做什么坏事，我也将他请走了。不讲真话不行，不讲真话的人我们就只有请走他、让他离开，这样做对他本人和公司都有利。2006 年 12 月底召开各分公司"一把手"会议结束时，我要求"一把手"带队向当地保监局长汇报——如实汇报——规范经营，但个别分公司老总在总公司表态时是一套，回到当地汇报时另搞一套，既欺骗总公司又欺骗保监局领导：说李光荣、华安为了赚钱不做保险了，只做融资了。以此误导监管部门，这是极不诚信的表现。最近，公司将严肃处分一批不讲诚信、不规范经营的机构和个人。要让这些不讲诚信、不规范经营的机构和个人承担起他应承担的成本或付出代价。往后董事会对这些方面的处理将会越来越严格、越来越严厉。

同志们，吴定富主席在前几天召开的 2007 年全国保险工作会议上强调指出："诚信服务赢得客户，规范经营赢得市场"，让我们时刻牢记定富主席的谆谆告诫，坚决贯彻保监会政策法规，彻底摒弃不规范业务经营，保证华安可持续阳光发展。

狠抓客户服务和创新，彻底实行规范经营[*]

（2007 年 2 月 2 日）

今天召集的是董事会部分成员、公司总裁室班子成员和总公司各部门负责人的会议，首先和大家交流一下情况。第一，现在的华安处在什么时期和什么境地？我认为是处在类似于康熙王朝早期，当时吴三桂叛乱，京城不保，孝庄皇太后把家奴宫女都集合训练起来保卫京城。可以说，华安现在正处于这样一个危机时代，形势非常严峻，在座的有些人可能也感觉到了。

第二个情况，我们自召开规范经营战略调整会以来，现在正好一个月，这期间发生了一些事，现在可以告诉大家：有一名分公司一把手说要走，他在一年前的小梅沙会议上曾拍着胸脯说，自己没干好就跳黄浦江。我真想叫他跳了江再走（当然不是叫他自杀，而是让他有个交代），作为男人要"言必信，行必果"啊。还有浙江分公司葛可真要走，其他几个分公司老总也要走，可能还有更多支公司老总要走。我们究竟要大家做什么？不就是要求大家规范经营讲真话吗？当然，"道不同不相与谋"，天要下雨娘要嫁人，由他去吧。

第三个情况，就是新增客户服务的情况十分令人担忧。待会儿我请同益公估的侯董事长来讲一下，他前几天到浙江、宁波检查了一番，他掌握的是第一手情况，非常令人担忧。这说明过去我们总公司的一些工作到不到位，包括人事工作，现在机构理赔人员大部分都是编外人员，这些情况总公司是否了解？下面我谈两个方面的工作。

一、做好客户服务工作

这次规范经营战略是否成功，公司经济利益损失大小不是标准，唯一

＊ 2007 年 2 月 2 日在华安财产保险公司"领导班子和部门负责人座谈会"上的讲话。

的一个标准就是客户服务能否跟上？如果客户服务跟不上，出了问题，工作不细致，那么华安就可能在这次变革中翻船。古今中外历朝历代的变革，其成功的标准都是是否为大多数人谋利益，是否为人类谋利益。如果因为我们的变革，而减少了我们本应为客户提供的服务，那么这样的变革就是不成功的。这值得大家深刻思考。

如果客服做得不好，那么中国保监会、政府有关部门就会拿我们是问，同时这也是与我们的企业文化相违背的。这几天我一直在思考，我们这次变革的难度非常大，比我们做理财险、学贷险、做投资还要难上100倍，因为我们所处的中国文化环境、制度环境、法律环境、诚信环境、行业背景都决定了我们这项改革的难度，千万不要盲目乐观，或者掉以轻心。大家可能看了《大国崛起》，研究一个国家的兴起，一个国家从一种社会制度到另一种社会制度，从经济落后到经济强盛，都有一个时间跨度，可能需要50年、100年甚至更长的时间。像我们中国，20世纪前50年，从封建社会到军阀割据，再到共产党领导人民闹革命成立共和国，再从成立后30年的计划经济到后20年的改革开放，经历这么长时间才强盛起来。我向大家提到过一个力学原理，给一个球施加的作用力多大，反弹力（反作用力）就会多大，而社会变革也是如此。

我们这批股东自2002年下半年进入华安以来，一心一意想把华安做好，也做了一些变革。但不是想做好就能做好的，不会一蹴而就，不会径情直遂，也会走一些弯路，一个国家也是，例如我国的改革开放在前几年也走过弯路。我认为，我们华安要真正做好，至少要到2008、2009年，一个行业要做好，我认为起码要5—10年。所以，大家要认识到此次变革的难度，因为我们处在的是这样的环境。我们现在面临的是一个两难境地，而这次变革就是要从根本上改变华安面貌，难度非常之大。但大家也不要一头雾水，浑浑噩噩，没有目标，我们今年没有预算方面的要求、没有保费规模增长的要求、没有赢利方面的要求，我们唯一的目标（标准）就是盯住客户服务，做好客户服务。

具体怎么做？我认为第一要有个分工，总裁班子每个人分管几个分公司，要沉下去，哪个分公司出了问题，客户服务出问题，我就拿相关的责任人是问。我相信，只要大家沉下心来，工作细致，肯定是没问题的。这个分工在今天就要定下来。

第二个措施是成立几个小分队。请稽核调查部以及公估方面，看能否尽快再成立几个小分队，以防有的机构负责人走了之后，服务断档，没人管客服工作了。人事部门要掌握分公司、支公司人员的思想动态，研究分析处于什么状况，人员编制怎么样，尤其是理赔服务环节，服务队伍有多少人，而这些人现在处于什么状况。还要清楚每家分公司、支公司的出险频率是多少，如果出问题，理赔人员全部离开了，该怎么应对？小分队一接到特殊情况，一接到消息，就要连人带车日夜兼程赶过去，这当然还需要合理布点。华安如果翻船就可能在服务上翻船，只要过了服务这一关，就说明我们是真正负责任的企业，是真正想把企业做好。

第三，现在的工作一切以客户服务为重，所有力量都集中到客户服务上来，尤其在最近两三个月。同时要做好春节期间的安排，春节期间各分管领导不能放松，不能出问题。如果出了问题，那就要问责，我最担心的就是客户服务出问题。

二、创新工作要抓重点

接下来，我再谈谈创新。近年来保险的发展许多都是源于创新，而华安之所以能有今天，也就是因为我们做了几件创新的事。现阶段，我们创新的面也不要拉得太长，我主张先着重和两个单位合作去创新，一是中国农业银行，一是中国民生银行，主要考虑我们的产品如何与他们对接？与民生银行的合作主要是在资金运用方面，主要由资产管理部操作。农业银行对我们的合作非常肯定和赞赏，他们也想把我们的学贷险全面铺开，还有小额农贷险，因为金融工作会议上要求他们改制、上市。凡是可以利用农业银行这个平台做的，都可以全力以赴，围绕进行产品创新，这事交给蔡生同志去谋划。我想春节以后，我们和农行可以召开一次大型的座谈会共同进行深入探讨。因为去年我们对农业银行的贡献率在全国保险机构中处于第三名。现在我们公司的创新不要太散，要有目标，不要找太多的银行，像我们这种中小公司，如对与农业银行合作更深入挖掘，我们一定能够做更多的事。资金运用方面的创新，现在也在物色人才，民生银行也已经表现出很愿意合作的态度。

今天我先和大家讲这两点，希望各位认同华安文化的同志，服从今天的安排。新增的保险行业是这样的现状，业内人士是这样的心态，我们无法避免，必须面对，少数人走没关系，但要有章法，必须经过总公司批准，大家必须控制好，如果服务出了问题，那就不能走。今后谁走，稽核报告里如果显示其对服务不负责任，就坚决不能原谅，处理后再走。

客户服务是检验华安规范经营
是否成功的唯一标准*

（2007 年 2 月 4 日）

　　大家一定要从根本上认清公司当前面临的紧迫形势，加深对强化客户服务的深远意义的认识，这是和大家交流的第一点。第二点，就是要以只争朝夕的精神，做好资源整合工作。现在的客户服务必须以小时来计算，我们的客户服务理念不就是"比出险客户的亲人早到三分钟"吗？客户服务确实需要只争朝夕。我们再看看这一次的变化，蔡生同志刚才也作了《客户服务资源整合方案》宣导，公司作这个决定，没有过多地征求大家的意见，我相信在座各位，应该说是绝大多数，甚至百分之百的都会赞成这个决定。为什么？因为大家都对以往发生过的事刻骨铭心，一步步走过来，总结教训，肯定深恶痛绝这些事。比如说资源不集中的问题，几个传统业务部门扯皮的问题，部门之间不协调的问题，等等。

　　一个战略方案的出台都必须从当时的实际出发，从公司的战略目标出发，我认为只有这种战略方案才是可行的。比如说现在公司规范经营的战略一实施，传统险业务肯定会萎缩，虽然萎缩，但我们该做的还要坚持做，所以要将资源集中起来。我们现在事业成败最关键的是服务，所以一定要专门成立客户服务部。机构调整要根据业务发展变化的需要，学贷险部、理财险部都是从业务部门中派生出来的，我们在发展的过程中如果有更好的产品，还可以再派生出来。把传统险业务部门和市场管理部融合在一起，一方面是业务，一方面是服务，可以更突出我们华安的特点。

　　今天的这个方案出台以后，我感到非常高兴，非常轻松，觉得仗有的打了。方案出来了，就要考虑实施的问题。应该说这个方案不错，在实施时间上，当初有一种意见认为要分时间段，后来董事会人员都异口同声地说不行。我们要只争朝夕，最迟下个星期二，在座的各位都要出差，深入

＊ 2007 年 2 月 4 日在华安财产保险公司"客服资源整合会议"上的讲话。

下去，到下面的二级机构、三级机构去，方案要讲得细一点，春节前去一趟，最迟下星期二出发。公司班子成员大家要各有分工，星期二之前我们还有很多工作要做，这就是为什么今天中午开了会，下午还要开，明天上午是两个会，明天下午一个会，布置任务，大家要全部下去，你只有深入下去，才会知道下面发生什么事。我认为这个方案非常好，要抓紧执行。

各个岗位、各个点上的人都要尽到自己责任，尽心尽力地把事情做好。我们要对关心我们的人，对帮助我们的人，不管从哪个角度，都要有一个交代；让说真话的人说得出来；让为我们捏把汗的领导放心；让客户真正感受到华安的诚信和优质的服务。中午的时候，同益公估的侯总说能不能保证不出问题，我说，就是要通过做这些事情来做人。明天办公室要把大家出发的航班时间告诉我，大家还要把回程的机票也订好，我还等你们，最迟不迟于下星期天晚上之前回来。一定要弄清楚下面的情况，在那里有什么事情随时沟通，这是讲要只争朝夕。

第三是分工明确，各负其责，董事会从总体对日常的线进行垂直管理。规范经营的分工非常明确，规范经营的责任，我首先找蔡生同志，他可能首先找杨智和同益公估，再往下，是龙飞和彭柱石。在面上各班子成员都有责任，相关后线部门也有责任，法律部、办公室、稽核调查部、精算部……都有责任。学贷险部、理财险部相对远一点的，但也要关心，各部门都有责任。面上分工非常明确，分公司一把手也要负责。分公司一把手的责任是要非常明确你手下华安的每一个员工的思想动态，要清清楚楚，认同华安文化的、坚定不移的、坚守岗位的，以及有动摇的、和别的公司接触的、马上要离开的，等等，要把掌握员工思想动态这个任务给分公司一把手，要尽快落实。分公司一把手对员工的思想动态要非常清楚，做到心里有数。然后，分公司一把手要把任务层层分解，分公司各班子成员，各部门，都要明确自己的任务，要明白仗要怎么打。其次是配套措施要跟上，各级部门，应急小组、公估公司等要有一系列配套措施。今天公估公司的班子成员都在这，对不起，我请彭柱石去兼公估公司的总经理，不是不信任你们，而是为了更好地了解情况，强化服务意识。后台部门在这个时候要积极主动，认清形势，强化责任，一定要积极主动地多做些工作，例如精算部门通过这次行动，怎样把各分公司情况摸熟；财务部是不是也要弄明白下面的情况？比如法律部也要搞清楚，上次事件到底是稽核部的问题还是法律部的问题？前不久广东保监局来深圳查我们，听说到了深圳保监局，深圳保监局的领导说"我们自己来查吧"，不是太欢迎广东保监局来查，但是还是来查了，就是人身险业务的事情。后来杨智同志和我说了这件事，我说这是好事，要代表我请他们吃饭，要查清楚，来查的人越多越好。后来我又请林华有同志前去转达我的感谢。大家一定要领会这次规范经营的含义，我们不是作秀，不是做假。那天中国保监会张宗韬处长在的时候我不是也说吗？在吃饭的时候我不也打了电话吗？包括我这次回北京，我也去找中国保监会产险部的领导，请求中国保监会来查华安，保监会说不用了，你们华安还是比较规范的。我说我们没有什么请求，就是请把华安纳入重点稽查的对象，全国各地的保监局来查都行，我们不会抵制只会欢迎。要是分公司不愿意把资料拿出来，那我们总公司来做。这才是真正领会规范经营，不能说保监局来查就不愿意，保监部门来查这是天大的好事，是帮助和促进我们规范，还为我们节约下大量的精力和财力，这多好啊。我们公司现在所做的和监管部门要求的完全一致，最近中国保监会产险部下发的监管要点与我们所做的完全符合，会后我们会将这个文件发给大家，大家都看看。

各相关部门要通过这次变革，真正实现规范经营的目的，数据要清楚、财务要清楚、操作要规范。各部门要积极行动，二三级机构的实际情况我要了解，我要知道出问题时的相关部门到底是哪些部门。在人事上，不管你是不是正式职工，这类风险十分大，对此大家都不能推卸责任。以前有人说相信华安，是因为相信我，那我谢谢你。如果出问题了，你可以来稽核我，现在国家抓的就是一些不和谐的事情。对于这个决策，一个地方说不能一刀切很正常，但几个地方同时说这方面不能一刀砍，问题就没那么简单了。我们一定要重视有些要负担的成本，华安是一个讲责任的企业，原来是我们自己做错了事，是自己的要求不到位，把关不严，该承担的一定要承担。我想规范经营就是要做该做的事情，就是做正确的事，各后线部门有非常多的事情要做，主要提这些事情。在这些事情上，董事会要求总裁室的同志要抓紧。除此之外，我们要外柔内刚，我们没有其他想法，就是要承担该承担的责任，这个时候反正我是要恶人做到底了，各部门，各负责人要各负其责，出了问题肯定要追究责任。队伍不严明纪律不行，非常时期如果纪律不严明，要求不严格，这个仗就没法打。外柔，我刚才说的四级机构处理的问题，包括要走的人，包括对监管部门、对政府部门，尤其对客户要注意方式方法，讲究方法，要把自己的话说出来，把真情流露出来。上次有个别同志回去以后，向监管部门汇报，只字不提规范经营，只字不提我们要承担该承担的责任，却别有用心地说我们（华安）不做保险了，对这样的人就要追究责任、执行纪律。

　　你们下去，第一件事就是向当地保监局汇报，说明这次来是作为分公司规范经营的督导小组进行督导。不仅要向保监局领导说明白，还要向包括我们的客户、外围人与华安相关的人说明白。对媒体也要积极进行沟通，各类媒体都非常重要，要做好工作。在与媒体的沟通方面，有困难要及时向公司提出来。

　　我这次讲就是要告诉大家，要齐心协力、各负其责。我已经说得非常清楚了，你的责任是什么，你把这事做好了，你这个环节做好了，大家都会看得见。希望各位领导在这个星期认真一点，沉下去，尽到自己的责任。只有这样，客户也好，你自己也好，春节才能过得安宁一点、愉快一些，不然春节都过得不踏实。

要做好保险营销模式变革的准备[*]

(2007 年 3 月 5 日)

今天把大家召集来，主要是想讲一下公司营销体系的变革问题。

公司将会在 3 月底召开全国工作会议，总结规范经营以及客户服务资源整合的成败得失，同时对整个保险行业的市场状况进行分析，以便提出相应的对策。规范经营战略自实施以来，一些分公司不是很适应，走了一些人，就是留下来的同志中，也有人感到有点迷茫，不知道该做什么。这不能怪他们，是由于我们还没有出招的缘故。有的同志选择了离开，这不要紧，我最担心的是留下的人没有目标，业务停一下可以，但时间长了后果就很严重了。

立群同志最近一直在和国际战略投资者接触，但这不是我们工作的全部。我们这个层面的人，自己要明白华安目前需要做哪些工作来增强自己、完善自己。

在即将召开的全国工作会议上，我们要总结前一阶段推行规范经营的得失，找到适合我们华安实际的招数，要让分公司的负责人带着任务回去，要让他们对未来有希望，有事可做。大家不要以为我们无事可做，我们还有很多招数没有出，例如学贷险、理财险、小额农贷险、责任险以及可能推出的其他创新型产品。总之，总公司不是没有办法。

刚才发给大家的材料，是我在住院期间深思熟虑得到的结果，当时爱民同志也在，是由我口述，凤奕同志整理的。这篇文章的主题是华安要变革自己的营销体系，我们要加大直销、银保合作销售等销售渠道的力度，并且要建立 1000 家保险产品销售和客户服务中心，让分公司向服务机构转变。这篇文章是经过长时间思考的，理论联系了实际，又从华安的实际回归了理论，是有价值的，对工作有好处。因此，我希望这篇文章能在《中国保险报》上发表，也希望在华安的内部刊物上刊登。

---

* 2007 年 3 月 5 日在华安财产保险公司"营销模式变革办公会"上的讲话。

　　我们这个举措要配合与中国农业银行的合作一起推出来，我们要与农行达成共识，紧密合作。要是农行不愿意就此与我们合作，我们就自己来做，创造出一种"保银合作"的新模式。为此，我希望相关负责人能认真调研、仔细研究分析，尽快把合作范本的初稿拿出来，把支出的账算清楚。在直销网点建立起来后，分公司将转变为服务中心，代表总公司为客户服务，去整合资源。

　　这项举措推出后，公司会有详细的时间安排，我们3月底开会，之后将进行一系列的内部培训，争取在7月1日把直销店开起来。为此，希望各位能抓紧时间。

　　公司的营销体系一直存在离市场远、离一线员工远的弊端，我们建立直销门店后，有了完善的硬件设施，就可以解决"入口"的问题。至于"出口"问题，我们就要考虑公估、服务、理赔等细节。这项举措能不能成功，我现在还不能说很有把握，但我敢肯定的是，有百分之百把握的事我们恐怕也不需要做了，因为别人肯定已经做完了。

　　在规范经营战略实施以后，一部分分公司出现了迷茫，在我们自己的直销店建立起来后，分公司将会成为总公司的执行部门，将帮助维护营销网点，去服务营销网点，迷茫的问题就解决了。我们要把准备工作做扎实，这次来开全国工作会议的不能光是机构一把手，我们要多召集一些人，开华安历史上最大的一次会，以免决策在往下执行的时候打折扣，出现"信息贪污"，争取一竿子插到底。

　　在总公司经营班子中，要做到信息共享，希望班子成员能清楚整个公司的具体情况，总公司要整体作战，集中力量。也希望大家能群策群力，并调动农行的积极性，因为农行的网点非常多，我们要利用这条线，尽量减少成本，这样的话，我们获胜的把握才会更大。

　　最后，希望总公司经营班子为此成立一个工作小组，充分讨论，反复思考，拿出可行性的方案。

门店建设是华安的当务之急*

（2007 年 4 月 2 日）

我简单地说一下门店建设问题。

目前，大家对连锁营销服务部建设的讨论已经很充分了。大家知道，从今年年初开始，规范经营已经开展 3 个月了，其中重点抓了客户服务。理财险、学贷险业务也一直在深入开展。传统业务方面，正如我们所料，停滞不前，且有所萎缩，按照现在的态势，公司今年的保费预计只有十个亿左右。今年春节后，我给大家出了建设连锁营销服务部这个题目，现在看来，大家做得都不错。为什么要有这个过程呢？华安作为一个金融机构，根据过去的发展过程，华安人的做事方法我有了一个大致的了解，我想通过这个方法让大家真正领会到为什么要做这件事情。不是说董事会、董事长让你们做一件事情你们就去做，结果与你们自己没关系，就像算盘珠子一样拨一下动一下。在这个过程中，大家有一些疑虑，我知道一些，比如保费要达到多少，盈亏平衡点能不能达到，等等。我认为你们考虑的都对，我也希望你们提出这些问题。但是，这些都不是最关键的问题，你想让所有的车险客户都放弃车行、修理厂，到华安来投保，这种想法是不现实的，是不正确的，我们不要那么多客户。我们现在要 0.5%、0.1%，0.01% 都行，80% 的机构做 20% 的事情，我们不当那个 80%，不去争那 20% 的业务。前段时间，我送杨智、林华有两人各一本名叫《长尾理论》的书，实际上就是要告诉他们，我们华安要做那 20% 的机构，平安、人保的客户即使来了我也受不了。

我在让大家讨论连锁营销服务部建设工作之前写了一篇《引领财险销售模式革命是华安的使命和机遇》的文章，就是想让大家明白这件事的意义所在，摆脱以前那种旧的"路径依赖"，不断自我强化。如果我们继续做原来的事情，原来的业务，就不会有精力来做营销模式变革的事

＊ 2007 年 4 月 2 日在华安财产保险公司"门店建设会议"上的讲话。

了。在规范经营的过程中，杨智顶住了很大的压力，有些分公司，有些部门负责人也顶住了很大的压力。有时候某项业务确实很好，给30%的手续费仍然有钱赚，就想去做，甚至董事会的人都有动摇的念头，我认为这都是对规范经营战略领会的不够。我们做业务只有一个标准，即中国保监会的标准，手续费15%、4%。云南昭通的业务李军去考察了一下，确实不错，怎么办？我们可以用一种保监会不反感的方式来平衡，我们先按15%、4%的手续费来做，等有利润了再给你分成，这就是"双赢"，有什么不行的呢？一些大的客户我们可以这么做，前提是风险可控，这样一来，我们就主动了。

保险的发展，本质上是依靠两个轮子向前——保险和投资。限于会议的主题，投资的事我们在这里就不讲了。保险业务方面，行业就是这种状况，我们铲除毒瘤，规范经营，就是这种结果——保费收入急剧下降。华安目前既要破又要立，但"立"不是一天两天，一个月两个月就行的，大家在思想上、观念上不是想转就转得过来的，管理模式上、销售模式不是一下子就能转过来的。这是一个不断发展的过程，也是一个淘汰人的过程，大浪淘沙，沉下来的可能是金子。既然我们前一段那样做，亏损那么多，为什么还要做？保险公司肯定要有保险业务，现在业务萎缩了，我们怎么办？我们的答案是：只有创新，走连锁营销服务部的道路。中国财产险行业的春天迟早要来。但是，如果我们不求新图变，仍按原来的不规范方法来做，整个行业肯定会被摧毁。现在，保险公司与客户被中间的灰色利益带隔开，保险公司没有完整的客户信息，客户得不到优质、及时的服务，这就造成了恶性循环。我个人觉得问题越严重，财产险行业的春天就越近了，这个行业要真正好转，至少需要3—5年时间，这就需要华安不断创新，率先发力，走在行业的前面。当财产险行业的春天来临的时候，华安的形势就会一片大好。目前，我们是在准备，先在理念、观念上做好，建立新的营销模式，再佐以先进的管理方式，我们要一直服务、服务、再服务，除了理赔外，没跟客户约好就不要出门，在门店值班，一直在那里坐三年，这都不要紧，这是一个战略问题。

大家可能或多或少听到了一些消息，华安去年盈利了，华安一年的利润把以前年度累积亏损的窟窿全部填平还有一些剩余。紧接着，我们要进入资本市场，这个已经在操作过程中，要借的壳我们已经找到了，正在跟证监会、保监会的领导汇报，我刚才还在和保监会的领导通电话。不出意外的话，4个月之内华安就能借壳成功，成为上市公司。再往前走一步，华安要引进国际战略投资者，国内也会有一些投资者进来，今后的华安会有很多机构来监管。上市公司有一个客观现实就是投资者用脚投票，一个企业有稳定的盈利模式，并且切实可行，你的股票就高。华安现在就需要一个固定的可持续的盈利模式，而不是像去年那样赚钱，去年是一个特定的历史时期，那样的机会可遇而不可求。暴饮、暴饿，对一个企业的发展都非常不利，你必须有一个稳定的、可预期的盈利模式。公司为什么要规范经营，大家现在应该明白了，你经营都不规范，何谈稳定？一个不利信息的披露就会让你的股票跌到底，有几十万的中小投资者一直盯着你，你不规范行吗？总是靠投资每年都会有这么好的机会吗？在传统模式下，我们的客户是谁我们都不知道，信息不对称，管理不到位，我们能稳定吗？中小投资者很挑剔，他们不会像特华集团的大股东这么包容。所以，我们要建立这种模式、规则、机制，建立强大的总部，扭转信息不对称的局面。

在连锁营销服务部的建设上，门店每天的数据除了向分公司传送外，还要向总公司传送，数据过来了，我可以一年都不看，可当你有问题的时候，我就拿保存的数据来对照，我就不相信你一年365天都做假。信息对称以后，总部就有威信了，强大的总部就建立了。以前分公司总是作承诺，现在看看，大都是实现不了的，一方面是他们自己都不清楚，另一方面是经手的人在设置障碍。我刚才看了现在这个方案，非常好，分公司每天都收集客户资料，每周五一定要报给总公司，这样分公司还能乱搞？这种形式固定后，管理就容易了，"大道至简"，大家一定要看到这件事的意义所在。在信息对称后，任惊雷可以把每天前五十名的门店、后五十名的门店报给我，这样我就清清楚楚了。而且这样一来，一线门店的员工就有了积极性，因为他做得好，我们每个月在《华安人》报、《中国保险报》上刊登，形成一种激励机制。你赔付率低，就给你奖励。门店的保费任务估计是300万，客户也就几百人，门店也好服务了。所有的这一切，都与门店的切身利益相关，你做得好与不好，公司都清清楚楚，肯定会调动他们的积极性。做得不好的门店，那就换人。这就是稳定的盈利模式，它不会因某个人或某一批人的做法而影响效果。当有一天我不做董事长、总裁了，这里有一半的人不在了，这个机制会照常运转，那个时候的预算才是公司真正的预算，现在的预算做出来也没有什么意义。这是我们战略的需要，建立固定盈利模式的需要，其他的就是技术上了事情了。

我做过一些企业的顾问，与这两年在华安对比，感受太刻骨铭心了。

我从理论到实践，从实践又回到理论，反复琢磨这些事情，结论是：华安现在只能这么做。特华以前有一个买单文化，客户来了先不要给我钱，你看我能不能做事，我先免费为你服务一两年，你只需给我为你服务的权利就行了。你到北京来，我派最好的车来接你，你吃饭我买单。事实证明，经过这么多年后，很多客户离不开特华了。我认为特华的这个理念没什么不对，华安就坚持学这一点，坚持服务、服务、再服务，坚持不下来那是我们的问题，如果能坚持下来了，你就等着吧，看是一个什么状况，我坚信，华安肯定有非常好的前景。所以，大家一定要从战略上、从长远来考虑这个问题。目前这个方案做得非常好，考虑了方方面面，要尽快进入实质操作阶段。

在门店数量上，董事会的考虑是先开200家作试点，试点的时间是到今年年底，能快就快。向中国保监会汇报的工作要同时进行，大家不要担心。公司借壳上市的计划如果顺利，下半年或年底我们就会引进战略投资者，我们做了个测算，增发30%的定向股份，估计融资30亿元以上，全部用于门店建设。这也是中国证监会的要求，募集资金要有用途。老股东没有必要募集了，新股东进来会分享老股东的成果，所以募集资金成功后，可以作为建设门店之用，要是顺利的话，到时候我们的门店就不会是一千家了，而是三千家、四千家。当我们的门店有四千家、五千家，就不再是"银保合作"，而是"保银合作"了。所以，门店的试点工作非常重要。现在你不要跟我说人保、平安没有成功，我们的门店与他们有着本质的区别，我们先以"舍"的心态去做，先想怎么让所有上门的客户都满意，就这样做一两年，看效果怎么样，你说自己做得好就拿出客户资料来。现在的房地产经纪商在这方面做得非常好，他就是围绕着顾客服务，你有几套房子，你有没有需求，他们都一清二楚，我们看自己能不能做到这个程度。

财产险目前的现状是客户找不到公司，公司找不到客户。我们公司的门店建立起来后，我就在客户的身边，第一次给你的车打个气，第二次给你充电，第三次再送你小礼品，我的产品会按照保监会允许的最低价格给你，只要我们坚持做下去，人是有感情的，我就不相信客户会不动情，会不在华安投保。前期对门店的考核就看他们有没有"舍得"的意识，看他们接待了多少客户，帮助了多少人，有多少人留下了电话，等等，先将这些非技术指标作为考核依据。

杨智要尽快负责起草上报中国保监会的文件，将200家、1000家门店的方案分别附在后面，写清需要保监会支持的地方，我过几天去北京亲自向保监会财产险监管处汇报。另外，这个方案做得非常详细，董事会将此作为预案，请经营班子、各部门及相关机构尽快实施。门店的试点要在点、面上铺开，选几个城市，在面上铺开，看效果到底怎么样，点上选几个城市，少开几家，看市场反响如何。像麦当劳在深圳就开了60家分店，经营班子要考虑一下在6家试点城市分别开多少家门店合适？需要怎么布局？与公估怎样合作？试点的门店一定要有代表性，深圳作为保监会批准的保险创新试点城市，可以多做一些准备。

　　分公司班子要端正理念，明白这件事的战略意义，要是做得不好，换人也行。总公司要有工作小组，统筹协调，各部门积极配合。我认为这项工作失败的标准就是我们没有服务好，顾客不满意。要是准客户及上门顾客认为门店的服务好，那我们就成功了。

　　今天就讲这么多，请相关人员及时沟通协调，积极做好准备。

强化思想认识　抓住事物本质*

（2007 年 4 月 2 日）

非常高兴能参加"学贷险 2007 年工作会议"。前天晚上，我和杨智、郑新碰了个面，简单了解了一下公司开展学贷险方面的情况。刚才林华有同志的讲话非常好，他把从思想上对学贷险的重视放在第一位，我认为他抓住了事物的本质。今天，我就以强化思想认识和抓住事物本质为题简单讲点看法。

第一，大家都是读书人，都研究过历史，应该知道，要做成一件事，首先要从理念、观念、理论、源头上认清事物的本质。这些年来，我经常跟大家说，你千万不要像在证券营业部炒股票的老太太那样，今天股票跌了，明天股票涨了，她都能说出一百个理由，但基本上没有一个抓住了事物的本质。我个人认为，你想做好一件事，首先要看清事物的本质，自己有没有革命的彻底性。如果你对一个事物的本质认识不清，没有站在更高，从源头去把握，就不可能取得成功。例如我党在新民主主义革命时期，经过 28 年的艰苦奋斗才取得胜利，在这个过程中，出现了很多主义，如逃跑主义、机会主义、个人主义，等等，我觉得，那些人之所以这样，就是因为他们在参加革命的时候对共产党的理想、信念并不真正认同，追求目标不清，稀里糊涂地加入了共产党，碰到比较大的困难，现实情况与自己的目标不一致，思想就动摇了，就开小差了，甚至叛逃了。华安在成长的过程中，尤其在这几年，领导换得像走马灯一样，特别是分公司一把手。有些人在进入华安之前，我就跟他们谈话，说你一定要想清楚，要研究华安、研究华安的企业文化，想想自己能不能适应这种企业文化，能不能经受得住这种折磨。如果你经受不住，最好不要进来，一旦你进来了，哪怕原来我们是朋友，干不好，照样会被淘汰。现在，华安历史最困难的那一页好像要翻过去了，但仔细看看，那一页还没有完全翻过去，林华有

＊ 2007 年 4 月 2 日在华安财产保险公司"学贷险 2007 年工作会议"上的讲话。

同志在基层调研的时候可能有这个认识，其他同志也都可能有这个感觉。大家想想，公司实行规范经营搞这样阳光化的操作就有人想走，有些同志是我在特华面对面跟他们谈的，然而规范经营后，公司又没给你们下任务，没有预算，你按总公司的要求做就行，现在为什么还要走？爱民同志说得非常好："华安在面上的工资待遇不会少，但那些人现在得不到面下的好处，那肯定会离开。"为此还有人骂我不清醒，我明确告诉你：我一直很清醒。你今天要走，就是逃跑主义，可见你以前要到华安来，就是机会主义、利己主义！你们的这种行为给公司造成了损失。现在我向保监会领导汇报就不把这些人的离开看成是坏事，我就说已经把分公司老总换了两茬了。保监会领导问为什么要换，我说因为情况不明、数据不清，换了人以后我的情况明了、数据清楚了。

第二，学贷险一定要和华安的长远战略结合起来考虑。华安前进的过程有这样几步：第一步，华安要甩掉自己的历史包袱。我们当时就考虑推出理财险，用理财险的发展来消化它。华安人是能打硬仗的，所以我们的理财险取得了很大的成功。第二步，彻底实行规范经营。大家知道，如果没有第一步，没有甩掉历史包袱，不能轻装上阵，哪有能力谈规范经营？即使谈规范经营也是做表面文章，你谈规范经营，现金流在哪里？你靠什么生存？正因为成功地走了第一步，我们的规范经营战略才一天都没有耽误。去年12月30—31日，公司召开了规范经营紧急工作会议，财务部的李军非常着急，我说你不用急，董事会作了最坏的设想，即规范经营后公司传统保费暂时为零，公司的日子都能过下去！我们有这样的底气。公司一直在往前走，在发展。也许有人认为，规范经营后总公司就没做什么事情，这样认识问题不准确。因为我们只是没有再做以前那种错误的事，我们却做了正确的事、能做好的事。总公司前段时间召开了连锁营销服务部建设的相关会议，我很高兴，大家在一起讨论了很多有价值的事项，建立规则、建立机制、开拓市场、服务客户。第三步，华安要进入资本市场。大家可以看看我的《民族保险业的生存与发展之道》第一篇讲话，2002年我第一次在华安讲话就谈到了这个问题。目前，公司正在操作这件事，如果不出意外的话，几个月之内华安就会借壳上市。进入资本市场以后，监督华安的人就多了，股东会、监事会、证监会、保监会，中小投资者，都会关注、监督华安，所以，上市后的华安更要规范。

学贷险在华安发展战略中处于什么地位？我在以前的几次讲话中已经解释得很清楚，大家要从理念源头、政策源头到操作源头把握好。前段时间，李军同志从云南分公司调到总公司以后写了两篇文章，我看了三四遍，任惊雷安排这两篇文章在华安月刊上刊登一下。从文章中我们看到，李军对学贷险和规范经营战略的认识有一个过程，在领会到事物的本质后，他的革命才彻底。云南学贷险的成功，是吃一顿饭、两顿饭就能解决的吗？我觉得这个事情比什么业务都难，协调相关部门不容易，需要云南分公司班子发挥锲而不舍的精神。李军是把华安的公司理念理解透了，才会坚持、坚持再坚持。在学贷险推进的过程中，我看到了，大家也非常清楚，有些分公司说跟这家银行签了协议，与那家银行也签了协议，可就是没有了下文。以后公司的考核要注重细节，像学贷险这么重大的战略，公司董事会倾全力推动，可还有人有畏难情绪，还有人在问编制、级别的问题。你做好了就是最大的级别。那天我跟李军讲，你是开创华安学贷险事业的第一人，今后我李光荣有饭吃你就有饭吃。你说你的级别是什么？

上面讲的是从思想上强化对学贷险的认识，我现在讲一下把握事物的本质。刚才林华有同志也谈到了这个方面。学贷险的本质是什么？从操作层面上讲就是难度大，大家应该看过《大国崛起》，百年大计，教育为本，这是一个国家、民族要做的事情，也是我们历任国家领导人在抓的大事情。国务院当初的设想是助学贷款要达到20%的覆盖率，现在操作的结果如何？只有4%左右！你说这个事情能不难吗？如今，在构建和谐社会的时代背景下，国家重视教育，关注弱势群体，我们作为社会主义的企业法人、国家公民，能不能多承担一点责任呢？责无旁贷！我们要有充分的思想准备，否则一遇到难题就会退缩。目前，云南分公司最先突破，四川、北京、广东、湖南、辽宁的分公司也有突破，为什么有些地方就不能突破呢？我第一次关于学贷险的讲话已经说得非常清楚，学贷险是衡量干部本事的一个非常重要的指标，学贷险你做好了，就代表你能协调好政府部门、教育部门和银行，就代表你的能力肯定不会差。为此，我们要把握事物本身的规律。

最后一点，我们点上有经验了，还要取得面上的突破。规范经营以来，各分公司的业务量减少了，现在正是你们学习理论，修炼学贷险突破能力的时候。我想现在参会的人员，回去后要如实传达会议精神，监督、管理、服务分公司开展学贷险工作。分公司一把手要亲自抓，你以前亏损了我不在乎，你要把学贷险做好。学贷险业务怎么做，公司董事会、股东会在这里表个态，一如既往地倾全司之力，调动一切资源开拓。经营班子要认清学贷险的本质，不能是公司要求你、李光荣要求你去做你就去做，而是要想清楚，这个事确实需要华安去做，对你们来说，还要变"要你做"为"你要做"，只有这样，公司上下才会团结一致，同心同德，在各地都取得突破。

学贷险业务由林华有同志具体负责。此前在理财险业务上，林华有在蔡生同志的领导下取得了不错的成绩，在学贷险业务上要再接再厉。各分公司要各显其能，云南分公司在点上取得了突破，各分公司班子多少也有点资源，总公司又这么支持，学贷险这个产品是拿到哪个层面上都说得过去的，甚至可以和总理对话，分公司要认清事物的本质，积极推动，争取让学贷险业务取得面上的突破。规范经营战略实施以来，有些分公司的一把手这里跑哪里跑，联系工作，我可以断言，如果你是这种心态，你到哪里去都注定是个匆匆过客。

我刚才看了这次会议的议程安排，有培训方面的内容，任惊雷同志安排一下，将特华那边的 3 本书发给今天的参会人员，人手一份，各分公司也要确定一下，看发多少份合适。这些书的名称是《中国保险论丛》、"中国保险发展报告 2006"《做大做强中国保险业：理性认识和战略行动》、《中国保险前沿问题研究》。你们在与银行、政府沟通时也可以送给他们，给别人一个直观的印象，以顺利推进学贷险业务。在《中国保险前沿问题研究》这本书中，我写了一个序，从孟加拉格莱珉银行与学贷险来看华安的社会责任。另外，我关于学贷险的几次讲话，基本上把问题讲透了，也是华安文化的具体体现，希望大家看看。这些问题不弄清楚，局面就打不开，革命就不会彻底。大家都说我疯狂，那是由于你还没有认清事物的本质，在学贷险业务上，我们要说做就做，还要做得彻底，只有这样，我们才不会辜负广大贫困学子的期望。

这次会议后，参会人员回去要如实传达，充分调动分公司员工的积极性，与社会各层面做好沟通，绝对不能像上次规范经营紧急工作会议那样，回去后竟然对公司人员说以后不做保险业务了，会开成这样还算是开会吗？有些分公司负责人阳奉阴违，欺骗总公司、欺骗分公司、欺骗自己。本次会议要和参会人员一个个交谈，留下谈话记录，我们不能骗自己，至少要把学贷险的理念搞清楚，对数据有概念，充实自己的知识结构。

最后，希望这次会议能开得透彻，不开透，就不能在公司上下统一思想，形成合力。学贷险对华安、对国家、对民族太重要了，去年我们准备搞一个 10 周年大型庆典活动，准备请《同一首歌》过来，但前提是学贷险能帮助 10 万学子，当时这个目标未达到，公司就放弃了这个活动计划。今年，学贷险要帮助 30 万学子圆大学梦，我不考察保费，现在不要跟我谈学贷险的风险问题，我就考察学贷险的受益学生人数这一个指标。我今年春节前重病一场，病得可怕，躺在担架上去医院的时候，我一直在想，我不会这么快就走了吧，我还有学贷险的任务没有完成呢。我跟你们说这些，就是要告诉你们，我为了学贷险什么困难都会去克服，也希望你们也真正认识到学贷险的意义，克服一切困难取得突破。

华安的战略构想和营销模式变革[*]

（2007 年 4 月 29 日）

　　大家现在都非常辛苦，为华安事业真正作贡献的人既劳心也劳力。现在这个环境，现在这个行业，大家肯定会异常辛苦。因为我们这个行业以前欠社会的账太多了，现在就要还债。这也是我上周向吴定富主席汇报时说的话。现在，保险的危害，这个行业对社会的危害，实际上是行业里面那些不讲诚信、不遵守法律、不按保监会规定进行规范经营的人之所为。我们华安现在要做阳光化企业，要实行彻底的规范经营，那就没有什么可保留、可遮遮掩掩的。华安有今天，与在座各位的辛劳和付出分不开。

　　我有一个习惯，每当放假之前，都要和大家交流一下，我一直担心假期一过，大家的心就会散了。和大家交流，信息才会对称，才会让公司更好地发展。这几天，我和经营班子、各部门负责人都沟通了一下。现在，我就从公司外围、董事会层面，对公司目前过渡时期到底应该怎么做，谈谈个人的意见。

一、公司今后三年的战略构想

　　杨智同志说我在两年前给大家画了一个饼，不过画饼不是直接充饥，而是照画做饼。更早的"画饼"，是我 2002 年在华安的第一次讲话——《华安是大家的》。现在看来，原来的设想和计划我们都做到了，这是同志们共同努力的结果。现在，我要给大家再画个饼。之所以要出版《民族保险业的生存与发展之道》这本书，是因为我想让大家来监督我，看看我所说的、所做的是否一致。在这里，我再向大家谈谈公司今后三年的初步战略。

　　第一步战略，公司争取借壳上市。

* 2007 年 4 月 29 日在华安财产保险公司部门负责人办公会议上的讲话。

2007年，公司将要争取实现借壳上市。目前，这项工作已经启动。资本市场发展的大好局面，为华安的发展提供了良好的机遇。华安将要借壳的企业股票已经停牌了一个多月，我们的原计划比这要快，但由于华安借壳上市在中国保险业是第一家，中国保监会对此非常慎重，中国证监会则由于此前无类似案例，需要研究具体该如何操作，所以我这段时间在不断地跟证监会、保监会沟通、交流。

中国保监会虽然不无担心，但主调是支持华安发展，肯定华安过去几年的成绩。华安能够把历年亏损的窟窿填上，实现资产优质化，不断地进行创新、变革，已经很不容易了。另一方面，由于证监会、保监会原先没有做过这类事情，对一家民营保险公司上市会产生什么影响心里没底。证监会要保监会连续出两次函：一次是表态同不同意华安借壳上市，一次是批准华安借壳上市，当中间机构进场后，保监会要根据华安披露的情况出监管函，监管函包括有无重大违法、可持续发展能力如何、偿付能力如何这三个方面。保监会出的第一个函我们最快在近几天就能拿到，慢的话要到五一之后。华安借壳上市的事情已经做大了，国务院都知道。华安的规模不大，但在中国金融史上，借壳上市有很大的历史意义。乐观估计，4个月之后，华安将会是上市公司。这是公司的第一步战略。

第二步战略，公司股本定向增发。

上市后，公司股本要进行定向增发，我们现在有团队正在准备操作。公司上市后的股票价格估计会在15元左右。我们初步打算定向增发6亿股，保守估计也能募集到60亿至100亿元的资金，充实华安的资本金。定向募集成功之后，华安将会排在财产险行业的第一军团。上市成功之后，这一步的发展就会顺理成章。

第三步战略，连锁营销服务部的建设。

华安募集到的巨额资金，除了增强承保能力、偿付能力之外，就是要全力做好连锁营销服务部的建设工作。根据总裁室前期做的方案，1000家门店的预算是7亿多元，我们要是做8000家、10000家这样的连锁营销服务部，投入也就是约50亿元，最多80亿元。

到那时，华安是个什么局面呢？公司在进行IT设计时要预留接口，今后会有货币市场、资本市场找上门来，到那时我们与之合作可能不会叫"银保合作"、"证保合作"了，而是"保银合作"、"保证合作"。这个过程需要时间，快则三年，慢则五年，到时候，我预测我们公司的股票价格将会达到100元。

二、公司要发展就必须规范化、透明化、阳光化

我们看问题要看主流，我认为，经过五年的整顿、修炼、打造，华安的团队是业界最敬业的团队，是一个革命性极强的团队，勇于拼搏、敢于牺牲，这个团队不可能做不出成绩。但是，将可能变成现实，仍有许多其他条件。我们公司很快就要成为一家上市公司，公众公司的要求更严格，所以我们现在有必要花大力气进一步搞清自身情况，通过"倒追"，追溯以往的种种不规范，清理种种潜规则，坚决予以剿除、肃清，让公司规范化、透明化、阳光化。我很久以前就要求大家，对整个保险市场情况要清楚；别的保险公司规不规范我们管不着，别人也不会听我们的，但我们华安要先规范起来，这不是做给别人看的，而是自己生存和发展的需要。大家应该清楚，我几年前说的话、董事会决定的事情，不是做表面文章。我们身在中国保险业的大环境中，一定要规范，否则就是死。这些年，公司一直在提规范经营，一直在要求法律部、稽核调查部把关，修改条款、严肃法纪、铲除毒瘤，把公司阳光化、透明化。目前，公司借壳上市已经提上日程，公司的规范经营小组要抓紧时间，尽快进一步修改条款，采取更严格的措施，让公司适应上市的阳光化、透明化要求。各部门、各垂直管理线、各分公司要团结一致、公司一盘棋，让公司上下一体，规范、阳光、透明。

关于各分支机构信息的披露，杨智同志想个办法，看通过什么样的方式，让分公司将问题如实说出来。现在说出来，那属于内部整改，不对个人问责；等公司上市以后你才说，中小投资者是不满意的，相关部门甚至会追究你的法律责任。各级机构有什么问题，千万不用藏着掖着，我还是那句话：此前的事不怨你，但你一定要把问题说出来。

华安现在的工作，要一切以规范为标准，我们做的事情，要符合《保险法》，符合保监会要求，符合行业标准。若华安还有人不规范，相关部门不用请示任何人，直接按法律、法规办事。前段时间，有一家分公司的负责人找杨总，说有笔业务很好，公司规定的费率是15%，对方说要20%，看能不能变通一下。杨智就说请示一下我，我就说你不用请示我，我也没权利决定，我们一切按规则办事。有关这方面的问题，我们可以变通的，就是我以前说过的，可以通过利润分享实现双方共赢，但是，保监会的规定谁都没有权利变更。

三、关于营销模式变革问题

营销模式变革的工作已经进行了几个月，大家都在努力推进。现在，公司已经将报告送至中国保监会，保监会也初步同意我们做试点。越往前走，我觉得我们越接近事物的本质。我在汇报的时候，保监会问我们到底下多大的决心，我就说："华安做事情，是革命性最强的，要么不做，做了就勇往直前，就算头破血流也不回头，直到成功。"保监会领导又问我行业的状况，我实在不想说，但领导一再要求，我只能实话实说："那我就讲一句白话，中国保险业2006年的保费收入是1600亿元，亏了几百亿元，其他我不说了。保险业现在的状况是把保险公司和客户隔开，让中间环节做大。在现阶段，保险业不改变营销模式，就没有出路。"保监会领导听后连连点头。

华安目前为什么要上市？现有的这些股东把华安送到这里已经很不容易了，我们必须引进新股东，让更多的有志者一同来完成华安的大业。经营班子就门店建设做了1000家的方案，我觉得大家是沉下心去做了。我在投资银行与企业的交流非常多，现在才明白马总以前为什么请了那么多的咨询机构，就是担心大家跳不出原来的框框。

公司目前提出的门店建设的方案，我觉得非常不错。最近，我也让特华的同志在联系，我要请最知名的营销策划公司、管理咨询公司，按照我们服务时效、服务半径、服务力度的要求来做方案，把保险和其他金融服务结合起来。公司要参考金融和其他服务业的做法，突出保险的特点，拿出最佳方案。这个事情五一之后要立即行动，把前期200家的试点工作做好。另外，公司年底可能会再开分公司，让分公司的数量达到30家，有关部门要把这两者结合起来，做一个大的策划。这样，即使花了钱，我们也心里有底。

四、规范经营之后业务怎么做

规范经营之后，很多分公司感到没有业务可做。但也有些分公司的业务却是正增长，比如广西、云南、河北，这同样是事实。而且云南分公司的学贷险率先突破后，最近刚又签了一批保单。在这种情况下，总公司要拿出方案，让所有的分公司在过渡期间有事可做。我觉得，在目前的形势下，华安要先拣能做好的事情做。首先就是继续严格彻底地规范经营，这个线要死守；第二是理财险、学贷险要积极开拓；第三是严守第二条线——做好客户服务，公司目前的业务少了，查勘、理赔的压力小了，清闲一点不要紧，要总结原来的经验教训，把客户服务工作做得更好；第四是探索新的营销模式；第五，利润分成的双赢模式可以推广。在座各位的面前有一份《关于上海分公司与上海轮飙汽车技术服务有限公司开展车险业务合作项目情况的汇报》文件，还有一个云南昭通模式，我一开始的想法就是费率15%，否则我们就不做。再后来，我们觉得可以在15%、4%的前提下，利润分成，我认为这份文件就是这种模式，轮飙公司的满期赔付率是17.14%，有不太好的业务它都给别的保险公司了，我认为这种模式可以推广。在15%、4%的前提下，如果我们有盈利或能打平，财务需要考虑一下分配方式及操作形式，我认为多给他们一些利润都可以，这种方式保监会是不会反对的，我们也就有事可做了。另外，杨智同志把一下关，采取这种合作模式，客户的信息一定要真实，在信息真实的基础上做规范，真正实现双赢，否则，再好的业务我都不要。

另外，公司今年还没有召开全系统的会议，我们要开一个全面布置工作的会议，门店的试点和前期调研要作为一项基础工作布置下去。这个会争取在5月中下旬召开，把分公司的相关人员都叫过来，面对面地交流，不要怕花钱，要让总公司的政策方针及时、准确地传达下去。

五、华安发展的主线就是规范、变革、创新

在座的各位有在华安呆了十年的，有呆了几年的，应该说对华安比较了解。回顾华安的发展历程，尤其是近几年，有这么几句话：积极进取，不断变革创新，谋求生存发展。华安的发展，是一个求生存的过程；同时又是一个澄清事实，还事物以本来面目的过程；还是一个发现人才，展示才华的过程。我认为华安这个团队还是有人才的，华安这个团队还是能打仗的，我为能在这个团队中感到荣幸。

华安生存发展的主线就是规范、变革、创新。这几年中，我们发现许多怪现象，使我们深感不搞规范不搞变革不行啊。比如财务精算的数据，开始分公司搞个报表报上来，总公司说"这不对啊"，他就改过来了再报；总公司说"还不对啊"，他就又改过来了，他们能做出这种事情来！这种现象有两种可能，一种可能就是这些人懂，但他就是搞乱，有些一把

手非常懂，故意乱搞，乱中取利，或以乱掩盖见不得人的东西。我是从哪里得到证实的呢？以前有个分公司的总经理，上任才两天，就对下属说："总公司的考核，我有的是办法。"这是他的原话，这是因为他懂。不过他做的还不算太过分，更过分的我待会儿再跟大家讲。华安的规范经营，就是要把窗户打开，让阳光进来，这样的话，那些弄虚作假的人还会有生存空间吗？第二种可能，有些人确实不懂，总公司说不对，那就不对吧，我再做，改到你认为对为止。大家应该明白，真正作假你能一直做下去吗？你说一个谎就要用一百个谎来圆它。有一位分公司负责人说道："因为大家谁也没有考虑'长远'这两个字，李老板不断地在台上要利润，分管业务和财务的负责人就合计了一个费用联动这个可笑之极的小学生招法（糊弄他），其实没有一点点智商。"还有人说："所有总公司的部门都被动员起来了，向分公司逼，只要稍有异动，从一把手到出单员的薪水就会打折扣。此外，是不断地撤换老总，我是2004年8月接手某某分公司的，仅仅两年多一点，我已经是所有分公司老总里呆得最久的了。可笑的是，李董事长还不断地强调这是正常的。因为没有信任，大家一直不敢用长远的眼光看问题，不敢进行必要的感情投资，不敢进行突破性的工作。所以，华安一直没有找到有能力的干部，华安在市场上的口碑也一直不好。华安一直在整人、搞运动，华安的干部队伍、销售队伍不是得到加强和改善，而是不断地削弱和涣散。"事情当然不是他们所说的那样。

在澄清事实，还事物以本来面目的过程中，华安系统中的人才脱颖而出，我相信如果不是这样，华安就不会走到现在；同时，这又是一个淘汰人的过程，有些人是自己走的，有些人是被送进去的，有些人是请走的。既然要淘汰人，肯定会引起他们的不满，散布流言飞语是不满的表现形式之一，还有一种表现是告状。向保监会告状，告我状的人是最多的，每个部门都有，不过还是保监会的监管政策好，保监会领导水平高、明察秋毫，我是身正不怕影斜，而且得道多助。我们这个团队是坚守承诺的，华安发展的思路是对的，发展的主线是好的，所以才有今天的成绩。

在澄清事实之后，我们就要总结经验，谋发展了。原来犯的错误我们不能让它再发生。在这方面，有些事情我非常痛心，我也不愿意那样做。比如把某些人通过法律的途径，从这里用手铐铐上带走。可你如果做到了这份上，那我也没办法。我们这个行业欠社会的太多了，我们要还债，在这个过程中，总要有人来承担改革的成本。在总结经验、吸取教训方面，我们首先要解决用人的问题，在这个问题上法律部的笪总在场，浙江分公司的葛某，假如不冤枉，我会坚决按照法律的途径来解决。我最近看了他给我写的一封信，非常不好。在这件事情发生之前，我曾认为葛某是一个非常有修养的人，能很好地领会总公司的意图。可通过稽核调查部、法律部的联合调查发现，他太不负责任了，太不把总公司当回事了，太阳奉阴违了，在行业中造成了极坏的影响，而且他个人也不干净，这样的话，没有人可以救他。

在总结经验之后，我们就要严格要求，执行到位。我认为，严格要求，是对各位负责任。我一直强调要建立强大的总部，要信息对称，加强执行力，这是对一个金融单位的基本要求，也是一个有战斗力的团队的一个最起码的机制。陈爱民、蔡生两位副董事长，要对总公司各部门的负责人严格要求，明确责任。在分公司层面，有些分公司做得不错，但仍有一些分公司的负责人做得不够好，要一个个分析，找出问题之所在。最近，我知道有些分公司的老总要走，我在特华的时候，有三个老总，有一天走了两个，但对我照样没有影响。我们要形成一种机制：分公司老总走了，部门负责人可以顶上去；一把手走了，副职完全可以代替，工作不受影响。我们在处理人事问题时，要把握一个原则：对华安作出贡献的人，要留，你有什么困难，说出来，公司会尽力帮你解决；那些过客、为一己私利跳来跳去的人，你要走，我欢迎。在这种机制下，我认为可以让 80 年代出生的人来做分公司一把手，因为强大的总部建立起来，战略清晰以后，分公司的任务就是执行。在座的各位，都为华安的发展呕心沥血，但在分公司层面，有些人并不是华安所需要的人才。个别分公司的老总，想建立一个独立王国，根本不把总公司当回事，不执行总公司的政策，欺上瞒下，岂能长久？

今后，我们要大力强调执行力，五一之后，陈爱民、蔡生两位同志要与业管部、稽核调查部一道，对分公司班子进行综合考察，该换的就要换。现在换还有机会，当华安成为一个公众公司后，一个分公司出了问题，就会引起一连串的反应，造成不可估量的影响和损失。在分公司负责人的选拔上，年龄不限、资历不限，就看他的执行力。

我今天所说和几年前说的没什么不同。我今天给自己加压，给董事会加压，我们要和经营班子、华安同仁一起，实现华安的既定战略，华安的执行力机制要一步步确立起来。在座的各位要有信心，假若华安上市能够成功，我们就会促使中国财产险行业重新洗牌，华安将会成为中国财产险行业的领跑者。在股东层面，我们一直在与监管部门沟通。在学贷险方面，我们也在探讨新的模式，华安会和股东一起联手，控制一家银行，目的就是做学贷险。现在的银行由于机制的问题，他们体现社会责任有其他的方式，所以对学贷险不是很积极。若我们自己拿出 50 亿、100 亿来做学贷险，帮助 50 万或更多的学子，我就不相信控制不了风险。这项工作现在已经在启动，华安的股东在这方面是强项。

今天跟大家沟通，也正是想让大家明白华安会朝着一个什么方向前进。希望大家坚定信心，朝着既定战略目标奋进！

责任当头　抓住机遇　大胆工作[*]

（2007 年 5 月 22 日）

　　刚才在开会的过程中，熊焰给了我一篇发表在一家网站上的文章，是一个已经离开了华安的员工写给我的信。这封信是以让我难受为目的的。不管他说的对不对，我是很久没有看过这么痛快的文章了。这个人的水平较高，历史也读了一些，骂的也很厉害，骂我的同时也骂了在座的各位。以人为镜，可以明得失。今天，我就结合这封信讲几点意见。

一、反省、检讨自己

　　我个人，特华集团、华安公司，可能有些事做得不尽如人意，但主观上则一直想做正确的事和正确地做事。我一直在讲特华以及华安的"四个四"——站在四个源头、坚持四个说话、摆正四种关系、反对四种倾向。今天我再向大家重复讲一讲"四个反对"，因为从这封信反映出的问题看，不少人对此印象不深。

　　第一是反对个人英雄主义。华安的事业，单靠个人，包括单靠董事会、总公司或分公司、三级机构，是不会成功的。我最近一直在保监会向领导汇报和与有关同志沟通，保监会领导对华安的发展逐步在认同。华安这几年的发展，总体趋势是好的。华安的发展要靠大家，我从来没有想过更没有说过华安的发展是我一个人努力的结果。而且当初我并不想走到前台来，是被逼得没办法了，不得不出来牵头。既然我来了，就要带领大家共同努力，群策群力，把华安办好。

　　第二要反对小团体利益。以前的华安，只顾小团体利益的现象很严重，经过我们这几年不断地作斗争，这种现象已经有所好转。我一直在思考，德隆为什么会垮？就是因为以前打天下的人出现了矛盾，分散了力

<small>* 2007 年 5 月 22 日在华安财产保险部门负责人座谈会上的讲话。</small>

量。当危机出现的时候，不能集中力量，集中资源去化解。我更进一步想到，国共内战时期，国民党为什么垮台？重要原因之一，就是内部的各地军阀各怀鬼胎谋自己小山头的利益；蒋宋孔陈四大家族也都同床异梦，都各为家族这个小团体利益搜刮民脂民膏，你想，在这种情况下，国民党能成多大的气候？它的垮台是必然的。华安要做大做强、基业常青，也必须反对小团体利益。

第三是反对平庸主义。华安这几年一直在反对平庸主义，我先前举了王梦刚的例子。现在，我们更要反对平庸主义。看看现在的分公司：你总公司要规范是吧？我不管，您只要给我发工资就行了。大家说这是什么主义？总不能因为总公司没有提具体的业务量要求，你就停滞不前吧？我看了一下3—4月份分公司的业务情况，也有分公司做得不错啊，我完全赞同对分公司进行座次排名。不能说规范经营你的业务就可以为零，你就可以不动了。现在一些分公司的老总，这里飞，那里飞，不跟总公司请假，有事找不到人，你想干什么？你沉下心做事了没有？

第四是反对享乐主义。公司的某些部门是做出了一些成绩，但不能因此就想过舒服日子了，可以追求享乐了。我们还是要提倡、还是要保持艰苦奋斗的作风。古人总结得好："历览前贤国与家，成由勤俭败由奢"，很多事情就坏在骄奢上，不能因为有成绩便追求享乐，放纵自己。

二、责任问题

这个问题我不多讲、不展开讲，我只说两个人：葛可真和王军。王军由于家庭原因以及自己身体问题，想离开公司，目的是为了回长沙。他没有向董事会反映这个事情，我们知道后，当机立断：不能走。他对公司有贡献，我们要了解他有什么要求后再决定。他说自己就是想回长沙，我就对陈爱民、杨智说，赶快落实这个事情，把小郭先调开，让王军回湖南分公司工作。对公司有贡献的人，我们要关心他，对他有个交代。

葛可真也是想要走的人，也不能让他走，但不允许他走的原因与王军截然不同。他做的事是华安几年前就三令五申不准做的，他犯了绝对不能犯的错误，这里面有他个人操守的问题。葛可真信息还挺灵，上次开会的内容他都知道，当然我也就是要通过这种途径向他表明我的观点。后来他到了北京，守了我两天要见我，我没有见他。他又去找卢德之，到了卢总的办公室就跪下来求卢总，惹得卢总破口大骂。后来我对他说："你回去吧，这没办法，不是和你过不去，界限摆在这里，你自己非要往里陷。我们要对你负责，对这个行业负责。"

三、公司营销变革的问题

特华前段时间招了第八批博士后，开题报告时来了很多专家。有几个专家不知道从哪个渠道知道我们华安要建设连锁式营销服务部的事，非常赞赏。他们站得高，从更高层次出发，认为这件事情的意义在于真正地参与了诚信建设，能面对面直接为客户服务，能得到真实的信息和数据，有利于增强公司的执行力和风险控制能力。例如北大经济学院的院长胡坚教授，就兴奋得不行。当时吴定富主席和保监会政策研究室的主任都在，她就很高兴地跑过去跟保监会领导沟通，说华安的这项工作你们一定要支持，我们从外部来看，从一个客户的角度来看，觉得华安建设保险连锁式营销服务部这件事非常非常好。保监会的领导了解了情况后，对此也非常支持。

在监管部门、决策层面支持我们公司战略的同时，我们自己更要坚定信心，对下面的机构，我们要逼着他们有所作为，这实际上是对他们负责，市场机遇来了，你抓不住，就会被甩在后面，甚至就会被淘汰。

四、再一次强调规范经营

我说过，华安要死就死在规范经营上面，这样死是死得光荣。要是华安在规范经营上死不了，挺过来了，我们以后的日子就好过了。就像范丹涛同志说的，原来的分公司负责人在不规范的环境下是整天提心吊胆，但如果你规范经营了，阳光化了，你就不会怕了，就不用天天去找关系了。说实话，我的关系资源是不少，可我不愿意利用它去找保费。我认为从事商业性经营活动，你不能处处靠关系。如果我们为客户服务好了，还用得着去找关系吗？反过来，靠关系你又能做出多大的市场份额呢？我还是那句话，走规范经营的人间正道。

刚才施华德同志发表的观点，我认为很好。不过，我觉得他应该看得更远一点，业务萎缩不是代价，费用水平高的问题需要过程和时间来解决。我们曾预计，实行规范经营之初，传统险保费收入有原来的1/3就不错了。现在看来，情况比预计的要好。华安走的是一条规范之路，在这个过程中，我们要有心理准备、物质准备和精神准备，我们要一直往前走，用华德同志的话说，我们的终极目标就是要在为客户提供优质服务中提升企业的自身价值。

五、经营班子、各部门负责人要大胆工作

我还是那句话，公司经营班子成员、各部门老总，只是分工不一样，水平谁高谁低很难讲。你敢肯定我就比某个部门的负责人强？经营班子成员的能力就比部门老总高？你负责哪一块工作，就要胆大心细，尽心竭力将它做好。我们已经决定要建立强大的总部，今后的班子成员、部门负责人，都应该是能人，只有这样，我们的事业才能够成功。昨天有两位同志来跟我聊技术上的事情，我说您不要跟我讲，技术上的事情你们做得比我好。在座的各位谁作了多大贡献，已经摆在这了，时间会检验一切。

华安现在要做的事情很难，但又非常有意思、有意义。在目前这种大环境下，我们要坚持规范经营必然会碰到很多困难、受到很大制约，但我们是为国家建设、行业发展作贡献，请大家不要怕困难。个别人想不通不要紧，可以再仔细去想，但一定要讲大局，不要搞婉约颠覆。我认为杨智同志对董事会的意图领会得非常好。我们现在要勇往直前，你理解不了没关系，先要服从，坚决执行，在执行中加深理解。只有这样，我们的损失才会更小。只有把问题的本质看清楚以后，你的革命才会彻底，工作才能更有成效。

苦练内功，遵循客观规律，做好做规范
保险业务；发现价值，借助资本市场，
实现公司超常规发展*

(2007 年 7 月 21 日)

今天，我们在深圳大剧院隆重召开华安保险 2007 年中期全国工作会议。这次大会筹划已久，是华安历史上规模最大的现场会议。此次大会参会人员将近六百人，包括特邀嘉宾、股东代表、部分董事会、监事会成员；分公司班子成员；总公司全体员工；各驻机构稽核调查部负责人和同益公估各地负责人。与往年有所不同的是，这次会议特别安排全系统所有三级机构负责人参会，他们中的有些人还是第一次来到深圳，来到总公司。我提议：大家以热烈的掌声欢迎来自一线的基层干部，你们辛苦了！欢迎你们！

一、对前一阶段实施规范经营战略的简要回顾

原本在去年年底就应该召开全国会议的，为什么要等到现在才开？这是由华安所处的特定"转型"历史阶段所决定的：从去年下半年以来，在董事会的主导下，华安坚定地迈进从粗放型经营向集约化经营转型的起步阶段，这一阶段的重要标志就是实施全面彻底的规范经营战略。战略不是喊口号、不是放空炮，战略的推行需要时间，对战略的评估更需要以实践为基础。围绕着"规范经营"战略，公司自从去年年底以来陆续出台了一系列重大举措，市场到底会出现什么样的状况？机构会暴露出什么样的问题？公司各层级会用什么样的方法来解决这些问题？半年的时间、半年的经营数据也基本能看清楚经营班子、各部门、各分支机构负责人的所思所想、所作所为。所以，华安选择在半年这个时段适时召开全国工作会议，大家要好好总结、好好评估这半年来的战略推行情况。

---

* 2007 年 7 月 21 日在华安财产保险股份有限公司"2007 年中期工作会"上的工作报告。

我曾在多个场合讲过："时间是最大的机会成本。"对华安而言，对华安人而言，对我这个董事长而言，时间固然非常重要，但有些时间是省不得的。从不规范到规范，这是华安必须补的课、是华安必须还的债，是华安必须跨越的生死线。在座的有很多老员工，也有很多老保险，你们应该知道，受原来市场潜规则的影响，华安的不规范行为从它1996年诞生那一天就开始了，也就是有十年了。十年的大多数时间还堂而皇之地鼓励着不规范地大干快上，这不仅几乎葬送了华安，还耗费了众多华安人的青春，甚至葬送了一大批保险人员的职业生涯。然而，要把一个不规范经营长达十年之久的华安团队引到规范的轨道上，肯定是要耗费时间及其他成本的。

这里，我想到两个故事，应该对我们有所启发。一个是"凤凰涅槃"。"涅槃"是佛教用语，本意是指脱离一切烦恼，进入自由无碍的境界。后来人们也称僧人死亡为涅槃。佛经中讲，凤凰（一种神鸟）每五百年一个轮回，在大限到来的时候，就会找来许多梧桐枝，进行自焚，凤凰只有经历烈火焚烧，才能获得重生。凤凰经过自焚，先否定自己，才能得以重生并达到升华，称为"凤凰涅槃"。还有一个是关于鹰的故事。鹰在鸟类中算是长寿的，其正常寿命是70年，但40岁时，它的喙变得又长又弯，影响进食；它的爪子老化，由尖变钝，无法有效地捕捉猎物；它的羽毛长得又浓又厚，以致翅膀十分沉重，飞翔十分吃力。此时的鹰要想继续生存，必须经过150天漫长而痛苦的蜕变更新过程：它吃力地飞到山顶，在悬崖上筑巢，在那里首先用它的喙击打岩石，直到旧喙完全脱落，然后静静地等待新的喙长出来，再用新长出的喙把爪上老化的趾甲拔掉，拔得鲜血淋淋，待新的趾甲长出来之后，再用新的趾甲把身上的羽毛一根一根地薅下来，只有新的羽毛也长齐了，鹰才算重获新生，再活30年！

我认为，规范经营就是华安的涅槃之战、重获新生之战，是使华安基业常青之战。这是因为，从决策层面来讲，董事会在理念上深刻认识到了这是生死攸关的必然选择；在思想上也预估到这场革命的艰巨性和复杂性，做了充足的思想准备，并痛下了不可动摇的决心，不畏艰辛、义无反顾。从操作层面来讲，董事会指导经营班子，坚持两手都要抓，两手都要硬：一方面是坚持"破旧"——在充分估计业务规模大幅下降带来的阵痛影响下，顶住来自各方面的压力，坚决破除原有的"路径依赖"和"自我强化"，坚持规范经营战略不动摇；另一方面是坚持"立新"——坚持不懈地探索和实践全方位、立体式的营销体制模式。

　　"破旧"是"立新"的基础、前提。在"破旧"方面，董事会力求彻底，要求经营层不走过场，要求管理干部能拉下面子，要求广大员工能打破固有思维，要求处理问题时对事不对人，要求重塑并维护唯一正确的价值评判标准。毛主席说得好："政治路线确定之后，干部就是决定因素。"回顾一年多来的实践，规范经营战略取得了显著的成效，最直接的表现就是对我们的干部队伍有了全面深入的认识：在规范经营过程中，有的人因违法而被送进（班房）去；有的人因不适应华安严格的规范要求，放弃正道而离去；有的人因眼前小利另寻它木而栖；有的人因不知怎么作为而无所作为；当然，更多的优秀华安人能够经受考验和磨砺，不畏艰险，不断超越自我，在逆境中奋勇搏击并有所作为。今天能够来到这个会场里的人，基本上是经历大浪淘沙后迸发出金子般光彩的优秀华安人！董事会以你们为骄傲！你们是浴火重生的凤凰，是新华安的脊梁！

　　我认为"破旧"是一场革命，荡涤华安在过去十年间沉淀的淤泥污垢，还团队一个清白的新形象。说到"清白"二字，我想到了我最欣赏的一位历史名臣——明朝的于谦，我把他的一首《石灰吟》当作我的座右铭："千锤万凿出深山，烈火焚烧若等闲。粉骨碎身全不怕，要留清白在人间。"如果我们的团队没有一个清白的底子，再多的努力也迟早会化为泡影，再大的成绩也只是过眼云烟。因为如果水的源头不干净，喝得越多身体就会越畸形，死得也会越快。想想经历了漫长十年的华安，不是没有提过规范经营，但是无数次尝试都被业务的快速下滑和现金流不济的危机所吓倒，无可奈何地又重走老路，就像吸毒一样，明知在走不归路，但还是经受不住身体歇斯底里的焦虑挣扎，因为那种规范不是从根子上的规范，不是从骨子里的规范，不是革命性的规范。我曾说过，"华安保险公司的发展历史是中国保险业一个阶段的真实写照"，想想一片红海的产险行业，老华安也是处于水深火热当中的广大中小保险公司的一个缩影，但是今天的新华安就有一种舍我其谁的自信、气魄、胆量和实力挑战行业潜规则，进行革命性的规范，每一个华安人都应因自己是行业先锋而引以为荣！

　　"立新"是"破旧"的必然结果。在有一个干净清白的基本底子的前提下，勇往直前的华安人自然要探寻自身发展的"蓝海"之道。在"立新"方面，一年多以来，董事会和经营班子在深入调研的基础上，苦苦探索、反复讨论、周密论证，形成一套系统性的创新发展思路，并向监管当局反复汇报，得到中国保监会和各地保监局的大力支持。特别是广大员工，在经营班子的正确领导下，紧密团结、同甘共苦、兢兢业业，使各项发展战略得到很好的执行并在实践中取得了一定的成果，也积累了一定的经验，这更坚定了董事会将这条有华安特色的保险业发展之道坚持走下去的决心。这些成果主要体现在以下五个方面：

第一，理财险稳扎稳打贡献很大。去年全系统有 11 家分公司增开理财险业务，使开办此项业务的机构总数达到 17 家，新开机构的贡献率占到 63.72%。今年以来，时间过半任务过半。经过实践经验的积累，理财险销售逐渐步入良性轨道，后劲十足。一年来理财险的重大贡献体现在多个方面：首先，保证公司有充裕的现金流，为投资运用提供源源不断的资金供给，间接为公司创造利润，也为一系列重大变革特别是铲除车险毒瘤、规范发展车险业务争取了时间和空间；其次，以理财险为载体积累了一大批优质客户资源；再次，为总对总合作，尤其是银保合作积累了丰富的经验。理财险目前面临的主要问题是受取消利息税等宏观金融政策影响，产品面临更新换代的问题。下半年，理财险战略在坚持继续大发展的前提下，要着重做好两件事：一是满期给付的服务工作，二是长期理财险品种的研发工作。

第二，学贷险有重大突破。云南三万多大学生成功获得助学贷款标志着华安学贷险实现了零的突破。我曾在多个场合讲过："学贷险是华安持续发展的动力和源泉"，开展学贷险是公司既定的战略。眼下 2007 年高考录取工作正在进行，有多少孩子虽然成功拿到了入学通知书，但却因为学费无着而发愁，他们正焦急地等待着帮助。我们的学贷险虽有突破，但是距离董事会的要求还有较大的差距，目前还只有云南分公司榜上有名。希望各机构务必从战略高度、从全局角度高度重视学贷险的拓展工作，争分夺秒，大干快上！

第三，营销变革蓝图初成。规范经营不是不做业务，而是为了更好地做业务，是为了做更好的业务。不"破"不"立"，有了以规范经营去"破"，还必须有营销变革来"立"。在董事会的指导下，经营班子已经完成了一整套系统性的营销变革方案，中国保监会不但批准了我们上报方案的主要部分或者说实质性部分，而且还鼓励我们大力创新，希望为行业摸索出一条通向"蓝海"的成功之路。简单来说，我们的营销变革由短、中、长三种模式搭配组合：短期模式，以云南昭通模式为代表，改变保险公司与中介机构的合作方式和合作条件，将保险的风险滞后转变为合作的事前约定、风险共担、收益共享；中期模式，建设电话中心、开发电销产品、发展电话销售、抢占客户资源；长期模式，大力推进"连锁式营销服务部"的建设，计划三年内在全国铺设一万家主要面向居民社区的服务和直销网络，初期 200 家已获批，在北京、上海、深圳、成都和长沙五个城市试点铺设，已经启动。

第四，投资业务成绩斐然。公司在资产管理方面的显著成绩，为华安的生存与发展提供了宝贵的时间和空间。大家都知道现代保险业运转的两个轮子：保费收入和投资管理。大家也都明白，只有这两个轮子协调一致，才能保障一个保险公司的发展壮大，也才能使整个保险业做大做强。但知易行难，整个产险行业虽都在努力向这个方向发展，制约因素甚多。近两年资本市场复苏繁荣，机遇难得，然而许多公司限于资产管理能力，错失良机。不过我可以很自豪地告诉大家：我们抓住了机遇，2006 年末公司实现投资收益 8.72 亿元，2007 年上半年投资收益更高达 27.1 亿元，债券投资收益率高达 18.5%，远远超过行业平均水平。我们华安从 2006 年起实施全面规范经营战略，传统业务明显下滑，为什么能够在 2006 年实现全面盈利、2007 年继续高歌猛进？一流的投资能力功不可没，为华安赢得了宝贵的生存时间和发展空间，为实行完全彻底的规范经营夯实了基础。

第五，借壳上市有益探索。坚持"破旧"和"立新"，将顺其自然地把华安推向资本市场，因为资本市场最大的功能就是价值发现。初步摆脱不规范阴霾的新华安、干净透明的新华安、浴火重生的新华安，理应由市场来决定其价值，理应由广大投资者行使定价权，这是华安走向规范后的必然之路。2007 年 3 月 26 日正式启动的借壳上市行动，既是"破"又是"立"。"破"之意义在于按照上市公司要求倒逼规范经营到位；"立"之意义在于借资本市场功能促进公司发展。虽然到六月底上市尚未成功，但三个月的练兵对华安走资本市场之路进行了有益的探索。

董事会是公司战略的设计师和指挥官，但就战略实施而言，董事会和经营班子、各部门以及各机构一道，都是具体的参与者。不仅如此，董事会又超然于具体事务来审视其他参与者的表现，或者说是战略执行的裁判员。应该说，现在摆在董事会面前的华安是比较透明的，与这一届董事会刚成立时相比要清晰得多、透明得多。这种清晰和透明包括：人才团队状况（班子、部门、机构负责人的态度和能力）、各机构经营状况、资产资本状况、核心竞争力状况、企业文化建设状况、战略推行及过程中的得失，等等，这就使董事会能站在信息源头。归根到底一句话：信息对称方面的情况比过去好多了——这种对称包括董事会与经营层及业务线之间、华安与同业之间、华安与监管机构之间、华安与客户之间、公司与员工之间的信息对称。因此，在信息基本对称的情形下，董事会也就敢于决策了，这仗也就好打了，胜算就比较有把握了。

打什么仗？怎么打？这就是此次会议的主题。具体点说，此次会议的主题，或基本内容有二——苦练内功，遵循客观规律，做好做规范保险业务；发现价值，借助资本市场，实现公司超常规发展。两个方面相辅相成，一方面，企业发展到一定程度，必须走产业资本与金融资本有效结合的道路，以实现持续健康快速发展，这既是企业发展的内在规律，也是华安目前所处发展阶段的必然要求；另一方面，走上市的道路必须打好根基，夯实基础平台，那就要把规范经营战略持续深入下去，扎扎实实做好保险业务，认认真真沉淀客户资源。

二、华安目前面临的形势和本身的优劣势

（一）华安面临的形势

时间资源本就是稀缺的，对华安来说时间更是太紧迫了。如果说，国家经济的变化以年计，行业的变化要以季度、半年计，那么，华安公司的变化则需要以月计，而华安投资业务的变化必须以天计，因为形势变化太快了。现在我就讲一下华安目前面临的形势。

首先，国家经济金融形势——中国资本市场长期向好。

从 2006 年 12 月 11 日起，我国金融市场已经全面对外开放。资本市场是经济的晴雨表，它反映一个国家、一个地区对经济资源的控制度，以及经济的发展态势。最近一年半，我国金融市场发生了极大的变化。大家在报纸上可能经常看见"流动性过剩"这几个字眼。对一个国家来讲，"流动性过剩"很容易发生"通货膨胀"；而对一个行业来讲，"流动性过剩"则是把双刃剑，如何利用它来快速发展至关重要。公司在 2007 年 3 月份决定尽快借壳上市就是为适应经济发展之势而做出的战略抉择，我们抓住资本市场的好时机，就可以多募集一些资金，迅速壮大自己，以便多做对华安发展有益的事，更好地为客户服务、为社会服务。今后几年，资本市场的总体发展形势不会有太大的变化，华安走向资本市场的战略也不会动摇。

其次，保险行业状况——产险行业大洗牌不可避免。

　　研究行业状况就是研究竞争对手。目前的产险市场内，大致有三类主体：第一类是以人保为代表的国有财产险公司，华安不以他们作为竞争的对象，因为所有制结构和市场化程度都不同，华安的发展模式与他们完全不同，这也是我为什么要大家学习"蓝海战略"的原因之一。第二类是以平安为代表的保险集团公司，平安的市场能力比较强，但他的战略重点并不在产险业务，它的产险业务一定程度上是为了配合集团化发展而存在的，因此我们与第二类的可比性也不大。第三类是广大中小股份制财产险公司，他们和过去的华安一样受不规范市场竞争的煎熬，个别的至今还没有觉醒，仍然通过高退费、高手续费的方法"饮鸩止渴"，一步一步走向危险的边缘；有的虽然意识到了，但苦于"路径依赖"和"自我强化"，没有足够的决心或根本无力摆脱目前的恶性循环，深陷泥潭而不能自拔。华安和他们的不同之处恰恰在于，通过董事会、经营班子和全体员工几年的艰辛努力，我们已经慢慢远离"红海"，所实行的蓝海战略已初见成效。目前这种鲜明的市场行为反差，将会在不远的将来以优胜劣汰的市场洗牌形式淋漓尽致地表现出来。

　　因此，保险业的现状给华安带来了发展机遇。在整个保险行业还不能做到严格按照保监会要求规范经营的时候，华安率先规范经营，就为自己的生存与发展提前打下了基础。华安近年来的规范经营，给大家带来的最大变化是观念的更新和方法的改进，看问题不再浮于表面而能够深入本质，不再一味追求保费的量的增加，而注重企业价值的提升，这就是我们需要认清的自身优势。前段时间我在北京观察了一下别的保险公司开的连锁式营销服务部，发现和我们所做的完全不是一回事。我们的着眼点是以服务培育客户资源，他们的着眼点还是盯着业务，为了保费而保费，这就是理念和眼界的不同。规范经营开始时检查，我们看到一个现象：华安没有政策就没有业务员，全系统营销队伍从几千人锐减到不足200人，职场人去楼空，保费规模萎缩。为什么会出现这种状况？除了一些人不愿意规范而离开，一些人不懂得规范而离开，还有就是因为华安没有自己真正的客户，我们不知道自己的客户究竟在哪里。前段时间，我送杨智同志一本叫《长尾理论》的书，"长尾理论"对中小公司的发展意义重大。大家一直在担心连锁式营销服务部建成后没有业务怎么办？我们应该明白，华安要做长尾巴的业务，即使一开始只来了1%、0.5%的客户，我们都很满足。华安目前最缺的就是客户，我们要做的就是遵循客观经济规律，一步一个脚印，建设好连锁式营销服务部，认真寻找并好好培育自己真正的客户。

（二）华安的优势和不足

"知己知彼，百战不殆。"在这样一种大的形势、大的背景下，华安要更好更快地发展，还必须正确认识自己的优势和不足。

目前华安的借壳上市虽然暂时搁置，但是上市的准备完全是按照 IPO（首次资本市场公开募集资金）的标准进行的，整个准备过程是严格的、系统的、完整的。董事会聘请的中介机构阵容强大：由两家知名券商担任财务顾问，还聘请了知名律师、会计师、审计师、资产评估师组成专家团配合审查。中介机构在 3 月底进场，严格按照上市标准，进行了为期两个多月的尽职调查和上市辅导，可以说把华安翻了个"底朝天"。公司的上市计划虽然暂时推迟了，但是上市的标准化辅导给了我们一次重新认识自己的过程。我们总结了自身很多优点，那都是为上市加分的；我们也发现自身致命的不足，那是导致我们借壳上市暂缓的关键因素。

华安目前的优势至少有这么 9 个方面：

（1）华安成立已经 11 年，有较长的经营年限；

（2）有全国性的网络；

（3）有一定的业务规模；

（4）有一个有战斗力的团队；

（5）有一定的盈利能力；

（6）有一定的资本和资产实力；

（7）公司治理结构比较完善；

（8）华安的团队很熟悉资本市场；

（9）通过理财险、学贷险积累起来一定的客户资源。

优势是让人振奋的，但我们更要看到不足。不足之处，也可以说是致命的不足，就在于华安的客户资源。这与我刚刚提到的优势并不矛盾，因为学贷险、理财险这部分客户资源只是近两年新开发出的潜在且有限的资源。在传统保险业务上，通过规范经营我们发现，公司这些年根本没有沉淀下来多少自己的客户。熟悉资本市场和企业管理的人都应该知道，资本市场依据什么考量一家企业的内在价值？投资者凭什么掏腰包买你的股票？买股票买的是企业的未来，买的是企业持续的盈利能力。而企业靠什么持续赚钱？就是靠企业所掌握的长期的、稳定的核心客户资源！企业的核心竞争力也是要靠他们来体现！招商银行上市，是凭借它起码有 500 万的信用卡用户，民生银行上市是因为有一批企业大客户，人寿上市是因为它有一大批十几年、几十年甚至一辈子的老客户。我们华安有什么？华安号称一家全国性金融机构，连像样的客户资源都没有，上市之后怎么向投资者交代？为此，华安要苦练内功，遵循客观规律，做好做规范保险业务，但这需要时间、需要有一个过程。这也是公司上市暂停的根本原因之一。除此之外，公司上市暂停是因为实施规范经营、实现盈利的时间还不长，我们还有很多工作要做。如果华安在条件不成熟的情况下仓促上市，就是对广大投资者不负责任，这与华安的责任文化、经营理念不符。

三、华安的战略定位与发展目标

（一）新股东入主华安五年来战略执行情况回顾

岁月如梭，以特华为首的一批有志于发展民营企业的股东入主华安已经整整五年了。我清晰地记得，五年前的今天，也就是 2002 年的 7 月 21 日，我以清产核资工作小组组长的身份带领新团队进入华安，随即与一线员工进行地毯式沟通交谈，当谈及华安未来时，不少基层员工觉得前景渺茫，甚至潸然泪下。这一切还历历在目，弹指一挥间，已经五年时光过去了。五年基本上也是经济运行的一个短周期。这五年，保险行业的认识在变化，资本市场的魅力在释放，华安更发生了翻天覆地的巨变。进入华安，我的第一篇正式讲话的题目就是《华安是我们大家的》，时间是 2002 年 8 月 14 日，现在回过头来看，当时讲的那番话，活脱脱就是目前已经基本实现了的五年规划！当时我说过，首先要着手增资扩股，使总股本达到 8 亿，然后争取上市，筹集资金用于市场建设和开拓、技术装备、人员培训等。后来，在 2005 年初的明华会议上，我走上前台担任董事长，当时提出了华安新三年战略目标——"双五计划"，即用三年的时间，使华安成为资产规模和盈利水平双双进入全国前五强的全国性保险公司。在 2005 年 7 月的太原工作会议上，我在分析了华安所处历史背景及华安所具有的优势的基础上，提出了变革的四个目标：使华安事业的参与者的行为目标完全一致；缩短管理半径，达到管理高效；严格核算，经营要有利润；做到让真正有贡献的人受到尊重，使其价值得到充分体现，使其贡献得到相应回报。我非常高兴地告诉大家：根据中国保监会最新统计数据，截至 2007 年 6 月末，在产险公司总资产排名中，华安以 300 亿元规模位列第四，仅次于中保、太平洋和平安老三家，而且与平安只有 27 亿元的差距，是第五名的两倍，稳居第一军团。

从目前的实际运作情况来看，除上市外其他目标基本上已全部实现。实践检验着我们的理念和思路，实践的成功激励着我们继往开来！那么我们下一步的工作重点和主攻方向就是，延续前期的思路和战略，巩固现有成果，继续深入推进规范经营，为华安上市打好基础。

（二）找准华安的战略定位

华安未来将向什么方向发展？华安将以何种姿态屹立于保险行业？我曾向全系统员工大力推荐过《蓝海战略》这本书，它的核心观点就是超越产业竞争，发现新价值。前不久我提出过一个鲜明的观点——"引领财险销售模式革命是华安的使命和机遇"。其实，董事会对华安的战略定位是非常清楚的，就是做一个有价值的保险企业，成为产险公司新发展模式的引领者。价值是商品的两要素之一，更何况是一个企业，一个没有任何价值的企业怎能生存，何谈发展？对于一个企业而言，他所具有的价值应该是多方面的。对社会，他要主动承担企业的社会责任，促进和谐社会的建设；对股东，要不断给予较高的回报；对员工，不仅要满足其物质方面的需要，也要为他们提供较好的个人发展的空间；对行业，则要不断创新，为整个行业持续、健康发展作出自己的贡献。当然，只有自身先有大的价值提升、实践中得到市场的认可，才谈得上引领全行业的价值提升。

我们华安的战略定位就是要做一个有价值的保险企业，成为产险公司新发展模式的引领者。但是，华安未来的新价值在哪里？用什么方式发掘和提升这种价值？虽然有了准确的战略定位，我们还要有分层次、具体的、阶段性发展目标。

（三）明确华安的发展目标

目前，华安最需要解决的发展瓶颈问题，或者说华安的阶段性发展目标就是：建立自己真实、稳定、长期的核心客户群体，并真诚地服务这些客户群。要实现这样的目标，就必须突破行业靠手续费买卖客户的潜规则，进行营销模式变革。

遵照中国保监会及吴定富主席关于保险"三进入"的要求，充分利用资本市场功能，发挥资本管理能力强的优势，华安要在全国主要城市的社区（含学校）建设一个方便客户投保、服务功能齐全、服务设施完备、服务质量有保证的财产保险营销服务网络，这就是华安首推的"连锁式营销服务部"直销规划。部分干部甚至个别班子成员为董事会捏把汗，怕公司出不起这个钱，担心成本问题。我来给大家算这笔账：根据管理半径和服务半径的要求测算，华安连锁式营销服务部建设目标是一万家，平均每家店的面积是 50 平方米。投入预算按全国均价 1.5 万元每平方米全部买下来就是 75 亿元，这么大的资本投入，不要说华安、华安的股东，就是人保恐怕都拿不出。所以，我们只能面向社会，通过发行股票的形式来筹集资金。董事会原来的设想是通过借壳上市使公司股本达到 10 亿股的规模，再定向增发 6 亿股，经过这两步可以募集到超过 100 亿元的资金，用来在全国铺设连锁式营销服务部。这个想法我已经向保监会领导汇报，他们也非常支持。而且募集到的资金属于股权投资，股票可以流动但不能退股，不会存在退保，不会出现赔付之类的问题。我们拿这些钱投资连锁式营销服务部建设，只是一种资本和资产之间形式的变化，不会损害中小投资者的权利，相反，还会有大幅度的资产升值。假如公司建立起一万家连锁式营销服务部，逐步积累起一对一的公司客户群，那么，五年、十年以后，凭借这样密集的销售网络和直接稳定的庞大客户群，中国最有竞争力的财产险公司中必然有我们华安。

四、华安战略目标的实施步骤

纵观几百年资本主义经济发展的历史，以及近些年来社会主义市场经济发展的经验，我们不难看出，虽然制度背景不同，但有一条客观规律是相同的，那就是产业资本与金融资本的融合，可以加快企业的发展，并且能最大限度地利用社会资源，在企业不断做大做强的同时，实现社会、企业、员工和股东利益同步最大化。

尽管目前对中国资本市场功能的完善还存在着种种争议，但十多年的发展所取得的成就是不能否认的，中国资本市场所具有的优化资源配置、助优扶强功能日益显现。我们必须抓住中国经济高速成长，中国资本市场迅猛发展这种难得的历史机遇，争取在明年实现上市。当然，上市之前我们还有几项基础性的准备工作要抓。

第一，面向客户，建立华安自己的客户群，并以优质服务稳定之。

首先，公司要挖掘和维护理财险、学贷险的客户资源，这些资源是华安上市后股价坚挺的稳固基础；其次，要促进电话直销、网络直销业务的长足发展；最后，要加强大客户直销。

在传统险业务方面，公司要加快连锁式营销服务部的建设，这项任务会在此次全国工作会议上布置下去。今年200家连锁式营销服务部要全部建立起来，以买为主。为什么要提出以买为主？假若我们租门面，出租方会随时解除合同，或以涨价的方式赶我们走，这就不利于我们服务客户。至于买门面的资金，大家不要担心影响公司的偿付能力，公司将在中国保监会的支持下与信托公司合作，实施信托计划，消除资金需求所带来的压力。

明年开始，我们要在200家的基础上建立1000家甚至更多的连锁式营销服务部；从2009年开始，公司将以建10000家为目标，有条不紊地推进连锁式营销服务部建设。

公司的上市目标预计在明年实现。大家要清楚，只要是允许中小保险公司上市，华安肯定是有竞争优势的。华安在今年建设成200家连锁式营销服务部后，就会让投资者清晰地看到华安的远期战略。我一直有一个梦想，华安建立起10000家连锁式营销服务部后，再现类似于晋商"汇通天下"，10万匹骆驼商队横贯欧亚大陆的壮观景象。就会出现"保银合作"、"保证合作"、"保基合作"，银行、证券公司、基金公司很可能要借助我们的平台拓展业务，以华安为旗舰的金融控股集团的架构将水到渠成，我希望通过大家的努力，争取这一天能早点到来。

第二，深入持久地规范经营，持续"倒逼"。

我刚才强调过，公司暂缓（上市）进入资本市场有两个深层次的原因：一个是没有稳定的客户群，一个是还不够规范。为实现上市，我们"倒逼"了半年，我认为规范经营是有成效的，起码大家明白了若按不规范的老路走下去就是死路一条，大家知道了公司的远景目标是什么，在座的各位对公司的未来发展也基本统一了意见。我也清楚，在规范经营的过程中存在内、外两方面的压力，比如有来自个别地方监管部门的不理解或者不赞成态度，有来自媒体和舆论的猎奇甚至曲解，有来自下属个别业务团队的不合作乃至哗变，等等。面对这些压力，我们彻底实行规范经营的态度是坚定的：一绝不妥协，二要有革命性！什么叫"革命性"的态度？想想毛主席带领农民兄弟"打土豪、分田地"，那才叫"革命"！想想中国共产党领导人民群众推翻三座大山，建立新中国，那才叫"革命"！你做一件别人没做过的事，一开始就要所有的人都赞成、拥护，那还叫什么革命？革命就是你走在前面，有很多问题别人还没有认识到，有很多人还在反对，但你也要咬着牙坚持下去；革命就是要打破原有利益格局，颠覆一些约定俗成的潜规则，甚至要断某些人财路。华安的规范经营就是一场革命！毛主席讲"人是要有点精神的"，华安的团队，对内不能只有职业经理人精神，更要有献身精神，要有革命精神。如果华安像其他中小保险公司那样随波逐流做下去，华安可能不会受到批评，也一定不会受到表扬，但那就不是华安了！那就不是"敢教日月换新天"的华安人了！做任何一件事，如果理念上不能统一，必将半途而废。所以，全体华安人必须满怀革命精神，统一思想、忍压负重、持续彻底规范经营，为实现有华安特色的民族保险业发展之路而共同奋斗！

第三，尽快进入资本市场。

资本市场有两个主要功能：一是价值发现功能，二是退出机制功能。借助资本市场，体现华安价值，募集发展资金是彻底规范经营和连锁式营销服务部网络建成的物质基础。

华安有什么价值可以发现呢？我刚才总结过了，华安有九个方面的优势，但客户资源的匮乏却是华安致命的硬伤。为此，我们要尽快进行连锁式营销服务部的建设，今年的 200 家做不好，我们就不能让监管部门放心，他们鼓励我们继续发展连锁式营销服务部的信心也会受到影响。假如华安的连锁式营销服务部能形成气候，所带来的价值将是非常巨大的。我们有些同志没弄明白其中的道理，所以才信心不足，不知所措。等到保险业实行混业经营之后，我们连锁式营销服务部建设的价值更会"井喷式"地体现出来。

华安的价值要得以体现需要在两个方面下决心并做出成绩来：一是规范经营。华安要发展，就必须规范，规范有成本，但相对于华安的重生，这点成本微不足道，规范经营之路非走不可。二是聚集核心客户群。这是价值规律的基本要求，一个金融服务企业，没有自己的客户群就意味着你的未来建立在沙滩之上，甚至是空想。所谓的"持续盈利能力"从何保障？如果我们今年内的 200 家连锁式营销服务部如期建成，并能取得良好的市场效果，作为试点的示范作用显现出来，它的发展前景肯定会很好。一个连锁式营销服务部就是一批社区客户的代表符号，自然会得到投资者的认同和追捧。公司有价值了，发行股票才能有好的表现，按照市盈率 30 倍，市净率 5 倍推算，华安上市后可能筹集资本达 100 亿元。总之，华安要尽快进入资本市场，借助资本市场面向社会筹集资金是把华安办成一个真正有竞争力的为社会、为政府、为民众分忧的保险企业的关键步骤。

关于对战略目标的坚定性问题，这里再多谈几句。华安这次借壳上市暂缓，我听到了不少担心、质疑的声音。比如有人担心，迫于压力我李光荣会不会放弃上市，甚至会不会放弃规范经营？他们太不了解我了，也太不了解这个团队了。凡是我们认准的事情，无不是站在四个源头深思熟虑的结果，上有经济理论和宏观政策作指导，中有熟悉市场的专业务实操作，下有忠诚、敬业、有责任感的团队。我们认准的产业资本与金融资本的融合之路，是最符合华安现状且遵循经济内在规律的选择，华安的规范经营和上市是经济规律决定的，是不会以谁的主观意识为转移的战略安排，这有什么好担心的？

当然，在战略既定的情况下，战术就显得很重要，否则也是不尊重客观规律的表现。举个很浅显的例子：两个人是一定要比武打斗的，就在准备打的时候，你觉得自己可能打不赢，就要再上山强化苦练3个月，再下来和别人比。就像华安的借壳上市，我们面临找不到客户、规范经营还不够彻底的现状，如果强行上马，就是不遵循客观规律，这不是面子的问题，而是实事求是的态度问题。中国保监会对华安的借壳上市计划非常支持，中介机构也已经进来了，但董事会经过分析、对比各种因素，发现我们还有很多需要改进的地方，最终决定暂缓上市。就文化取向来说，这样严格要求自己也正是华安责任文化的体现。所以，规范经营必须继续进行下去，要继续严格要求自己，规范经营与上市战略相辅相成、相互促进、密不可分。上个月我不惜成本，要求经营班子带队，让大家深入基层一线进行系统大检查，就是要让大家亲身感受到华安及整个保险行业到底是个什么状况，就是要让大家及时消化规范经营所带来的种种疑虑、担忧和不理解的思想成本，就是要让大家看清楚我们与上市标准的差距。我跟杨智同志说过，我们就是要把自己的脸撕下来，放在马路上晒，甚至让别人踩，有本事你再捡起来贴上去，我就是要大家看清楚华安规范经营之后暴露出了什么，为什么会是这种状况，让大家都来思考我们到底应该怎么改变这种现状。

五、明确对几个问题的认识——华安战略目标能否实现的关键

第一，战略与政策始终一贯的问题。

前面谈战略定位，我们共同回顾了以特华为主的这批投资者这几年战略目标的设计以及付诸实施的行动与结果，事实证明自2002年以来华安

的发展战略是始终一贯的，而且是卓有成效的。规范经营战略是如此，争取上市的战略也是这样，我们是一以贯之的。现在监管部门非常支持华安的借壳上市，华安的尝试有利于促进保险行业与资本市场的结合。产业组织理论告诉我们，一个行业要真正快速发展，就一定要充分竞争。监管部门已经意识到，如果保险业一直是少数几家独大，整个行业就难以做大做强。如果一直是寡头垄断，就会窒息其他主体的积极性、创造性，导致腐朽落后，断送行业的前途。所以，华安要上市，监管部门是非常支持的，它有利于打破垄断，有利于民族保险业的发展壮大。华安的借壳上市计划，会在明年重新启动，请大家放心。

第二，华安经营一盘棋的问题。

这几年华安做事始终强调"四个源头"，华安有自己清晰的发展思路：学贷险是华安生存与发展的动力和源泉；理财险重在不断寻找自己的优质客户，是在考验华安的投资能力；传统险业务，要严格遵循客观经济规律。各种险种看似不同的发展要求，其实是为完胜一盘棋所布的棋子。一家企业存在的首要目的当然是为了盈利，但盈利的前提是服务好客户，要让政府放心。为此，我们的连锁式营销服务部建设首先要让客户满意，要服务好客户，现在不要跟我讲赚多少钱的问题，只有服务好了，我们才有资格来谈赚钱。

第三，自信与毅力的问题。

彻底规范经营是自信和毅力的具体体现。华安在全行业率先实行彻底的规范经营，大家要有自信。自己做正确的事，不要担心别人说什么。在这个社会上，你做一件事，不可能让所有人都说你好，也没有必要让所有人说你好。我们没必要去改变别人，按照自己选定的目标来改变自己就行了。就像个别媒体，他们对于我们公司的借壳上市，没能掌握真实情况（由于这是商业机密的原因，我们也不可能和他们深入交流），他们就按自己的臆想去写报道，我们可以不予理睬，自己明白怎么回事就行了。"浊者自浊，清者自清"，我们有的是自信，华安拥护党和政府的领导，一不违反法律法规，反而带头严格依法办事；二是为了国家富强、民族振兴、人民福利，遵循客观经济规律办事，有什么好怕的呢？华安有今天好的发展局面，不是吹出来的，也没有被某些人整垮，我们是"咬定青山不放松，任尔东南西北风"，有志者事竟成。

有人说："华安规范经营只是为上市出一张牌。"也有人疑虑："华安不上市了，还要不要规范经营？"还有这样的说法："市场不规范，只华安一家规范没有用。"前两种说法纯属无稽之谈，它必然被今后的事实击得粉碎。对于后一种说法，华安人可不屑一顾，因为华安的文化决定华安不会做麻木不仁的愚民。华安愿意做"戊戌变法"中"我自横刀向天笑"的谭嗣同，何况我们远比谭嗣同幸运，因为现在英明的政府和监管部门行的是人间正道，是坚定不移地支持改革开放和规范经营的。监管部门对华安的态度，如同公司对员工一样，用心良苦、关爱有加。还记得2005年太原会议上公司倡导的"私事公化"的理念吗？就是为了让员工走人间正路，避免不规范行为。同样的，虽然我们现在传统险规模有所缩小，但中国保监会依然大力支持我们的规范经营战略，这正是希望华安走人间正道的一片良苦用心。在规范经营的过程中，需要毅力、需要忠诚，大家一定要把董事会、经营班子的各项政策措施付诸行动，要摸清基层情况，上下一心，苦练内功，做好做实保险业务。只有这样，华安才能走上彻底规范经营的"人间正道"。

第四，维护还是损害员工利益问题。

我们一直强调要摆正四个利益关系，但也有人认为规范经营是对员工不负责，结果会损害员工利益。这里我请大家弄清楚：个别分公司班子成员拿着华安的工资，占着位子不作为，飞来飞去为自己另找工作，这到底损害了谁？一些业务员发现华安按保监会的规定只给15%了，就跑到其他保险公司"驾轻就熟"去了，这是华安损害了他们的利益吗？再说，如果我们大家都继续不规范，那势必毁了公司，甚至葬送了整个行业，那时保险员工的利益在哪里？所以，只有规范经营才是实现好、保护好、发展好员工利益的人间正道。

第五，改革成本问题。

做任何事情都是有成本的，既然是改革，付出一定的成本是不可避免的，对这一点我们也一定要有清醒的认识。规范经营已推进半年有余，取得了重要的进展，但我们必须清醒地看到，已经取得的成果只是初步的，阶段性的，我们还有很长的路要走。现在已经付出了传统业务暂时萎缩等成本，今后还可能要继续付出一些成本，但我们的办法比困难多。我们必须正视变革任务的艰巨性和复杂性，推进规范经营本身不是目的，而仅仅是我们做大做强华安的一种手段，同时我们要做好打持久战的准备。

第六，华安还是不是保险公司的问题。

猛一听，这好像不是一个问题，或者是一个没有任何意义的问题，华安明明是财产保险公司嘛。但实际上，不同的人对这个问题的答案是不一样的。而不同的答案也恰恰能反映出回答者对华安以及华安推行的规范经营战略是否真正了解。为什么这么说呢？如果按照以前的思路，产险公司必须依赖车险、财产险，甚至有人认为华安就是车险公司。而规范经营战略的推行使得这些原来不规范的传统业务急剧萎缩，产险公司赖以存在的基础削弱了，长此以往，华安似乎不能算是保险公司了。但如果是一个深谙保险之道、企业之道、经济之道的人来回答这个问题，他会理解公司的规范经营才是正道，由于整肃不规范使传统业务萎缩导致的现金流减少，我们可以通过其他险种的销售来弥补，你能说做理财险、学贷险、责任险就不是做保险吗？规范经营以来，我们华安的"两个轮子"（保险与投资）都在转，而且转得很平稳，很健康，有什么可担心的呢？更何况我们的营销变革就是为了建设一个真正能为客户提供保险服务、为政府分忧的保险企业，难道这不是社会需要的真正的保险公司吗？

第七，关于学贷险的风险问题。

我们首先要明确一个经济学常识，那就是收益从来都是和风险相对应的，收益越大，风险也就越高。从纯技术的角度来讲，任何险种都是有风险的，学贷险当然也不例外。学贷险主要涉及两个风险因素：个人诚信和还款能力。2006 年 6 月我在学贷险工作会议上专门分析过，我们对这个产品的风险管控还是比较有把握的。学贷险的对象主要是贫困大学生，大学生是青年中的佼佼者，受过大学教育后，有了较多的人力资本，国家经济又越来越好，总体上看，将来还款能力不成问题。至于诚信，青年是国家的未来，受过大学教育的青年更是国家的未来，我们能够想象这些人中的多数会不诚信吗？何况中国自古就有"穷且益坚，不堕青云之志"，我们对贫困大学生毕业后的诚信更有信心。再从收益角度来看，学贷险是我们华安的特色险种，它体现了我们华安勇于承担社会责任的企业文化，不仅可以为华安带来良好的社会效益，提升华安的品牌形象，同时也在为我们培养大批的潜在优质客户。这一点我已经讲过多次，相信大家能够理解。我们一定要站得更高一点，看得更远一点。

第八，人员流失、队伍稳定问题。

员工队伍稳定对企业持续发展的重要性是不言而喻的，日本战后实现的经济奇迹在很大程度上要归功于其年功序列终身雇用制的施行。员工视企业为家，企业爱员工如子，企业和员工之间形成了一种荣辱与共的关系，某种意义上可以说是生死相依的关系。形成了这样一种关系，企业的员工队伍当然是稳定的。如果企业效益好，员工的工资待遇就会相应提高；而一旦碰上经济萧条，企业经营出现困难，员工也肯降低工资，减少福利，和企业一起共度难关。

　　毫无疑问，华安也需要一支稳定的员工队伍，一支能与公司同进退、共患难、一起分享发展成果的队伍。但是，在当前的形势下，达到这个目标比较难，因为目前的员工队伍当中与华安企业文化格格不入的人还占一定的比重，只有这部分人改变了自己，认同了华安文化；或者他们分流走了，被淘汰了，我们的员工队伍才会稳定。有同志可能会担心，规范经营使得传统业务不断萎缩，相关人员也相继离去，这样下去不利于公司发展。我请大家考虑两个问题，即如何看待两类人：其一，流失的那部分人。不要说他离开华安后，将来干了什么事，显示他多么有能力、有本事，我们只需要先看看他在华安到底干了什么？为华安作了什么贡献？其二，留下的那部分能耐得住寂寞，敢于投入公司经营战略调整、亲身经历变革的人。并不是说谁想留下就可以留下的，留在华安的一定是认同公司文化，深刻理解公司经营战略并贯彻执行，勇于承担责任的人。我可以肯定而自豪地告诉大家，这部分人必将成为未来中国保险行业的佼佼者，必将是最能实现自己人生价值的人。华安为他们感到骄傲，他们也将以身为华安的员工而自豪。

发展学贷险理财险最能体现华安的经营理念[*]

（2007 年 7 月 22 日）

这次会议我讲得比较多，为什么要讲这么多？主要是因为这次会议三级机构的同事们都来了，我要珍惜这次难得的机会多讲一些，现在讲了下午还要讲。我今天拟了一个题目，是昨天讨论的时候受重庆分公司凤总说的一句话启发。我今天针对学贷险和理财险讲一讲，题目是：发展学贷险、理财险最能体现华安的经营理念。大家都知道，华安的文化，也是华安的经营理念，是六个字：责任、专业、奋进。看起来只有六个字，但其中包含了丰富的内涵，大家千万不要小看这六个字。这六个字是 2005 年时，经过我们几个月的讨论、征集活动产生的，在座的许多同事都参加了这次活动。一个企业的理念，一个企业文化或者一个理论理念上的东西，一旦成为一个团队或者一个事业实践的工作行动上的指南，将释放出巨大的能量和无穷的魅力，产生巨大作用，这就是"精神变物质"的道理。下面，我从四个方面来阐述这一观点。

一、学贷险理财险产品设计，体现了华安的专业水平，在行业中处于领先地位

我们的"专业"体现在哪呢？

第一，体现在学贷险和理财险的设计上。

我们昨天都听了郭主任的报告，他讲了保险业的发展规律，为解决理论上的问题，研究了很多国家财产险行业的经营规律，他们到底是怎么经营的？利润从何而来？承保与投资两个轮子怎么转？研究发现，不光是中国的财产险公司赚不了太多钱，保险业务本身，承保业务赚不了多少钱，市场成熟的欧美国家，承保利润也非常薄。只有薄利，客户才能越来越

---

* 2007 年 7 月 22 日在"华安财产保险股份有限公司中期工作会议"上的讲话。

多，在客户越来越多的这个基础上，才能有现金流，再通过投资获取利润。承保亏损的要通过投资利润来弥补一部分，最后实现整体盈利，这是行业的规律。大家再来看我们的学贷险和理财险，理财险其实不用多说，它是现金流沉淀，大家都知道它的赔付率很小，现金流沉淀几乎是百分之百。你做传统险，即便传统险有薄利，也存在现金流不足的问题，我国目前财产行业沉淀的现金流比率如果有30%，已经是做得非常好的了，现在的产险行业基本上做不到30%，最多是10%—20%，而理财险的现金流几乎是100%，你说我们是不是在遵循规律？学贷险从收保费的那天开始，赔付是四五年以后的事了，学生要先读完书，参加工作以后才开始还款，那么这个现金流会在4年中有100%的沉淀，你说这个生意划不划算？所以这个险种的设计非常专业，体现了我们企业的专业能力。

第二，体现在它很好地发挥了保险的社会保障功能。

现在贫困家庭的子女因没钱交学费上不起学，已成为社会问题，我们创办学贷险是为国分忧，为构建和谐社会作贡献。学贷险能使这些暂时没有经济能力读书的家庭子女，利用未来的信誉和资本，读了大学，毕业后有本事还这笔钱。这也是一种专业，我们经过缜密研究，不用担心人家还不起。可见，学贷险的社会效益和企业的经济效益都不错。

第三，体现在我们的风险管控能力和费用的节省上。

比如我们的理财险，我们开发的理财险产品随利率浮动，尤其是2006年、2005年，在调息时华泰等公司的产品都受到了影响，我们都没有受影响，这就是我们的专业，预计到未来几年货币政策发生变化，利率往上调，设计了互动利率，客户没有流失。学贷险更是非常专业，是多部门风险分担，各司其职，银行有银行的责任、学校有学校的责任，家长有家长的责任，一系列担保，等等，这也非常专业，是一种制约，体现了我们的风险管控能力。再一个就是学贷险产品的设计，为华安省了一大笔广告费，这个广告费可以数以亿计，不亚于在中央电视台进行广告投入，按照公司的近期要求，一旦学贷险做到30万人甚至更多，这30万学生及其家庭、亲戚朋友都会通过一定形式为华安作宣传，这种广告效应、社会效应就十分巨大了。所以我说，这个产品充分体现了华安的专业水平和创新能力，也是我们华安经营理念的具体体现。

二、学贷险、理财险的推出是华安责任理念的具体体现

学贷险最早是由联合经纪公司提出的，这家经纪公司有了这个创意后找了人保、太平、平安，不仅多次找，而且还通过保监会的领导去介绍自己的设想，但都被拒绝了，他们都不愿意合作做这件事。后来他们找到了我，我和他谈了半个小时就拍板了。其他公司为什么不做？因为他们怕风险，担心学生贷了款不还。为什么我当时那么快就拍板了？因为我在想两个问题，在 2006 年 6 月 13 日以"学贷险是华安持续发展的动力与源泉"为题的讲话中我就说过，风险应该不大，如果说一个受过大学教育，受过专业培训的人，在参加工作以后 10 年内还还不起 4 万块钱，那只能说明中国的经济就已经出大问题了，就业已经出大问题了。大家说是不是这个道理？中国要是出那么大的问题，那还留着华安保险公司干什么？如果一个受过高等教育的人能还得起钱又不还，中华民族这些高素质的炎黄子孙都恶意逃债，那整个中国的诚信就出大问题了，那是天大的问题，整个民族都要灭亡了，那还留着华安干什么？我当时就想着这两个问题，当然我坚信不会出这样的大问题，所以下决心要求你们先做。这实际上也是体现了我们的责任文化，我们在座的许多人也都是从农村出来的，都是出来读了书才有今天，包括我本人也是这样。我们对这个产品的开发实际上就是效力于和谐社会的构建，是以实际行动推动社会公平、教育公平，为政府分忧、为社会分忧。

三、理财险、学贷险的实践体现了华安的奋进精神

几年前，由于华安的品牌较差，所以举步维艰。现在慢慢好了一些，但工作难度仍然非常大。学贷险和理财险的做法与原来做传统险完全不一样，它对你的要求非常高。比如做学贷险，要求你能和大学校长对话，能和教育厅的厅长对话，和发放贷款的银行行长对话，和政府的分管副省长甚至省长对话，到相关部委去还要和司长对话。需要协调的部门多，协调的难度大。我知道这个难度非常大，过程非常艰辛，但学贷险、理财险，我们都已经打出了一片天地，非常不容易，我们靠的是奋进精神，理财险、学贷险的成功实践，也充分体现出了我们的奋进精神。

今天从童清的这个讲话里，我非常能体会他的辛苦。说个插曲，我听

说原来童清不能喝酒，但是在大连的时候，请人家吃饭一定要喝，为了开展工作就把自己先喝醉，醉了以后吐给人家看，然后再喝，说今天就是要陪你把酒喝好。结果，工作就是做成功了。学贷险、理财险短期内能做到这个样子，可以说是成功了，例如云南，学贷险没人做过，不是说想成功就能成功的，他们协调了多少个部门才突破的。最近我看了广东分公司的签报，涉及省里的六七个部门，还有省长等领导的签字，结果说是都愿意做了，广东可能有突破。所以做这些事非常难，云南、广东都是这样。这种事情只靠一个部门是做不到的，只要稍嫌麻烦就不会成功，你说这两个险种的开拓是不是体现了华安的奋进精神？

四、实践证明"学贷险、理财险是华安生存与发展的动力与源泉"这一论断是正确的

学贷险、理财险这两个险种的开拓，为华安的生存与发展赢得了宝贵的时间和空间。没有这两个险种的开发，可能就没有华安的今天。因此我们现在能够说，学贷险、理财险这两个险种的开拓成功，证明了这两个险种"是华安生存与发展的动力与源泉"这一论断。比如，正因为有了学贷险，在德隆事件出现以后，在协调过程中，我们向保监会领导汇报的时候，我们就拿这个说话，让领导看到、让领导了解华安是一个有社会责任感的企业，这个团队是一个有责任感的团队，愿意为社会分忧，希望主管部门给予它走出困境的时间和机会。只要你给我机会，我愿意做而且能做好有利于国家、民族和社会的这个事情。还有理财险，它提供了很好的现金流，大家都知道，巧妇难做无米之炊，如果我们没有理财险，我们2006年能摘掉亏损的帽子吗？像童总刚才说的，去年只要不是老糊涂，都可以赚钱。但是，即使有这种极好的机会，你没有本钱，怎么赚钱？所以它证明了这个论断，学贷险、理财险是动力，是源泉！我在2006年6月13日"学贷险是华安持续发展的动力与源泉"的讲话中是这样阐述的："对于华安保险来讲，如果说铲除车险业务毒瘤是让行走在沙漠中的华安放下了一个沉重的包袱，如果说规范的理财险是华安在沙漠中寻找到的一桶净水，那么学贷险将是华安找到的一股清泉。铲除车险业务毒瘤解决了华安的历史包袱问题；理财险解决了华安生存的问题；学贷险将成为华安持续发展的重要源泉。"这就是我们当时对学贷险、理财险的定位，现在看起来确实是这样，证明了我们的论断。你说这两个险种是不是我们

华安企业文化、企业理念的具体体现？所以说它的内涵非常丰富，大家要仔细领会。这就是源头，我们是站在源头做事情，来指导自己的实践；用事实说话，理财险、学贷险的成功开发就是客观事实。理财险、学贷险的同志们，以及各分公司的同志们，在这两个险种开办过程中，为公司的生存与发展作出了重大贡献，体现了华安的文化，展示了华安人的风范，公司董事会、股东代表会为你们记下一笔。希望你们再接再厉，在童总的带领下，取得更大的成绩。

抢时间 占空间 争牌照[*]

（2007 年 8 月 14 日）

　　连锁式营销服务部的建设说起来简单，可操作起来涉及方方面面的问题，还是有难度的，切不可小觑。我们要建的是一万家店，要把房子买下来或租下来，买的话要拿到房子的产权证，要把房子设计好、装修好，等开业以后，还要涉及客户资源管理和客户服务等问题。这是一个系统的工程，我们需要做足功课，准备充分，合理调配资源，不断学习借鉴别人的经验，结合自身实际，稳扎稳打，一家一家地建设，到最后，把它串联起来，形成万家网络的"燎原之势"。

　　华安有 10 年的历史了，才发展到现在这个规模，要建一万家连锁式营销服务部，不是一两年就能成功的。在今年的中期工作会议上，我给大家算了一笔账，说连锁式营销服务部的投入预算约为 75 亿元。实际上，如果我们考虑到房价上涨等因素，花 200 亿元能把事情做好，也算是成功的。连锁式营销服务部的建设有时间跨度，有空间跨度、有成本跨度，是一个复杂的系统工程。建设标准要统一、简单、易于操作，让客户在北京、在深圳和其他地方感觉到我们的连锁式营销服务部的形象和服务没有什么差别，就像麦当劳一样，麦当劳在世界各地都是一个标准，无论在世界什么地方，只要你走进带红黄色"M"标牌的门店，都能享受到同样的服务。华安要达到这个要求，就必须考虑到各地执行力的差异，总公司要复杂和简单并重，准备的功课做充分、做复杂；指导的标准做简单、做统一。

　　中期工作会议过后，公司董事会很关心连锁式营销服务部的建设情况，我自己也在做调研，借助特华这个平台，与各有关方面交流沟通，没有一个不赞成华安的做法的。连锁式营销服务部建设工作启动以来，公司上下积极行动，克服种种困难，取得了不错的成效，但今后的路还很长，我们要充分认识到连锁式营销服务部的重要性，抓住重点，合理分工，争

---

　　* 2007 年 8 月 14 日在"连锁式营销服务部专题办公会"上的讲话。

取时间。下面，我谈一下自己的看法。

一、中期工作会议以来的连锁式营销服务部建设工作

中期会议以来，就连锁式营销服务部的建设，公司上下做了一些非常重要、非常有价值的工作，主要表现在以下几个方面：

1. 完成了《连锁式营销服务部筹建标准手册》、《连锁式营销服务部运营标准手册》、《连锁式营销服务部管理制度手册》的初稿编写工作，有两本我看了三遍，也把它拿给我身边的人看，总的感觉很不错。

2. 与多家外联公司进行了沟通，包括营销策划公司、装修设计公司、房地产公司、管理咨询公司、企业形象设计公司等，为我们看问题提供了新的角度和思考。

3. 组建了连锁式营销服务部筹建办公室，专职运作，责任到人。应该说，这是非常好的一个做法。

4. 在总公司指导下，分公司与各地保监局有效沟通。目前为止，已经有广东、四川、黑龙江、安徽、陕西、宁波、山西、辽宁、福建九家分公司拿到保监局的书面批复，这非常难得，非常重要。这里要特别提到广东，8月11日，我和杨智、任惊雷同志到广东分公司，与分公司领导一起去拜访了广东保监局的黄洪局长，黄局长发自内心地赞成华安的做法，当时就同意先批200家。广东保监局对我们的支持力度是最大的，使我们非常感动。既然保监局这么支持，我们就更应该把事情做好。

5. 到7月底止，各机构已经普遍启动了连锁式营销服务部的选址调研工作。

6. 总公司于8月10日在山东分公司召开了连锁式营销服务部筹建调研工作强化培训会，对各分公司相关筹建人员进行了选址调研的强化培训。

二、全面深化对连锁式营销服务部建设重要性的认识

第一，金融平台的概念。

华安的平台是一个金融平台，连锁式营销服务部的规划也是源于保险，超越保险，我们打造的是一个万店连锁的金融大平台。为了这一蓝图，未来三五年或更长的时间，华安将有投资超过200亿的大行动用于连锁式营销服务部的建设，这一金融平台的建设过程也是华安未来稳定盈利

模式的形成过程。华安要站在投资银行的角度，站得更高些，看得更远些，要不断地发现价值、创造价值。比如说，在营销策划的时候，我们可以向罗兰·贝格等专业公司咨询；在 CI 设计上，不能只局限于华安自身的特点和资源，要参照借鉴国际大财团、大连锁店的理念，要超越保险，为将来金融平台的搭建做准备；在服务内容上，在我们的连锁式营销服务部，未来可以代理其他金融机构的产品，要让小区居民感觉到我们能在整个金融服务方面给他们以帮助。如今，深圳市作为中国保险业改革发展的试验区，也允许我们做更多更前沿的创新。为此，我们在职场选址、CI 设计、客户交流等方面，要融入金融平台的概念，做长远的打算。

我们要充分认识到连锁式营销服务部的建设意义，它作为一个金融平台，不仅仅是服务客户，还可以促进除传统保险业务之外的学贷险、理财险等创新产品的销售。为此，我们前期多花点成本，多借助外脑，与中介咨询公司多接触，多作些准备，预留好金融平台接口，都是为将来做打算。基础打好了，组织实施就简单了、好办了。

第二，华安重生的概念。

通过近年来的战略调整，实行规范经营，创新学贷险等险种，我觉得华安现在才在做一个保险公司应该做的事情。如今的华安，坚持"破"和"立"相结合，两条腿走路，破除原有的"路径依赖"和"自我强化"，坚持规范经营。"破"的过程使华安的业务量受到冲击，现在，我们要"立"了。我最近也向监管部门的领导汇报，一定要给华安一些时间，等待华安经过"凤凰涅槃"而重生，成为新华安。围绕华安重生这个概念，连锁式营销服务部的建设可以理解为华安的再造，从全局进行人、财、物等方面的合理配置，实现公司组织架构、运营模式、管理流程的科学转变，这些都是华安重生的题中应有之义。

第三，品牌重塑的概念。

目前"华安"这一品牌，有多大的社会影响力？价值有多大？坦白说，华安品牌这 10 年间并没有在中华大地扎根，无论在业界还是在保险消费者中都没有什么影响。最简单的事实就是：公司一规范，业务就大滑坡，客户就大流失。连锁式营销服务部的建设是打造百年老店、建立常青基业的开始，我们要借助连锁式营销服务部的建设，重塑华安的品牌，从某种意义上来讲，门店战略就是品牌战略。

第四，核心战略的概念。

建设连锁式营销服务部是华安近期的核心战略，未来几年，华安的连

锁式营销服务部要达到一万家的规模，这是战略目标。当我们建成 3000
家以后，建设工作就能达到相对稳定的状态，这是一个过程，连锁式营销
服务部的建设过程就是华安未来几年的核心战略的实施过程。我们要集公
司之力攻坚，股东、董事会、经营班子、全体员工都要行动起来，竭尽全
力把事情做好。现阶段，在保证投资收益，紧抓理财险、学贷险业务拓展
的同时，要把主要精力放在连锁式营销服务部的建设上。它成功了，华安
的核心战略就实现了，华安的价值也就实现了。

第五，精英培训的概念。

前段时间，总公司从连锁式营销服务部筹建小组中选派 13 名成员，
赴 13 家分公司进行帮促工作，他们都是经过层层锻炼培养出来的。我们
看到，分公司在筹建进度上有快有慢，这也是一个检验队伍、考察队伍的
过程，我们从中可以看出哪些人是有真本事、真正想干实事的，哪些人在
应付总公司、应付自己。

连锁式营销服务部建设是超越保险而横跨多个行业范畴的系统工程，
只能大家一起动脑筋，共同参与且齐心协力才能做好，才会成功。我相信
大家最近又有不少进步。在这个过程中，我们必须承认市场人士的专业能
力，要借助外脑，挑选相关行业的佼佼者参与我们这项工程，多听听他们
的意见，不断汲取营养，尤其注意他们做事的方法和思维，站在源头做
事，做出的事更有生命力。杨智同志跟我说，前段时间从分公司抽调了十
几个人，加强连锁式营销服务部的筹建力量。我说这还不够，我们要从每
个分公司再抽调 2—3 个人来总公司工作学习，过几个月再让他们回到分
公司。只有这样，我们才能培养出一批专才、精英，让他们在分公司发挥
自己的能力，把建设连锁式营销服务部的事做好。

三、连锁式营销服务部建设的组织保证

连锁式营销服务部的建设我会全程参与，我也是最高指挥。公司会成
立一个项目决策委员会，我任主任，委员是陈爱民、蔡生、杨智、侯伟
英、黎克虎等五位同志；项目决策委员会下设项目管理中心，黎克虎同志
任主任，下面再分若干小组，负责 CI 设计、选址调研、职场装修等具体
工作。公司决定高薪聘请罗兰·贝格国际管理咨询公司作为这一项目的总
顾问，项目决策委员会和项目管理中心要吸收"外脑"的有益经验，大
家信息互通。在这个组织构架中，黎克虎同志负责对外沟通，与罗兰·贝

格对接，对接以后形成明确具体的操作方案，由总裁室在全系统范围内组织实施、监督执行。

我在这里强调一下，完善的组织保证是做好连锁式营销服务部建设的基本前提。项目决策委员会是战略决策中心，项目管理中心受决策委员会的领导，负责指导落实各项目小组的工作，各项目小组要有明确的时间进度表，三者分工明确，各司其职。

连锁式营销服务部建设是考察干部执行力的重要依据，也是打造队伍、锻炼队伍的重要途径，在这个过程中，稽核调查部要做好监督工作，严格查处渎职或违背职业操守的行为。

四、对近期工作的几点要求

第一，公司上下要加深对连锁式营销服务部建设重要意义的认识，此项事业前途光明，任重道远。

在某个城市的某个小区把一个连锁式营销服务部建设好不是件难事，可是要把"点"连成"线"，把"线"铺成"面"，就是一个非常复杂的过程。我们要有思想准备，要明确连锁式营销服务部建设的艰巨性、长期性和复杂性。只要我们对连锁式营销服务部建设重要意义真正认识到了，就有信心有决心，依靠科学的方法，凭借坚强的毅力，就一定能完成这项伟大的工程。

大家应该认识到，我们创建的连锁式营销服务部将会有两次价值提升：第一，房地产升值，在选址时同时要考虑固定资产升值潜力问题；第二，网络价值，连锁式营销服务部庞大的网络布局形成后，就不再是"$1+1=2$"的问题了，量变会引发质变，当规模效应形成后，华安的价值就会"井喷"。

第二，当务之急是指导机构取得当地保监局的明确支持，加快推进选址及购房工作，以尽快取得金融营业牌照为首要原则。

现在已经有几家分公司拿到了保监局的批准我们建立连锁式营销服务部的文件，我希望这几家机构能先签下几家门面，再把保监会的正式经营许可证拿到。在目前，能签的门面要尽快签，不管小区是否成熟，我们先在那里布点，以尽快取得监管部门营业许可，即使目前选址有些不十分理想，关系也不大，今后还可以考虑迁址。

第三，选址购房工作在全国范围铺开。

谁行动快，谁先拿到当地保监局的同意批复，公司就批准谁开设。就算每家分公司一年内能开设50家，加起来也只有1000多家，华安目前有这个购买能力，钱的问题请大家不要担心，何况还有股东们愿意倾其所有来支持这件事。我们现在的关键任务是早日争取尽可能多的连锁式营销服务部金融牌照。

第四，"外脑"的选择要分清主次，尽快请罗兰·贝格国际管理咨询公司到位，拿出3—5年可操作性的战略规划。

我觉得连锁式营销服务部的建设要有方法、有套路、有先后次序，最终才能有效率。我们请那么多中介机构，就是想让他们来帮我们，让我们从不同的角度看问题、思考问题。这些"外脑"资源如何运用？如何分工，以谁为主？我们要尽快定下来。我认为，我们可以请罗兰·贝格做我们的总顾问，以它为主，让它从企业文化、公司战略、组织统筹等各方面给我们设计出一整套可行性方案。其他"外脑"，如深圳市设计院、选址的地产代理公司、数据管理公司等，它们是这一整套可行性方案的一个"点"或一个局部，以它们为辅，但必不可少。只有这样，才会分工明确、主次分明，大家也就知道战略重点在哪里了。

第五，通过项目实施，培养潜质干部，加强机构执行力。

借助连锁式营销服务部建设这一学习平台，要有针对性地进行潜质干部的培养。要从每个分公司定期抽调人员，到总公司工作学习一段时间，接受各类培训，等时机成熟，再让他们回到分公司，发挥其才干和专长，传递总公司文化，增强分公司的执行力。

第六，增强成本意识，加强核算管理，严打个人渎职。

连锁式营销服务部建设工程是一个很大的投资项目，我估计恐怕要200亿元投资，如果我们节省了1%，就是2亿元。因此，在这个过程中，有些问题是必须强调的：在购房价格方面，总分公司都要有核价小组把关，并且要有实地核查的环节；在采购方面，要选对人，选好人，采购者务必清正廉明。如果个人操守出问题，那就是渎职，要严惩不贷。

连锁式营销服务部建设是一项系统工程，要公司动员，分工协作，目前阶段的工作，概括起来就是"抢时间、占空间、争牌照"，以尽快取得金融营业牌照为第一要务，迅速建成1000—2000家，迅速开展业务。华安只有做成这件事，才谈得上有核心竞争力，才能立于不败之地。也请董事会和总裁室的同志集中精力，加紧督促，做好协调，力争把工作做到位。

调动一切积极因素，建立强大的保险正规军[*]

（2007 年 9 月 11 日）

会议召开之前，我和常博逸先生、康雁先生聊了一下，我说："请记住今天这个日子，华安和罗兰·贝格关于连锁式营销服务部项目合作启动会是一个伟大的历史性事件。"在座的老华安人都知道，华安召开全系统会议，讲英语的人在台上发言，这是第一次。刚才康雁先生也从另外一个角度阐明了双方合作的重要意义，他认为这是中国保险行业具有分水岭意义的大事。在今天这个历史性时刻，我给自己的讲话定了一个题目——《调动一切积极因素，建立强大的保险正规军》。下面我从三个方面来讲这个主题。

一、我对华安与罗兰·贝格合作三周来的感受

自从我们确定罗兰·贝格作为华安连锁式营销服务部战略咨询总顾问后，我们与世界一流的咨询公司进行了零距离的对接。前几天，我有幸在罗兰·贝格的安排下参加了在大连召开的达沃斯论坛，在会上，我与罗兰·贝格的亚太区总裁进行了深入交流，感受颇深：

1. 对于与华安的合作，罗兰·贝格从总部、亚太分部到中国区，都非常重视。

2. 罗兰·贝格确实委派了一个非常优秀的团队来到华安。我这几天和罗兰·贝格团队成员进行了深入交流，从人生经历、世界大势、当代金融等都谈到了，我觉得他们的文化理念和知识结构等方面都非常不错。

3. 罗兰·贝格团队的工作非常专业，思路清晰，方法科学。

我认为华安的团队总体上也很优秀，但前几年一直在为生存、为走出困境而战，仗打得很苦很累，因此，接受的系统培训并不多。我恳切希望

---

* 2007 年 9 月 11 日"华安—罗兰·贝格连锁式营销服务部项目合作启动会"上的讲话。

罗兰·贝格的专家、老师们多对我们进行培训、指导。我在此代表华安股东会、董事会对公司聘请罗兰·贝格作为战略咨询总顾问表示满意，也对罗兰·贝格前段时间对华安连锁式营销服务部建设的支援表示衷心感谢。

二、对前段工作的简单评价

公司自 7 月 21 日召开中期工作会议以来，不到 50 天的时间，连锁式营销服务部建设工作进展超乎我的意料，主要表现在：

1. 公司上下行动迅速，执行力强。

正如常博逸先生所言，绝大多数的员工都投入到这场如火如荼的建立连锁式营销服务部的战役中去，体现了革命精神，敢负责任、敢于吃苦。爱民同志、蔡生同志、侯伟英董事、杨智同志等都能深入基层勤加督导，亲身参与。这就是罗兰·贝格的康雁先生所说的上下互动，内外互动。

2. 工作进度快，质量高。

从连锁式营销服务部建设的工作进度上看，应该说是比较快的，我们已经基本定下了 195 家门店的房源。至于房屋质量，针对前段时间的定金预付，稽核调查部进行了检查，认为质量很不错，99% 都是非常可观的，很好地达到了第一次资产增值的目标。有人担心，万一房源价格贬值怎么办，我的回答是，那不是大家的错，不怪大家，而是董事会对宏观经济判断的失误。

3. 罗兰·贝格作为战略咨询总顾问，发挥了好的作用。

进行连锁式营销服务部建设以来，我们所做的一项重要工作就是聘请了一批顾问，特别是请来罗兰·贝格作为战略咨询总顾问，是最大的成绩。连锁式营销服务部建设取得较快进展的事实证明，我们的做法是正确的。

4. 华安的连锁式营销服务部建设，已得到中国保监会、各地保监局的大力支持。

截至今天，我们已经拿到了 21 家地方保监局的书面支持文件。我到了广东、大连，向当地保监局局长汇报和进行会谈，感到当地保监局对华安的工作非常支持。他们还要我表态，说你们华安要在我这里第一个开业。我们看到，各地保监局已经把这件事当成自己的工作，在积极推动。这是大家努力的结果。从前一段时间工作的效果来看，董事会为华安的这个团队感到骄傲。

三、建连锁式营销服务部战略推进过程中应该注意的几个方面

1. 我们一定要清醒地认识到，连锁式营销服务部建设工程要以华安为中心，以华安人为中心。

这是我们在 2005 年山西太原会议上已经确定的原则。我们要以华安精神为统领，要有高度的责任感、革命的彻底性。在连锁式营销服务部职场设计上，我们是以买为主还是以租为主？这是有讲究的。要是租的话，出租方随时可能更改合约，我们对客户的承诺就会打折扣。这也是中国保监会、各地保监局所担心的问题，所以我们一直提倡以买为主，以利打造百年老店，更好地为客户服务。

前段时间，有一家大银行的行长来跟我谈合作，说你可不可以在我们的储蓄所里选一万家，每家给你一个柜台，我不要你的场租。我说不行！要是这样的话，我就永远离不开你，那就不叫以华安为中心了，我只有永远用"银保合作"这个词了。何况天下没有免费的午餐，利益关系会变的，这个行长可以让你用他的柜台，换一个行长也可能不让你用了，那时你怎么办？所以我们要买房子建自己的连锁式营销服务部。华安要做的，是"保银合作"、"保证合作"，"保信合作"……大家应该知道，在中国金融行业，有一万家以上网点的只有 6 家：工行、农行、中行、建行、邮储、农信社。

以华安人为中心，就应以革命性的气魄去做事。在大连，我和罗兰·贝格的吴琪先生交流，他说出了自己担心的两个问题：其他保险公司学你怎么办？华安的团队离开，去其他公司怎么办？我说，这两点都不用担心。如果其他公司学华安，那是我们求之不得的，华安要做的，就是为这个时代、这个行业、这个国家做自己应该做的事情。如果大家都来学华安，我们这个行业才会健康发展。至于说有人离开华安，我认为，只要他认同华安的理念、做法，支持华安的连锁式营销服务部建设，他要走，我们就举行最盛大的宴会欢送。这等于向外输送人才，也对行业发展有利。退一步讲，华安的团队，经过这几年的磨炼、修炼，现在基本上是打都打不散了，个别人离开是可能的，但团队不可能离开。

2. 尊重价值规律，充分发现价值。

我曾经多次指出，华安的连锁式营销服务部建设，要实现两次增值。一是资产的增值，一是网络的增值。当门店形成网络后，就会更好地为客

户服务，保险的社会保障功能就会发挥出来。大家在推进连锁式营销服务部建设过程中，自始至终要考虑两次增值的问题。

3. 建设连锁式营销服务部必须以快取胜。

我在前几次讲话中都提到抢时间、占空间、争牌照，关键是快。我们要在行业内其他公司还没有明白过来的时候就建立起自己的营销网络。有些地方的保监局曾经说过，一个社区今后只允许一家保险公司进驻，这就带有一定的排他性、垄断性。我们要对监管部门的支持有一个积极的回应。目前，有21家保监局正式行文批准华安的连锁式营销服务部建设，我们不能雷声大、雨点小。我们要发扬2005年一年内连续开12家分公司的气魄，一鼓作气，以快取胜。大家要认识到，现在一步落后，将来步步被动、事事被动。

4. 要系统作战，整体推进，各负其责，奖罚分明。

非常感谢罗兰·贝格为我们做出了一套完整、详细的方案。总公司6个工作组、4个督导组和25家分公司都在行动，责任明确。我跟四个督导组的负责人说，考察你们成绩的好坏、贡献的大小，要在三年以后，要看你们选的门面资产增值的情况。正如常博逸、康雁先生所言，一个事业的成功，需要参与的每一个成员明确自己要做什么？自己做的事情对组织其他个体有什么影响？当然，还要有好的做事方法、方式。

5. 连锁式营销服务部选点建设必须因地制宜。

就连锁式营销服务部建设，总公司、罗兰·贝格制定了一整套方案，但中国有很大的地区差异，具体操作过程中需要因地制宜。

这几天我不断接到督导组和分公司的电话，就连锁式营销服务部建设提出各种问题，对于他们的疑惑，我觉得只能是具体问题具体分析。比如说在购买门面的时候，要在保监会、保监局的倡导下"进社区、进农村、进学校"。在直辖市，可以采取城市郊区包围市中心的战略，以便尽快拿到牌照。在省地市，例如广东、成都，可以采取地级市包围省会城市的战略，成本更低，更容易得到保监局的支持。

至于进社区，不要机械理解，不一定非要在居民小区内设立门店，我们在社区的旁边或马路对面设点也可以。我们进社区，要做的是产品、服务、宣传进社区，不要机械地认为一定要在居民楼下买个门面才叫进社区。

6. 要在此次战略实施中形成保险业的正规军。

在华安的历史上，还没有一次战斗的重要性能超过连锁式营销服务部建设，我们要倾公司之力，完成华安的重生。在这个过程中，我们需要一大批高素质的、特别能战斗的新华安人，社会上没有，至少没有那么多现成的适用人才，所以华安需要在此次战略实施时建立自己的"黄埔军校"。黄埔军校的学员有总公司的，分公司的，谁能毕业，谁就会在今后担当重任。我跟罗兰·贝格的康雁先生说，你们要多给华安讲讲课，这就是一个学习、提升、练兵的过程。我们要在这次建设连锁式营销服务部的战略实施过程中，通过教育培训和在实战中锻炼，形成一支真正的保险业正规军。

7. 要充满自信，坚定必胜的信念。

我相信今天常博逸先生、康雁先生不是恭维我们，他们对华安的团队是非常认可的，我们要有自信。

华安现在做的事情我们的前人都没有尝试过。我们的商界前辈曾经万匹骆驼出塞外，来往于欧亚大陆，克服过许多困难，我很佩服他们。我们今天要做的事，难度也很大，建立起全新的营销网络，不可能一蹴而就。也不可能方方面面都想好了才行动。这样的话，机会成本会更大。我们现在的团队是华安历史上最优秀的，有革命精神，能吃苦，能打硬仗、恶仗，但是也有不足。有些人不敢拍板，怕给公司造成损失，希望大家不要有思想包袱，一定要坚定必胜的信念。

中国财产险行业中许多人现在还没做明白，真正醒悟并迅速行动的也只有华安一家，所以我们要自信。我跟吴琪先生说过，华安的股东是什么态度？就像电影、电视里那样，打牌的时候华安敢把所有的筹码推出去，因为他充满自信——当然不是盲目的，是因为他像全盛时期的晋商那样充满"四气"。华安能做到这份上，竞争对手就少了。

华安一直在倒逼自己，就像飞夺泸定桥那样，下那么大的雨，你必须在天亮前赶到，赶不到你就会被消灭。华安在年初启动借壳上市计划，就是在倒逼自己。我把所有的中介机构请进来，就是要看华安离上市公司的标准还有多远。我一直跟大家说，你错了不要紧，我知道你能做多坏，但不知道你能做多好，你有能力只管做就行了。

开会前我和常博逸先生、康雁先生交谈，我说现在的华安可以和我党的历史对照一下。我党在成立之初，只是星星之火，处于统治地位的国民党把我党叫"共匪"，你不成规模，国民党不把你当回事；到了抗日战争时期，国民党发现共产党八路军还能打仗，就改口叫"共军"；等赶走日本鬼子之后，共产党的实力已经占上风了，壮大成了中国人民解放军，最后把国民党赶到台湾去了。我一直说，华安要调动一切积极因素，建立强大的保险正规军，现在的华安就处在刚更名为中国人民解放军的阶段，我们已经过了"共匪"和"共军"的阶段了，现在罗兰·贝格来了，等于有了国际援助，我们的胜利是指日可待的。

　　同志们，华安连锁式营销服务部建设是中国历史上、中国经济史上、中国金融史上、中国保险史上一次伟大而又影响深远的大事件，在这个伟大的历史时刻，我们要充分展现华安人的精神风貌和远大抱负。我们有中国保监会、各地保监局的领导、指导和监督，有股东大会的极力推进和督促，现在又有了罗兰·贝格的大力支持，让我们共同努力，抓住历史给予华安人的最大一次历史机遇，群策群力，奋发图强，争取此次战役的完胜。我坚信，华安定会向历史、向行业、向国家交出一份圆满的答卷！

审时度势，清醒把握华安所处历史阶段；
责任当头，全力打造门店标准服务平台*

（2007 年 11 月 16 日）

一、我们今天做的事业是历史的产物

今天我首先想从我们华安所处的环境，从宏观经济层面、国际国内层面，从理论层面和大家交流一个观点，那就是：我们现在做的事业是历史的产物。

不知道大家是不是一个艺术爱好者，如果是的话，大家会发现，从一些名画中我们能够看到历史。例如在《大国崛起》的电视片中有一个镜头推出过一幅表现荷兰家庭主妇的油画，画中的主妇肤色红润，面带笑容，一看就知道当时的社会比较富裕，那个国家在那个年代的经济比较发达，民众生活比较好。不仅文艺作品是历史的产物，其实，人的行为，人所从事的事业也是历史的要求、历史的产物，有些事当时看起来似乎很偶然，但仔细想想，却有它的必然性。所以，大家一定要明白，我们现在做的这件事是一定历史的产物，有历史背景，有客观、主观因素，可能是一种机遇，也可能是为了控制风险、化解风险、化解危机，建造长期稳定盈利模式，实现可持续发展而不得不作出的一种选择。

再比如我们在研究某个投资银行案例时，常常感到这个案例做得太好了，这个人真高明，能够做这种选择，整个做下来就是一个 MBA 教案，很有典型意义。然而，事实上在这件事背后可能还有许多没有提及的背景，说不定这个案例当初却是"倒逼"出来的，原先并没有计划得这么好，是发展到一定地步后"倒逼"出来的，是在不断寻找出路中最后走出来的。走不出来，就是一个失败的案例，走出来了，就是被后人称道或效仿的经典案例。我举这个例子就是希望大家对我们现在在做的这件事有

＊ 2007 年 11 月 16 日在"连锁式营销服务部专题会"上的讲话。

一个明确的概念，这样做起事来才心里有底。我们是在特殊的历史背景下做这件事，这件事可能非常难，因为前人没有做过，这是我们面对的挑战，但如果我们从技术因素、非技术因素，包括心理因素，你的精神、革命性方方面面去把握自己，这种难并不可怕，是可以克服的，因为历史决定我们可以做这件事、应该做这件事。

至于我们华安目前面对的形势，从国际上讲，大家都知道美国的次贷风波，今天我们看这个问题，比两个月前严重得多，原来国际上的一些理论权威和投资银行财团大部分都低估了这次危机对世界经济所产生的负面影响。美林公司现在算起账来，至少损失了 80 亿美元。而我两个月前在大连参加达沃斯论坛时，也感觉到这次次贷风波并不是说只加速了美国的经济危机，而是有可能引发全球经济危机，因为美国经济的影响太大了，全球没有哪一个地方不受影响，包括中国。在大连达沃斯论坛上，许多国家政要，尤其是经济界专家都去了，大家也都感觉到，中国在世界经济中的重要地位正在逐渐形成。未来五年、十年，中国政府如果能有效把握机会，化解危机，十年以后，中国就有可能成为世界经济中心。但是，目前的风险，大家也切身感觉到了，次贷危机的影响我想也会慢慢体现出来，特别是敏感的香港。我们面对的是这样的状况，如此一来，就可能产生这样一种经济现象：可能有许多世界金融财团都会涌入中国这个市场来。

从我们国内来看，目前的状况非常好，股指从升到 6000 多点的历史最高位回落到 5000 来点，调一调也很正常。在进入全球市场后，资本市场价值发现的功能起作用后，中国 960 万平方公里，几乎占世界 1/5 的庞大人口，是一个巨大市场，价值在一步步被发现。而中国的股市也正在遵循国际市场规律，上市公司中好的更好，差的更差，二八定律正在显现，合理配置资源、优胜劣汰的市场功能作用越来越明显了。

从中国金融机构这几年的经营状况看，前不久，中国人民银行副行长吴晓灵组织了几位专家进行了一次座谈，主题是中国综合经营时代已经到来。单一的金融产品已经无法满足消费者的需要，只做单一的保险机构或是证券公司或银行已经不能满足客户需要，消费者会选择同时能满足各项需求的机构，有保险，能买股票、基金，还有其他金融产品。今后的金融机构最有优势的恐怕就是大金融百货商店，什么金融功能都有。单一的金融平台参与竞争，一是成本高，二是容易流失客户。例如中信控股有限责任公司现在就在建立一个统一的服务平台，把银行和证券网点合并，减少物理平台，统一 IT 平台，对自己是在降低成本，对客户则是提供全方位服务。再例如中国农业银行，它是国内网点最多的银行，在全国有 2.5 万多个网点，它的核心竞争力之一就是规模化的零售业务，并进一步发展到在这一平台上能提供各类金融产品。

如今我们面临的是这样一个形势：如果不是多元化的金融产品服务，你就会丧失机遇。不是单独搞成证券平台、保险平台、银行平台，这样做成本太高，而应当是在同一个平台上就能满足客户的全部需要，显然，这同时也是和境外金融机构竞争的需要。今后，金融业的三大监管机构对行业的管制会逐步交叉，包括保险资金参股控股其他金融机构，包括保险资金走出国门，到境外去投资、设机构、收购金融机构。因为这是市场结构优化的需要，是控制风险的需要，即使是中国人寿或中国平安这些大公司，如果把所有的钱都放在大陆一个市场，风险其实也很大，风险的化解能力也有限。虽然现在人民币在不断升值，持有外币划不来，但是如不做好准备，等到外币反弹时，你只拿着人民币，压力也会很大。只有把市场结构构建好，才能抓住机会，才能更有效地控制风险。

中国金融业在过去的二十年里，慢慢从不成熟走向成熟，监管部门也逐渐意识到需要给各市场主体一个公平宽松的环境和空间。尤其是如今全球的金融企业都在同一个国际平台上竞争，国内金融企业的市场能力弱了，境外的金融机构就会乘虚而入，我们正是处在这样的环境下。监管部门现在对我们所做的事已经给予了肯定，我相信，他们今后对华安的作为会更加肯定。

华安今天在扎扎实实地朝着所确定的战略目标前进，没有耽误时间。我们在做连锁式营销服务部前，为什么要先研究国际国内金融形势？因为金融业的综合经营时代已经到来。中国保监会一直倡导并鼓励各种创新，华安要把握历史机遇，集中精力抓创新，咬紧牙关往前闯，闯出一条中小保险公司创新的成功之路。建设连锁式营销服务部是改革创新时代的要求，这个平台今后还要做成一个金融综合服务平台。反过来讲，华安继续走过去的老路好，如果能达到 7%—8% 的赢利水平，我们可能也不会找新路，就是因为实在做不下去了，我们必须"思变"。大环境是这样，行业是这样，客户的需求又越来越多样化，种种条件和因素表明，我们是在做一件符合市场规律，符合行业发展方向，符合国际市场发展趋势的事情，这是历史的必然、历史的产物，绝对不是我们的凭空想象，这是和大家交流的第一点。

二、我们的优势和面临的困难

我要和大家交流的第二点，是我们华安的优势和现在面临的困难。这个问题也需要大家有清醒认识，特别是我们的目标和目前的自身能力、自身资源间还存在着怎样的困难与矛盾？我们确定了华安的近期、中期、远期目标，向金融控股集团发展的目标不能等，不能说我把多少家连锁式营销服务部建好了再来做这件事。我认为，两者的时间应该相吻合，一方面，我们建设连锁式营销服务部，从规模、覆盖面、管理运转等方面来说，都需要时间，大概需要三五年；另一方面，与此同时，金融控股集团的构建工作也不能耽误，也要磨合，投资控股或参股资产管理公司、银行、信托公司、证券公司等各方面工作也要往前走。华安目前这一阶段同时做这么多事，优势还是有的，和一些中小保险公司比，我们是走在前面的，大家要有信心。

我们的第一个优势，是资产质量好。华安的资产规模从 2002 年的 4 亿多元，增加到 2007 年 10 月底的 350 亿元，在产险业中排第四，而在赢利能力上，我们的排名可能更靠前，这是一个资金实力的保证。

我们的第二个优势，是投资能力强。目前华安的净资产是 40 多亿元，在市场没有太大变化的情况下，明后年以至更长的时期内，公司的投资盈利能力都不会太低，可持续发展能力是比较强的。

我们的第三个优势，是有一个好的管理团队。前几天我和海通证券的王董事长及罗兰·贝格的专家谈起这件事的时候，他们对我们这个管理团队赞许有加，认为我们的团队一是眼光犀利，二是行动速度快，三是执行力极强，在国内同类企业中是少有的。最近，大家确实进入状态了，军事上讲要慎重初战，从目前情况看，我们的初战打得非常好。现在，我们需要进一步统一思想，把后面要做的事弄明白。须知我们现在是在跳跃性发展，金融机构就是这样，如果把事一件一件做好了，就能再上一个台阶，等我们把连锁式营销服务部的平台搭建好了，那让我们施展的平台就更大了。

我们的第四个优势，是监管部门的支持。可以这样说，从华安成立至今，对于公司的发展，监管部门是关心支持的，特别是我们毅然决然实行彻底的规范经营后，监管部门更是大力支持、悉心指导。从铲除车险业务毒瘤到规范经营，从理财险销售到学贷险推广，及至今天的连锁式营销服务部的建设，都得到了宝贵支持。中国保监会准确把脉国内保险市场的运行，支持华安在营销管理模式上的这种创新，支持华安打造一个辐射全国的销售和服务网络；各省保监局也支持华安走进社区，服务大众，对公司门店的建设广开绿灯。各分公司是从今年八月初向当地保监局汇报连锁式营销服务部创新项目的，仅仅两个月的时间，到10月初，25家保监局都批复了明确支持的书面意见，并在过程中不断给予悉心指导和科学建议，有些保监局还专门派工作组到分公司现场办公，第一时间解决我们的实际问题。只要有华安机构的地方，从保监会到各地保监局都对这一创新举措给予了充分肯定和大力支持，这份信任让我们感觉到肩头的责任是多么重大，我们也要把这份厚重的信任化成巨大的动力，信心百倍地去迎接创新之路上的各种挑战。

这些优势是我们在这一历史阶段拥有的有利资源，要很好发挥、充分利用。当然不利的、困难的方面，我们也要反省，以便少走弯路、不走弯路，以求减少操作失误、降低机会成本。那么，我们面临的主要困难是什么呢？

目前，我们遇到最主要的困难就是人才团队问题。一是连锁式营销服务部的运营需要大量的人才，而且是在几年之内要这么多人，培训怎么组织？如何让员工尽快认同公司文化？如何熟悉连锁式营销服务部能上岗操作？如何让客户认同？二是保险连锁式营销服务部是前人没做过的事，许多专业上的问题都要我们不断去解决，例如城市选址布局怎样才合理？装修标准如何制定才能兼顾风格统一和成本可控？网络技术如何预留接口才能保证未来系统扩展？这件事还有时间上，节奏上，机遇上以及行业内的要求，例如店长要有3年以上保险经验这类监管方面的要求等。这是一个系统工程，都要靠人来实现。而人是活的，有思想的，我们要在三五年内，到位几万名精英，必须拥有自己强大的培训后台。这个培训后台的所在地我们正在选，是放在北京还是深圳？是成都、南京还是长沙？这件事必须尽快定下来。"十年树木，百年树人"，人才培训也是一个非常庞大的平台，我们对华安做好培训教育平台非常有信心，因为我们有办学的经验，有特华博士后工作站从无到有的经验，我们的独立董事和我们的大股东特华公司博士后工作站的专家也有些是校长、教授，董事会会下大力气调动所有资源做这件事。

三、对现阶段工作的几点要求

昨天，我还了解了我们和罗兰·贝格的合作情况，以及装修、选房交钥匙等情况，我认为这些工作做得非常好，听说昨天四川还拿到了 5 个牌照，很不容易。可以说，各方面的准备，都基本到位。建设连锁式营销服务部这么大的一项事业，这么艰苦的一项工程，大家一定要苦练内功，在理论上、思想上、政治上都要充分认识到时代赋予我们的机遇和使命。我们能做这件事，25 家保监局也都支持我们做这件事，这种信任非常难得。我们看到了优势，也意识到了我们的劣势和困难，怎样解决这些困难，我想向大家提几点要求。

第一，要坚持学习、修炼不放松。

大家要深刻认识到华安所从事事业的理论依据、社会背景和重大意义，战略意义认清后，理论层面弄清后，以后遇到再大的困难也不会退缩。大家要认真学习，这个学习是多层面的，既要从书本上学，更要在实践中学习，因为搞保险连锁式营销服务部没有先例，所以要重实践；同时，还要向罗兰·贝格以及其他咨询机构的专家们学习，学习国际先进经验，以及向国内一些创新能力强、把握市场能力强的金融机构学习。千万不要觉得自己做了一些事情，就觉得自己的能力很强了，好像已经成了行家里手了。任何时候都不能骄傲自满，一定要坚持学习，坚持修炼，学得越多，修炼得越深，你收获的会更多，这是第一个要求。

第二，要有革命精神、敬业精神。

现在是建功立业的时候，要勇于创新，我看到大家现在的工作做得非常到位，事情在向前推动，这种状况非常好，基本不用我操心了，让我觉得挺轻松。但我要提醒大家的是，我们的事业才刚刚开始，万里长征才走了第一步，我们一定要坚持下去，持之以恒，而且现在还有些人工作任务是完成了，是要他做的，我希望要提高，变为他主动要做，这就要求要有革命精神、敬业精神，要踏实做事、主动做事、创造性地做事。如果大家都有这种精神，就没有什么困难不能克服。

我们一直在研究晋商、徽商，做商人又苦又累，而且风险大，你看《乔家大院》里的乔致庸还要和黑道打交道，因为涉及了商业利益怎么平衡的问题。华安现在做的这件事，没有革命精神是不行的，要有高追求，也要有严底线。这两年，我们开除了不少人，也送进去了一批人，其中还包括董事会和经营班子里的个别人。我们这样做也许被看作恶人，说心里话，谁都不想做这个恶人，但是我们的事业是有底线的，如果没有标准，没有规矩，是做不成事业的，我们必须守底线、守规矩。你不守规矩突破了底线，你做了背叛了事业，违背了行规，违反了道德的事情，就要受到惩罚。我们对什么负责？对事业负责、对社会负责、对绝大多数人负责，这个底线谁也不能碰，谁碰就惩罚谁。我在两年半前说过，作为有着社会属性的人，有法律标准，也有道德标准，如果超出了社会人的标准，太出格了，那你是得进看守所，要在里面好好反思。我们现在就是要饱含革命精神、敬业精神去建功立业，如果认准了这个事业，看准了这条路，就请大胆地往前走。

第三，要有协作精神，要团结包容。

我们现在正在整盘推进连锁式营销服务部的工作，尽管作了周密部署，但是这么大一件事，各地在推进时，难免会出现各种各样的不协调甚至摩擦，这时就需要有协作精神，要团结包容。大家一定要有这样的认识：我们现在是在打仗，我们面对的是穷凶极恶的敌人，面对的是十分严酷的事实，不团结就是失败，就会被淘汰。我们现在是一个团队，大家要上下一心，不要去争谁的水平高，谁的水平低。我们做的是一件前人没做过的大事，这件事的复杂性和艰巨性决定了我们不可能一开始时先验地搞出一个行为范式，而是需要大家去闯，是所谓八仙过海，各显神通，各有各的看法，各有各的工作方法。在闯的过程中，出现矛盾和摩擦也是必然的，请大家一定要有协作精神，要包容，要相互体谅。某个人一句话说过头了，或者一件事方法不好，造成你的心里不舒服，他是无意的，要谅解对方。在座的各位是我们这个事业的顶梁柱，也已经磨合了很多年了，为什么到现在我还要强调这个问题呢？因为这事很复杂，很辛苦，很累，专业技术的、非专业技术的因素非常多，大家一定要有协作精神，在各司其职的同时，也要关注上下游，关注周围的行动，"整盘推进，系统作战"。我们之所以提出这个要求，就是因为我们认识到了这件事的复杂性，艰巨性。

第四，要始终坚持责任当头。

大家在做这件事时，在参与这项事业往前走时，一定要考虑社会效应。这是一个企业行为，你代表的是华安，代表的是保险这个行业。党中央号召要构建和谐社会，构建和谐社会要求每个社会成员都要尽自己的责任。作为一个公民，一个团队，作为保险行业的主体，就要通过我们的工作，充分体现社会责任。做一件事前，都要考虑我们做这事，是否对这个行业、这个社会有所帮助？是损害了还是增加了社会利益？是否让客户满意？怎样才能让客户更加满意？怎样少给监管部门添麻烦？在这个平台上，我还能为这个社区做什么？这就是责任问题，在连锁式营销服务部的建设过程中，这些问题我们都要时时关注。

　　"责任、专业、奋进"，我们的文化就是"责任"当头，这是我们的重中之重。我们这几万人在参与这项事业时，如果都能把"责任"放在前面，并体现在服务、理赔上，体现在为客户的资产减损或增值上，如果大家都有这样的理念，并付诸行动，甘愿吃苦吃亏，我相信华安会赢得社会的认同、市场的认同、政府的认同。原来的产险营销模式中，我们是追随者，大家都这么做，你把保费拿来，我给你多少手续费，没法体现"责任"。后来我们虽然提出"比出险客户的亲人早到三分钟"，想为客户服务有时候还找不到真正的客户，现在我们是要和客户面对面交流了，要进社区了，"责任"就是我们事业成功最重要的基础和保证。在公司员工的培训课程中，"责任当头"一课要安排在首场加以强调，因为"责任"不仅在我们员工的成长过程中需要，在我们事业成功的过程中更加需要！

中国农业银行与华安财产保险公司合作的学贷险项目是一项关于民族振兴的伟大的事业[*]

（2007 年 12 月 20 日）

对于这次会议，华安人期待已久，我个人也期待已久，能借此机会和杨琨副行长为首的中国农业银行的各位领导就国家助学贷款信用保险产品进行一次比较深入的沟通，本人深感荣幸。趁此机会，我想讲几点意见。

一、衷心感谢近几年农行对华安保险公司的充分信任、热心帮助和友好合作

这几年我们华安和农行的合作日益深入和紧密。在不断深入的合作过程中，我们结识了很多农行的朋友，华安的事业在朋友们的支持、帮助下取得了长足的进步。可以这么说，华安保险这几年的发展很大程度上有赖于与农行的良好合作。比如华安的金龙理财险，销售的最大份额是在农行，合作三年来已经有了很好的口碑了，金融市场一有波动，很多媒体就主动向民众推荐华安金龙理财险，我们根本就不用打广告。之所以有这种效应，不仅因为产品本身具有投资风险小、收益稳定、利率联动这些特点，还因为农行是我们的合作伙伴，老百姓从农行购买我们的金龙理财险感到更加可靠、安心。正是因为有农行的信任，才使我们的理财险达到了可观的规模，才能在去年和今年资本市场向好时，华安的投资团队有施展才华的机会及盈利的可能。

再比如华安的学贷险，从 2006 年 6 月一推出，就在社会上引起了强烈反响和广泛关注，许多贫困学生都期待在这个险种的帮助下获得银行的贷款，完成学业。这一险种在转移和防范银行信贷风险、推动国家助学贷款发展的重要作用，是得到社会各界一致认可的。但是，在寻求与各家银

---

* 2007 年 12 月 20 日在"中国农业银行国家助学贷款信用保险现场会"上的讲话。

行的合作方面，我们也一度遇到合作瓶颈，这个瓶颈很大程度上是因为许多银行同行对华安保险的认识不够，对我们是不是真心做这个险种，是真正关注弱势群体还是只把她作为一个宣传自身形象的工具，持观望态度。这时候，是农行给予我们华安以信任，农行云南分行首先和我们云南分公司签署了《国家助学贷款及信用保险业务合作协议》，使这个险种率先在云南取得突破，2006 年当年学贷险的投保人数就达到 3 万余人。这个成功的实践得到了中国保监会的高度重视和关注，保监会领导为此专门派人到云南调研，并就此形成专报，向中央办公厅和国务院办公厅作了专题报告。学贷险在云南取得的可贵的经验，对我们后期在黑龙江、四川等地的突破起到了巨大的促进作用。现在，农总行又与我们华安达成了总对总的合作意向。总行党委和杨琨副行长十分关注与我们在学贷险方面的合作，农行团队投入大量时间和精力研究论证，并决定在云南成功试点的基础上，将学贷险试点范围进一步扩大至 8 个省级分行，这对华安无疑又是一个莫大的鼓舞。我坚信华安学贷险在农行的全力支持下，一定能够兑现我们此前作出的"圆千万学子的上学梦"的社会承诺。所以，我想借此机会代表华安股东、全体员工向农行的各位领导，向杨琨副行长，向各位农行新老朋友再次表达由衷的谢意，感谢农业银行这几年来对我们的信任和支持！

二、华安的企业文化及资本状况

自 2002 年以特华投资控股公司为代表的一批民营企业股东入主华安保险以来，我们就一直坚持以"责任、专业、奋进"这一理念作为我们做每一件事的行动准则，大胆创新、锐意改革，推出了种种为行业和社会赞许的经营管理举措与创新，义无反顾地实行规范经营，同时凭借稳健、高效的投资管理能力，使华安逐步步入良性健康的发展轨道。可以说，华安保险一直在坚持自己的个性，打破传统，实施蓝海战略，以"咬定青山不放松"的实干精神，努力探索民营资本参与金融业的可行道路。这几年大刀阔斧的内部改革，不断创新，逐步做规范做深各项保险业务，让社会对华安从质疑，到观望，到认可，甚至学习。这几年华安保险的发展十分喜人，截至 2007 年底，总资产超过 400 亿元，5 年增长了近 100 倍，在产险行业已位列第四，仅次于中保、太平洋和平安老三家，并与平安产险规模非常接近，而遥遥领先于其他产险公司，华安的盈利能力已进入前三名。公司目前净资产 45 亿元人民币，今年预计净利润 20 亿元，每股收益 2 块 5 毛。这些数字让我们做起事情来更加有底气。事实证明，华安保险这几年走的路是正确的，是尊重市场经济规律的结果，是把握经济发展脉搏的结果，是顺应历史潮流的结果。

还是在 2005 年时，我们就在"以华安人为中心"的思想主导下，在全公司开展了一场彻底变革，核心是实施"天使计划"，以分公司为单位，拿出承保利润的 30% 激励机构一把手，调动全系统工作积极性；到 2006 年，我们率先在保险行业内实行彻底的规范经营，使业务阳光化，使成本公开化，合规合法地开展经营，同时开发华安学贷险等一系列关注社会弱势群体的保险险种，兑现对社会的承诺；进入 2007 年，我们在实施全面彻底的规范经营战略的同时，更明确了"做一个有价值的保险企业，成为产险公司新发展模式的引领者"这一战略定位，建设面向社区居民的连锁式营销服务部，以实际行动响应中国保监会"保险进社区"的号召，积极参与到和谐社会的构建中，五年内，我们将逐步实现万家店的目标；华安还将设立资产管理公司，打造金融控股平台。回顾这几年的发展脉络，可以很明显地感觉到，华安这家保险公司没有随波逐流，而是果断抛弃了"红海战略"，在行业率先实行"蓝海战略"，彻底规范经营；没有只为短期利益不顾长期后果，没有只为自身利益牺牲客户利益、社会利益，而是把"社会责任感"作为华安的企业行为准则，在处理国家、社会、员工、股东四者关系时，国家利益至高无上，社会利益高于公司利益，员工利益高于股东利益。最近我与高盛、安永、罗兰·贝格接触很多，他们都是知名的跨国企业，他们都很看好华安，而且非常愿意与我们合作。

三、华安人对学贷险的认识及实践

华安保险一直在积极参与各项社会公益事业，自愿承担起更多的社会责任，这与我们强调的责任文化理念是一脉相承的。但在参与公益活动的过程中，我们也在思考，有没有更好的方式，能在自己的能力范围内帮助更多人？能够既体现华安保险勇担社会责任，为普通老百姓特别是为弱势群体服务，又实现国家利益与企业利益的统一。华安学贷险就是在这一思路引领下进行的有益尝试，这一险种一推出，华安董事会就从战略高度向经营层提出战略要求：学贷险是华安持续发展的动力与源泉，要深刻认识到这一产品是贯彻党中央、政府倡导追求的社会公平和教育公平的具体体现。并向华安上万名员工发出号召："齐心协力，多让一个穷孩子读得起书"。这一险种的开发是源自华安上下立志振兴中华民族保险业的情怀，源自勇担社会责任的时代使命感，她的每一个微小进步都牵动着华安人的心：一笔学贷险，就打消了银行对一名贫困学生日后偿还能力的质疑，圆了一个寒门学子的上学梦，这样的"成就感"远远超过保费不断攀升带来的"满足感"。董事会下达学贷险任务时，考核指标主要是为多少万学生上学进行贷款保险了。

关于许多人对这一险种推出后的种种顾虑，我也曾在很多场合表达我的观点：有人顾虑大学生个人诚信问题，但我认为他们的诚信应该不是问题，如果大多数受过高等教育的人都不讲诚信了，那么，我们这个民族素质就有大问题了，民族都败落了，留着我们华安还有什么用？也有人顾虑大学生还款能力问题，但我认为，在正常情况下，绝大多数大学毕业生应该有足够的还款能力。如果一位风华正茂的大学毕业生，他受过专业训练的，有技术技能的，毕业10年后仍还不起3万至4万元的助学贷款，那只能说明中国的经济出了大问题，果真如此，那整个保险行业、金融行业都难保了，华安就不光是学贷险有风险的问题了。所以，我们没有必要特别担心学贷险的风险。

华安学贷险只是一个能为寒门学子提供帮助的保险产品，不是捐款，也不是赠予，她立志于既能扶贫帮困，又能实现财务平衡，并在这一平衡点上使更多的学子从中受益。华安系统上下是对这一险种寄予厚望的。但学贷险要真正发挥她的作用，真的能助寒门学子一臂之力，首先需要的就是银行方面对我们的认可、信任。为此，我们先后和大大小小100多家银行（包括总分支银行、农信社等）进行了合作磋商，经历了比较艰辛的探索。但我们又是很幸运的，能有农行这样能给我们充分信任和大力支持的大型国有合作单位，愿意和我们共同去尝试做这件具有深远意义的事业，华安人为此感到安慰和骄傲。

四、华安人对学贷险风险的把握与控制

因为学贷险在中国谁也没做过，条款也不是很成熟，制度环境也不是很完备，银行方面有顾虑，我们完全能够理解。所以我们在风险防范方面做了充分考虑，目前的保险条款已经根据前期发现的问题进行了修订，并

且已经得到中国保监会批复同意使用。在对条款进行修订的同时，我们还在积极寻找对学贷险的再保险支持。经过多次反复沟通协商，华安目前已经和中国再保险集团、中国财产再保险股份有限公司以及韩国再保险公司分别签订了学贷险业务的分保合同，共分出比例为每一张保险单的40%。通过再保险合同的风险分担，可以保障学贷险业务的稳健经营。

针对学贷险的风险特点，华安内部也正在开发一个以学生信息管理和风险控制为核心的学贷险计算机管理系统。该系统以借款学生为中心，以跟踪贷款学生信息为主线，包括对学生就学信息、就业信息、还贷记录、电子档案等进行管理，同时与公司的电话中心、公司外网提供数据接口，进行短信提醒、电话催款、网站自助等个性化服务。是一个能够提供科学合理的风险评估和个人信用评价的风险控制系统。目前该系统一期工程已完成并投入测试运行阶段。届时将大大提高学贷险风险管理的电子化和智能化水平。

下一步我们还将加强和银行、学校的沟通和配合，完善与银行的系统对接，完善借款学生的信息和数据，积极参与国家助学贷款个人信息查询系统的搭建，借助人民银行个人征信系统、二代居民身份证系统、劳动人事部门的劳动合同鉴证和备案管理系统、社会保障卡信息网、房产证网上查询系统，及时掌握违约学生当前的住址、工作单位、经济收入状况等信息，全面降低学贷险的经营风险。比如说，真正由于经济困难还不起钱，没关系，只要不是恶意逃债。同时，华安未来的万家连锁店需要七八万名大学毕业生，华安自身就能为贷款学生解决一定数量的就业问题，可以说，我们对华安学贷险的发展倾注了全司之力，对她的发展前景也是抱着十分积极的态度，在合作上我们将会继续以严谨的作风，专业的态度，做深做透华安学贷险，不辜负农业银行对我公司的信任和支持，我相信华安和农行一定能够共同把这项伟大的事业做好。

五、华安希望成为农行最忠诚和最有价值的合作伙伴

中国农业银行强大的网络致力于服务民生，为社会作贡献。几年来，农行不仅为华安金龙理财险、学贷险等险种的发展提供了广阔的发展平台，并且也是华安资产全托管及委托境外投资的银行。同时，随着华安万家连锁店的陆续开业，我们与农行的合作将会更加深入，互补性也将与日俱增。可以说，是华安与农行的相互信任，实现了两者的共赢态势，所以

我也衷心希望，面对新的机遇和挑战，二者之间的合作更加紧密，希望双赢的局面一直持续下去，并且不断巩固和发展！

鉴于前几年的合作基础，此时此刻，我还想代表华安公司向农行提出几点请求：

1. 在学贷险八省启动现场会上，齐心协力，尽快推动这一工作，因为众多的贫困学生在等待着我们。

2. 在八省的基础上能否继续扩大地区规模，以便帮助全国更多的贫困学生上学。

3. 华安愿意在各方面成为农行最忠实最有价值的伙伴，请农行给华安机会，加强、扩大现有合作领域，做深、做细其他合作领域的工作。

在华安财产保险公司保险服务创新暨
保险进社区新闻发布会上的讲话*

(2007 年 12 月 24 日)

很高兴能和大家在这个温暖的冬日聚首广州，与大家共享华安保险公司在保险营销及服务方式上的又一重大创新。在此，我谨代表华安财产保险股份有限公司，对各位领导、来宾、新闻界朋友的到来表示衷心的感谢！

华安保险自 1996 年成立以来，特别是近五年来，一直将国家利益放在首位，以承担社会责任为己任，秉承"责任、专业、奋进"的公司理念，大胆创新、锐意改革，为探索中小财产保险公司发展之道而不懈努力。截至 2005 年底，我们完成了 25 家省级分支机构的建设，实现了华安保险的全国战略布局。2007 年，华安保险在实施全面彻底的规范经营战略同时，更明确了"做一个有价值的保险企业，成为产险公司新发展模式的引领者"这一战略定位，坚持不懈地探索和实践全方位、立体式的营销体制模式。经过前期的充分调研与分析论证，结合中国保险业的发展形势，针对华安保险目前的战略方向，我们决心在全国范围内率先设立面向社区居民，便民、专业的连锁式营销服务部，通过"金融零售化"方式，为社区居民提供多样化、高价值、一站式的优质金融服务，做第一个吃螃蟹的人。这一战略的提出立即获得了相关监管部门的大力支持，在国际知名的管理咨询公司——罗兰·贝格的专业指导下，全系统员工思想空前统一，他们团结一致，克服艰难险阻，全身心投入到连锁式营销服务部的建设中。目前，首批近 200 家营销服务部已经在各大中城市完成各项准备工作，开业在即，所以，今天我们以新闻发布会的形式，向社会各界发布华安保险保险服务进社区这一喜讯。

近年来，华安保险一直强调"关注弱势群体，勇担社会责任"，努力

---

* 2007 年 12 月 24 日在"华安保险保险服务创新暨保险进社区新闻发布会"上的讲话。

发挥保险公司经济补偿和社会管理职能，发挥保险金融平台的企业价值，整合公司专业优势资源，大胆创新，开发各类保险产品，例如："华安金龙收益联动型家庭财产保险"，集保障、投资、增值三种功能于一体，受到广大客户青睐；"禽流感无忧"疾病保险，为普通百姓解除罹患流行病的后顾之忧；"食客安心"餐饮业综合保险，为餐饮业主和顾客提供安心的就餐条件；华安"学贷险"，以保险形式合理转嫁及控制风险，圆广大寒门学子的上学梦……借助华安连锁式营销服务部这一全新平台，我们还将倾注更多心力，为广大社区群众提供保障更贴心、更实在的各类保险创新产品，以及更加便利、快捷的保险专业服务和增值服务，以服务吸引客户，以服务提升公司品牌。

华安连锁式营销服务部这一创新模式，不仅是华安保险在营销模式及服务方式的创新，更是学习贯彻十七大精神，落实中国保监会吴定富主席关于保险"三进入"的倡导，发展中国特色保险业，积极参与构建社会主义和谐社会的具体举措。华安保险是在以建设连锁式营销服务部这一实际行动勇敢践行"保险进社区"，在把更专业、更贴心的保险服务带进广大社区同时，也为宣传保险知识、宣传保险功能搭建起广泛的基础平台，对提升保险认识、树立投保意识、增强保险的社会影响具有重大意义。

面对中国保险业大发展的机遇和挑战，华安保险审时度势，主动出击，清醒地把握所处历史阶段，立志建设一个深入社区、深入民众，方便客户投保、服务功能齐全、服务设施完备、服务质量有保证的财产保险营销服务网络，切实履行自身在防灾减损、助推经济、稳定社会等方面所承担的社会责任，这也是坚持科学发展观，参与构建和谐社会的主动探索。华安保险将继续立足长远的宏伟目标，把国家利益、社会利益放在首位、以沉心静气的实干精神、严谨稳健的规范运作和自身实力的快速增长，实现客户利益、员工利益和企业利益的全面丰收，努力探索民营资本参与金融业的可行道路，成为一名先行者、探索者和成功者。建设连锁式营销服务部是我们在紧抓历史留给华安人的最大一次历史机遇。我们坚信，华安保险定会向行业、向社会、向国家交出一份圆满的答卷！

最后，祝愿今天的新闻发布会取得圆满成功！

誓师会 壮行酒[*]

（2007 年 12 月 24 日夜）

　　这些年我养成了一种习惯，每到节假日，我都要进行回顾、反思与展望。尤其是在平安夜到来之前，这种平安之夜报平安，或者平安之夜不平安的思绪，即无论是成功喜悦心情或者不顺产生的忧患意识，它都激发我奋进。这种习惯至少从我 1998 年下海做企业那年就形成了。我们这个年龄层次的人，没有经历过战争年代的大风大浪，尤其作为男人，没有生长在战争年代，这些年我一直在寻找一种感觉，是不是没有生长在战争年代就没有仗可打呢？随着我国改革开放的不断深入，可以说我的这种感觉这几年终于找到了。

　　前几年，我抽了很多时间研究中国金融风险和经济安全的问题，2005年也写了一本有关这方面内容的书，但是由于某些原因，我一直压着至今没有出版，可能明年上半年会出来。这两年我的这些观点得到了党中央的重视，因为这些观点在 2006 年的特华论坛上发表过，当时出席论坛的有一位新华社内参室的副主任，他把这个观点用 8000 字报给了党中央国务院，听说受到了几位党和国家领导人的重视，还专门作了批阅。大家可以看到，这两年和前几年已经大不相同，前几年中国金融的开放应该算是大跃进式的，看谁卖得多、卖得快、卖得便宜，后来发现，境外投资者，国际财团绝大部分进来都是为利而来，他不可能在中国这个地方来承担什么社会责任。我在报告里把金融定位为"国家的第二国防"，"经济国防"，我们原来只是从理论上说说，但近一年来，尤其是今年，我常说"狼来了"这回是真的来了，我们这些中华民族的子孙，怎么办？我认为我们不能与狼共舞，我们要做中华民族的狗，我称之为中国的"看门狗"，要和外国狼撕咬一阵子，维护中华民族的利益，给我们的后代留个空间，留下时间，使后代通过学习，来强大自己、提高自己，再来参与竞争。我们

---

　　* 2007 年 12 月 24 日在公司"誓师会 壮行酒"酒会上的讲话。

可以说做好了准备，也可以说没做好准备，我是学金融、干金融的，这几年也做了一些政府顾问，所以体会非常深。今年，我们通过这种方式找到了一个方法。你不能每天只是举着手、喊着口号，说为民族争光，为国争光，我们得有具体方法。通过华安保险这几年的实践，我们现在找到了一种方法，就是我们现在通过连锁式营销服务部门店建设，开疆拓土，走出国门，在这个基础上再按金融本身的规律来运作，通过金融销售，真正为中华民族服务，为中国老百姓服务。

前几年我们一直担心，中国人很可能不战而降，为什么这么说？如果我们每一个人都拿着外国的保险卡，拿的外资的信用卡，通过外国投资银行（证券公司）发行股票，优质的大型公司都跑到海外去上市，那么所有的定价权就都在外资的手上，那是多么可怕的情景！我们作为占世界人口 1/5 的民族，我们必须有自己的金融市场。再回顾我们的祖先，我们中国人不是做不好这些事情，几百年前我们做金融的时候，外国还都没有这些。为什么 2005 年我们选择在山西太原开会？就是要回顾我们老祖宗汇通天下，十万匹骆驼出关的壮丽图景。

平安之夜谈这个问题，尤其是在今年的平安夜谈，非常有意思。前几天我出差昆明，我说我有个想法，原本新闻发布会不打算请各分公司老总到场的，我知道战斗在第一线的这些同志们非常辛苦，压力非常大，工作突出的地方我不再讲了，华安这个队伍是有战斗力的，董事会再强，总公司班子再强，分公司老总没有行动，那也只能是白纸一张，所以我想春节前大家聚一聚，因为年终工作会可能在年后召开，我说我要代表董事会、代表股东看看大家，不如请分公司老总过来，先参加广州的新闻发布会，再一起回到总部。为什么要通过这样的形式？因为门店建设这件事，我把她看作中国经济史上的历史性事件，如果我们竭尽全力，靠大家的共同智慧，全心全力地做这件事情，那我们做的这件事就会成为中国金融市场中十分难忘的历史事件。

我们昨天请各分公司老总来，让你们忘不了这一刻，不论是成功或是失败。失败了，我们就不宣传了，只能自己把苦果吞下去；成功了，我们就可以和我们的子孙后代说。今天在回深圳的路上，陈爱民同志在火车车厢里提了几个问题，我觉得大家答得都很对。为什么采取这样的形式，董事会也好，股东代表也好，我个人也好，再陪着你们走一段，再送你们一段，为什么呢？我刚才也提到了，金融安全问题，现在国门开了，我们要和外国狼撕咬一阵子，给后人留空间。现在我们找到方法了，而这种方法在社会上，在监管部门，都获得了很大支持的，所以我们现在不能停下来。前几天黎克虎同志给我发短信，告诉我哪里又批了多少家，我回信息说："从现在到年末年初，在其他对手正在庆祝胜利，正在休假的时候，我们就要一鼓作气，全心全意抓紧工作。"我认为这个时候，一个星期、一天，甚至半天对于华安来说都非常重要。特别是春节前后这三个月时间，我请各分公司老总一刻也不要放松，决战2008年。

我认为华安的事业要成功，关键在2008年，一是我们的门店建设，一是我们的学贷险，这是我们要重点做的事。我这次在云南开会的时候，与农行的杨行长交流，这次会议他带了8家分行的行长去，我说希望农行快点行动，因为这群孩子春节想回家，你们能不能在春节前就解决他们的问题？我们计划帮助的是40万贫困大学生。

平安之夜话平安，希望大家能理解我的意思。明天我们也安排了罗兰·贝格的老师为我们讲我们的战略规划，让大家更加明白你现在在干什么，你现在做的事情的意义和作用是什么。大家别小看了自己，要把自己的潜力发挥出来。大家今年都非常辛苦，你们25家分公司老总都尽了力，都非常辛苦，但现在还不是评功摆好的时候，不是评奖的时候，不是评先进的时候，而是说这仗要打，是在出发前给各位前线的司令官发一点粮草，打仗前去犒劳你的兄弟们，去安慰你的家人，去答谢曾经帮助过你的朋友和领导。自古以来打仗是要粮草的，所谓"兵马未动，粮草先行"。现在公司的状况有些好转，所以在出征前给大家带点粮草，想让大家的手头也别那么紧，也是表示董事会、股东会对你们的关心。希望各分公司老总，你们所做的事情不要辜负我们的希望。我今天要特别表扬孙延旗，大家看这张感谢信，那么多学生联名签了字，感谢华安。这种事情，说她的意义有多大都不为过，你们要相信你们每个人都为这个事业，为这个社会作出了巨大贡献。公司的文化和机制，原来怎么说的就怎么兑现，我那本书大家都看了。出这本书的目的是要检验我这个董事长，所说的和所做的前后是不是一致，看原来说的是否兑现了。我还是那句话：你想占大便宜，你就别占小便宜！我相信25家分公司老总都是想占大便宜的，所谓占大便宜是通过你的贡献，公司的机制，安安全全地、干干净净地、光明正大地拿到事业发展对你的奖励。这个钱同时也是大家省出来的，我们在算700家成本的时候，在省会城市1楼门面平均只有12000多元/平方米，说明买房时各分公司、各部门都是花了很多心血的，里面也有很多故事和事迹，是一而再再而三地讨价还价的结果，这也是卢总经常说的"拼命地省钱"的资本精神。我相信这个钱会花向社会上更需要的地方，我相信各分公司老总知道该怎么花。我也已经和董事会、经营班子讲了，别问这钱怎么花，什么时候可以问了？做到最后两名的，我会悄悄问他，你做了这么几年，真的做不起来了，你是怎么花的？大家需要怎样的帮助？

　　明天我们上午听罗兰·贝格的老师讲课，下午是一对一的沟通，你们有什么困难都可以提出来。我也和经营班子说了，大家现在都在积极建设门店，今后如果有哪个地方批不下来，你去责怪分公司老总也不对，要分析好原因，集中力量去克服。现在难沟通的地区也只有几家，大家也不要责怪局长，责怪副局长，这可能是沟通的问题，我们汇报不够，大家若觉得有困难，我们董事会，包括我自己在内，立马飞过去向他汇报、请求他们支持。

　　今天这个活动我说得比较多，言而有信是董事会的生存之道，没有你们在座的各位，没有你们大家就没有我们的今天，你们每个人都为华安的事业，为中华民族的金融事业作出了非常巨大的贡献，董事会都会记着。但我们现在过这个"平安夜"，心里其实还没法平安，那么多学生还等着我们去帮一把；国门开了，竞争那么激烈；再加上我们现在又找到了发展的方法，要急于去落实。门店建设是绝不能停的，要一往直前，勇往直前，之前还有同志担心资金的问题，我告诉你现在高盛已经进来了，我和主管我们的项目经理说了，上市之前我们要融到 50 亿元的资金，我的门店不能停，快的话我们 2008 年可能要买到 4000 家门店，他说资金没有问题。所以大家不要担心，我们之前已经做得非常好了，价格谈得非常好，也找到方法了，我们打天下的时候就要想着如何治天下了，不能圈了地之后才开始想怎么精耕细作，那不行，圈地的同时就要考虑怎么精耕细作。总之，大家非常难，大家非常辛苦，我心里非常清楚。我还知道，我们的施华德同志、熊焰同志没有任何怨言，冲锋在前，等下我会敬你们酒，你们非常难，你们贡献巨大！在平安之夜，我祝愿各位全家平平安安，祝愿各位一生平平安安！

论华安的生存与发展之道[*]

（2008 年 1 月 16 日）

　　湖南是伟人毛泽东的故乡，每次来到这里，缅怀他老人家走过的不平凡的人生经历，我总是肃然起敬。毛主席喜欢读史，读史是一件增长智慧、增长才干的事。一个学习历史、懂得历史并善于从历史中汲取思想营养的人，才可能成为一个有人格、有智慧、有能力建功立业的人，才可能成为对历史负责的人，对社会有益的人，也才可能成为不朽的人。欧阳修在《新唐书》中有段名言："以铜为鉴，可以正衣冠；以人为鉴，可以明得失；以史为鉴，可以知兴替。"今天，在湖南这个人杰地灵、英才辈出的地方，在这个革命的摇篮，我想从古今中外金融机构的兴衰之路，从华安走过的历史、沉淀的文化和目前实施的战略，来和各位华安新人交流一下思想，回顾和探讨华安的生存和发展之道。

　　我想每一个有理想有抱负的人，必定会思考这几个问题：我所从事的事业意义何在，价值何在？如何让我们的事业走向更大的辉煌，如何实现有意义的人生价值？在你们这批新华安人中，我相信今后一定会涌现许多业务精英、职业经理，甚至还可能是政府官员、社会名流，我相信你们也会思考自己到华安来所从事的事业有没有价值？也许今后你们很多人会长期留在华安，也许部分同志在华安工作一段时间后将走向其他岗位。无论怎样，我衷心希望你们在华安期间，能够感受、认同华安的文化，分享华安成长的喜悦；我甚至希望，不管你们将来走到哪里，在你们身上总保持着华安的文化精神，并以其感染并帮助你们周围的人、服务我们赖以生存和发展的社会。果真如此，华安存在的价值就远远超过其作为一个经济组织本身的功能了。基于此，今天我想从以下四个方面和大家交流思想和看法。

---

[*] 2008 年 1 月 16 日在湖南保险职业学院的讲话。

一、古今中外金融机构的兴衰之路

古今中外金融机构的兴衰之路，是一个很大的题目，短时间难以讲清楚。在这里，我首先讲三个例子，可能有助于大家思考。

（一）晋商与晋商文化

古人说，商道即人道。我觉得很有道理。我以晋商为例，谈谈近代商人、近代金融机构的成败得失。

先讲个有关晋商的故事。在座的很多人都看过电视剧《乔家大院》。剧中艺术性地描写了晋商乔致庸的从商经历，故事跌宕起伏，其成败得失对于现代金融从业者仍很有教育意义。这里我只说他们家的没落：乔致庸家传到第三代的时候，碰上了军阀混战。当时山西市面上流通两种货币，一是山西本地票号发行的货币，一是国民政府发行的货币，由于晋商的信誉很高，开始的时候两种货币可以一比一兑换。后来阎锡山、冯玉祥和蒋介石之间爆发了战争，即著名的蒋阎冯大战，结果由于冯玉祥倒戈，阎锡山吃了败仗，山西货币也就贬值了，原本一比一的货币兑换率一下子变成25∶1。这时乔家面临两难抉择：如果按山西本币兑换，那么储户必然受损，但乔家的生意可以保住；而如果按国民政府的货币兑换，那么乔家的票号可能倒闭。最后，当时的乔家掌柜说，宁可倒闭也不能损害储户的利益，失去乔家的信誉。于是他们按国民政府的货币兑换，结果因此破产。乔家的破产倒闭是很壮烈的。当然现在来分析，乔家及多数晋商破产的原因是多方面的，但从乔家的这个案例中我们不难看出，晋商的社会责任感有多强，是何等的大气。

2005年7月华安的太原会议上，我把分公司以上的班子成员请到山西太原，实地感受了晋商精神特别是它的社会责任感。当时我把晋商的成功归纳为"四气"：坦荡从商的底气、开拓业务的霸气、诚信交往的义气、严格管理的硬气。今天我愿意再次与大家分享晋商的"四气"。

底气。早在几百年前，山西商人做生意就从不遮遮掩掩、羞羞答答，商人就是商人，既然做了商人，就要把生意做大，他们把商业做到了极致，把商人做到了极致。大家可能知道，平遥离大寨不远，也是穷，那时没有田种，种庄稼没多少收入，不做生意赚钱，养家糊口都难。早先的那批中国民族金融业的开山鼻祖们就是因为穷，不甘现状，穷则思变，所以出去做生意、闯天下，然而当时社会环境不好，他们真可谓是提着脑袋做商人。生存是人的本能，为了生存，他们选择了从商，从此坚定不移，坦坦荡荡经商，百折不挠，最后终于闯出了一片天地。

霸气。想当年，晋商的目光远大、为人也大气。他们虽然出生于山西的小镇，甚至是乡村，但整个中国版图都在他们视野之内，中国山河的地理空间内没有他们不能去的地方。他们的霸气还表现在他们对商业机遇的捕捉能力。当年康熙皇帝平息边陲战火，施行满汉一家政策，山西人反应最快，很快便把商业纽带连向蒙古、新疆乃至西伯利亚，组建了庞大的商队。当时有个大胜魁的山西商队，竟拥有10万头骆驼！试想当年10万头骆驼的商队穿越戈壁大漠是何等的气派！何况那是在几百年前，就能达到直至今天都很难想象的恢宏气势，那是何等的霸气！还有他们高度渗透清代南方盐业经营的例子。当时盐业经营政府实行专卖制度，许可证都掌握在两淮盐商手中，其他地方的人根本插不进手。但晋商不急，他们先做人，两淮盐商经常缺钱，晋商没有提什么要求，就慷慨向两淮盐商提供资金。金融脉络的日渐深入，两淮盐商不得不分了股份给晋商，最后晋商也就一步一步控制了南方盐业。这种大气、霸气之举与晋商高超的战略眼光是分不开的。晋商当时并没有掌握什么金融理论，但他们在经营实践中认识到金融对商业的重要，他们抱着"汇通天下"的理想把中国东南西北的金融命脉梳理畅通，使自己稳居于全国民间钱财流通主宰者的地位。

义气。晋商雄霸中国民间金融500年，不可能是靠单打独斗和个人冒险而成事的，他们靠的是诚信交往和相互扶持才渐成气候的。史料记载，他们有一批所谓"连号"，有兄弟的、有父子的、有乡邻的，后来范围越来越大，最后结成了有分有合、互通有无、左右逢源的集团优势，大模大样地出去拓展业务，不仅气势上压倒了对手，而且他们不是搞个人英雄主义，而是一致对外，讲求信誉，不内斗，有钱一起赚，所以能立于不败之地。现在比较起来，我们当今的保险业真不如我们这些老祖先，不少人热衷于搞内耗，恶性竞争，打价格战，最后大家都没钱赚。现在有种说法：在保险业中，除了保险公司，所有的人都赚钱，就是这个问题。这样的做派与晋商的确有天壤之别！我知道几个晋商的故事：有一次，一家商号欠了另一家商号白银六万两，到后来实在还不了，借入方老板就到借出方老板那里去磕头说明困境，借出方老板挥挥手说：算了，有困难，钱不用还了，以后还有合作机会，没事。还有一次，一个店欠了另一个店现大洋还不了，借出店为了照顾借入方的自尊心，就让借入方象征性的还了一把斧头，一个箩筐，哈哈一笑了事，意思是说，你的斧头和箩筐值这么多钱，你不用再想着欠我钱了。山西人机智而不小心眼，厚道而不排他，不愿意为了一些小利而背信弃义，我称之为大商人心态。大家知道，几百年前，当时的金融业处于萌芽状态，社会没有公正机制也没有监督机制，但山西商人能做到这样，诚信是前提。这就是晋商的义气。

硬气。晋商做人硬硬当当，做事规规矩矩。晋商在对企业的管理上，制度切实可行、流程清晰流畅，讲原则、讲程序，在用人做事方面有一套很科学的体制，就是放到今天，对我们的管理也有借鉴意义，据说现在中国人民银行会计司每年都要带队到山西去学习。那时朝廷对民间金融业的管理基本上放任自流，众多商号也基本上不受法律约束，但是山西人很少有随心所欲的放纵习气，而是严格自律、自觉规范，在无序中求得有序，因为他们明白一切无序的行为，只能得益于一时，而不能立业于长久。几年前山西保监局局长慕福明给我讲过一个晋商考察员工的例子：东家把两个铜钱丢在角落里，这就从两个方面考察你，一个是你扫地有没有认真地扫到角落去，能不能发现铜钱；二是扫到了角落、拾到了铜钱是放入自己的口袋，还是上缴。这实际上一个是考察你专不专业，一个是考察你的人品。这些小事反映出山西商人管理上的硬气。

然而，晋商最终还是失败了，为什么会失败呢？前事不忘后事之师，我们后人应从中得到哪些经验和教训？

我把晋商的失败归纳为外因和内因两方面：外因是政治动荡、战乱横行，切断了信用社会的根基，扼杀了民族金融业的生存发展。2004 年，我在《华安保险》月刊当年的第一期发表了一篇文章，讲我们要珍惜现在的机遇，现在的中国在国际上有地位，国泰民安，社会稳定，这些是做金融最重要的社会前提。从内因上讲，一方面，晋商是太拘泥于规矩。山西商人的优点是规矩，但他们是成也规矩，败也规矩。所谓成也规矩，是因为他们做人做事规矩，讲义气讲本分，所以能生存发展；之所以说败也规矩，用现代制度经济学讲，他们陷入了路径依赖和自我强化，当他们需要否定自己、超越自己的时候，他们不愿意那样做，而是墨守成规、作茧自缚。有一个文学家说：在晋商需要银子的时候，他不是没有银子；在晋商需要人才的时候，他不是没有人才；在晋商需要信誉的时候，他也不是没有信誉，但当晋商需要创新的时候，他们几乎是无所作为。所以，他们不能否定自我、超越自我，还是封建专制的老观念影响，不愿受人控制，他们不愿舍去已有的陈腐——不能舍，又怎么能得呢？我们现在的产险业也存在这样的问题。第二方面，晋商业务太单一。他们后期主要倾向于做官银方面的业务，这样赚钱很快，而对民间商业金融方面重视不够，当一个王朝要毁灭的时候，做官场生意注定要失败。大家看当时慈禧太后的西逃，都要向晋商借钱。国家都不行了，商号还能好吗？第三方面，晋商不善于吸取教训。实际上在晋商体系整体崩溃之前的十多年中，已经有很多商帮倒闭，发出过危机的警示信号：一个是浙江的胡雪岩的倒闭，一个是山西自己的两个票号的倒闭。而整体晋商就是没有吸取教训，最终被这些教训所教训。就像我们现在，在我们之前已经有很多民营金融企业，像德隆系破产了，倒闭了，被接管了，如果我们不吸取教训的话，早晚也会步他们的后尘。以上三条原因，是大家公认的。我认为还有一条迄今为止人们重视不够，却是最主要的一个因素，那就是：山西晋商是凭着一种本能去做生意的，客观上讲，他们将商业做大后确实承担了很多社会责任，但从他们内部来看，由于不崇尚读书，缺乏理论做指导，他们当中能理性考虑发展问题的人很少，事业做到一定规模后，进一步应当如何发展，即使最杰出的晋商也很茫然，因为不懂战略、没有规划。不像我们现在，重视发展战略，有五年、十年规划。那时西方欧美的资本主义已经很盛行了，但从明末清初一直到清末，政府社会层面，尤其是理论界，没有思想家将晋商的实践升华，为其作思想代言，没有一个理性的力量支持他们，其社会政治影响力弱小，以至于先进的生产力得不到肯定、采用，晋商更谈不上推动生产力的发展。我认为，这是最主要的原因和教训。

总的来看，晋商秉承的为商之道——"义、信、利"体现了封建时代商人的道德观和价值观，有着深刻的时代烙印。从乔致庸的经历我们看到了古代商人的奋进与开拓精神，从乔家的失败我们也看到了古代商人的重信誉和责任感。但同时，我们今天更要看到后期的晋商墨守成规，不能与时俱进、开拓创新，最终导致了晋商的衰落，我们应该从中得到启迪。

（二）从琼斯模式得到的启发

爱德华·琼斯公司是全美金融服务业里最大、盈利最高的零售经纪商，其发展模式和公司理念都有其独特之处。这家公司在美国、英国和加拿大拥有八千多家分支机构，连续多年被评为美国、加拿大最佳证券投资公司，并被誉为"华尔街的沃尔玛"。在美国股市暴跌和投资者质疑的双重打击下，该公司2001年，股票回报率为24%，远远超过美林的19%，嘉信理财的13%。虽然其证券包销业务只占公司收入的3%，但年均回报率仍高达40%，超出投资银行霸主摩根的39%。人们不禁要问：琼斯公司的成功之道在哪里？我们能从中得到什么启发？

创建于1922年的琼斯公司其主营业务是包销股票和债券，并向客户出售证券。起初，琼斯公司同所有的证券经纪类公司的商业模式大体一样，目标市场也是重在城市市区的大中户投资者，稍有区别的是：为了寻找业务，琼斯公司的经纪人也到圣路易周围的乡镇走村串巷开展业务活动。直到1955年，琼斯从根本上转变了观念，开始了经营战略创新，有计划、有步骤地进入被多数经纪公司忽略的农村乡镇这个广阔天地。第一个营业机构建在密苏里州的墨西哥镇，该镇居民虽然只有1.2万人，但是琼斯公司的营业机构却是当地投资者除银行以外唯一的选择。到1968年，爱德华·琼斯在中西部地区的小乡镇营业机构逐步发展到100个左右。同时，业务范围也趋向多样化，增加了保险代理等业务。20世纪70年代初，琼斯将小乡镇营业机构从100家扩大到1000家，充分利用它独有的在农村乡镇市场建立的特许经营权行销体系，增强公司抵御风险的能力。到1998年，琼斯环绕全国各大中城市的郊区，布局了3900个营业机构，并把触角伸向加拿大、英国等外国，建立国际营业机构。功夫不负有心人。琼斯公司这种布局谋略，即以大中城市周边乡镇的散户群为目标市场的、金融服务多样化的、以特许加盟方式组建起来的营业机构体系，终于使它在20世纪90年代成为全美金融服务业规模最大、盈利最高的零售经纪商。1998年琼斯公司的平均税前权益资本收益率高达36%（同期美林证券的这一收益率为33%，A. G. 爱德华兹是31%，潘恩·韦伯是20%）。琼斯的卓越业绩，被《财富》杂志誉为"华尔街的沃尔玛"。

通过全面分析爱德华·琼斯公司的历史背景、盈利模式、企业文化等方面，我认为琼斯模式的"农村包围城市"的大散户战略的成功之道，值得学习的主要有以下三点：

1. 能洞察市场机会。大中城市周边乡镇地区，存在着潜力巨大的市场；加之市区街道、社区的散户，其潜力怎么估计也不过分。培育这个市场，为他们提供方便、快捷、安全的金融投资服务，对金融机构来说可谓是"广阔天地，大有可为"。

2. 坚持既定战略几十年不动摇。该公司的主要业务是经纪业务，开展经纪业务的主要方式就是"经纪人"。他们坚持这一"差异化"的竞争策略，保持自己的传统，不断完善。当网上交易非常火爆时，该公司不为所动。之所以不参与竞争，不是畏惧竞争，而是这种方式不符合公司确定的基本战略范围，因此坚定不移地实施面对面的人性化交易方式。

3. 重视企业文化。爱德华·琼斯公司的文化受到其领袖约翰·巴克曼的深刻影响。凭着自己的韧性、坚持传统交易的方式和善待客户的原则，巴克曼成功地使该公司成为世界最大零售经纪公司之一，并拥有美国最大规模的交易分支机构，在市场上举足轻重。更关键的是，他始终保留着美国中西部的传统民风：保守、朴实无华、不喜抛头露面。作为公司管理的核心长达22年，巴克曼的这种个性已深深渗透到公司的文化中。爱德华·琼斯公司就像是普通投资者身边一个平凡但是值得信赖的老朋友一样，为每一个客户提供着一份也许平淡但是长久的投资收益，不仅仅如此，它还包括一份额外的长久的感情。

借鉴琼斯模式的生存之道，是为了使大家对当前我们所选择的连锁营销的道路是否正确能做出客观的判断。关于连锁营销模式，我在下面还将详细阐述。

（三）居安思危——看次贷风波对我国产险业的影响

我认为，前不久爆发的美国次贷危机不仅对美国，对欧洲、亚洲乃至全世界的影响都是深远的。通过剖析次贷危机的成因，联系我国当前产险业的现状，我感觉我们责任重大。

美国房地产贷款体系共分为3类：优质贷款市场、次优级的贷款市场与次级贷款市场。第一类优质贷款市场面向信用等级较高、收入稳定可靠的优质客户，第三类次级贷款市场是面向收入证明缺失、负债较重的客户，因信用要求程度不高，其贷款利率比一般抵押贷款高出2—3个百分点，次级贷款业务量曾一度占到美国整体房贷市场比重的20%，其特点即为利润是最高的，风险也最大。目前出现问题的市场，恰恰就是秉承"高风险、高收益"理念的第三类即次级贷款市场。

美国此次次贷风波始于全美第二大房地产次贷公司新世纪金融公司宣布濒临破产。由于2006年以来美国房贷呆账金额不断攀升，2007年初更是达到近年来新高，房地产泡沫化现象逐渐扩散，次级房贷市场由于其客户信用状况不佳，更是到了岌岌可危的境地。3月5日，新世纪金融股价突然暴跌68.87%，3天后，新世纪金融公司宣布贷款银行已拒绝为它提供周转资金，公司已无资金偿还债权人，当日其股价再度暴跌48.29%。4月14日，新世纪金融公司遂申请破产保护。短短数月，新世纪金融股价就由30美元跌至1美元，投资人损失了近10亿美元。而花旗、美林、摩根等大型金融机构深受影响，有的净资产缩水甚至超过 1/3，但是高盛却逃出去了。我分析主要是体制原因，因为高盛是标准的合伙制，合伙人的风险管理机制更合理。由于次贷产品的设计是以收入证明缺失、负债较重的家庭为对象，以房地产价格不可能下跌为前提的，对此高盛的合伙人非常谨慎。同时，我感觉这也与欧美国家的企业文化大有关系。

1. 危机的根源——利益驱动导致的不规范。

对于次贷危机产生的根源，业界、理论界有这样几种比较有代表性的解释：

一是房价下跌直接导致了次贷危机的产生。房价下跌导致贷款人手中的房屋资产急剧缩水，有的人根本无法支付高额房贷，只能拒交贷款。次贷公司随即成为直接受害者，即使收回抵押的房产，由于房价走低，房产已资不抵债，进而引发了次贷危机。

二是金融创新。有研究者称，所有金融危机背后，都有金融创新的影子。一般说来，所有金融创新都有两个目的：一个是避险，一个是增值。所有金融创新都是手段，是工具，而不是目的。但是正像马克思的异化理论所说的：当工具和手段成为主宰时，目的反而成了奴婢。而金融创新的魅力所在就是它的杠杆作用，以小搏大，但这种杠杆作用是双向的，是双刃剑。当反向的杠杆作用被人们彻底忽视的时候，危机也就发生了，这时候，金融创新所隐含的风险就淋漓尽致地表现出来了。

三是评级机构。在美国次贷危机爆发后，穆迪、标准普尔、惠誉等主要评级机构成为最直接的批评对象，因为这些评级机构对同一产品评级结果存在重大差异，对危机预警则非常滞后。甚至有观点认为，评级机构对相关次级抵押贷款证券产品的不负责任评级，是次级债危机爆发的一大诱因。

现在就让我们分别对这三种观点进行分析。

第一，关于房价下跌。我认为房价下跌充其量只是个导火索。确实，如果房价永远非理性地上涨，次贷危机肯定不会发生，因为所有人都可从中获益，不存在资金链断裂的风险。就像股票市场一样，若股市能持久地非理性上涨，投资者只要很随意地投入资金即可，根本不必担心亏损。但事物的发展总是周期性的，即使趋势向上，也应该是螺旋式上升。而这种螺旋式上升在投资者不必承担超出其承受能力的额外成本的时候是不会引致危机爆发的。事实永远是这样，当所有人都看涨的时候，往往也就是风险高度积聚，危机即将爆发的时刻，这方面的实例不胜枚举。

第二，关于金融创新。金融创新也不该成为替罪羊。因为有需求，有空间，金融创新才得以产生，创新的目的是为了满足需求，而不是为了产生危机。我们必须承认，金融创新的不断推动，提高了全球金融资源配置效率，促进了实体经济的发展。而只有当金融创新仅仅成为牟利工具而被滥用时，它才会导致金融危机的爆发。次贷危机中，滥用的创新使得金融工具在投资者和所投资的终端产品之间制造了太多的分离层面，且其中没有足够的透明度；而产品的设计实际上对贷款使用者也不负责。

第三，关于评级机构。我们习惯于抨击评级机构不公正和缺乏独立性。对评级机构而言，保持应有的独立性是其有效发挥金融中介作用的根本前提。但值得深究的是，为什么世界顶级评级机构也不能独善其身？利益使然，利益驱动的不规范使然。收入主要来源于证券发行商的评级机构，如何要求他们规范自身的行为，如何要求他们对市场投资者负责？

从以上对次贷危机根源的分析中，我们可以看到，房价下跌、金融创新、评级机构，等等，其背后总有一根无形的线将它们联系在一起，那就是利益，不当的利益驱使不规范行为的产生，风险的积聚最终导致危机的爆发。

联系到中国的产险市场，我看到了引致危机的可能。中国的产险市场潜力无限、发展空间广阔，这几乎是所有人的共识。在这种共识下，谋求市场份额，进而获取市场领导者或垄断者地位成为保险公司获得持续稳定收入及利润的最优选择。但这种选择的实现并非那么轻松，基于国内产险行业较低的发展水平，保险产品的高度同质化，众多产险公司纷纷采取了最"简捷"的方式——高返还、高手续费、高保障范围、低费率等低层次的不规范竞争手段。某些保险中介也在浑水摸鱼，为谋求自身不正当利益，一些业务素质不高的代理人以模糊性、欺诈性描述，诱导客户购买保险，为保险合同纠纷埋下了隐患。这种不规范的经营模式，只能起到"饮鸩止渴"的作用，最终保险公司尤其是中小股份制财产险公司必将因此一步步逼近死亡线。从整个中国产险行业的情况来看，未来中国的产业也肯定要重新洗牌，若不能下决心摆脱目前的恶性循环，势将积重难返，类似美国次贷的中国产险市场的危机也不是不可能发生。

2. 危机的形成——风险积聚却不知所以。

毫无疑问，危机的形成就是风险的积聚过程，当风险积聚到一定程度后必然通过危机的形式来释放。如果能够在风险不断积聚过程中意识到问题的严重性并采取有效的措施，即使是已经积聚起来的风险也将能逐渐化解。我想告诉大家，华安现在已经把前期积累的风险化解完毕。

就美国次贷危机而言，从投资者来看，他们可能会意识到自己暴露在次贷风波中，但他们并不理解问题到底出现在哪里，有多严重，至于自己的损失究竟有多大，他们也只能猜测。这种缺乏依据的预期反映在市场上就是挤兑行为，而这种挤兑行为无疑会放大风险，助长危机。从监管者来看，因为无法公开信息，监管部门只能通过事后的贷款机构财务状况的好坏来加以判断，而财务状况事实上很难及时反映当前贷款的质量。直到资金链断裂之时，监管当局才意识到问题的严重，可惜为时已晚。

中国的产险市场也是同样的道理。保险公司为提高自己的市场份额，不惜血本恶性竞争，以致资产质量不断下降，偿付能力日益不足。有的保险公司可能意识到了问题，但苦于整个产险市场的环境而无力自拔；有的保险公司可能根本就没有意识到不规范经营终将导致风险集中释放。投保人也是如此，就如同次贷危机中投资者不知道他的经理人拥有次级贷款一样，投保人同样不知道他所投保的保险公司可能面临着无法履行赔付责任的风险。监管部门处境也是比较尴尬，深知不规范经营不是长久之计，不仅会损害投保人利益、保险公司利益、行业利益，甚至会影响国家的金融稳定，虽三令五申，怎奈行业潜规则根深蒂固，非一朝一夕所能够改变。

如果中国的产险市场继续如此运行下去，我们可能会看到这样一个形成危机的路径：为争市场份额而不规范经营——恶性竞争——高费率导致高成本，保险公司纷纷亏损——"路径依赖、自我强化"导致保险公司深陷泥潭而难以自拔——偿付能力严重不足并且风险积聚——企业破产、行业危机。

3. 防患于未然的人间正道。

尽管在目前这个时候探讨中国产险市场的危机可能不合时宜，但厘清次贷危机的根源及形成过程，无疑对中国产险市场的健康运行有着十分重要的借鉴意义。

次贷危机无疑已经给世界经济带来了十分不利的影响，而次贷问题仍在演变过程中，最终以何种方式结束虽无定论，但从其对证券市场的影响来看，可能像多米诺骨牌一样，是一次范围和深度都强于预期的危机。在刚刚过去的11月，全球股市90%都遭遇了不小的跌幅，我国 A 股市场也不能幸免，上证指数下跌了18.19%，创下了自1993年5月以来的最大月跌幅。

我无意在这里危言耸听，而只是从全球视角来思考我们面临的问题和风险。中国的产险市场发展到今天，虽然取得了不菲的成绩，但其中存在的隐患绝对是不容忽视的，若不能及早防范，采取措施，等到危机爆发之时再想挽救，势必付出更大的代价。既然找到了问题的根源，我们就应该从源头上采取措施，杜绝风险的不断积聚，防止危机的爆发。这就要求我们认真贯彻执行监管部门的规定和政策，打破有损行业健康发展的潜规则，摒弃不规范经营模式，走规范经营的人间正道。

讲到这里，我想给大家出一个小题目思考一下：前面我为什么要讲这三个问题，它们之间有什么内在联系？我这里先谈自己的几点看法：

第一，我们要树立自信：中国人是可以做好金融的。我国金融的老前辈——晋商曾经把金融办好过，曾称雄世界500年。中国的金融不一定非要依靠老外才能办好，但我们一定要不断否定自我，超越自我。

第二，要遵循金融的基本规律。爱德华·琼斯公司为什么成功？我认为就是因为他遵循了金融业发展的内在规律。任何事情都有规律。金融运行的规律在哪里？金融企业的价值在哪里？怎样做一个有价值的金融企业？下面我将对此详细阐述。

第三，金融企业要想可持续健康发展就必须有责任意识。次贷危机的爆发就是由于各机构在利益驱动下的结果，跟我国产险市场上"以保费论英雄"类似。为了扩大交易量，不讲诚信，就是对客户不负责，对社会和行业不负责，最后伤害的是自己。外国人到中国来是为了利益而来的，不是为了尽义务，它也绝不可能对你承担什么社会责任。这里我给大家介绍三本书，都是国外金融机构的人或者学者揭示的真相：《一个经济杀手的自白》、《诚信的背后》和《货币战争》，大家可以从中发现一些问题。

二、从华安的历史解读华安文化和价值观

接下来我想向大家简单介绍华安的企业文化。什么是企业文化呢？企业文化也叫公司文化，一般认为它主要包括企业环境、价值观、英雄人物、礼仪习惯、文化网络五个方面，其中价值观是核心要素。中外学者在论述企业文化时都强调价值观的重要性，在一个企业里，共同的价值准则、道德规范和生活信念将各种内部力量统一于共同的指导思想和经营哲学之下，汇聚到一个共同的方向。这都说明价值观在企业文化中的重要。企业的价值观可以说也是企业的生存发展观。它集企业品质、企业精神、

企业形象、企业制度于一身，是企业的精神支柱。正如人生观规范引导人的行为及其发展一样，企业的价值观也关系着企业的发展方向。总之，企业价值观为企业全体成员提供了共同的理想信念、经营理念、道德规范和行为准则，这是企业取得成功的必要条件，是企业文化的基础、核心和实质。企业文化是企业的"灵魂"，企业文化建设的好坏直接关系到企业的发展前途，企业拥有了文化优势，就会拥有竞争优势、效益优势和发展优势，就会立于不败之地。一个成功的企业不仅有完善的治理结构、有竞争力的核心技术、有创新精神的企业家及管理团队，而且必然有优秀的企业文化相伴随。

华安文化不是我说出来的，而是全体华安人近 12 年的艰辛发展，在前进过程中积累、总结、提炼、升华而最终形成的。

（一）华安的过去和现在

华安于 1996 年成立。2002 年，以特华为首的一批有志于民族振兴的民营企业股东正式入主华安，到今天已经迈向第 6 个年头了。在过去的几年里，中国保险行业的认识在变化，资本市场的魅力在释放，华安也发生了翻天覆地的巨变。

我还记得 2002 年时，华安经历了前所未有的危机，当时我刚刚来到华安，为了了解华安的情况，我带领着新团队与员工进行沟通交谈，不少员工对当时华安的前途都倍感渺茫。2003 年、2004 年华安开始了艰难困苦的发展岁月，在这两年中，内忧外患使得华安几乎不堪重负，严重影响到它的健康发展。

到了 2005 年时，我不得不走到前台，担任了董事长。在当年初的明华会议上，我提出了华安新三年战略目标——"双五计划"，即用三年的时间，使华安成为资产规模和盈利水平双双进入全国前五强的全国性保险公司。在同年七月的太原工作会议上，我在分析了华安所处历史背景及华安所具有的优势的基础上，提出了变革的四个目标：使华安事业参与者的行为目标完全一致；缩短管理半径，达到管理高效；严格核算，经营要有利润；做到让真正有贡献的人受到尊重，使其价值得到充分体现，使其贡献得到相应回报。这一年，华安人发扬自力更生、艰苦奋斗的精神，建立了十几家分公司，完成了全国网络的布局，业务也取得前所未有的发展。

而今天，在全国产险公司总资产排名中，华安以 445 亿元的规模可能位列第三，仅次于中保、太平洋两家，稳居第一军团。想当年特华刚入主华安时，资产仅 4 亿元，现在已经增长了 100 倍。这就是华安的历史和现状。

（二）华安的价值观

回顾华安的历史，我们可以看出华安的发展不是一帆风顺的。曾经的华安不遵循客观经济规律，在"以保费论英雄"的错误思想影响下，整体的价值观是扭曲的，经营思想误导，内控意识缺乏，走了很多弯路，受到了市场的惩罚。为了改变这种状态，董事会、经营班子下决心摆脱以前的"路径依赖"。华安过去的路径依赖，是产险公司过度依赖社会资源丰富的中介机构来发展业务的传统做法和思维习惯。但是随着业务的发展，这种间接营销模式暴露出很多弊端：中介机构所取得手续费逐年升高以至业务利润的一大半都流向了中介机构；中介展开价格竞争、无视投保人的风险致使保险赔付率逐年上升；更有甚者，他们将销售、代客理赔以及各类衍生服务集于一体。这些现象表明，间接营销模式已经开始威胁产险公司的生存和发展。另外，产品生产是保险公司的核心业务，而在中国当前产险市场上产品同质模仿性问题严重。在这种情况下，华安学会了放弃，调整了思路，坚决铲除"车险毒瘤"，彻底规范经营，摒弃不规范的业务，开创了社区连锁营销服务部这一顺应历史潮流的伟大创举。

通过全体华安人艰苦卓绝的努力，我们终于摆脱危机的漩涡。而鼓舞和团结华安人咬紧牙关、艰苦前进的精神支柱，就是华安的价值观、是华安的精神。

记得 2002 年 8 月 14 日是我来华安的第一次讲话，题目就是《华安是我们大家的》，当时我就提出了"四个四"的概念，即摆正四个关系、站在四个源头、坚持四个说话、反对四种倾向。今天，我想这些理念仍然适用于华安，所以我再次拿出来跟大家讲一讲。实际上就是解决四个问题，即：什么人做事？怎么做事？在做事过程中应注意什么？做好后如何进行利益分配？

1. 坚持四个说话。即什么人做事。我们始终坚持用资本、知识、本事、事实来说话。我今天能当董事长，首先是因为资本说话，我是特华公司的发起人，作为华安的第一大股东，代表股东用资本讲话。而各级管理人员和各位员工就要用知识和本事说话，证明你能够胜任你的岗位，完成交给你的任务。但光读书仅有书本知识，并不就算真正有知识了，用知识说话不能用书呆子说话。光有知识是不够的，知识还要转化为本事，必须有本事，有把握市场和解决问题的能力，所以进一步要提出本事说话。第四个说话是要用事实说话。用事实说话也可以说是用实践说话，在公司里，事实说话最主要的就是用业绩说话，要用事实或实践证明你确实为公司作出了贡献。当然，在连锁营销店开业初期，我对业绩没有太高的要求，是准备给各级领导干部以及在座的各位有一个适应和探索的过程。将来，当门店逐渐成熟了，就要用业绩说话了。从金融企业业务特点来看，成本、风险、效益反应相对滞后，不过时间可以证明你的功过，金融业的特点并不影响用事实说话。

2. 站在四个源头。这说的是怎么做事。所谓站在四个源头，就是我们要站在政策、知识、信息、操作源头来做事。华安这几年的顺利发展就是因为站在政策、知识、信息和操作源头。政策是我们工作的方向，一切行动要以此为指针，偏离政策或违背政策都会使我们的行动与目标背道而驰。我们要通过调查、研究、分析，把握政策的宏观导向，依此指导企业的微观行为。知识和信息对于我们的工作也很重要。同志们，我们要做一个有知识的人、一个勇于学习善于学习的人。没有知识，我们就找不到正确的工作办法，就没有解决问题的能力。我们还要提倡广泛收集信息。没有信息，我们的决策和行为就会是盲目的。在信息不对称的前提下，自以为是地制定的方案往往是错误的，至少是有重大缺陷的方案。操作是我们工作的内容，也是我们的行动，我们所指的创新即是站在操作的源头，把握住了操作源头也就真正把握住了事物的发展。我常常说，创新大可救国家，中可救团队，小可救人，救自己。一个人一辈子只要一两个创新就够了。我们正在实施的"万家连锁营销服务部"计划就是站在四个源头的重要创新。

3. 反对四种倾向。这是告诉我们在做事的过程中注意克服什么，我们要反对个人英雄主义、小团体利益、享乐主义和平庸主义。一个人再有本事，但毕竟有限，个人力量始终是有限的，成就大事业靠的只能够是团队，要依靠大家的智慧、集体的力量，个人英雄主义是有害的；华安是一个有机的整体，一损俱损，一荣俱荣，要反对小团体利益，提倡企业整体利益。我在华安是非常反对小团体利益的。当年蒋介石的失败、德隆的失败都是由于小团体利益作祟。我们现在是重新创业的时候，因此必须发挥主观能动性，调动一切积极因素，迎接挑战，自我加压，有所作为。享乐主义、平庸主义、"不求有功、但求无过"、浑浑噩噩混日子，不符合当前我们进行的大事业，这类现象对于一个要发展扩张的企业也是不允许存在的。享乐主义曾经在华安出现过，我经常告诫一些老总，这样是要不得的，革命尚未成功，同志仍需努力。按照吴定富主席的要求，我们现在仍然要发扬艰苦朴素的精神。反对平庸主义，就是反对"不求有功，但求无过"的做法。我曾经送走一个副总裁，就是因为他在华安无所作为，虽然没有犯什么过错，但却对公司没有贡献。我们应牢牢树立"无功即是过"的思想，淘汰那些平庸者，使华安形成一股奋发向上的精神。

4. 摆正四个关系。做好事情后怎么分配利益？一些人认为，办企业就是要一门心思来赚钱。这个观点在华安是行不通的。华安的文化强调要摆正四个关系，即要正确对待和处理国家、社会、员工、股东四者之间的利益关系。我不反对利益最大化。但讲企业利益之前要先将其他三个方面的利益摆正。首先，国家利益至高无上。我们做企业的最终目的就是为国家富强、民族振兴贡献自己的力量，国家利益就是我们的根本利益。在实践中，合法经营、照章纳税是对企业最起码的要求，我们还要进一步自觉做到：国家需要的，赔钱也做；不利于国家民族的事，赚钱再多也不干。其次，社会利益高于公司利益。社会利益是保险企业所担负社会责任的体现，体现了华安作为一家保险公司对公司的客户、对行业的发展、对公司周围发生的事情应承担的责任。再次，员工利益高于股东利益。员工利益是企业利益的基石，主要体现在两个方面：一是员工所得应是体现员工自身价值的物质利益；二是一个企业必须为每一个员工提供充分的发展空间，提供一个充分展示每个员工智慧和才能的舞台，让他们更好地为社会尽责尽力，实现自己的人生价值。最后是股东利益。作为股东，我认为，前面三个利益保证了，股东利益就能实现最大化。这是我作为华安的股东与一般股东的最大区别，我反对将股东利益放在首位。因此我说，三年内别谈连锁营销服务部赚钱的事，一是遵循金融的运行规律，二是担负起社会责任。不能一进社区就只想着赚钱，而不承担社会责任。

上面这些理念都是我这么多年来在拼搏中积累沉淀下来的，也得到了很多人的认可。这样的企业价值观是符合广大员工的价值理念，符合国家和社会利益的。这样的价值观，是华安未来发展和基业长青的保证！

（三）华安的经营理念

华安的经营理念浓缩为六个字"责任、专业、奋进"。这六个字不仅是华安经营恪守的最高理念，也是华安人的人格体现：责任，是彼此间的相互信任以及"心忧天下"的胸怀；专业，是华安的发展之本、创新之举；奋进，是要敢于否定自我、超越自我、奋发有为。

1. 责任：做有责任感的企业，做有责任感的华安人。

华安虽是一家民营企业，却有着高度的社会责任感，我们以振兴民族保险业为己任，这是一种历史使命，任重而道远。作为华安人，我希望大家有"心忧天下"的胸怀，要以天下为己任。我们要把华安做得有声有色，让我们的做法对行业有借鉴意义，让我们的创新对金融业的发展有启迪作用。"志当存高远"，我们要关心民族金融业如何屹立于世界经济之林。大家既然已经加盟华安事业的建设，就要有"天下兴亡，匹夫有责"的历史责任感，振兴中华，振兴中华民族的保险业，这是每一个华安人应该共同为之尽责的目标。华安必须承担社会责任、肩负民族使命。有多强的社会责任感决定着你能做多大的事业。我们一定要认识到我们现在不是为哪一个人做工作，而是在完成一个民族的重大历史使命和社会责任，要树立这样的价值观，在事业中有这样的崇高荣誉感。振兴华安，就是我们承担社会责任、肩负民族使命的实际行动。"天下兴亡，匹夫有责"，这是每一个华安人应该共同为之尽责的目标！

我现在讲一下华安最近要做的三件事。一是学贷险。几年前一家经纪公司的人找我谈学贷险的问题，我当即表态，华安就是要做这样的事。一些人觉得风险大，不愿意做，我认为没有太大的风险，为什么？第一，那些在中华人民共和国受过高等教育的人，如果其中相当多的人都不讲诚信了，那就说明这个民族出大问题了，甚至国家也都可能不存在了，那么华安留着还有何用？第二，如果受过高等教育的大学生们毕业后，经过6—10年都还不起3万—4万元的贷款，那么国家的经济肯定出问题了，那么留着华安还有何用？通过这两年的艰苦努力，我们用诚心和专业打动了农业银行、国家开发银行总行，专门跟我们合作，目前已经落实了40多万贫困大学生的读书问题，农行出钱，华安提供风险保障。二是就业问题。华安搞连锁式营销服务部就是要解决大学生的就业问题。我们看到，目前大学生的就业比较困难。我相信，这些大学生经过培训应该能够胜任这项工作。我们预计在未来的五年，华安的万家连锁营销服务部一旦做起来，就能解决6万—8万人的就业。三是华安的股东——特华公司，包括我个人，已经发起并成立中国民间最大的慈善基金会，目前已经捐款2亿元。按照基金的运作规则，将首先拿出1千万元跟20所高校合作，解决毕业生的就业问题。我之所以要说这三件事，是想告诉大家，华安的责任文化不是口头说说而已，而是体现在行动上，用我们的产品和服务来尽社会责任。

　　同时，作为华安的股东和经营层的管理者，我们要对华安和员工高度负责：我们重视员工的利益，在保障体现员工价值的基本物质利益的同时，更要为员工提供一个能够发挥个人聪明才智和报效国家、承担社会责任的平台。

　　作为一个有责任感的员工，我也希望你们以认真的态度对企业的整体发展承担责任，对自己的工作和岗位高度负责，以认真负责的工作态度和最佳的工作状态在企业的发展中体现自己的价值。这样，华安才能与社会共同进步，成为一个可持续发展的、具有长久生命力的企业；每一位华安人能够在华安的平台上，实现自己的价值，为我们的民族作出自己贡献。

　　2. 专业：专业地做人，创新地做事。

　　华安人首先要能专业地做人。"华安人"没有高低贵贱之分，只有岗位分工不同。现在的位高者并不一定水平高，位高者也不一定贡献大。作为一个独立的个人，你不依附于任何人，你就是你，要活出你自己的风采和个性，要写自己的历史。同时也是我所说的用"知识说话"、"用本事说话"，用你的专业知识服务公司、贡献公司。

　　专业决定着企业的生存，是华安的生存之本、是华安的发展之本，我们要想在众多财产保险公司中出类拔萃，华安人必须要有"专业"的技能。关于专业，我在《民族保险业的生存与发展之道》这本书中已经阐明，这里就不多讲了。

　　3. 奋进：敢为天下先，在奋进中发展。

　　奋进是什么？搞金融不可能不冒风险，我们说的"奋进"是在企业文化指导下的冒险，是专业技能下的冒险。奋进就是要勇于承担责任的，就是要敢冒天下先；就是要敢于否定自我、超越自我；就是要无私无畏；就是要站在政策、知识、信息、操作的源头来风风火火闯荡大事业！

　　我们华安人要敢于否定自己、超越自我、不能墨守成规。要在实践中充实自己的经济理论知识，充分了解各种信息，要放开思路。要在竞争日趋激烈的市场中善于不断总结，不断提升自己。

　　在座的各位，你们一定要迅速融入公司这种文化氛围，可以说华安这几年的发展，不是大踏步前行，而是以百米跑的速度在往前冲。所以我在这里为大家鼓鼓劲，加加油，希望大家加盟华安以后，能马上跟上公司冲刺的速度，甚至能凭借自己专业知识和实践经验，带着公司跑得更快。

　　华安人的奋进是以无私为前提的，无私者无畏，无私者无过，无欲者则刚。"君子坦荡荡，小人常戚戚。"要认认真真做事，坦坦荡荡做人，华安人就应该具备这样的品格，树立这样的行为准则。只有这样，员工的思想才能解放，员工的思维才会活跃起来，员工投身事业的热情才会高涨起来。我们就是要在公司形成百花齐放、百家争鸣、百舸争流的局面，开展工作、业务要大胆进取、勇往直前、敢于负责。只要是无私的、一心为公司利益，即使犯错也会得到谅解。华安今天取得的成绩，就是不断在奋进中总结经验，不断否定自己、超越自己而做出来的。

三、华安的未来发展之路

华安的发展之路我们是怎么一步步探索确定的？我们本着"责任、专业、奋进"的理念，除了借鉴古今中外的经验教训，还遵循了金融的客观规律。下面我简单讲讲有关这方面的一些基本知识。

（一）金融的本质

我曾在多个场合强调，做金融要讲规律。只有用科学的理论武装我们的头脑，遵循经济运行的内在规律，才能保证我们"做正确的事"和"正确地做事"。这里我想讲一讲金融机构运行的内在规律到底是什么？为什么连锁营销模式遵循了这些规律？

1. 金融机构的本质特征与价值管理。

在市场经济中，储蓄—投资转化过程是围绕金融中介展开的，这使得金融机构成为助推经济增长的中心。根据金融中介理论，金融机构充当资产转换者和经纪人双重角色，将消费者（储蓄者）手中的剩余资金转移给需要资金进行投资的企业手中。随着资产转换的不断进行，储蓄者和投资者的价值得到提升或增值，而金融机构在向客户出售金融产品和服务的同时也从中获利。这就是金融机构的本质特征。

这一本质特征体现在金融机构与客户关系上，就表现为"价值交换，相互依存"：一方面，我们为客户提供有价值的产品和服务，包括信息咨询、风险管理、资产转换等，帮助客户实现价值增值；另一方面，客户作为我们的衣食父母，对我们的劳动、提供的服务给予适当的回报，从而实现企业价值的提升。从这个意义上讲，客户价值就是企业价值。

基于价值交换的理念，我认为，金融企业的价值增量来源于客户，其大小取决于有效客户的数量以及单位客户所提供的净值。由此，我发现有三种方式可以提高金融机构的价值：一是扩大市场规模，增加客户数量；二是从服务范围到整个生命周期，深度挖掘单位客户的价值；三是两种方式并用。我认为，无论采用何种方式，都离不开三个核心要素：客户资源、营销网络以及所提供的产品和服务。

（1）客户资源的价值。当市场需求相对稳定，而金融机构的数量和投入增加的时候，客户资源就成为了一种稀缺资源。比如，招商银行之所以有价值，就是因为它拥有一大批信用卡客户。它的信用卡客户从其上市初的 500 万上升到了现在的 1000 万。可以预见，未来金融业的竞争将由简单的业务竞争，逐步过渡到人才竞争和客户竞争。我们要善于积累和管理客户资源。不仅要尽可能地扩大有效客户的数量，还要深度挖掘客户的可贡献价值；不仅要关注当前的客户，还要培养潜在的客户；不仅要关心客户当前的价值贡献，还要分析客户在未来的生命周期内可能产生的潜在价值；不仅要管理好客户的实际财富，还要维护好相关的客户信息。客户资源管理是一项基础工作，也是百年老店存在和发展的根本。连锁营销服务网为我们建立和管理庞大的客户资源提供了重要契机，希望诸位深刻理解这项工作的重要意义，下大力气抓好这项工作。

（2）营销网络的价值。营销渠道是连接金融机构和客户的桥梁，是信息和价值交换的场所，是产品和服务的载体。从信息经济学的角度看，渠道存在的主要原因在于降低信息的生产成本和传递成本。然而，无论从金融机构还是客户的角度看，降低渠道本身的成本并且更有效地发挥渠道功能，是双方共同的追求，营销网络由此产生。表面上看，网络本身的价值不会增加，但它却是"企业价值的倍增器"。营销网络能够按照其拥有者的意愿将商业触角渗透到市场的各个角落，它的营销能力越强大，将客户资源和产品转化为实际价值的能力就越强。由于协同效应，网络的功能超出了一般网点简单的"一加一等于二"的效果，实现了营销过程中的规模经济和范围经济效应。现在我们在与高盛公司探讨的时候，他们也肯定我们的连锁营销服务部可以实现两次增值：一是资产增值，即房地产增值；二是资本增值。据专家预测，一旦我们的连锁营销服务部网络建成，其价值将以几何级数的方式增长。

（3）产品和服务的价值。产品和服务是价值实现的工具。金融产品首先必须满足客户的金融需求，实现其价值增值，才能得到客户的认可。我们的理财险之所以做得好，就是这个原因。同时，金融机构通过分享众多客户所增加的价值才能实现自身价值的提高。因此，产品是实现客户和企业双方价值的基本工具。只有不断增强产品的功能，满足人们不断增长的金融需求，产品的价值实现功能才能充分发挥出来。当然，产品的价值功能的实现，离不开服务。离开服务谈产品，就如同做菜不放调料。一方面，由于专业分工，大部分民众对于金融产品都比较陌生，这就需要专业的服务人员进行指导和解释；另一方面，保险和其他金融产品往往与后续服务捆绑在一起，服务的数量和质量构成了产品的重要组成部分，是产品成功的关键。

上面我谈了金融机构的成功三要素——客户资源、营销网络、产品和服务之间的关系，其中"营销网络"是问题的关键。解决好了网络问题，其他两个问题的解决就有基础了。

（二）华安的战略选择

作为一家国内中型产险公司，我们深知自己的优势和劣势，也清楚地洞察了当前的市场机遇和面临的风险。今后我们走向何方？董事会和国际著名的咨询管理公司——罗兰·贝格的专家们已经达成了共识，那就是：华安必须走一条别人没有走过的路，即"依托连锁营销网络，从一家中小型财产保险公司有计划、有步骤地快速过渡到大型金融控股集团公司"。我将华安的未来定位成："以保险连锁营销网络为平台，以金融交叉销售为特征，以资产管理为核心竞争力的金融控股平台"。这是根据当前形势、金融机构的内在规律以及未来的发展趋势，并结合华安现有资源和实际能力而做出的重要决策。这意味着，今后华安将依托连锁营销服务网络，开展包括财产保险、人寿保险、银行业务、证券业务、信托业务等多种金融服务，建立有华安特色的金融控股集团。

现在，几家银行和大型保险公司也在走集团化、混业化的道路，与他们相比，华安保险进入市场虽然较晚，但却具有后发优势，能够以较低成本走一条跨越式发展道路，从而避免走传统银行、传统保险的老路，支付不必要的失败（挫折）成本和改革成本。选择单一的专业化道路对华安来说不是不行，而是相对我们现有的资源和能力来说要求太低。我们现在拥有的资本、人力和物力足以开办数家小型专业保险公司，但是这条道路较窄，发展空间有限，经营风险同样很高，尤其现在市场需求是多样化的，专业化的单一产品很难满足客户的需求；选择走综合性金融控股公司，虽然道路艰难，但前途光明。这绝不是凭空臆想，不是好高骛远，也不是无知蛮干，而是将金融理论与华安的现实相结合而作出的必然选择，那就是：通过优先发展营销网络，推动企业的结构优化、流程再造和制度创新，从而实现跨越式发展。那么为什么要优先发展连锁营销网，它的价值和优势何在？

所谓连锁营销服务模式，是指以城市社区为中心，以门店为平台，以保险产品和服务为龙头而建立的设施完备、功能齐全、专业可靠、方便快捷的金融服务直销网络。保险连锁营销模式的创新点在于：利用现代信息技术和电子商务，将标准化管理与个性化服务有机结合，充分发挥营销网络的多种金融功能，进而实现保险企业的价值创造。连锁营销服务网的运作特点是：

从单个营销服务部的功能看，每一个营销服务部就是一个覆盖社区、学校以及大型企事业单位的零售服务点。它的目标市场是以门店为中心辐射特定的社区客户群，是一个以保险为龙头的多功能综合服务平台，满足客户的综合理财的金融需求。在初期，保险连锁营销服务部将以保险产品为龙头，通过销售标准化保险产品打开市场，而未来则以个性化产品和服务站稳市场、挖掘市场。因为从未来消费者的金融需求看，绝大部分人需要的是一整套完备的风险管理和理财规划，因此连锁式营销服务部将打造成为一个以满足客户的综合性金融理财需求为目标，以服务为先导的"社区金融超市"。华安的一个理想就是，利用连锁营销网络这个平台，依托强大的后台技术支持，为广大老百姓服务，通过我们的产品和服务让他们能享受到中国改革开放和资本市场繁荣的成果。

从连锁营销网络的功能看，通过有效的资源整合，每一地区的营销服务门店可形成一张庞大的营销网络。依托信息技术和电子商务，各连锁营销服务部实现资源的共享和最优配置，从而能降低经营成本，扩大销售规模，提供更快捷、方便和优质服务，增加企业的信誉度，实现规模经济效应；另外，营销网络也可与其他金融机构（如银行、证券公司等）合作，拓展金融功能，获取中间业务收益，实现范围经济效应。

连锁营销服务网的价值在于：第一，它是一个信息平台，能有效搜集、反馈客户资料和市场信息，并向客户和社会传递公司的信号，成为管理客户资源的最前沿；第二，它是一个服务平台，它将部分传统的后台服务前台化，通过与客户的零距离接触，提供专业的金融理财服务，有效地维持和扩大客户资源；第三，它是一个销售平台，为客户提供满足其各类需求的多种金融产品，实现客户价值和公司价值的倍增；第四，它是企业的一个窗口，向公众展示华安的公司文化和企业形象，接受客户和社会的共同监督；第五，它是个人价值实现的平台，能为广大学生提供就业、学习和实践的机会。随着公司业务的扩展，服务专员将得到持续培训，提高专业知识和服务技能，其自身价值也将得到不断提升和实现。这也是华安的社会价值所在。

"万家连锁式营销服务部"是一项重要的金融创新。我们认为，连锁式营销服务部具有以下意义：

1. 突破国内外传统保险代理人、经纪人主导的营销模式，真正将现代"金融理财服务理念"引入保险行业，是一次大胆的理论和实践创新，将为我国民族保险业的发展积累宝贵经验。

2. 顺应未来保险业以及金融业发展趋势。经济全球化、金融混业化是当前的大趋势，最近银监会和保监会正在探讨银保深入合作的问题。

3. 是中小保险公司生存与发展的伟大尝试。在当前金融市场竞争日趋激烈的情况下，中小保险公司如何摆脱恶性竞争的路径依赖和自我强化，走一条跨越式发展的道路，是华安人一直苦苦探索的问题。连锁营销服务网的建设就是试图通过营销渠道的创新，带动企业制度创新、管理创新以及产品和服务创新，进而推动企业实现非均衡、跨越式发展的尝试过程。这一尝试无论是否成功，都将为国内乃至国际保险业提供最生动的案例。

4. 切实落实了中央关于"保险走入社区"的号召。正如上面所述，连锁营销服务部立足于社区，以服务为先导，能有效地将保险的"风险保障"、"资金融通"和"社会管理"的功能整合起来，以理财服务的方式造福于社区居民，实现了与客户的零距离接触。当前一个突出的事实是：大城市、大机构、富裕阶层的金融服务过剩，而中低收入者、中小企业的金融服务不足，这引起了党中央、国务院的重视。穷人也需要保险，农民也需要保险，也需要金融。服务穷人，是华安的追求。

5. 重塑保险形象，提高保险业的可信度。以前的保险"重销售，轻服务"，信誉不佳，以致人们称它为"臭保险"。而我们的连锁式营销却不同，你们守在门店，而不用上门推销，对客户的理财服务和风险教育，这将极大地改变广大消费者对保险的不良印象，提高保险业的社会地位。

6. 能提升公司的核心竞争力。我们的经营模式是差异化的，有特色的，所以能成为别的企业难易模仿的核心竞争力。

7. 为将来综合化经营奠定坚实基础。大家回去以后一定要努力学习。今后的连锁营销服务部是一个综合服务平台，因此你们不仅要学保险，还要学金融，学习所有的金融知识和产品。我们有强大的后台做支持，你们就要在前台把产品弄懂、说透，要满足客户的各种需求，并把信息反馈到总公司、董事会。

8. 有利于解决社会就业问题。按照董事会的战略，华安未来将建立1万家门店，届时，我们将解决8万名左右的人员就业，这对社会无疑是一大重要贡献。

9. 有助于实现华安振兴民族金融保险业，服务中低收入百姓的使命。帮助中低收入阶层的人分享中国改革取得的成功，是历史赋予华安人的使命。大家知道，这几年由于金融业的开放，国外的金融机构已经至少从中国的资本市场赚走了1万多亿元。几家大型国企回归A股就是监管部门在各种压力下作出的决定，国外金融机构可以享受国民待遇，而大多数中国的老百姓却买不到这些低价股，享受不到国民待遇。这些中国企业的价值是我们几代人用辛勤的劳动创造和沉淀下来的，让中国人享受到这些价值是我们华安人的理想和使命。

我们现在要做的就是这样一件事情，大家一定要搞清楚它的意义。如果现在搞不清楚，回去一定要搞清楚；如果因为学习不努力而搞不懂，或者搞清楚了还蒙骗客户，让客户亏了钱，那你就不是华安人，我就要开除你。你们要搞懂这些理念、专业知识和技能，华安实施的战略能否成功与你们每一个人都有关系。

四、华安与你们共成长

这里我结合连锁营销服务部从华安的理念来谈谈如何成长的问题。

第一，做有责任感的华安人。

前面提到的"四个四"，归根到底，就是你要帮助所在社区内的居民解决所有金融方面的麻烦事，要满足他们所有的金融需求。即使暂时不能全部满足，也可以先让他们提出来，以后再设法解决。这就是做有责任感的华安人。

你们当前所要做的工作就是民族保险业创新发展所要做的。华安今后会有8万人，大部分都是像你们一样的大学生。如果你们不能严格要求自己，文化理念、使命感、专业不到位，你说华安的事业能成功吗？我在即将出版的《中国的金融风险与经济安全》这本书中说得很清楚：中国现在国门开了，狼来了，这些外国人是为利而来。我把金融作为国家的第二国防——经济国防，我们能不能守住这一国防线，做国家民族经济利益的守门狗，跟这些狼撕咬一阵，把这片经济版图守住？或者我们这代人先厮杀一阵，为你们这些二十多岁的年轻人留下一些空间，你们练好本事后再跟他们厮杀。我不希望二三十年后，国人拿着的都是国外的信用卡、外国保险公司的保险卡；我希望大部分人拿着的是工商银行或中国银行的银行卡、人保或者华安的保险卡。大家看一下《货币战争》这本书就知道，外国人是如何通过金融渠道在几秒钟之内用股权、产权等方式摧毁一个国家的经济体系。我们现在说话还缺乏底气，所以你们肩负着重要的使命。

你们要耐得住寂寞、经得住诱惑。我需要跟大家交流的是：我们的事业不是一天两天、一年两年就能做好的，它要遵循金融的规律。物流的连锁，如家乐福、百佳等超市的成熟期是一年到一年半；我们这个连锁营销店的成熟期至少是三年，因此三年之内你们不要跟我谈什么赚钱，你们要做的就是服务、服务、服务，吃苦、吃苦、吃苦，学习、学习、学习，修炼、修炼、修炼，买单、买单、买单。你们回去以后不要因为三个月没有客户上门就沮丧，最后就跑掉了，对此你们要有充分的思想准备。公司股东和董事会已经把这件事想透了，有充分的自信，就是要你们坚守阵地。开始两三年可能客户较少，这段时间正是展现华安人风采的时期。怎样想办法为客户服务、为社区服务，宣传保险金融知识；怎样修炼自己，提高自身素质，以便承担更多的责任。这个时候你如果对公司的战略认识不清，就会产生动摇，逃跑主义、功利主义的思想就会滋生、蔓延，这都不利于你们自身的成长和企业的发展。

除了要耐得住寂寞，你们还要经得起诱惑。其他保险公司可能会找你，因为你这里有业务了，他们会拉拢你、给一些回扣引诱你。你们不要为之所动，要经得住诱惑，要看长远。从每月 1000 多元的收入开始到3000 多元，你们一步一步踏踏实实地工作、进步，就能体会到"人间正道的沧桑之美"。华安以前有些年轻人看到别人很快发财，总希望通过不正当手段快速致富，价值观就变了，放松了学习、放松了修炼，结果事与愿违；现在的领导班子，他们就是从员工中挑选出来的，就是因为坚持了正确的价值观、坚持做人的本分，所以坐到了现在这个位置；还有一批人，铤而走险，干一些私吞保费、搞假赔案的勾当，这些大学生违法了，被关进去了，我也很痛心。华安的稽核调查部是最厉害的，但也杀不尽，毕竟代理链条长、管理的半径太长，管不到。主要还是要靠每个人自己，加强学习、加强修炼，耐得住寂寞、经得住诱惑，做有责任感的华安人。

第二，做专业的华安人。

我经常跟员工说，我们不要像证券部的老头老太太那样，今天的股票涨了或跌了，他们都会给你找出十个甚至一百个理由，却抓不住事物的本质。华安这几年能胜利地走过来，就是因为能把市场看透。如何能看透事物、抓住事物的本质，就是要花工夫。现在的分公司老总都很厉害，就是因为我经常逼他们学习。前不久我遇到一个原来在华安的老员工，现在一家金融机构任要职，他很感激我。他说当时在华安老觉得跟不上我，老挨骂；现在他在这家公司用原来在华安的那一套做，发现自己是最懂业务的。因此，你们只要按照要求去做，业务上钻进去，就能认清事物的本质、掌握事物的发展规律。

第三，做奋进的华安人。

关于"做奋进的华安人"，还有"如何与华安一起健康成长"，由于时间的关系我这里就不多说了，大家回去可以看我的讲义。

我这里想跟大家再闲聊几句，与大家共勉：人间正道是沧桑。一个人要做大事，就要磨炼。原来特华的文化就是"吃苦是金，吃亏是福"，要多吃苦、多买单、多修炼；要懂得强者无怨，弱者多怨。

你们要树立一种思想：服务是一种自信。在座的保险学院胡院长年纪比我大，他是长兄，我应该服务他、照顾他；公司的童总年龄比我小，我是他的兄长，我要照顾他，为他服务；保险学会的罗会长是我的领导，我是部下，我应该服务他；杨智是我的部下，我应该关心他，服务他；李老师是我的导师，知识比我多，水平比我高，我应该尊敬他、服务他；假如我比你们水平高，即使你做错了事，我也应该原谅你，服务你。所以说，服务源自于自信。你们就是要服务，只要你们努力了、付出了，总会得到应有的回报。千万不要用你们未来的前途和生命作赌注，搞什么假赔案、假退费、侵吞保费那些违法违规的事，如果是那样，那我就会不客气了。

20年前，我跟你们一样，大学刚毕业，那时我还种了三年田。如果说有什么跟你们不一样，那就是比你们现在更穷，穷得没有一个亲戚在城里。经历了这么多年，受了这么多磨难，我坚信，社会是公平的，法律是公平的。只要你自己不倒，守住诚信和底线，那么谁也打不倒你。

今天我非常高兴，看到你们就好像看到20年前的我。中国的改革开放和当前民主、法制的社会环境给你们提供了很好的发展空间，我相信，只要你们奋发图强，坚守"责任、专业、奋进"的理念和道德底线，你们每个人都将会成为中华民族的栋梁。

遵循金融经济规律，勇于科学创新实践；依靠万家保险门店操作平台，打造华安保险金融控股集团[*]

（2008 年 3 月 9 日）

今天我们相聚在深圳，总结过去三年，展望未来战略。就在会议召开的前不久，我国南方地区遭遇了多年罕见的雨雪冰冻灾害，灾情严重，令人担忧，华安保险的广大员工在认真做好客户服务工作的同时，纷纷参与到抗险救灾的过程当中，履行了华安人应尽的保险义务和社会责任。今天的深圳却已是一片春意盎然，这种反差让我不由得联想起了那句古诗："沉舟侧畔千帆过，病树前头万木春"，气候的变化如此叵测，经济周期和金融市场的变化何尝不是这样？

自 2005 年初明华会议算起，在第四届董事会的带领下，华安走过了极其不平凡的、具有里程碑意义的三年。三年时间里，华安实现了真实意义上的全国布局；实现了真正意义上的盈利；资产规模从 14 亿多翻越到447 亿，扩张 30 多倍，根据最新的统计数字，截至 2007 年年底，华安保险总资产已经超过了太平洋产险和平安产险，仅次于中国人保，占到产险市场 11.3% 的资产份额；净资产从资本金亏蚀的状态发展到目前将近 50亿的水平，位列产险行业第四位，与平安产险接近；偿付能力从正常经营都岌岌可危的局面变为目前的 12 倍充盈，遥遥领先行业平均水平。在这条充满挑战和机遇的科学创新之路上，全体华安同仁并肩经历了艰难的探索过程，这其中遇到过坎坷挫折，进行过痛苦抉择、经受过危机考验，多少次必须"置之死地而后生"，甚至是"拎着脑袋干革命"，但是不可辩驳的事实告诉我们：三年的科学创新之路无疑是一条成功之路，"科学"是指尊重规律的理论指导；"创新"是指创造性的战略实践；"科学创新"就是在尊重规律和理论指导前提下的创造性的战略举措；"科学"是"创

＊ 2008 年 3 月 9 日在"华安财产保险股份有限公司全国工作会议上"的报告。

新"的前提和态度；"创新"是"科学"的实践和验证。只有科学创新之路才能救华安，只有科学创新之路才能发展华安，也只有科学创新之路才能把华安带向辉煌的未来！

时间走到2008年，2008年是具有非凡意义的一个年份，举世瞩目的第29届奥运会在北京召开，2008年是中国的奥运年，也是世界的中国年。2008年又是中国实行改革开放的第30个年头，经过30年的不懈努力，中国面貌发生了翻天覆地的变化，中华民族也傲然屹立于世界民族之林，华安作为民族保险业的一员应该感到由衷的自豪和骄傲！对于华安保险而言，2008年同样具有非凡的意义，如果从2005年第一个"三年计划"算起，2008年是华安新战略的开局之年，三年前"双五计划"的战略目标（即用三年的时间，使华安成为资产规模和盈利水平双双进入全国前五强的全国性保险公司）早已提前半年实现。2008年是一个新旧发展阶段的分水岭，三年来华安保险走过一条波澜壮阔的变革之路，也是一条遵循规律的创新之路，此次大会选择在这继往开来的时刻召开，就是要好好总结一下三年来的发展历程，审视战略、反思得失；我们要在总结实践的基础上再回到理论，在金融企业价值规律的指引下，找准新的发展方向，明确以万家连锁营销服务网络为平台的金融控股战略选择；我们还要从理论回归到实践，以万家连锁式营销服务部建设为切入点，实施金融控股战略行动。下面，我同大家交流三点意见，供参考。

一、三年战略回顾：遵循规律 科学创新

从2005年到2008年，是华安自成立以来的12年发展历程中，在理论研究和创新实践方面，过程最为刻骨铭心、成果最为丰富璀璨的阶段。在理论研究方面，对华安企业的三大本质属性递进有了全面透彻的认识和理解；在创新实践方面，对民族保险业的生存与发展之道总结了完整独创的发展模式。更为重要的是，理论研究和创新实践的关系是一个螺旋上升的循环过程。毛主席在《实践论》中指出："通过实践而发现真理，又通过实践而证实真理和发展真理。从感性认识而能动地发展到理性认识，又从理性认识而能动地指导革命实践，改造主观世界和客观世界。实践、认识、再实践、再认识，这种形式，循环往复以至无穷，而实践和认识之每一循环的内容，都比较地进到了高一级的程度。这就是辩证唯物论的全部认识论，这就是辩证唯物论的知行统一观。"华安这三年的理论研究和创

新实践过程清晰地印证着辩证唯物论的哲学思想。

"三大属性"是指华安作为一家企业所具有的"经济属性"和"社会属性"，以及作为保险企业的"金融属性"，三年的探索过程就是对华安这三大属性的不断深入认识以及理论升华的过程。在这三年的探索过程中，依据华安发展所处的不同阶段及对三大属性的认识，相继推出了"九大战略"，这"九大战略"是三年内在探索华安生存与发展之路上的重大创新举措，三年内推陈出新的东西很多，"九大战略"只是按照时间阶段选取具有重大意义的创新举措概括而来，这包括：2005 年初以"深圳明华会议"为标志的"风险可控下的规模扩张"战略；2005 年 7 月以"山西太原会议"为代表的"利润生存"战略；2005 年 9 月提出"比出险客户的亲人早到三分钟"的客户服务战略，并初始提出"以客户为中心"的价值取向；2006 年 3 月采取的"铲除车险业务毒瘤"行动，以及到年底开始实施并一直贯彻至今的"彻底的规范经营"战略；2006 年 6 月从产品创新角度推出的"学贷险"战略，提出"学贷险是华安持续发展的动力与源泉"；2007 年出台了以建设连锁式营销服务部为标志的"万家连锁"营销变革战略，未来阶段也将以此为核心搭建系统性的创新工程；2007 年启动了公司上市战略，通过"借壳上市"为进入资本市场进行了积极的准备和有益的探索；此外还有一直贯彻下来的理财险战略及以资产管理为核心的盈利战略。"三大属性"和"九大战略"的关系就是理论与实践的统一，对"三大属性"的深入研究成果是"九大战略"推陈出新的理论指导；"九大战略"的实践过程就是对"三大属性"的深入论证过程。回顾三年历史，最宝贵的经验总结就是"三坚持"，即"坚持遵循客观规律、坚持理论联系实践、坚持科学创新"，华安的生存与发展之道就是一条科学创新之路。

（一）三年战略的起点：行业对企业属性认识的模糊

1. 企业的"经济属性"和"社会属性"

企业如同人一样，必定是"自然属性"和"社会属性"的统一体。企业的"自然属性"表现为作为经济单位的"经济属性"，另外保险企业作为金融企业还有其独特的"金融属性"。以"人"为例来看，人是有生命的，这是人在社会中生存的前提，离开"活着"的自然属性谈社会贡献是没有意义的。同时，人在社会群体中生活，就必须尊重伦理道德、遵纪守法、承担社会责任，等等，这就是人的"社会属性"，人没有了"社会属性"就会变成"衣冠禽兽"，这是做不得的。同样，对于企业而言情形类似，简而言之，"经济属性"可以理解为企业生存的前提，即企业必须盈利、必须增值，"社会属性"可以理解为企业必须承担一定的社会责任。

华安到底是不是企业？这一现在看似弱智的问题在 2005 年初却是极其不清晰的。什么是"企业"？简而言之就是以盈利为目的的经济组织，翻看哪怕最初级的经济学书籍都会告诉我们这一不争的常识概念，这是企业基本的"经济属性"。但是，在当时的华安内部却弥漫着一种怪诞的论调："保险公司是不赚钱的"，甚至，这一论调已经束缚公司数年之久，当时的华安既没有良好的效益支撑，更没有清晰的理论指导，这正是科学创新之路的起点，三年大变革序幕从此磅礴展开。

2. 行业整体缺失企业属性概念

2005 年初，新一届董事会面临的内外部环境异常艰难，保险业处在一种非理性的状态，尤其对于保险企业属性等基本问题认识不清。

第一，市场主体不顾生存前提，缺失经济属性对经营核算的基本要求。市场在以"代理制"为主体的营销体制下，代理人的趋利性造成行业自杀式恶性竞争。20 世纪自 80 年代末，"保险代理人"制度建立以来，保险市场就形成了以中介代理为主体的营销体制。不可否认的是，这种"人海战术"的销售模式在保险业起步阶段对于扩大保险宣传面、迅速增加保费收入起到了重要的推动作用，但是由于从业人员平均素质较低，不能满足行业创新和产品精细化的发展，只好"过度砍伐"传统成熟险种，这种"杀鸡取卵"的做法非常不利于新产品培育和产业结构升级。更为致命的是这种销售体制是以"手续费"、"退费"等赤裸裸的金钱利益作为联系保险人和被保险人的纽带，在"拜金主义"思想的影响下，中介队伍的趋利性催生着"手续费"和"退费"逐步蜕变成带有浓重洗钱色彩和灰色收入性质、侵占保险人和被保险人权益的非法所得。这种远远超出正常劳动收入所得的"超额利润"必定使投机者在不同保险公司之间"一窝蜂"似的疯狂抢夺。可悲的是，在以"代理制"为主体的营销体制下，割裂了管理链条的两端，形成"两个远离"：即保险公司远离客户和保险公司总部远离承保理赔一线，"屁股指挥脑袋"，中介代理取代管理团队成为市场方向的主宰者，出于"有保费就有灰色收入"的趋利引导，整个行业在拼命追求保费规模，所以行业内出现非理性的、疯狂的、自杀式的恶性竞争，整个行业出现亏损成为必然。也许是积重难返，也许是

"众口铄金，积毁销骨"，"谎言说上一百遍就成为真理"，久而久之，整个行业都变得麻木起来，对于"保险公司不赚钱"的论调就成了一种自然，反过来倒成为公司一味追求保费的有力论据，没有人会在意或者去质疑"企业必须要赚钱"这一基本的"经济属性"。需要补充的是，在当时车险比重占到80%的市场状况下所谈的恶性竞争，主要是针对车险业务竞争方式和竞争手段不理性状态的描述。

让我们把思维拉回到2006年和2007年，可以看到，规范经营战略和连锁式营销服务部战略在此时已埋下种子，只要环境允许和条件成熟，在客观规律那只"看不见的手"的支配下，这些变革会非常自然地到来。

第二，保险企业无视自身的金融特性，"两个轮子"严重失衡。保险企业是金融企业，甚至到现在可能很多保险从业人员都没有这个概念。所谓"金融"，顾名思义"资金融通"，保险的金融特性最基本的体现就是承保业务和投资业务"两个轮子"的协调运转。按照国外成熟金融市场的经验，金融业三足鼎立（"三足"分别为银行、证券和保险），保险资产占大头，是资本市场和投资领域的中坚力量，著名的巴菲特的主要投资筹码就放在保险公司上。而在我国，一是保险资产占金融资产的比重小得可怜，2007年底的数据也只有4%，二是金融意识淡薄，"捧着金饭碗当乞丐"。从"保险公司不赚钱"的说法上可以看出来，当时根本就没有把投资收益看作保险公司应得的利润来源。华安在变革进程中，小部分同志由于理论认识上的不清楚，忽略了投资业务也是保险主业的事实，把"保险主业"片面地理解为"承保业务"，从而形而上学地把经济属性理解为"华安要赚钱就是靠承保业务来赚钱"，殊不知，保险的主业是两个轮子同时运转的，而且保险真正要体现社会属性，承保业务的轮子就不可能有暴利，否则，保险的"社会稳定器"和"经济助推器"的功能就无从谈起。华安董事会有着深厚的金融背景，对保险金融属性的认识是比较清晰的，早在2004年就主持开发了理财险产品并从战略高度强力推向市场，在2006年资本市场回暖之前抢占先机，并借助科学的投资战略和卓越的投资能力取得了大丰收，华安正是借助金融属性的发挥，才积累了进一步挖掘社会属性的物质基础，"欲助人必先强己"，从这个意义上讲，对于华安而言，金融属性的实现是履行社会责任的前提和基础。

第三，保险业市场化程度不高，忽视客户价值，忽略社会属性。我们经常听到"顾客就是上帝"，这是在强调客户价值的重要性，理论上也是这样，企业的"经济属性"和"社会属性"可以统一回归到客户价值上来，一方面，企业要盈利必须以客户为基础；另一方面，企业所承担的最大的社会责任就是对使用自己产品的客户的责任，从这个意义上讲，为客户创造价值就是为企业创造价值，客户的确是企业的上帝。在 2005 年初的保险市场，国有资本性质的保险主体占主要份额，一方面，按照产权理论，企业经营管理是否有效的关键所在就是企业的经营权必须要与剩余收益索取权相适应，国有公司或许存在所有者不到位的情况，做好做坏一个样，反正赔了有国家买单；另一方面，他们不必过多地考虑客户的价值是否实现，这并不会危及国有企业的生存，工资国家照发，这也许是"保险公司不赚钱"说法的另一个深层次原因。事实上，按照西方经济学对不完全竞争市场的分析，当时的市场是一种典型的"寡头垄断市场"，人保、太保和平安三家市场份额之和达到 80%，应该说竞争是相当不充分，对华安而言，风险之下隐藏着机遇。像华安这样的民营企业有自己的"硬伤"，我们没有可以坐吃山空的金山银山，但我们面前有取之不竭、用之不尽的庞大市场，我们有千千万万的客户可以依赖，他们就是我们的衣食父母，我们必须把我们的产品和服务深深扎根在人民群众生活的血液当中，尽心尽力地履行华安人的社会属性，这才是"沧桑正道"。董事会从对社会属性研究而得来的客户价值观念对华安战略的影响十分深远，报告后面会提到的客户服务战略、学贷险战略、连锁式营销服务部战略等几大战略均源于此。

（二）华安保险的"经济属性"的认识及战略实施的实践过程

从以上的分析不难看出，2005 年初时，造成华安经济属性缺失的原因深刻而复杂，主要原因还是在于行业深层次的价值判断标准的扭曲，华安虽然想独善其身，但是娘胎里就埋下了先天不足的伏笔，杯水车薪的尝试从一开始就套上了不可挣脱的桎梏。

1. "明华会议"：还原华安经济属性的铺垫和过渡

面对华安经济属性的缺失，董事会毅然决然地决定改变这种不符合规律的企业病态，试图将华安回归到企业正常经营核算的轨道。但是从华安现实情况看，当时华安市场占比仅仅 1.4%，抗风险能力极低，加之沉重的历史包袱，资本金已是亏蚀的状态，虽然当时及时增资扩股 2 个亿，但现金流仍然短缺甚至有断裂的风险，可能随时会被市场淘汰或者被接管。在这种危急的情势下，董事会必须为华安的生存争取时间和空间，只有通过发展规模，休养生息，才能维持正常的新陈代谢。如果直接提出"以利润为中心"的思路，要突然改变多年的"路径依赖"，只怕虚不受补，失血过多，落个杀鸡取卵的结果。纵观华安战略演进过程，"用时间换空间"或者"用空间换时间"是一种重要的战略思维，两千年前的《孙子兵法》将这种思维阐释为"缓兵之计"，明华会议"风险可控下的规模发展"就可以理解成为太原会议"利润生存"换取时间。

金融企业理论也告诉我们，保险公司经营的是风险，这是与其他实业企业最本质的区别，其承保利润的取得在于通过大数法则对风险概率的把握，风险标的的采集量足够大，承保利润才相对稳定可控，因此保险公司在经营上必须占有足够的市场份额，达到相当的规模。多大的市场份额才算科学合理？按照价值投资理论的观点，一个企业占据到该行业8%左右的市场份额，才真正具有较大的投资价值，而华安还远远没有达到这个标准。另外，从市场机遇上讲，按照产业组织理论，这个状况必须而且肯定会发生大的改变，市场规律必将促使市场竞争从不充分状态过渡到充分状态，市场必将重新洗牌，理论上讲，华安面临较好的快速"做大"的发展机遇，只有"做大"才能"做强"。同时，为了防止规模发展"一放就乱"的历史教训，杜绝个别人有"个人赚钱的机会来了"的投机思想，董事会在制定发展思路时特别强调了"风险可控"的前提，即必须要考虑经营核算，至少不能超过行业平均亏损水平，因此，2005年初的明华会议提出"风险可控下的规模发展"战略思路，为经营彻底地实现利润导向做好铺垫和过渡。

与此同时，董事会吹响了跨越前进新三年的战斗号角，鲜明地提出三年总目标是"双五计划"，即用三年的时间，使华安成为资产规模和盈利水平双双进入全国前五强的全国性保险公司。这是董事会在分析时局、洞察市场、前瞻思考、科学论证的前提下，大胆创新地提出的战略目标，当时许多人觉得不可思议或者认为是董事会随便说说、画饼充饥而已，更多人则把质疑留在心里而观望，后来的事实证明了该战略目标的远见、科学和可操作，这不是冒险的侥幸胜利而是科学判断的结果，极大地增强了全体华安人的信心。

明华会议后，为配合快速发展的战略，公司主动抢占先机，迅速完成全国网络布局。三个月内完成十二家省级分公司从申请到开业的筹备过程，并集中在一个月内全部顺利开业，当时有外界媒体评价：华安保险谱写了中国乃至世界金融史上开业速度之最的华丽篇章。按照金融企业理论，销售网络作为金融企业三要素之一，对于衡量金融企业价值有着极其重要的作用，在资本市场中，无论是兼并收购还是融资上市，对金融企业的定价，影响其价格的关键因素之一就是网络渠道数量。2005 年年中以后，监管部门对金融牌照尤其是省级机构牌照的发放日益从紧，现在回顾起来，如果不是当时抢占先机迅速布局，华安的整体价值会大打折扣，董事会和管理层集体智慧的科学创新性再一次得到验证。

2. "太原会议"：还原华安经济属性的完美设计

太原会议的召开时间是 2005 年 7 月，距新一届董事会主持工作已近半年时间，经过深入的调研和系统的分析，董事会对华安的队伍状况、思想状况、盈利模式、产品结构等有了全面清晰的认识，相比年初明华会议时对华安的了解更加透彻和真实，把脉也更加准确。

无论何时翻看华安历史，"太原会议"无疑都是具有重大历史意义的事件。应该说，"太原会议"标志着华安开始回归为真正意义上的企业，是华安真正走上现代企业管理之路的起点，华安从理念上和管理上实现了革命性的突破。

第一，"太原会议"的战略设计定位在"以华安人为中心"。马克思辩证唯物主义告诉我们，对事物起决定因素的是内因。从当时的华安状况看，尽管十几家分公司如雨后春笋般成立，但明华会议确立的快速发展思路并未得到很好执行，其深层次原因是由于员工主观能动性长期受到束缚，这是华安的陈年痼疾，可能是长期的对人的评价标准扭曲而孳生出的一种"畏缩文化"，当时大会选择在山西召开，也是要借鉴晋商文化，弘扬晋商"四气"，即坦荡从商的底气、开拓业务的霸气、诚信交往的义气和从严管理的硬气。这次大会还从人性出发，对"责任、专业、奋进"进行了全面阐述；提出了"私事公化"理念；作出了"位高者并不一定水平高，位高者也不一定贡献大"，"员工之间没有高低贵贱之分，只有岗位分工不同"等著名论断。所以，当"以华安人为中心"这种以人为本的理念一经提出便焕发出强大的生命力，对华安文化的影响宏大而深远。

第二，"太原会议"的战略设计阐释了"解放思想、超越自我"的方法论。否定之否定规律是辩证唯物主义的基本规律，基于这样的理论指导，太原会议也是一次大"洗脑"，号召全系统要解放思想、遵循规律适应市场变化、跳出固有思维圈子看自己、要敢于否定自己才能超越自己。洗脑带来了思想上的重大突破，从此两个观念深入人心："科学创新"和"利润生存"，华安的经济属性也在此基础上得到观念上的还原。

第三，"太原会议"的战略设计体现着系统性管理创新。董事会在酝酿变革思路的时候就以系统论为指导，意识到华安光是改变一个点、一条线、一个面，是解决不了问题的，必须系统性地创新，这就形成了一套变革的组合拳：从"经济人"的假设出发，创设了三线管理模式；按照产权理论、借鉴高盛公司的"合伙人制"，推出了以"天使计划"为核心的中长期激励机制。

太原会议后，围绕既定的系统性创新战略，公司上下掀起了一场变革热潮，在董事会主导下，有两项配套措施可圈可点。一是分公司"一把手负责制"的出台，这项设计使分公司成为相对独立的经营核算单位，"一把手"的责权利直接同分公司经营绩效挂钩，利于调动人的主观能动性。但是在原有体制下，对分公司来说，有规模就有费用，经营核算的观念是缺失的，为了树立利润生存的效益观念，公司提出"不允许没有利润的分公司一把手存在"，并且总分公司互动，持续深入地研讨"我们需要什么样的分公司一把手"等观念问题。为了让华安人意识到此次变革的复杂性、艰巨性，保证变革的有效推进，董事会在2005年8月底向大家推荐了《变革曲线论：婉约颠覆》这篇文章，意在提醒大家积极分析预测、应对处理变革过程可能出现的各种有利因素和阻碍因素，防止变革的婉约颠覆。另外一项是通过《蓝海战略》的学习树立科学的创新观念，2005年下半年董事会要求华安中层以上管理人员学习《蓝海战略》一书，意在使全公司上下都能树立蓝海战略思想，这一思想的核心是颠覆固有思维，即强调革命性的创新和系统性的创新，而不是照搬式或尾随式创新。另外，在行业整体亏损情况下华安想实现利润生存，就必须脱离传统险种的"红海"，另辟"蓝海"。蓝海战略思想与华安董事会的创新理念不谋而合，也是对华安"科学创新之路"的又一佐证，深远地影响着华安的战略思维。

以"太原会议"为标志的战略创新体系是一套近乎完美的现代企业管理模式，它的背后有着雄厚的理论体系作指导，范围涵盖哲学、经济学、金融学、管理学等多个学科，同时借鉴古今中外经典的金融工程案例，吸其精华为我所用；同时该模式还建立在对华安历史人文深层次的洞察和剖析基础之上，一针见血，直指软肋，把对"华安人"的关注提升到了前所未有的高度。显然，这种有血有肉的体系化设计相对于"明华会议"对还原华安经济属性的探索显得更饱满、更到位，为华安企业的健康生存构建了强大的免疫系统。

　　然而，太原会议所确立的经营思路在实施过程中，经受了来自现实的严峻考验，"利润生存"的理念不断受到业务一线的质疑。为什么科学的设计与现实的结果会有如此大的反差？究其原因，其局限性在于：模式本身是科学的，但是"不识庐山真面目，只缘身在此山中"，在利润最大化导向下的纯粹的"经济人"思维不能适应当时的行业发展状况，以车险业务为主的产品结构很难突破行业"自杀式"竞争的潜规则，这与经济学中著名的格雷欣定律所描述的"劣币驱逐良币"的情形十分相似。后来实际的执行结果也表明：依靠车险业务和一触即溃的客户基础，在行业内很难实现盈利。

　　3. 铲除车险业务毒瘤，实施彻底的规范经营

　　作为财险公司，以前的华安以车险业务为主，占比高达八九成，但华安的车险业务亏损严重，亏得没底，"车险业务毒瘤"的存在是深层次的原因。所谓"车险业务毒瘤"，特指在开展车险业务过程中，存在着普遍的以牺牲公司利益来攫取个人或小团体利益的现象和机制，如我们耳熟能详的高退费、假赔案、手续费过账等均属此列，甚至市场中形成"只要与车险打交道的各个环节都有钱赚，就是保险公司不赚钱"的畸形现象。当然，车险产品本身并不是毒瘤，但是由于车险业务是孳生毒瘤的母体，铲除毒瘤的过程不可避免地会伤及业务本身。毒瘤不断蚕食着华安本就不健康的躯体，正是由于毒瘤刻意隔断了保险人与被保险人之间的联系，所以我们连真正的客户信息也得不到。毒瘤相对集中依附在那些保费净费率低、出险频度高、赔付率高、外部成本高的业务上，试想一下，如果赔付率达到80%，加上高额的手续费、退费和运营成本，综合成本至少在130%以上，这种业务意义何在？同时毒瘤占用大量资源，一切都为他们服务，损公肥私，而真正的客户却得不到好的服务。在这样的背景下，2006年3月董事会"亮剑"，提出要坚决铲除车险业务毒瘤，誓死捍卫华安客户利益，并要求分公司对80%以上赔付率的业务全部砍除，力争实现车险盈利，同时，从多个角度在华安系统反复灌输"规范经营是华安生存与发展的生命线"的理念。

　　大半年过去了，到了2006年底，实践证明我们铲除车险业务毒瘤在某种程度上是失败的，"野火烧不尽，春风吹又生"，这些毒瘤就像割韭菜一样，割了又长。董事会开始反思，从实践回到理论。实践来看，整个车险市场，当时的车险队伍已经是积弊难除，董事会未能从现实出发，而是从过去的历史数据和自己的主观意愿出发，继续在放任华安的同志们去

做眼前做不好的事情，"做正确的事"远比"正确地做事"重要得多。理论上来看，按照制度经济学的观点，当时的华安明显是深陷一种"路径依赖"和"自我强化"的状况。这种明显的"路径依赖"和"自我强化"造成一种螺旋式上升的恶性循环，严重威胁到华安的生存和发展。显然，我们的车险业务必须要规范，但不能形而上学地一刀切，要科学地规范。董事会认识到"彻底规范经营是华安可持续健康发展的唯一选择"，因此结合保监会的文件精神，提出从 2007 年 1 月 6 日开始，实施彻底的规范经营，华安的车险、财产险、人身险等业务必须严格遵守保监会"15％"和"4％"的规定，不允许任何形式的其他外部成本和费用处理方式，同时狠抓客户服务，并鲜明地提出"客户服务是检验华安规范经营是否成功的唯一标准"，认真兑现对客户的承诺。

铲除车险业务毒瘤，实施彻底规范经营，都是一种"放弃"，没有"放弃"就没有战略，不同之处在于放弃的方式不同，但放弃的目的是相同的，是为了真正把资源向客户倾斜，更好地为客户服务，累积优质客户资源，从而奠定公司长远发展的基础。

回顾 2005 年以来的历程，生存的经济属性问题早在太原会议就还原了，但是华安是如何又好又快地发展到今天的？显然，太原会议和规范经营战略都没有圆满地回答这一问题，我们必须重返理论，深入挖掘华安企业的其他属性。

（三）华安保险的"金融属性"的认识及战略实施的实践过程

华安首先是企业，同时也是金融企业，具有一般企业的经济属性，同时也具有作为金融企业的金融属性。金，即货币、资金；融，即流通、融通、借贷。所谓企业的金融属性，即指企业能够充分发挥资金融通的作用，优化金融资源配置。华安对于企业金融属性的真正探寻始于理财险产品的创新，并随着认识的深化不断向前推进。

1. 理财险产品的创新

其实在特华入主华安之初，董事会的本意就是要把华安做成一个真正的金融企业，而不只是收取保费、支付赔款，但苦于当时行业的发展状况及华安自身沉重的历史包袱和管理问题，我们没有能力和资格去做好这些该做的事情。

局限于传统的保险业务谈保险公司的发展，这是远远不够的，保险公司更需要创新。2004 年 7 月，经过多番努力和充分的准备，华安金龙理财险获得保监会批准开始正式发售。截至 2007 年底，已实现累计销售额218 亿元，已到期偿付 2.77 亿元。理财险的销售，增加了公司市场份额，壮大了公司经营实力，为公司的资金运用提供了稳定的、低成本的现金流，同时有效地回避了产险公司在车险、企财险等传统业务领域的恶性竞争，为公司的规范经营和创新发展赢得了时间，更为重要的是，通过理财险产品的销售和给付，我们积累了一大批优质的客户资源。

就目前的理财险销售来看，非技术层面基本不存在什么问题，大家都能统一思想、协调作战；如果说有问题，问题在技术层面，我们的产品期限短期化，不能满足长期资金运用的需求，随着保险资金在金融市场扮演着越来越重要的角色，市场需求日益迫切，我们有理由相信，长期产品的放开只是时间问题。

2. 实战中不断提高投资能力

伴随着股权分置改革的实施，得益于宏观经济的持续高速增长，中国证券市场于 2005 年下半年摆脱了长达 4 年的熊市，我们凭借超强的投资能力，抓住了难得的历史机遇，获取了高额的投资收益，不仅彻底甩掉了沉重的历史包袱，还实现了 2006 年公司的全面盈利。

说到这儿，有一种非常肤浅的观点让我不得不回应，华安在大力发展理财产品和投资业务的时候，有人说"华安不做保险了"。我想造这种舆论的人要么是学识浅薄，要么是别有用心，或者是兼而有之。我相信大家都知道，现代保险发展的两个轮子——承保与投资同等重要。重承保而轻投资，甚至只做承保业务，以保费论英雄，这些都是因循守旧、抱残守缺的落后思想和做法。其实是这些人自己不懂得现代保险为何物，不能理解保险属于金融的真谛。可以这样说，没有保费投资就没有现代保险；传统保险和现代保险的分水岭就在于有没有金融投资业务、承保与投资是不是并重。这不仅是理论推导，而且有事实根据：20 世纪后期西方国家的保险业，就狭义保险而言，是全面亏损的，只是靠保费投资盈利弥补了保险亏损后还有剩余，才使得保险公司得以生存和发展。我们华安也是一样，没有超强的投资能力，销售再多的理财险也是英雄无用武之地，不靠投资来获取收益，拿什么来弥补以前的巨额亏损，拿什么来维护客户和员工的利益。这就是不做保险了么？

华安人都是锐意创新的，我们的投资团队并不囿于曾经取得的成绩，而是不断开拓、进取，在实践中不断提高自身的投资能力。从申请放开投资渠道、提高投资比例，到与深圳市政府合作成立创新资产管理公司……

无不体现华安人奋进的精神和文化。当然，我们目前取得的成绩部分地得益于国内资本市场的转暖，从长期来看，尚缺乏稳定的盈利模式，还需要我们的投资团队立足长远，不断创新。

3. 积极谋求进入资本市场

董事会在 2002 年就曾经援引过一位保险专家的话，"保险市场的体系是以资本市场为轴心的"。目前的形势大家也都看到了，国外自不必说，国内平安、国寿、太保纷纷 A 股上市，人保也在积极争取回归 A 股，据说已有初步计划。事实已经证明，趋势已经表明，进入资本市场是保险公司做大做强的不二选择。

历史地来看，当产业资本发展到一定阶段时，由于对资本需求的不断扩大，就会开始不断向金融资本渗透；而金融资本发展到一定阶段时，也必须要寻找产业资本支援，以此作为金融产业发展的物质基础。我在 2007 年中期会议中提到，资本主义经济也好，社会主义市场经济也罢，产业资本与金融资本的融合是一条客观规律，不只可以加快企业的发展，并且能最大限度地利用社会资源，在企业不断做大做强的同时，实现社会、企业、员工和股东价值的同步最大化。

金融企业实现做大做强，不借助资本市场是难以想象的，也是不现实的。华安对此有深刻的认识，并付诸实践。2007 年 3 月，我们启动了借壳上市计划，虽然未能实现上市目标，但我们也找到了自身的差距，并下大力气弥补。经过近一年的发展，华安无论在资产规模、偿付能力、盈利能力、产品创新等各个方面都取得了长足的进展。结合公司的长远发展战略，董事会决定在上市前先进行私募，大概要增资 3 亿股，募集资金 40—50 亿元左右，其中境外投资者占 2/3，境内投资者占 1/3。目前相关投资者和中介机构已入场进行尽职调查，预计今年 5 月底前达成交易。私募成功后，我们将通过借壳或 IPO 的方式实现上市目标。如果采取借壳上市方式，进展得快，可在今年下半年实现；如果是通过 IPO 的方式，受限于三年盈利的限制，我们将在 2009 年启动上市计划。

实现上市，进入资本市场，不只是我们的阶段性目标，也是我们打造协同型金融控股集团的基础。去年一年，华安经过多家知名中介机构的集中辅导和培训，一方面扬长避短，查缺补漏，上市条件日臻成熟，另一方面对于上市的操作程序和申报步骤有了透彻的了解并经过实战练兵，目前的形势可谓"万事俱备，只欠东风"。董事会可以负责任地告诉大家，谈到符合上市条件问题，目前的华安必定是所有中小保险公司当中最佳候选之一，因为我们认准的事情，无不是站在"四个源头"深思熟虑而成的，是遵循经济内在规律的选择。

（四）华安保险对"社会属性"的认识及战略实施的实践过程

有人认为，民营企业是私有的、个人的，这种观点是片面的、狭义的，尤其是金融企业避而不谈或未能意识到企业同时也是社会的。事实上，一个企业及其员工能否真正理解企业的社会属性并落到实处对企业的发展起着至关重要的作用。从资产的所有权来看，确实，民营企业属于股东个人所有，但我们同样要意识到，企业同时也是员工的企业，生存于社会之中，也是社会的企业。这就是企业的社会属性。

企业的社会属性决定了企业必须承担应有的社会责任，为构建和谐社会作出应有的贡献。另外，企业的发展也离不开和谐的社会环境，有了和谐的社会环境，企业发展才有更好更可靠的保证。华安在最近几年的经营过程中，不断摸索和实践，越来越意识到以客户为中心的意义，努力为客户创造价值，责任当先，关注弱势群体，很好地体现了华安作为金融企业的社会属性。

1. 强化客户服务工作

2005 年 7 月的太原会议，董事会提出要缩短管理半径，严格核算，树立"利润生存"的观念，以华安人为中心，在变革中求发展。但过去两个多月后，雷声大，雨点小，除了业务规模有所萎缩以外，公司的风气、管理作风、管理方法、工作效率没有太大的改进。董事会开始反思，为什么会这样？当然，不理性竞争的外部行业环境是一个因素，公司内部匮乏的客户基础和薄弱的客服环节是更深层次的原因。

作为企业而言，其存在的目的和条件就是盈利，天性使然，这没有问题，但是盈利不是简单地在报表上写个数字那么简单的事，盈利的背后是"一连串的事情"。一个简单而朴素的道理摆在面前，客户就是我们的衣食父母，"顾客就是上帝"，但这个简单的道理在那时的华安显得是那么的复杂。中国的保险市场是买方市场，竞争激烈，消费者占主导地位，而我们则过于强调以自我为中心，过于强调企业规模和利润这种结果，而忽视了客户服务这个经营管理的过程，过程做不好，怎能有好的结果？保险属于金融服务业，虽然我们卖的是保险产品，但其本质在于服务，为客户服务是保险的本质、宗旨和源头。既然是服务，就肯定要以服务对象——客户为中心，而我们却是自以为是、闭门造车、本末倒置、不得要领。这样的企业客户怎能认可，如何积累客户资源？客户的需求得不到满足，企业如何实现盈利？

正是基于这样的认识，我在 2005 年 9 月提出了"比出险客户的亲人早到三分钟"的客户服务理念，并量化工作，实行全系统客户服务考核评比。经过一段时间的强化，华安的客户服务水平有所提高，客户资源也因此有所积累，但仍不能满足公司快速发展的需要，究其根源在于：以代理制为主的车险销售模式下，保险公司远离客户，华安不知道自己的客户在哪里，不出险的客户我们给不到增值服务，出险的客户我们不能第一时间得到信息并赶到现场。华安虽然立场鲜明地强调客户服务，广大员工也都积极响应，但是由于没有从根本上和机制上解决客户资源的远离和客户资源的积累等问题，注定执行的结果与单纯的理念存在着较大的差异。如果评价"比出险客户的亲人早到三分钟"的强调只是一种管理改进而非革新，那么以连锁式营销服务部建设为标志的营销模式的变革经过长久的酝酿，已是爆发前的火山口，箭在弦上，呼之欲出。

2. 关注弱势群体——2006 年 6 月学贷险发展战略

学贷险作为一项战略，它所体现的不只是华安以客户为中心的社会属性，更重要的是它体现了华安作为一个民营企业勇于承担社会责任，关注弱势群体的社会属性。

我们先来回顾一下当初推行学贷险的背景。保险在当时社会受尊重程度不高，名声很不好，没有社会地位，一说保险，人家能联想到的就是车行卖车险、敲门卖寿险，更不要说保险为社会服务，参与社会管理了。这些我们大家都有体会，也是我们不得不面对的事实。

学贷险本身是一个普通的保险产品，但这个产品对华安而言所具有的意义绝不普通。如果说铲除车险业务毒瘤是让行走在沙漠中的华安放下了一个沉重的包袱，如果说规范的理财险是华安在沙漠中寻找到的一桶净水，那么学贷险将是华安找到的一股清泉，学贷险将成为华安持续发展的动力和源泉。为什么这么说呢？首先，学贷险可以从根源上解决华安的客户资源问题。予人即予己，给别人创造机会，同样也会给自己机会。得到华安学贷险支持的学生，十年、二十年后，他们成才了，累计起来就是数以万计的黄金客户，是一批有感情的高素质的黄金客户。其次，学贷险发挥了保险的社会融资功能，扶持和促进了教育事业的发展，有助于和谐社会的构建。再次，学贷险体现了华安的责任文化。学贷险承载着国家利益、民族使命、社会责任、行业荣辱，这份责任是华安董事会以及真正华安人的抱负，是华安股东有远见的追求。分散风险是华安作为保险企业的功能，创造价值是华安的责任，提供机会，推动教育公平，为社会分忧更是我们的追求。正是基于这种种分析和考虑，董事会决定义无反顾、不折不扣地推行学贷险发展战略。

当然，由于学贷险是一个新生事物，对它的认识难免存在着一些误区，比如说，学贷险的风险问题。董事会不止一次地分析过，但结论是明确的，即学贷险的风险我们是有把握管控的。我在多个场合讲过："这个产品涉及两个主要风险因素：个人诚信和还款能力。第一，个人诚信问题，如果大多数受过高等教育的人都不讲诚信了，那么这个民族素质就有大问题了，民族都败落了，那么留着华安有什么用呢？第二，还款能力问题，如果正值青年的大学毕业生十年的时间还还不起3万—4万元的借款，那就证明中国的经济出现了大问题，中国经济要崩溃了，华安又能自保吗？"因此，大家不要担心，一定要认识清楚，不要杞人忧天。董事会一直在强调，学贷险的发展不要只谈保费的问题，也不用只谈赚钱，能让更多的学生上得起学就是我们的目标，就是华安人的责任。现在大家也都意识到了，于是我们的学贷险工作就在不断地取得成绩，不断地向前拓展。

3. 连锁式营销服务部战略执行

2005年以来公司推出的各项战略，解决了不同阶段面临的不同问题，但我们仍然没有自己的渠道，没有自己的忠实客户群，没有稳定的盈利模式，若不是抓住了资本市场难得的历史机遇，我们仍然难以实现盈利。

经历了几年的实践，董事会对华安的战略定位认识得越发清晰，那就是做一个有价值的保险企业，成为产险公司新发展模式的引领者。但实现这一愿景的基础和前提是要建立自己真实、稳定、长期的核心客户群体。要实现这样的目标，华安必须突破行业靠手续费买卖业务的潜规则，进行营销模式变革，也就是建设万家连锁式营销服务部。事实上，华安做的这件事情的本身就是在引领财险销售模式革命，这是华安的使命和机遇。

那么，万家连锁是如何体现华安作为保险企业的价值的呢？在后面的分析中会详细地解读连锁式营销服务部所体现的经济和金融属性，这里重点关注它的社会属性。在构建和谐社会方面，华安深刻领会国务院"国十条"的精神，积极响应保监会"三进入"的号召，率先深入社区，不但为社区居民提供专业、便捷、贴心的金融综合服务，而且积极参与到小区的和谐建设中去。就在不久前的抗冻救灾过程中，我们新开业的门店员工主动帮困、扶老携幼，得到附近居民的高度赞扬，事件虽小，但华安人高度的社会责任感在点滴中熠熠生辉。在行业人才培养方面，万家连锁式营销服务部在五年内将累计招收 6 万—8 万名高校毕业生，华安不但为这些刚刚离开校门的学生提供稳定可靠的收入来源，而且计划五年斥资 5 个亿用于门店员工的培训。假以时日，这些有着丰富培训经历和操作经验的门店员工，无论是否还留在华安，都将为社会输送一大批有利于行业长远发展的人才，这是华安为行业应尽的社会责任。在关注弱势群体方面，华安一直积极与地方的民政部门联系，聘请一些下岗职工、伤残人士、退伍军人、贫困家庭子女等弱势群体来连锁式营销服务部工作，为他们解决基本生活保障问题，共建和谐社区，履行社会责任。

2005 年以来的三年，华安在回归三大属性的探索和实践中走过。不管是成功的经验还是失败的教训都告诉我们，华安的发展必须从企业基本的经济属性出发，以打造"百年老店"的历史眼光，研究华安的金融属性，从金融创新的高度设计产品，开辟蓝海；剖析华安的社会属性，从创造价值的深度培育客户，沉淀客户资源。华安的科学创新之路正是将华安的经济属性、金融属性和社会属性不断融合统一的过程，而将这三大属性集大成的就是华安的万家连锁式营销服务部的建设，它将是华安迈向更大成功的基石，它将是行业日趋成熟的标志。

二、华安金融控股的战略选择：以金融企业的价值规律为指引，以万家连锁营销服务部为平台

前面我回顾了 2005 年以来华安探索民族保险业生存与发展之路的艰辛历程。可能是由于我本人从大学本科，到硕士、博士，学的都是经济、金融和管理，从事的工作也都是与经济、金融有关的缘故，我一直强调，从事经济工作一定要尊重经济运行的客观规律。只有充分调动主观能动性，准确把握和利用经济规律，按客观规律办事，才能少走或不走弯路，确保企业沿着正确的方向生存和发展。

这些年，华安一直遵循经济理论而不断实践和摸索，既取得了一些成就，也走过一些弯路，所有这些使我们对现代金融的运行规律有了更深刻的认识。我相信，将这些年的实践经验和理论思考作一个系统的总结，对于华安未来实施金融控股的大战略一定很有帮助。价值规律是金融运行规律的核心内容，金融企业的价值创造过程既体现了金融企业的经济属性，

也反映了金融企业的社会属性。只有深刻认识价值规律，遵循价值规律，才能从根本上解决金融企业的生存与发展问题。

（一）对金融企业价值规律的再思考

金融是现代经济的核心，金融机构是现代经济增长的核心动力。根据金融中介理论，金融机构充当资产转换者和经纪人双重角色，它将消费者（储蓄人）手中的剩余资金转移给需要资金进行投资的企业手中。随着资产转换的不断进行，储蓄者和投资者的价值得到提升，而金融机构在向客户出售金融产品和服务的同时也从中获利。这就是金融机构的本质特征。这一特征决定了金融机构或企业必须承担价值增值的责任，因此有必要研究它内在的价值规律。我认为，现代金融企业价值创造的理念已转移到"以客户为中心"上来。金融企业的价值创造要经历以下阶段：

首先，金融企业通过价值交换从市场上获得资本运行所必需的资本和劳动力。在这个过程中，资本是首要因素。资本是金融企业赖以生存的基础，保值增值是资本的内在要求。资本的获取有多种渠道：一是企业股东的投资；二是通过资本市场运作，如引进战略投资者、企业上市、股权或债权融资等；但最根本的还是通过价值交换从客户手中获得所需的货币资本。因此，客户是最重要的资本来源。

其次，金融企业将资本与劳动力有效结合实现价值创造。在这个过程中劳动生产率决定了资本的使用效率。金融的本质特征决定了金融企业的劳动有别于一般生产企业的劳动，它主要通过金融产品的研发、销售以及金融服务（尤其风险管理和投资服务）来实现价值增值。通过投资，金融企业对资源进行优化配置，提高了社会资源的使用效率；通过为客户提供优质的产品和高附加值的金融服务，使原有的资本实现增值。因此，客户是价值创造的主要对象。

最后，金融企业将增加的价值以某种分配机制在客户、企业以及社会之间进行分配。一般说来，总的新增价值分为三部分：一是按约定返还给客户，是本金以外客户价值增加的部分；二是企业保留的、实现价值增加的部分，其中包括股东价值的增加，以及企业员工价值的增加；三是回报社会的一部分价值增值。在这一过程中，客户是新增价值的主要受益者，其所得的多少由一套公平、合理的分配机制来决定。

由此可见，金融企业价值形成的过程可以简单描述为：从价值交换→价值增值→价值分配的过程。价值的形成过程既是资本的运行过程，也是金融企业实现价值增值的过程，它反映了金融企业的价值从何而来，如何运动，最后又去往哪里。而客户价值贯穿于资本运动的整个过程中，无论是价值的交换、增值，还是分配，客户都扮演着重要角色。

（二）牢固树立"以客户为中心"的金融企业价值观，确保华安未来战略的正确实施

"以客户为中心"的企业价值观是将华安的企业文化与金融企业价值规律有机结合的产物。企业的社会属性决定企业的文化，华安的文化就是责任文化：首先是对客户负责、对社会负责，然后是对企业负责，对员工负责。将这种文化理念贯彻到企业价值创造的各个环节中，就自然而然地形成了"以客户为中心"的华安价值观。

正如前面所分析的，客户是金融企业最重要的资本来源，是价值创造的主要对象，是新增价值的主要受益者。因此，公司在价值增值过程中一方面要实现价值最大化，确保蛋糕尽可能做大；另一方面在价值分配过程中，应使客户价值最大化，使客户得到应有的、甚至是超过预期的那部分蛋糕。反过来，客户的价值提升了，得到了真正实惠，就会更加忠实于华安，就会为我们提供更多的资本来源，我们的蛋糕就能越做越大，企业也能在这一过程中得到持续不断的回报。这就形成了一个资本良性循环的过程，这个过程也确保了华安的企业价值不断得到提升。由此可见，企业价值源于客户价值。关于这点我本人深有体会。

特华属下有一家公司——广州皮具城，现在是中国最大的，也是亚洲最大的皮具城，它的价值也是最高的，每一个摊位的转租费就高达 100万。这样的企业我却几乎不用为它操心，为什么？因为它坚持了一个正确的经营理念，那就是：让每一个租户都赚钱。一开始，一些租户经营不善，我们就想方设法替他找客户，找渠道，帮他们赚钱。直到现在，我们还在广州大学附近找一个地方对他们搞集中培训。为什么这样做？因为每一位租赁户都能在这里赚钱，大家自然就会认可皮具城的价值；租户们赚的钱越多，皮具城的价值提升得越快。这就好比是"鱼和水的关系"，只有水源充足了，才可能养出又多又肥实的鱼。

违背"企业价值源于客户价值"理念的反面例子也是层出不穷的。用同样的原理来分析次贷风波的成因，我们不难发现，西方文化的糟粕也是"元凶"之一。由于西方的金融机构奉行的是极端的"利己主义"。这意味着，金融机构通过一系列眼花缭乱的衍生产品的设计和交易来实现价

值增值（有的可能只是价值的转换），接着考虑的是如何利用一套隐蔽和罪恶的分配机制，使自己的利益最大化，甚至不惜以损害客户的利益为代价，丝毫不考虑客户价值，更谈不上社会责任。一些评级机构也是如此，他们与交易商狼狈为奸，损人利己。对这种"唯利是图，极端利己"的价值取向，我们一定要引以为戒。

坚持"以客户为中心"的价值理念，是华安将金融企业的经济属性与社会属性有机结合的产物，是未来华安实施金融控股大战略的思想保证和行动指南。一句话，只有实现了客户价值，企业的价值才能实现；只有企业价值实现了，个人才有发展。我想告诉大家，未来华安这块蛋糕做大了，企业价值增加了，在座的各位以及华安的全体员工，你们的价值肯定也会得到大大的提升。

（三）坚决贯彻"金融企业三要素"的经营理念，建设万家连锁营销服务部

1. 金融企业的三要素是实现金融企业价值创造的核心要素

根据价值理论，企业新增价值的大小取决于投入的资本和劳动量以及企业超额的劳动生产率。这意味着，要使企业增加的价值最大化，就必须尽可能地扩大资本来源和人力资本；同时必须改进和创新生产方式、生产技术和管理能力，努力提高资源的利用率，使单位劳动创造出来的价值远远超过行业的平均水平。将这一理论运用于金融企业，我认为就是要牢牢抓住金融企业运行中的三大要素：客户资源、营销网络、产品和服务。

前面我已经谈到，客户是金融企业最重要的价值源泉，有了优质、稳定的客户群，企业的资本来源就有了保障。关于这点，我不再多讲，接下来我谈谈另外两个要素的功能。

首先，营销网络是金融企业的"价值倍增器"。营销网络是营销渠道的最高组织形式，它是产品和服务的载体，是价值交换的场所，也是连接金融机构和客户的桥梁。根据信息经济学，营销网络将企业与客户的接触由"点"扩展到"面"。当网络的节点数量达到足够规模，并且形成了强大的销售能力和品牌知名度时，营销网络能够有效降低信息的生产成本和传递成本，从而为其所有者带来超额收益或垄断收益。

关于营销网络的价值增值功能，我给大家打个比方：有10个人，每人拥有10本不同的书。如果没有交流渠道，那么每个人能够获得的信息量就只有10本书；但如果有了网络这一个信息共享的平台，每个人都可

以把各自的资源放在平台上相互交流，那就意味着：在各自都不增加成本的前提下，每个人获得的信息量都增加到 100 本书。如果这个网络的功能足够大，那么加入网络的人越多，每个人获得的信息量就会成倍的增加。由此可见，虽然网络本身没有信息（或者说物理价值有限），但个人和整体的信息量都得到成倍增加，这就是网络的价值倍增器原理。

事实上，营销网络的价值并不局限于此，营销网络的集成效应还体现为价值创造。很多时候由于资源的不足，个体往往难以完成大规模的工程，而网络在一定程度上能解决这个问题。例如金融机构对客户信息的发掘。一个人，甚至一个企业，要掌握大量的客户信息和风险暴露，并从中发现其潜在规律是有困难的，更谈不上开发有针对性的产品和实施风险管控。有了网络，这个问题就可以解决。通过将分散在各地的数据集中处理，我们可以发现潜藏在表象后面的本质特征，而这一新的数据的发现及其产生的新增价值显然是原有数据基础上的再创造。

大家想想，为什么工、农、中、建四大银行在国内甚至国外享有很高的知名度，不就是因为他们经过几十年的积累，已经建立了庞大的营销网络吗？我曾经让大家研究琼斯模式，琼斯公司经过 40 多年的努力，在美国建立了一个庞大的营销网络，并把触角延伸到了加拿大、英国等国家。前几天我浏览该公司网站时得知，截至 2008 年初它在全球已经拥有 9000余家网点，公司业绩斐然，成了名副其实的华尔街上的"沃尔玛"。由此可见营销网络对于金融机构的重要价值。

其次，产品和服务是金融企业实现价值增值的直接手段。金融机构的劳动直接物化在产品和服务上。只有通过产品和服务才能满足客户的金融需求，帮助其实现价值增值；另外，金融机构通过销售金融产品，提供金融服务，获得部分新增价值。

然而，我国的金融行业，尤其保险行业有一种通病，就是产品和服务的同质化。这意味着，这些公司的劳动生产率基本上是一致的，很难获得超额收益。尤其对于中小保险公司，由于不具备规模经济效应，因此亏损的可能性就更大。如何解决这一问题呢？我认为就是两个字：创新。对华安而言，创新有多种途径：一是采用先进的管理方式在现有基础上降低产品成本。今后我们要花大力气改进核保、理赔以及客户服务等方面的技术和流程，降低管理成本，控制风险成本；二是提供高附加值的服务。在产品同质化严重的条件下，高附加值的服务是提升客户和企业价值的关键。我们对连锁营销服务部的服务专员提出要做"金融理财师"，要为客户提供优质的理财服务就是这个道理；三是拓展新的业务空间，走蓝海道路。这方面我们是有经验的，以前的禽流感保险，现在的理财险、学贷险等都是创新的成果，但还不够，还要不断研发适应市场需求的新产品。下一步我们要做的工作是：巩固和加强现有的产险业务，努力开拓寿险业务，积极引进其他中间业务。

金融服务与产品如影相随。金融产品往往呈现出复杂性、无形性、可变性等特点，因此服务对于金融产品至关重要。一方面，由于专业分工，大部分消费者对金融产品都比较陌生，这就需要专业的服务人员进行指导和解释；另一方面，许多金融产品，尤其保险产品往往与后续服务捆绑在一起，企业提供服务的数量和质量就构成了产品的重要组成部分。很多时候，产品销售不好往往暴露出来的问题就是服务跟不上。因此，我特别提醒各部门和分公司的老总：一定要突出连锁营销服务部的"服务"功能，要在如何提供"高附加值服务"和"特色服务"、"专业化服务"上狠下工夫。不仅要抓好前台的服务质量，后台的支持服务也要跟上。连锁营销模式是以服务为先导的新型营销模式，如何把特色产品与专业服务有机地结合起来，形成华安的核心竞争力，是关系到我们成败的重要因素，大家一定要重视。

需要思考的是，三大要素——客户资源、营销网络、产品和服务，它们之间是什么关系呢？我这里打个比方，那就如同农民的耕种：在什么样的土壤，什么样的气候条件下，用什么样的方式，来种植什么庄稼，才能取得最好的收成。这是农民早已掌握的生存之道。其实做金融业也是一样：我们的土壤是什么？是客户资源。选择什么方式？我们选择的是，以连锁营销服务网络为主体，其他营销渠道并存的综合渠道模式。销售何种产品？那就要看我们的客户需求、市场变化和渠道特点而作相应的调整。目标是什么？就是坚持"以客户为中心"，实现客户、企业以及社会价值增值的多赢。

2. 连锁营销服务模式是对金融三要素理论的具体实践

上面是我从价值规律出发，对金融企业如何实现价值增值所作的理论探索。我认为，三大要素中"营销网络"是问题的突破口，解决好了网络问题，其他两个问题解决起来就相对容易了。因为即使一家金融企业有了创新的产品，有了庞大的客户群，如果没有合适的渠道传递价值，那么也是枉然；反过来，如果拥有了强大的营销网络，那么不仅能够以此为平台建立和扩大客户群，研发适销的产品，还可以将两者有效地联系在一起，形成协同效应。建立万家连锁营销服务网络，就是对三要素理论的具体实践，是贯彻"以客户为中心"的企业价值理念、实现客户价值的最有效途径，是解决当前华安面临的一系列生存和发展问题的必由之路。

第一，连锁营销服务部的价值在于它站在信息和操作的源头：它首先是一个信息平台，能有效搜集、反馈客户资料和市场信息，并向客户和社会传递公司的信息，成为管理客户资源的最前沿；其次，它是一个服务平台。它将部分传统的后台服务前台化，通过与客户的零距离接触，提供专业的金融理财服务；再次，它是一个销售平台，能为客户提供满足不同需求的各种金融产品，实现客户价值和公司价值的增加。

第二，我们强调单店的营销能力，但更重视网络的价值。毫无疑问，单店的营销能力越强，将客户资源和产品转化为实际价值的能力也越强；而将单店联结成网络以后，由于节点之间的协同效应，网络的功能就能超过单个网点"一加一等于二"的效果，从而能实现营销过程中的规模经济和范围经济效应。这就是连锁营销服务网的价值所在。跟国外战略投资者探讨的时候，他们就发现我们的连锁营销服务部可以实现两次增值：一是资产增值，即房地产增值；二是资本增值。后者的财富效应要远远超过前者。有专家预测，一旦我们的网络成熟，其价值将以几何级数的方式增长。

现在不少人把我们正在进行的门店建设看作是房地产投资，这显然是一种非常片面的认识。我不否认，门店的确能够实现资产增值，但绝不是门店的唯一价值所在。门店真正的价值在于前面我阐述的"服务功能"、"网络效应"和"增值效应"。从这个意义上讲，门店的房地产价值是微小的，而由成千上万家门店连接而成的网络价值则是巨大的，希望同志们能深刻理解。

3. 连锁营销模式是保险企业经济属性、社会属性、金融属性的完美统一和有效体现

连锁营销模式以一种全新的方式展示了现代保险企业的三大属性。其经济属性体现在以下两个方面：一、一家营销服务部就是一个产品种类齐全的"社区金融超市"，它可以满足客户不同层次的、综合性的金融理财需求，实现客户的价值增值；二、众多的连锁营销服务部组合在一起就形成了一个以城市社区为中心，以门店为平台，以保险产品和服务为龙头的设施完备、功能齐全、专业可靠、方便快捷的金融服务直销网络。利用现代先进的信息技术和电子商务技术，我们可以充分发挥营销网络的协同效

应，实现规模经济和范围经济，从而降低成本，提升价值。这些都是保险企业经济属性的体现。

连锁营销模式的社会属性体现在：它在金融企业与客户之间建立了一种新型的社会关系。将连锁营销服务部建在社区，就是切实落实中央关于"保险进社区"的号召，以直接、优质的金融理财服务造福社区居民。一方面，通过与客户的面对面接触，服务人员可以了解和满足客户多层次的需求，提供标准化的保险产品和高附加值的个性化金融服务，解决了社区居民的金融理财问题；另一方面，连锁营销模式能有效解决社会就业问题。我们初步预测，如果建起1万家门店，华安将解决6万—8万个就业岗位。这些都是保险企业的社会属性的体现，也是华安践行责任文化的真实体现。

连锁营销模式也是解决资金融通问题的有效途径。通过门店，可以将社区居民的可支配剩余资金集中起来，形成一个个小型的资产池；接着，通过庞大的营销网络再汇聚成一个规模巨大的资金池。华安凭借其卓越的资产管理能力，通过在国内外货币市场和资本市场上的高效运作，一方面实现了资金的保值增值，另一方面发挥金融中介的资源配置职能，促进了国民经济的发展。由此可见，连锁营销模式是实现保险企业金融属性的有效手段。

综上所述，连锁营销模式不仅是保险理论和实践的大胆创新，更是将保险企业的经济属性、社会属性、金融属性完美统一的高明之举。

（四）依托连锁营销服务部平台，实施华安金融控股集团的发展战略

如果说建立万家连锁营销服务网络，是对"金融企业运行三要素"理论的检验，那么制定华安未来5—10年的发展战略就是对整个金融价值规律的实践，而且这一战略将依托连锁营销服务部这个平台来实现。经过与国际著名咨询公司罗兰·贝格的专家的深入探讨和精心筹划，我们制定了未来华安的大战略。我们认为，华安应当走一条别人没有走过的路，那就是："依托连锁营销网络，从一家中小型财产保险公司有计划、有步骤地快速过渡到大型金融控股集团公司，成为金融行业的领跑者。"我将华安的未来定位成："以保险连锁营销服务网络为平台，以金融产品交叉销售为特征，以资产管理为核心竞争力的金融控股集团。"这是根据金融企业价值创造理论、国内外金融发展趋势、行业政策分析以及华安的目标与使命而做出的正确选择。

1. 从理论层面来看，金融控股战略遵循了金融企业的价值创造规律。根据金融企业的价值规律，要实现金融企业的价值增值就必须要有资本的规模优势和超额生产率优势，而金融控股是实现金融企业这两方面竞争优势的最佳组织形式。

首先，金融控股公司是实现资本扩张的最佳组织载体。一方面，当今市场单一的金融产品和服务难以吸引、留住客户。而金融控股公司通过控股实现经营产品的多元化，能够满足客户多样化、差异化的需求，从而获得更多的客户，也就获得了更多的资本；另一方面，控股公司对众多的机构投资者和自然人投资者有着较强的吸引力，它既可以通过私募来扩展资本，也可以通过公募来扩展资金。所以组建金融控股公司是金融企业扩大资本规模的有效途径。

其次，金融控股公司也是提高企业劳动生产率的有效手段。金融控股公司是金融行业生产关系的高级形式，它能够整合各成员公司之间的资源，实现优势互补；同时，控股公司的组织形式可以在金融企业生产经营上实现规模效应，既有资本规模优势，也有降低运营成本的优势；此外，控股公司这种生产方式可以有效实现范围经济，即在原有组织形式下扩大生产、经营范围，从而降低平均成本，提高劳动生产率。所以，金融控股公司是一种能充分发挥规模优势、管理优势、经营优势，实现规模经济和范围经济，提高金融企业劳动生产率的高级组织形式。

2. 从市场层面来看，实施金融控股战略是华安求生存、求发展的必由之路。由于国内大型保险公司的市场地位短期内难以动摇，加之外资保险公司的不断涌入，中小保险公司的生存空间变得越来越小。以产险为例，车险等传统产险的市场竞争已进入白热化，它们的利润空间由于过度竞争变得很薄，在以人保、太平洋等为代表的大型保险公司的挤压下，中小保险公司的盈利能力变得极其脆弱；加之保险中介市场的不规范和恶性竞争，导致保险公司的运营成本日益增加，类似华安这样的中小型保险企业面临着前所未有的生存危机。在这种情况下，华安要么被并购，要么通过超常规、跨越式发展道路，在短期内实现转型，使自己迅速由弱小变得强大，与强大的对手分庭抗礼，才能赢得生存和发展的空间。显然，我们只能选择后者，而金融控股正是这一跨越式发展的最佳途径。事实证明，华安前三年的实践迅速将资产规模占到行业的 11.3%，价值增值就是超常规发展的方式带来的。所以说，金融控股战略不仅是华安顺应历史潮流的明智选择，更是在夹缝中求生存、求发展的唯一选择。

3. 从政策层面来看，监管层已逐渐放开混业经营的限制，为华安实施金融控股战略提供了难得的历史机遇。从整个金融业来看，监管部门已经逐步出台了一系列鼓励金融各业相互渗透的政策措施。随着金融业监管政策的逐步放开，银行、证券、保险、基金业之间的相互合作、相互渗透的趋势日益明显。这些政策、法规的颁布都为华安实施金融控股发展战略创造了良好的外部条件。

4. 从操作层面看，金融控股战略是华安的目标和使命，与华安现实的实力相匹配的最佳战略选择。金融企业的经济属性、社会属性和金融属性决定了华安未来的目标和使命。华安的使命是"让华安服务的每个社区居民都能享受到高质量的金融服务，使华安成为中国金融行业的领跑者"，这是由华安的社会属性所决定的；我们的目标是构建"以保险连锁营销服务部为平台，以金融产品交叉销售为特征，以资产管理为核心竞争力的金融控股集团"，这体现了华安的经济属性和金融属性。将这三个属性与华安的现实能力相结合，就坚定了我们走金融控股集团道路的决心和信心。

我曾多次强调，华安人要树立强烈的民族使命感。我们一方面要做中国经济国防的看门狗，与国外入侵的金融财团进行厮杀；另一方面要守护好、管理好中国老百姓的财富，让他们能享受到改革开放和经济发展的胜利果实。然而这一愿望不是光凭喊口号就能实现的，必须要以雄厚的专业实力为后盾。

对于当前华安的优势和不足我们有着清醒的认识。我们的资产规模已达到447亿，在产险领域排名第二；投资盈利能力较强；在人力资源方面，我们拥有特华博士后科研工作站、特华财经研究所作为智力支持，站在"政策、信息、知识"的源头；在管理方面，我们有一套灵活的决策和管理机制；有一支站在操作源头的，战斗力强、执行力强的、革命性强的专业团队；在理论和实践方面，我们经过几年的努力，已经摸索到金融运行的内在规律，先于其他产险公司跳出了红海，走向了蓝海。更为重要的是，我们正在搭建保险连锁营销服务部这个网络平台。我相信，华安凭借强大的创新能力、投资能力、决策能力和执行能力，一定能从一家中型保险公司茁壮地成长为强大的金融控股集团。

三、华安金融控股战略实施行动：以万家连锁式营销服务部建设为切入点

前面我们结合理论回顾了过去三年的实践，讨论成败得失；接着又上升到理论，认清我们"准备做什么"；现在我们再回到实践，描述一下未来我们要"怎么做"。"怎么做"的问题，我代表董事会讲几点建议，具体的操作由经营班子和大家交流。

（一）战略规划

2008—2012 年公司将继续遵循客观规律，借助资本市场，以连锁式营销服务部战略为核心，系统创新，整体推进。

1. 整体发展目标

2008 年增资扩股 3 亿股，使股本达到 11 亿股，争取募集超过 40 亿—50 亿元资金；2008—2009 年通过资本市场增发 3 亿股，募集超过 90 亿元资金，实现公司上市；2012 年公司净资产将超过 300 亿元。

面向客户，建立华安自己的客户群，以优质服务稳定客户群。具体举措是：2012 年前在全国开设 10000 家连锁式营销服务部，实现以直销为主的营销模式转变，力争 2012 年保费收入达到 300 亿元，中间业务收入规划 30 亿元；继续稳步发展理财险业务，2008—2012 年理财险保障金余额维持 300 亿元的规模；积极推进学贷险业务发展，在 2007 年打下良好基础的前提下，力争 2008—2012 年每年为新增 50 万贫困学生提供助学就学保障。有效客户信息目前已有 257.3 万个，争取 2012 年超过 1000 万个。未来五年主要财务数据及指标预测如下：

项目＼年份	2007	2008	2009	2010	2011	2012
股本（亿股）	8	11	13	13	13	13
净资产（亿元）	48	97	214	248	287	332
保费收入（亿元）	8	20	72	162	262	302
理财险保障金余额（亿元）	205	300	300	300	300	300
净利润（亿元）	17.8	20	27	34	39	45
每股收益（元）	2.23	1.82	2.08	2.61	3	3.46

2. 连锁式营销服务部发展目标

未来五年公司各项业务发展主要依托连锁式营销服务部直销业务的发展。五年内完成10000家连锁营销服务部建设工作，具体进度及筹建安排如下：

年份		2008	2009	2010	2011
筹建及开业数量（家）	当年	1650	2000	4000	2000
	累计	2000	4000	8000	10000
招聘及培训上岗人数	当年	10600	13000	26400	13000
	累计	12600	25600	52000	65000

随着连锁营销服务部的逐年增设和运营管理的日趋成熟，公司的保费收入逐年增长，预计到2012年总保费收入达到300亿元人民币，店面销售成为主要来源渠道，达到250亿左右，占比约85%。连锁式营销服务部保费收入5年发展目标具体规划如下：

单位：万元

	2008 年	2009 年	2010 年	2011 年	2012 年
店面直销	100000	500000	1300000	2200000	2500000

（二）战略实施着力点

我们的战略目标确定为"以保险连锁营销网络为平台，以金融产品交叉销售为特征，以资产管理为核心竞争力的金融控股集团"，其实贯穿这三句话有一条十分清晰的主线，那就是价值，网络平台本身就是价值，交叉销售多方面满足客户需求，资产管理为客户创造价值。简单地理解，我们的战略就是最大程度地提升华安的价值。那么，我们下一步要解决的就是"怎么做、从哪里入手、如何提升价值"的问题。未来五年华安的战略实施都是围绕着连锁式营销服务网络的建设和运营来展开的，连营部的建设和运营是华安战略的核心，价值的体现，是华安打造金融控股集团的战略实施着力点。

1. 打造队伍

虽然说事业成就人，但事业是需要人来做的。华安未来那么大的企业、集团，没有足够的、高质量的人才是无法想象的。我们要不断地培养人才、引进人才、留住人才。

第一是"门店战士"。门店是华安的平台，是华安接近客户的平台，同样是造就人才的平台。工作没有高低贵贱之分，你的职位高，不代表你的水平高，你的职位低，也不代表你的水平低。况且，哪个领导不是从基层干起的，仅华安就有太多这样的例子。每位门店的员工，只要你是个人才，公司都会培养你，我希望你们都能成为公司的各层级领导，我可以负责任地告诉大家，只要你有这个能力，我就能给你这个机会，但前提是你得先做一个称职的"门店战士"，要忍得住寂寞，耐得住诱惑，我们培养人才首先就从塑造"门店战士"开始。比如，下一步门店要实行荣誉店长制。由董事会和总裁室牵头，总公司各部门班子成员及分公司班子成员都是荣誉店长，要在门店的醒目位置清晰地标示出荣誉店长和门店成员的名字。荣誉店长与门店战士的并肩作战也能够有效解决管理总部与业务一线的"远离"问题，门店荣誉店长担负着培训"门店战士"的任务和使命，把"门店战士"培养成"金融理财师"，用业绩和事实说话，发现人才和培养人才，看谁带出的"门店战士"业务能力强、综合素质高，并以此作为年终考核的一项重要内容。

第二是金融综合人才。前几天我听了罗兰·贝格作的人力资源项目的阶段性报告，很客观，其中对华安金融综合人才的评价我很赞同。我们要做一个创新型的企业，自然需要创新型人才，而具有"银证信"背景的人才相对是最有创新性的，但华安这方面的人才太少了，根本不能满足未来金融控股集团发展的需求。华安要迅速着手组织这方面的人才以适应战略的需要，优先从公司内部选拔培养，辅以外部优秀的人才的引进。

第三是资产管理高端人才。如果是一个深谙金融之道的人，如果是一个经历了华安风雨历程的人，他绝对能够体会得到资产管理高端人才对于一个保险企业、一个金融控股集团的重要性。我不是在刻意强调资产管理的重要性，我只是很客观地说，大家可以想一想，如果没有高效率的资产管理，华安还要多少年才能甩掉历史包袱，更何谈盈利了，跻身产险行业前三甲恐怕只能是痴人说梦了。华安的战略是要建立以资产管理为核心的金融控股集团，这项目标的实现必须以具有一定数量的高端的资产管理人才为条件，华安今后会越来越注重选拔和培养一批有着基本金融素质并且高度认同华安文化的干部向这个方向发展，培育华安的核心竞争力。

第四是综合素质较高的领导人才。纵观企业兴衰史，综合素质较高的领导人才对于企业的发展至关重要。华安总、分、支各层级的领导干部不仅要熟业务、懂管理，更要具备过硬的企业文化素质和综合的宏观驾驭能力。企业文化素质的核心体现的是战略执行；宏观驾驭能力的集中表现是全局意识，即能够站在全局的高度解决具体问题。目前华安的高级管理干部在这方面有所欠缺，这与理论素养的不足关系密切。培训是最好的福利，董事会计划出台一系列高管专项培训计划，与绩效考核相结合，选拔优秀的干部输送到名校攻读 EMBA，或者与著名高校合作办班，等等，通过多种以培训为载体的激励方式提高现有领导干部的综合素质。

2. 整合资源

整合资源主要是董事会层面的任务，我们也一直在做，整合资金、战略伙伴、金融控股成员等各个方面的资源。

首先是资金。企业的发展离不开资金的支持，尤其是像华安这样处于快速成长时期的企业。华安要建万家连锁，构建这样一个网络平台是一项浩大的工程，不仅需要全体华安人共同努力，同样需要雄厚的资金支持，但仅靠华安现有的股东，仅靠公司的盈利显然是难以满足。因此，我们决定要引入外部资本，初步的计划是先私募，再上市。现在，多个境内外投资者对华安的私募都表现了强烈的兴趣，目前相关投资者和中介机构已经入场进行尽职调查，预计今年 3 月底能完成审计；4 月份进入核心谈判过程；5 月份将基本达成交易。私募成功后，如采取借壳上市方式，进展得快，可在今年下半年实现上市目标；如果是通过 IPO 方式，我们也会在2009 年启动上市程序。

其次是战略伙伴。借助华安股东在金融市场良好的信誉和卓越的能力，华安历来不缺合作伙伴，但出于公司长远发展的考虑，结合我们所确定的金融控股目标，华安迫切需要引入特定的战略合作伙伴。战略合作伙伴重点体现的是“战略”，不同于一般意义的财务投资者，他们是要参与到公司战略的实现过程中，至少要在管理和运营上能对我们提供有建设性的意见和模式。我们需要整合什么样的战略伙伴呢？第一，对大金融平台有着丰富管理经验的战略伙伴，以 TPG（德州太平洋集团，新桥资本的控股公司）等为代表的金融管理机构；第二，对金融产品交叉销售有着深刻理解和成熟模式的战略伙伴，以法国巴黎银行、澳大利亚国民银行等为代表的金融控股集团；最后，对大规模资金有较强的资产管理能力的战略伙伴，以高盛等为代表的跨国投资银行。以上提到的国际著名金融集团都对华安表示了浓厚的兴趣，目前引进战略合作伙伴的进展非常顺利。

最后是金融控股成员。在华安未来的蓝图规划中，包括寿险、资产管理、银行、信托、证券等领域我们都会涉猎，最终形成一个以资产管理为核心的协同型金融控股集团。目前我们的创新资产管理公司已基本筹备就绪；与银行的谈判正在顺利推进；寿险公司的甄选已在议事日程内，随着连锁式营销服务部战略的顺利实施，其他相关金融领域我们也会自然逐步渗入。

3. 沉淀客户

如何接近、服务和留住客户，以客户为中心，是华安价值观的提升，是华安社会属性的体现，也是华安发展壮大、提升自身价值的关键。

首先要接近客户。我曾讲过保险业的"两个远离"，其中最重要的就是保险企业远离客户，我们必须改变这种不和谐的状况，不断地接近我们的客户。凭借什么，就凭借我们的连锁式营销服务部，凭借我们的网络平台。如何接近，有两种方式，一种是物理方式，一种是人文方式。通过物理方式，我们可以让连锁网络遍布全国各地，在空间上无限接近客户；通过人文方式，我们可以提供各种软信息，吸引人气，接近客户，让客户了解门店，了解华安。

其次是服务客户。离客户再近，不能服务客户，那是无谓的接近，那其实还是远离，而且是浪费成本和资源的远离。那我们靠什么来服务客户，靠的就是产品，靠的是能满足客户需求的产品。客户的需求是多元化的，那么满足客户需求的产品自然也应该是多元化的，多元化的产品利用一个平台来销售，从网络利用这个角度来看就是交叉销售，就是综合经营。

最后是留住客户。服务客户是企业的题中之义，分内之责，功能所在，但企业能否持续发展，尤其对金融服务业而言，要看你是否有一批忠实的客户群，或者说看你能否不断地留住客户。客户在不同的服务提供企业之间转换同样是需要成本的，因此他也是愿意被你留住的，但前提是你能为他分散风险，你能让他的资产保值增值，你能为他有效地理财。这就要求公司有比较突出的资产管理能力，虽然华安的资产管理能力比较突出，但仍要做足功课，应对风险叵测的金融市场，保持长期稳健的收益水平。

4. 创造价值

大家都知道，安永已经进入公司进行尽职调查，过一段时间高盛等其他战略投资者也要进来，而且我们还要引进国内的机构投资者。从华安的角度来说，我们引进战略投资者的目的，一是弥补连锁式营销服务部建设资金的缺口；二是要引进先进的管理经验。但从投资者的角度来说，他们进来的目的则是在价值发现的基础上实现价值增值。

站在战略投资者的视角，影响估值有三个因素：折现率、投资收益率以及门店的运营成本和营业收入状况，其中敏感性及关键性最高的是第三个因素——门店的盈亏。这与我们围绕连锁式营销服务部的建设和运营为战略着力点的战术完全一致，我们要以连营部为操作平台，在短时间内迅速创造价值。举例来说，第一，公司核心竞争力及特色要嫁接到门店，通过提供软信息等方式吸引人气，收集客户真实信息资料。第二，要切实从客户的实际需求出发，尽快设计、销售自己的产品，充分利用连营部这个网络平台，首先实现自己产品的交叉销售。第三，经营层应开始着手发展中间业务，初期可以通过代理险种或销售准寿险产品、广告收入等方式增加中间业务收入。

5. 协同作战

各部门一定要把门店的建设和运营提升到战略的高度来理解并尽快付诸行动，全力支持门店，反对本位主义。首先要从各自角度来考虑如何支持门店的运营和管理，让综合成本率下降，让保费收入增加；另外要共同高度关注连锁式营销服务部的发展态势、面临的困难和可能出现的风险，信息共享，充分沟通和交流，群策群力，合力打造以门店为核心的创新工程。比如，总裁室要强力统筹各产品部门，加快研发适合门店销售的各类产品，尽快充实"货架"；资产管理部要提高投资盈利能力，为连锁网络战略实施争取时间；行政管理部要发挥行政统筹功能，帮助各分公司争取当地监管支持；金融保险部要分析理财险产品的销售特征，积极尝试店面直销。

连锁式营销服务部的建设和运营本身就是一次系统性创新过程，以上谈到的五项战略实施着力点以及列举的一些案例，也仅仅是我的个人思考。我衷心地希望这些尚停留在某些点、某些线、某些面的思考能起到抛砖引玉的作用，引领全体华安人对门店战略进行系统性讨论，激发全体华安人的集体智慧，在全系统掀起新一轮围绕连锁式营销服务部建设和运营的创新高潮！

同志们！

创新，大可救国，中可救司，小可救人。

一直以来，华安在探索中小保险公司生存与发展的道路上，遵循金融经济规律，高举创新的旗帜，积极开拓、锐意进取。借助民营股权下高效的董事会管理，华安保险在体制上、机制上、产品研发上、运营模式上及战略推行过程中进行着系统性的创新。"创新"二字奔流在华安人的血液当中，也成为华安文化的主题词。事实证明，正是积极的创新意识和科学的创新举措，才使华安摆脱沉重的历史包袱，创出一片蓝海并逐步步入高速稳健的发展轨道。

创新孕育希望，激情成就梦想！

华安创新了实践，提升了理论，又提出了创新性的发展战略，接下来就要依靠大家创造性地执行。创新在理念，创新在管理，创新在产品，创新在基层，创新是空气，创新是土壤，创新无处不在。正如前三年对科学创新之路的成功探索，我相信凭借大家的聪明才智，融汇集体智慧的结晶，门店盈利指日可待，实现协同型金融控股集团的战略目标指日可待。

"创新"很多时候意味着挑战约定俗成甚至颠覆传统，在华安不断创新的过程中，尤其要感谢中国保监会和各地保监局给予华安的关怀甚至宽容；"创新"很多时候意味着舍弃，在华安最艰难的时候，我们的股东无怨无悔，不图回报；"创新"很多时候意味着孤寂，但广大的华安人忍住了寂寞，耐住了诱惑。

正是沐浴在这样的阳光雨露般的内外环境下，华安从幼稚变得成熟，从弱小变得壮大……华安愿意一直努力创新下去，也必须一直努力创新下去，面对中国保监会长期以来的信任和关怀，面对股东长期以来的不求回报的支持，面对广大华安人长期以来不离不弃的执著，我们必须用创新的成绩来证明自己，这是最大的感谢！

最后，诚挚期望、衷心祝愿华安、华安人在发展中创新，在创新中发展！

何谓华安精神[*]

（2008 年 3 月 9 日）

　　何谓华安精神？我今天不想对这个问题贸然做出一个个人定论，因为"华安是我们大家的"，在华安的发展道路上，"华安精神"这个词的演绎者是每一位华安人。

　　如果要问"华安精神"这个词涵盖的范围有多大？我只能说无限大，因为随着公司的不断发展，队伍的不断壮大，我们会从更多的人、更多的事件上看到更多、更强大的"华安精神"。

　　即将举行的这场颁奖典礼不同于华安以往的任何一次颁奖活动，因为它褒奖的理由不是保费收入，不是利润指标，而是一种榜样的力量；公司向他们颁发的不是证书、也不是奖金，而是对一种精神的肯定，以及对这种榜样的树立。

　　华安成立 12 年来，全体华安人用坚韧和智慧书写下跌宕起伏的华安发展史，也在这一过程中积累、总结、提炼、升华并形成了独具特色的华安文化，在颁奖典礼即将开幕之际，我想与大家重温我们的华安文化，并从中共同探讨体会何谓"华安精神"。

　　什么样的人是"华安人"？不是说每一个有华安工作牌的人就是华安人，也不是说在外围尽心尽力帮华安做事的人就不是华安人。"责任、专业、奋进"这六个字不仅是华安经营恪守的最高理念，也是华安人的人格体现：责任，是彼此间的相互信任以及"心忧天下"的胸怀；专业，是华安的发展之本、创新之举；奋进，是要敢于否定自我、超越自我。

　　摆正四个关系、站在四个源头、坚持四个说话、反对四种倾向，这是我们始终坚持的价值观——正确对待和处理国家、社会、员工、股东四者间的利益关系，国家利益至高无上，社会利益高于公司利益，员工利益高于股东利益；始终站在政策、知识、信息、操作的源头做事；始终用资

2008 年 3 月 9 日在 2008"华安精神"颁奖典礼上的讲话。

本、知识、本事、事实来说话；反对个人英雄主义、小团体利益、享乐主义和平庸主义。

　　这些信念，支撑着华安人走过了异常艰难的创业历程，指引着我们坚定地走着华安人自己选择的路。打造"以保险连锁营销网络为平台，以金融交叉销售为特征，以资产管理为核心竞争力的金融控股平台"，今天，我们又描绘下华安新的发展蓝图，每一位华安人都在为之呕心沥血，克难奋进，但我们也明白，理想与现实间，横亘着万水千山，要到达胜利的彼岸，华安人仍需坚持我们所坚定的，耐寂寞、经诱惑，携手走过一道道难关，而支持华安人一路走来的最大力量，就是华安信念，华安精神！

携手共进，全力以赴，共同到达胜利的彼岸[*]

（2008 年 4 月 17 日）

时隔四个月，我们与中国农业银行的同志又在上海相会了。回想 2007 年 12 月 20 日在昆明，我们为了"圆千万学子的大学梦"，一起共商合作事宜。今天，我们在这里为合作试点的成功，总结经验。坦率地说，两次见面，我的心情是迥然不同的。上次是期待，这次除了感谢，更多的是欣慰和喜悦。感谢的是农行从总行到分行以及各级机构对华安理念的认同，对华安事业的支持！欣慰的是华安学贷险从 2006 年开始探讨合作事宜到今天，已经有了一个好的结果。喜悦的是无论什么事，只要双方有共同的理念，能为同一个目标齐心协力，就必定能到达胜利的彼岸。因此，怀着感谢、欣慰与喜悦的心情，我想谈三点内容：

一、衷心感谢农行，正是你们的充分信任 与鼎立合作促成了学贷险的多赢局面

2007 年 12 月 20 日昆明会议后，农行各试点分行和华安各分公司按照会议的部署和要求，高度重视，精心部署，密切配合，很快在云南、重庆、江苏、四川、安徽、湖北、山东等七个省市达成了合作意向，成功为近 36 万名贫困大学生的助学贷款投保了学贷险。这说明农行的团队有着非常强大的战斗力、执行力与协同力，对此我们深表钦佩！你们高度的社会责任感、高效的工作作风，以及分行对总行经营理念的深刻理解和认识，包括总行相关部门给予的大力协助和支持，是这次试点成功的关键因素。感谢你们的全力支持，感谢你们让更多的贫困学生得以顺利完成学业。

7 个省市、36 万人次的合作成功，可以当之无愧地说是全国助学贷款

---

[*] 2008 年 4 月 17 日在上海"农行·华安"学贷险试点工作经验总结会上的讲话。

领域一件具有里程碑意义的事情。它表明，在助学贷款中引入保险机制，实现银行和保险违约信用风险的互换，双方就可以扬长避短，银行能专注于擅长的信贷管理，保险则专注于风险管理。学贷险将国家财政支付的风险补偿金转化为保费支出，由专业经营风险的保险公司负责贷款的风险管理和追偿，学生违约的信贷风险转化为保险公司的赔款支出，通过这种金融分工，金融效率得到了提高，银保双方也实现了"双赢"。从更大的范围上讲，学贷险是"多赢"，政府、教育部门、学生、银行与保险等各方都能从中受益。对政府而言，学贷险在不增加政府财政支出的情况下，通过机制的创新，使国家助学贷款参与主体增多，风险管控能力增强，国家助学贷款政策因此得到充分的落实；同时，它通过有效的风险管理手段和深入的诚信宣传，可以增强对学生的诚信教育，提高学生群体的诚信意识，促进和谐社会的建设。对学校而言，学贷险能够有效解决贫困学生拖欠学费的问题，缓解学校教育经费不足，解除学校的学费包袱问题，让学校能够专注于教学科研和人才的培养；对贫困学生而言，学贷险能使之不因经济困难而辍学，缓解了贫困家庭的经济负担，同时它通过为助学贷款提供保险的方式，促使学生学费问题的解决，学生毕业后通过自己的劳动归还贷款，有利于培养他们的自立精神和诚信意识，建立良好的信用记录；对银行而言，学贷险降低了信贷风险，消除了银行对风险的担忧，提高了银行业务质量，扩大了银行业务范围与优质客户群；对保险而言，学贷险体现了保险行业为国分忧的责任意识，同时拓宽了业务领域，培养了大量潜在的优质客户群。

二、华安有能力、有信心做好学贷险的风险管控
工作，这是确保学贷险多赢局面的长久之计

　　国家助学贷款期限很长，与之对应的学贷险也是一个长期型产品，农行各大试点分行承保业务的完成，并不意味着学贷险业务的合作就可以画上句号了。相反，承保工作仅仅拉开了学贷险业务合作的序幕，是学贷险万里长征迈出的第一步，学贷险的道路还相当漫长。在整个华安履行学贷险保险责任的 10 年甚至更长的时间内，学贷险更主要的工作是风险管控。

　　提起学贷险，大家可能都会不由自主地想起车贷险，那是一场噩梦，也是我们和各家银行在谈合作时遇到的阻碍之一。车贷险造成了银行与保险公司两败俱伤的局面。为什么会造成这样的局面？我认为，其中最主要

的原因就是银保双方对贷款风险的管控不到位。这是我们经营学贷险的前车之鉴。

从目前的情况看，国家助学贷款在总体上违约率还是相当高的。所以大家可能也会担心，国家助学贷款违约率那么高，华安你这个小小的保险公司怎么控制风险，管理好风险呢？我们可以负责任地说，华安有能力、有信心做好这件事，因为，专业化的风险经营是学贷险风险可控的保证。大家经常会说，"专业的事交给专业的人来做"，华安一直把风险管控放在学贷险经营的首位，学贷险保费的很大一部分要用于学贷险的风险管理成本。华安自开办学贷险以来，针对学贷险的风险特点，摸索和总结了一整套独特的学贷险风险管控经验和措施。在学贷险的管理上，我们有以下一些优势：

（一）组织优势

华安保险在学贷险管理上采取的是准事业部制，总公司成立学贷险部，分公司成立学贷险分部，实行垂直授权，统一管理。这种组织架构在管理模式上有利于充分调动全系统资源加强风险管控工作。

银行信贷管理的属地原则与学生毕业后的流动性不相匹配，银行在进行跨区域追欠时的成本很高，导致银行在追欠工作上处于比较被动和两难的局面。而我公司在学贷险的经营上，采取的是借款学生属地管理原则，读书时是通过就学地来管理，毕业后又自动转到就业地管理，并通过就学地、就业地以及生源地实行系统化联动管理，同时还通过我公司的全国机构网络实现各地的信息交换，由分支机构就近进行风险管控和追偿追欠，这样就能够最大限度地节约操作成本和管理成本。

（二）专业优势

华安在学贷险的风险管控上，是以跟踪借款学生变动信息和联系方式为核心的。同时，针对造成违约的不同原因，会相应采取不同的措施进行风险管控。比如说，学生可能信用意识比较差，那么我们就会通过在校期间的诚信教育以及金融机构征信平台系统的宣传，教育学生要讲诚信，树立诚信的意识，养成诚信的习惯。如果学生毕业后因为还款渠道不畅通造成不还款，那么我们可以借助我们的学贷险信息化电子平台以及我们的呼叫中心，通过电子邮件、短信、电话、信函等各种方式对学生进行还款提醒，必要时在赔付后公布我们设置的全国统一还款账号，以方便全国各地学生的异地还款。针对就业困难的情况，我们也会采取一些就业促进措施，比如就业指导和辅导，对这部分学生我们也不会采取简单地追偿追欠，而是进一步采取各种措施，包括借助社会各界力量，对这部分学生进行帮扶资助，以建立未来的还款能力，并视情况采取延期还款的方式。华安现在正在进行的连锁式营销服务部建设，也会吸纳大量的受助学生就业，这也是我们帮助贫困学生的一种方式。承保后，我们会全程对学生信息进行跟踪和管理，并且要和银行建立数据库对接，通过电子化管理平台进行风险管理，对恶意欠款的学生还会通过诉讼的方式进行追偿。总之，各项措施是科学可行并将坚决落实到位的。

（三）平台优势

华安保险公司针对学贷险业务的特点，专门开发了一个以学生信息管理和风险管控为核心的学贷险电子化管理平台。该系统以借款学生为中心，以跟踪借款学生信息为主线，包括对学生信息、还贷记录、电子档案等进行管理，同时向保险公司电话中心、公司外网提供数据接口，对借款学生提供短信提醒、电话催款、网站自助等个性化服务。可以说，该系统是一个包含银行贷后管理的全方位风险控制系统，能够针对风险进行自动预警并及时采取相应的措施，并对执行过程和结果进行监控、分析、统计和考核，使各项具体的风险管控措施及时落实到位。

同时，该系统还有一个特点，它是一个开放的系统，它提供了针对银行、助贷中心、学校甚至国家个人征信系统的数据接口，这样以后这些学生信息数据资源大家都是可以共享的。我们可以给各分行、经办行开放用户权限，通过互联网就可以登录到这个系统上，查询农行的贷款以及承保、理赔等相关数据和信息。

（四）文化优势

华安多年来从没有自诩为社会的慈善家，却一直致力于勇担社会责任，坚持为普通老百姓特别是弱势群体服务，实现国家利益、社会利益与企业利益的统一。这一目标始终是华安保险思考并努力实践的主题。我们在寻求自身健康发展的同时，也在努力探索着如何为社会弱势群体提供更多的保险服务，2006年推出的学贷险就是这种责任文化培育的范例。当初我给学贷险的定位是"学贷险是华安持续发展的动力和源泉"，华安的董事会也向我们的万名员工发出了"齐心协力，让更多的穷孩子读得起书"的朴素号召。

学贷险有没有生命力，关键在于理赔服务水平和质量怎么样，华安一直秉承的是"比出险客户的亲人早到三分钟"的服务理念。针对学贷险，我们又专门推出了"预理赔服务"，提供快速的绿色理赔通道，主动简化索赔流程、手续和索赔资料。我们通过预理赔程序的设置，可以最大限度地保障银行的利益。同时，华安为了建立学贷险信息风险管理数据库，已投入了大量的人力物力，在这次承保后，我们的学贷险工作人员将奔赴各个经办行，将借款学生的贷款资料和相关单据进行扫描、整理并录入系统。另外，我们还将在现有专业架构的基础上，进一步充实人员，明确责任，提高风险管理和客户服务的技能和水平。通过人员素质、信息平台和技术的全面提升，为农行提供最优质、最便捷的服务。

我们相信，通过华安专业化的风险经营和管理，随着我国个人信用制度的进一步完善，几年之后还款高峰到来时，国家助学贷款的信用风险将大大降低。当然这所有的工作，都离不开农行的朋友特别是在座各位的大力支持。有一句话说得好："风险可以转嫁，责任不能转移"，这是农行的朋友总结的，我认为说得非常到位，恰恰说中了车贷险惨败的根源所在。在学贷险合作的过程中，我们一定要在头脑中紧绷一根弦，那就是绝不能重蹈车贷险的覆辙，银保双方应尽的职责必须到位。只有在双方的共同努力下，助学贷款的风险才能得到有效管控，通过学贷险促进助学贷款发展的目的才能达到，我们在学贷险事业上才能保持长久合作、共同发展的良好势头。

三、银保携手做深做透学贷险事业，推动
国家助学贷款的第三次提速

不知大家有没有意识到，银行和华安进行学贷险的合作，除了转嫁银行的贷款风险问题，通过学贷险还能做些什么？我们都知道，国家助学贷款业务是一块大蛋糕，这块蛋糕来自教育业，而教育行业本身是一块更大的蛋糕。大家看看这组数据：截至 2006 年，我国高校在校生人数已达2500 多万人。按目前统计的贫困生比例 20% 计算，一年就有近 500 万的大学生需要国家助学贷款资助。而截至 2006 年，国家助学贷款覆盖面总体还不足 5%，尚有 15% 的贫困生即至少 350 万人无法获得国家助学贷款。按每人 5000 元计算，一年贷款缺口就近 175 亿元。随着每年招生人

数的不断增加，以及贫困生比例的继续上升，贷款缺口还在不断扩大。这还仅仅是助学贷款业务本身，与之相关的高校其他金融业务就更是无以计数了。

帮助更多的穷孩子读书，是一项伟大的工程，也是我们在座各位都愿意并努力去做的事情。我们诚挚期待学贷险合作经验能向全行推广；期待没有参与国家助学贷款的分行大胆参与到这项事业中来；期待已经参与的分行充分运用学贷险，进一步扩大贷款覆盖面，包括学校的全覆盖和贫困生的全覆盖；而准备退出的分行，我们也期待你们一如既往地参与这项伟大的事业中。

我们相信通过保险主体的介入，通过学贷险的"助推器"作用，国家助学贷款的运转将更加高效，它的第三次提速就在不远的将来！让我们携起手来，为了这一天的早日到来而共同努力！

最后，祝愿各位领导、各位朋友身体健康！预祝华安与农行的合作，在新的起点上，有更大的发展，取得更大的进步！

谢谢大家！

管理透明　权责对等　坚定不移地
推进华安发展核心战略*

（2008 年 9 月 8 日）

今天是 2008 年 9 月 8 日，历史上的今天，在中国共产党的发展历程中发生过两件大事。第一件事，1944 年的 9 月 8 日，毛主席在延安中央警备团战士张思德同志追悼会上发表了《为人民服务》的著名演讲；第二件事，60 年前即 1948 年的 9 月 8 日，中共中央在河北平山县西柏坡召开政治局会议，确定了由游击战争过渡到正规战争的战略任务，为直接夺取全国政权进行全面部署和各个方面的准备。

历史总是有很多巧合。现阶段的华安秉承"让华安服务的每个社区都能享受到高质量的金融服务"的企业愿景，正在通过连锁营销核心战略真真切切地为社区人民服务。今天我们在安徽召开全国工作会议就是要深化连锁营销战略的推行，继续全心全意为社区居民服务；就是要共同探讨在国际金融海啸发生、国内经济下滑、行业蕴藏较大风险时，我们怎样坚定信心、不断推进华安战略；今天我们还要吹响全系统管理透明化的号角，这将是华安的经营管理从"游击战争"过渡到"正规战争"的历史性转折的标志。

一、全国工作会议召开的背景及任务

我们为什么要选择在安徽召开这次重要的全国工作会议？安徽是一个有着深厚文化积淀的地区，钟灵毓秀、人杰地灵，历史上的安徽商人以其"儒商"特性饮誉华夏，近现代的安徽更是一片改革创新的热土，中国 30 年改革开放历程首先是从农村开始的，而拉开中国农村改革序幕的正是安徽农民——凤阳小岗村 18 户农民首创的家庭联产承包责任制。近几年安

---

* 2008 年 9 月 8 日在安徽召开的"公司核心战略推进宣导大会"上的讲话。

徽又在全国率先提出"建设信用安徽"的立省方针，这些无不体现出安徽人民的大局战略眼光和开拓创新精神。我们来到安徽，大家将切身感受到这里深厚的历史文化底蕴和安徽正在奋力崛起的奋进精神。每个人都应心怀恭敬之心，认真感悟，从中汲取养分，提升个人修炼，浸润华安文化。

在主会场，我们将用两天时间召开核心战略推进宣导大会，主要是完成三个重要任务：一是阶段性总结连锁营销系列工作，部署下一阶段重点工作；二是归纳总结前期门店营销和运营过程中的成功做法，宣导推行新的运营模式；三是表彰连锁营销系列先进单位及个人。

本次大会还将在三个不同地点召开现场会议。第一个现场会议在汤池小镇的中华文化教育中心召开，该中心就是净空法师兴办的试验点。我在七月中旬曾以个人名义向大家推荐过一部公益纪录片《和谐拯救危机》，该片就是对净空法师的访谈纪录。以我的理解，净空法师应该是一位透彻研究中国传统文化的学者和老师，他试图用中国传统文化的力量阐释并解决当今世界面临的各类重大危机，尤其是人类的道德危机。为了验证给世人看，他选择在安徽庐江的汤池小镇作为"乌托邦"式的试点。汤池整个社会风气快速好转的事实证明，他的理念是经得起实践检验的，中国传统文化的力量是不可估量的，汤池小镇也因此名扬海内外。《和谐拯救危机》这部纪录片对我个人的触动是非常大的，产生的共鸣也是前所未有的，我越来越意识到，华安责任文化的源头正是源远流长的中国传统道德价值观，华安文化正是由于深深扎根于中国的传统文化当中，才会在实践中释放出其巨大的生命力和包容力，中国的传统文化就是华安文化的根！这也是我们选择在安徽汤池召开全国工作会议的重要原因。在汤池，我们应该带着文化同源的心情，怀着寻根问祖的敬意，来体认中国优秀的传统文化！在汤池，改变社会环境，传承优秀传统文化的方法听起来简单（而短期内却取得这么大的成效，很多人觉得不可思议），就是严格地选拔老师、老师认真地培养学生，通过老师和学生的身体力行不断地去影响周围越来越多的人。我最感兴趣的就是这些老师是怎么选拔出来的？他们是如何耐得住寂寞和诱惑的？老师是怎样培养出来的？老师又是怎样以身作则地去带学生，师生之间理念的传承如何实现生生不息？我之所以非常重视他的过程，是他对我们华安系统内企业文化的传递太有借鉴意义了。每每想到华安门店已经招聘来的四千多名大学生，以及今后几年还有更多的大学生加盟华安，我就感到压力很大，我们教不好他们怎么办？这可是我们肩头最沉重的责任啊。在我们的工作中，领导应该是下属的老师、店长应该是店员的老师。领导干部应该怎样以身作则？店长应该怎样去培训？这就是我们在中华文化教育中心现场会议所要感悟的主要内容。

第二个现场会议我们选择在铜陵精达股份公司召开。精达股份（600577.SH）是北京特华投资控股有限公司旗下的上市公司，是我们华安的兄弟公司，也是国内电磁线生产的龙头企业。精达公司目前占有国内市场份额40%以上，其资产质量优良、盈利能力突出，自特华公司并购以来已经连续五年年均复合增长率超过30%，并多次获得"中国最具增长潜力的企业"、"中国最佳雇主企业"等荣誉称号，最近安徽省委、省政府对安徽民营企业进行排名，精达公司荣膺第一。我一直认为，精达公司能有今天的成绩，固然离不开"开源"，但"节流"是它的独特优势，在一定意义上可以说，精达就是节省出来的。节省成本挂在嘴边容易，如能真正落实到经营过程的方方面面，就是管理水平的体现了；如果再能培养成一种思维意识，贯穿到生活中的方方面面，点点滴滴，就是值得尊敬的人生境界了。在精达现场会上我们将请王世根董事长作专题报告，他报告的主题就是：如何花小钱办大事，怎样勤俭办企业。

第三个现场会议在九华山召开。九华山是中国四大佛教名山之一，是地藏菩萨道场。与五台山、峨眉山、普陀山相比，九华山的独特之处或它的独特文化景观就是肉身菩萨。相传只有为数极少的得道高僧圆寂之后才能肉身不腐——也就是不朽，得到后人瞻仰朝拜，这就是肉身菩萨。然而衡量能否"得道"的标准，更简单的说，能不能不朽，与僧人生前的职位高低无关，冥冥中唯一的标准就是做僧人的态度，即只要一以贯之按照做僧人的本分做好自己的分内事，就能修成正果。传说是否可信，我们暂不评论，但是肉身菩萨所揭示的道理确实值得深思，华安的文化主张与此有异曲同工之妙："华安人没有高低贵贱之分，不是位高者水平就高、不是位高者贡献就大"，"态度决定一切，只要找准定位、做好本分，就一定能得到团队的认可和尊敬"，九华山现场会议的感悟主题就是：如何找准定位、做好本分。

二、华安核心战略深入推进的时代背景

今天会议的主题是核心战略的推进宣导。在3月份的全国工作会议上，董事会对公司的战略定位是"以保险连锁营销服务网络为平台，以

金融产品交叉销售为特征，以资产管理为核心竞争力的金融控股集团"。在这一战略中，最基础、最核心的就是打造华安连锁营销服务网络，这也是我们目前以及未来一段时期要举全公司之力来做的事情。对于公司的"核心战略"，应该从三个方面明确认识：现阶段公司发展的核心战略是连锁营销战略；现阶段连锁营销战略的核心任务是探索门店科学运营模式；门店科学运营模式的核心内容是以客户为中心、提升门店的价值。

连锁营销战略推行一年了，一年里我们取得了较大的成绩，虽然她还是襁褓中的婴儿，但在成长过程中却迸发出了蓬勃的生命力，这无疑昭示了我们这种战略选择的正确性，也是对全体华安人所付出的辛勤劳动和汗水的莫大肯定。尤其需要说明的是，这一年来国际上危机不断，国内经济也遭遇困境，众多企业纷纷裁员、倒闭，而我们这些成绩正是在大环境整体趋紧的情况下取得的，确实来之不易，这不仅说明华安高度的社会责任感和对员工负责任的态度，也表明了华安股东对公司战略的坚定支持和对公司前景的看好。

（一）宏观经济形势分析

第一，世界经济增长放缓。

受美国次贷危机影响，全球主要金融市场一度发生剧烈震荡，尽管美国、欧元区和日本的央行采取了多种干预措施，力图防止危机恶化，但诸多迹象表明，目前金融市场动荡并未结束，尤其对其他经济领域的影响更值得关注，能源、粮食等大宗商品价格持续上涨，全球通胀压力进一步扩大，经济发展不确定性日渐增加，世界经济增长已经出现明显的放缓趋势，而且许多国家可能是负增长，这恐怕要维持一段时期。

第二，国内经济面临困难。

2008 年以来，罕见的冰雪、严重的地震等自然灾害给我们的经济造成了巨大损失；始于去年美国次贷危机到今年发展为百年不遇的金融危机，虽然很多人认为对中国的影响十分有限，但对于我们这样一个外贸依存度很高的国家而言，国际市场需求的下降对我们实体经济的影响将是非常明显的，长三角、珠三角大量中小企业面临困难甚至接连破产、倒闭就是明证，我们的总书记、总理都在不同场合表达出对国内经济面临困难的关注。

第三，产险行业蕴藏危机。

说中国的保险行业蕴藏着危机，绝不是危言耸听。中国的产险市场发展至今，虽然取得了不菲成绩，但其中存在的隐患绝对不容忽视，若不能及早防范，采取措施，等到危机爆发之时再想挽回，势必付出更大的成本。在座的可能有很多人炒股，有些人可能还懂得一点技术分析，但你们可能不知道从 20 世纪 90 年代开始证券行业积聚的风险，在 2004 年证券市场行情最低迷的时候爆发，最终是以多少家券商的破产、倒闭作代价的，有多少客户不明就里，最后欲哭无泪，这种状况同美国次贷危机、现在的产险市场如出一辙。

在这样一种外部条件或环境下，华安核心战略的推行难度大大增加了，这就更需要全体华安人的坚韧和坚持，先做好自己，防范风险，提高效率，即使以华安一己之力无法扭转局势的不景气，但至少可以保证系统性风险来临之际，将我们的风险损失降到最低。

（二）华安历史阶段分析

第一，战略逐步清晰，管理透明日益迫切。

目前的华安处于怎样的历史发展阶段？华安现有股东们是在探索一条有华安特色的民族保险业生存与发展之道，相对于股东们远大的抱负，目前的华安仅仅是摆脱了生存危机，它还处于发展的初级阶段，华安的未来任重而道远。

实事求是地说，从 2005 年初到现在三年多的时间里，在第五届董事会领导下，华安从偏居一隅，快速发展到布局于全国；从深陷红海，到已艰难脱胎并以鲜明的特色进入蓝海；从弱不禁风，到开始茁壮成长为健康强壮；从饱受争议又缺乏信心，到奋力崛起且自信洒脱。现在的华安，无论是资产规模、市场份额、抗风险能力、盈利能力、行业影响力、市场公信力、品牌价值等方面，与几年前已经不可同日而语。也许，这一路走来，华安也曾有过决策失误、机会错失，甚至走过弯路，但是，今天稳定发展的局面来之不易，董事会和经营班子卧薪尝胆、上下求索、左冲右突、艰难跋涉，"拎着脑袋干革命"，为华安的生存和发展竭尽全力，应该说这是一届负责任的领导班子，是一届勤勉敬业的领导班子。

三年多的时间，这一届领导班子至少解决了攸关华安全局的两大战略性难题：一是华安的生存问题，二是华安的发展方向问题。华安的战略定位以及连锁营销的核心战略是经过九大战略长时间实践摸索后的自然选择，是在经济金融理论指导下华安实现三大属性的必然选择，也是基于把华安打造成百年老店的历史视野而科学制定的，在相当长的时期内坚持而不动摇。在战略蓝图清晰的前提下，华安必须按照现代企业管理制度的要求自我超越，推行透明化管理，强调制度的约束力，只有这样才能保证决策科学、责权对等、提高效率和防范风险。在战略清晰的前提下，董事会的工作重心将从制定战略向监督战略执行转移，可以放手让职业经理团队充分发挥专业能力。

第二，资产规模庞大，风险防范日趋重要。

了解资本市场的同事知道，管理 5 亿元资产和管理 50 亿元、500 亿元资产绝对是完全不同的操作，后者要困难得多，从而需要更加谨慎。原因就在于，风险程度不同，防范风险的体系也不同。金融市场经常发生一单业务或一个操盘手的行为毁掉一个金融帝国的案例，足见金融风险防范的重要性。华安近几年资产规模的迅速扩张，必然要求风险管控能力必须随之快速提升。我们必须做好风险防范工作，研究制定以偿付能力为中心的风险预警指标体系，建立保险业务与投资业务之间动态的风险控制机制，加强全面预算管理和考核监控系统。

第三，门店学子激增，育人重任任重道远。

在我国，前些年不规范的保险代理制度害了两批大学生，一批不思进取，没有正确的人生观和价值观，在不规范的制度下沉沦了；另外一批更甚，他们收了保费不交公司，还联合内外骗保，职业道德严重败坏，堕落了。华安自发展连锁门店战略以来，已经吸纳了 4000 多名大学生，这些学生初入社会，犹如一张白纸，将他们带好、带成功是华安责无旁贷的重任，也是华安核心战略成功的保证。然而，我不得不遗憾地指出，现在有些分公司班子、个别部门负责人自己就做得不好，根本没有资格做老师，会把一批人带坏，使其成为无辜的受害者。试想，一个天天睡懒觉、上午基本不上班的分公司老总能树立威信吗？一个自己没有主见，只唯某一个部下的言语是从的分公司老总能服众吗？一个畏首畏尾、自甘平庸、不求有功但求无过的分公司老总能让下属看到希望吗？一个漠视法纪，不注意行为举止、不顾及公司形象的分公司老总能起到表率作用吗？一个患得患失的领导干部能做称职的老师吗？一个贪图享乐、想尽办法用公款处理个人费用的领导干部能让人尊重吗？一个稍微取得点团队的信任就搞山头主义的领导干部能委以重任吗？一个有点成绩就信心爆棚、口无遮拦、对谁都评头品足的领导干部能成大器吗？一个不注重学习研究、战略理解不透却散布谣言、扰乱军心的领导干部能让团队放心吗？一个优柔寡断、不敢担当、左右逢源的领导干部能带好队伍吗？

在华安现有团队中，绝大多数人对公司的责任文化是认同的，但仍有少数人不认同，因此只能通过一系列制度来制约，在制度的执行过程中进一步宣导公司文化。现在，门店员工的排班是每人每天工作 8 小时，经常只有两个人同时上班，如果按这个思路去做，这个事业就没法干了，因为看似劳动保护，实质是对这些大学生不负责任。年轻学子们初出校门，需要的不是安逸，我前面不是讲传统文化吗？孟子曰："天将降大任于斯人也，必将苦其心志，劳其筋骨，饿其体肤，行拂乱其所为"，年轻人应该懂得。当然，我不是说要饿着他们，但应该培养他们的艰苦奋斗精神。年轻人最需要的是正确价值观的培养、知识的积累和技能的提升，想尽办法帮助他们提升才干和能力，才是对他们最大的负责任。大家都知道，从摩根、高盛、渣打、IBM、罗兰·贝格、华为以及四大会计师事务所这类公司出来的员工，一般都身价倍增，为什么？这些国内外受尊敬的著名公司培养人向来是用高强度、高负荷的工作量管理"倒逼"人才"逼"出来的。以渣打银行为例，大学生入司以后一周工作 120 小时，7 天平均每天工作 17 个小时，你可以哭，但你没法有怨言。华安的事业，需要能吃苦吃亏的人组成的团队才能完成，需要通过科学严格的制度来打造具备战斗能力的团队。

三、华安核心战略推进必须从六个方面下工夫

（一）严格按照保险企业规范治理要求，各层级找准定位、明确分工、各司其职

回顾华安的发展历程，可以看出华安走的是一条科学的创新之路，虽然背后堆积着众多华安人的辛勤和汗水，但毕竟我们体会到了华安的发展，看到了华安的希望。华安发展至今，已初具规模，资源的约束、管理成本的提高，要求我们必须改变过去随意、粗放、信息不对称的一些做法，必须成为正规军，要讲求制度、追求文化，让规范化、透明化、精细化成为公司运营管理的主旋律。因此，公司下一阶段的工作重点必须放在治理结构的完善上，放到向管理要效率上来，各层级都要找准各自定位、明确分工、各司其职。

多年来，华安的股东始终对公司发展予以最大程度的支持，即使在最困难的时候也从未萌生退意。我们的股东没有短视，他们看好保险行业的发展前景，能抵制诱惑，耐得住清贫，没有动辄要求分红，而是立足于公

司长远发展。今后几年，不管市场如何变幻莫测，我还是请股东们一如既往地给华安以支持。

董事会是公司的最高决策机构，对股东大会负责，自 2005 年明华会议以来，推行规模扩张、利润最大化、理财险、学贷险、规范经营、连锁营销战略，使华安从小到大，从举步维艰到良性发展，证明了董事会一系列战略决策的正确性。今后，董事会要继续尽职尽责，五个专业委员会从各自专业角度对公司战略、风险、预算、审计、人事任免等方面进行决策和监督；独立董事要对公司经营管理过程中的重大事项发表专业、独立性的意见；其他董事也要严格按照公司相关制度规定尽职尽责。同时，董事会还要随时、积极地关注公司日常经营管理状况，严格考核、检查经营层面各项工作。

经营层的定位应是高效率地执行董事会决策，并对执行过程中出现的问题及时向董事会报告并提出建议。一流的战略二流的执行，不如二流的战略一流的执行，这个话有道理。因此，华安公司治理的完善将重点放在经营层的定位上，真正做到各司其职、各负其责。

（二）建立立体式经营管理组织架构，实现规范经营、透明管理、权责对等

华安要真正做到各司其职、各负其责，必须建立起立体式的管理组织架构，以日常运营为主线，以四大责任人为保证，以六大管理委员会为辅助，力争实现规范经营、透明管理、权责对等。

第一，以日常运营为主线。任何一个健康的企业，其经营管理都是以日常运营为主线，如果日常运营之外的事项过多，说明这个企业可能存在问题。以日常运营为主线，就要求公司经营层、各部门、各分公司切实做好本职工作；不相互推诿，做到各尽其责，提高效率。

第二，以四大责任人为保障。公司的四大责任人包括合规负责人、风险管理负责人、精算责任人和审计责任人，这是根据监管部门要求，在合规、风险管理、精算、审计等关键岗位细化责任、明确职权、防范风险的举措，是实现透明化管理，完善治理结构的保证。

第三，以六大管理委员会为辅助。公司设立六大管理委员会的目的是，为辅助经营层对重大事项进行有效管理，促进决策的科学、民主、专业和理性，增强协同作战能力。六大委员会分别是保险业务管理委员会、偿付能力管理委员会、投资业务管理委员会、信息化建设委员会、连营战

略执行委员会和绩效考核委员会，由总裁授权，分别就公司各专业领域日常经营管理中出现的重大问题进行辅助决策与决策。

连锁营销战略是公司现阶段的核心战略，事关华安的生存和发展。连锁营销战略执行委员会具有辅助总裁决策功能，以会议方式对重大事项进行集体决策，主要履行的权限有，审核连锁营销战略年度建设规划、规划调整和实施计划，审核连锁营销系列年度预算及预算调整，审核连锁营销系列相关的非常规性激励方案和奖罚措施，审核连锁营销战略实施过程中突发、重大事件的处理方案，其他涉及连锁营销战略的实施举措等原则性问题，以及其他相关事项。

（三）根据华安成长发展的状况，精细管理、降低成本、控制风险

第一，全面推行精细化管理，提升整体运营绩效。

精细化管理是将精细化管理的思想和作风贯彻到公司所有管理环节的一种管理模式，强调切实清除管理中存在的问题，将管理工作做细、做精，通过管理创造效益，提升公司整体运营绩效。

当前，华安的管理是条线、条块分割，决策协同性不够，效率低下；公司部分人员忽视日常管理，工作方式粗放……这都与公司战略的要求和当前良好的发展形势极不相称。因此，我们要通过管理改革改变上述状况。

首先，思想上要在公司上下各层级管理者中积极倡导、全面推行精细管理，号召每位经营管理者学习、重视、强化管理，从自身做起，从工作的每一处细节做起，把提高管理效能作为管理创新的基本目标，建立更加灵活高效的管理机制。

其次，在行动上，要尽快实现流程、制度等的合理高效，促进管理的规范化、标准化、专业化和透明化，要明确管理目标，减少管理层级，细化管理单元，确保管理高效、准确、到位，进一步提升企业运营的绩效；各级管理者要把各项经营指标具体量化，仔细渗透到管理的各环节，并在管理技能、管理素质、管理方式等方面深入挖掘，提高自身能力，提高管理效率，促进公司持续健康发展。

第二，发扬艰苦奋斗精神，合理降低成本费用。

降低成本，关系企业经济效益的提高，关系企业的生存发展，关系企业员工的根本利益。合理降低成本费用有两方面，一是开源，即扩大业务规模，一方面提高承保收入，使成本费用率下降，另一方面增加投资收益；二是节流，即合理减少费用开支，降低费用率，二者不可偏废。

现阶段，暂不谈国际、国内不景气的经济形势和资本市场不大好的环境对企业生存、发展产生的压力，单从华安自身面临的状况看，就需要合理降低成本。随着连锁营销战略的全面启动，公司在门店建设、人力成本等方面已经投入大量资金，投入需要产出，需要我们尽快找到盈亏平衡点，实现开源。同时，为保证长期战略的顺利实施，也需要合理节约费用和各项开支，实现节流。此外，在战略的推进过程中，目前还出现了成本方面的思想认识问题，这需首要解决。比如公司的一些职能部门以居高临下姿态参与到连营战略中，服务意识不强，导致协调成本增高；又如个别分公司在门店购买、建设过程中成本观念淡薄，在购房和装修等方面管控不力，造成浪费和成本提高，等等。

从节流方面考虑，公司的方方面面、上上下下都要围绕成本的降低下工夫，要做到能节约的就尽量节约。首先，要让降低成本的理念和文化深入人心，全体员工自觉地弘扬艰苦奋斗的精神，精打细算，节约开支，杜绝浪费，在每一项业务中一点一滴都力求降低成本；其次，要管控好各级分支机构的成本预算，层层落实责任，加强稽核监督。对降低成本成绩突出的机构和相关人员给予表彰和奖励，对成本费用失控、严重超标的机构和相关人员给予批评和相应的经济处罚。

第三，构建风险管理体系，合理有效控制风险。

经过近三年的发展，华安的资产规模和资本实力取得了长足进步，实现了跨越式发展。资产规模逐渐庞大，风险控制日趋重要。构建风险管理体系，合理有效控制风险不仅是行业监管的要求，也是华安应对日益复杂的外部环境的需要，更为完善公司内部控制体系所必须。良好的风险管理体系，可以起到防范和化解风险、保护资产的安全与完整、保证经营活动合法合规和公司战略有效实施等重要作用，是衡量公司经营管理水平高低的重要标志。

我们要围绕连锁营销战略和总体经营目标，通过内部管理环节和经营过程，培育良好的风险管理文化，推行顺畅的风险管理流程，使风险管理贯穿于公司运行过程的各个方面，涉及治理、管理和操作等各个层级，从而构建风险管理体系，合理有效控制风险。

同时，还要科学评估风险、实现合理风险定位，落实再保险策略；科学实施资产负债管理、保证充盈的偿付能力；做好保险资金的投资风险管理，等等。各层次、各条业务线、各岗位要自动对号入座，系统评估、认真分析各自所辖领域的风险在哪里，如何防范。

（四）倾全公司之力推进连锁营销战略

第一，耽误不得——连锁门店战略重心从建设向运营调整。

连锁营销战略重心的调整是门店发展战略的内在要求。之所以要调整，主要原因是三个"不匹配"：购房进度与开业进度不匹配，招聘进度与开业进度不匹配，运营结果与投入不匹配：虽然公司对门店的成熟周期有充分的认识和准备，虽然运营效果逐月大幅度提升，但与投入相比，相去甚远，要加快运营探索的步伐，尽快接近盈亏平衡点。

同时，经验的总结和积累刻不容缓。要不失时机抓紧对试点进行总结，运营半年来有许多好的经验值得交流和推广，经市场检验过的成熟服务和简单产品要尽快在全国推广。要通过试点的方法，多孵化、多培育，积累运营经验，这样就可以使后开业的门店少走很多弯路，门店整体的成熟周期将会大大缩短。

第二，失误不得——必须坚持既定的战略方针。

首先，战略已进入推行阶段，如逆水行舟，不进则退，是华安别无选择的发展之路；其次，它承载着全体华安人的理想和期冀，公司所有部门和员工对连营部都在鼎力支持；再次，新老股东，国际、国内很多战略投资者看好我们，我们要对投资者负责任；还有，失误了也就意味着对客户的承诺无法兑现；最后，失误了就辜负了监管部门对我们的支持、宽容，辜负了行业对我们的希望。

第三，急躁不得——必须遵循经济运行规律并依赖宏观金融形势。

首先，经济运行有客观的景气周期规律。诚如大家所知，国际经济形势风云变幻，欧美国家以次贷危机为导火索，经济金融出现全面衰退，各国政府都顺应趋势主动调整金融政策，而不是盲目地逆风而上，更何况华安作为企业的微观经营？

其次，门店运营必须遵循的监管原则。公司连锁式营销服务部运营模式必须遵循中国保监会制定的一系列规定、准则，特别是保持流动性和偿付能力。如连锁门店的资产购置，在各个年末，锁定长期资产不超过净资产50%标准；偿付能力须保持在150%以上，等等。因此，连营战略的有效推进必须保持建设和运营的平衡，建设到一定阶段就要重点抓运营，运营积累了经验再抓建设，交替前行，稳步推进。

最后，门店的创新模式有必然的成熟周期。客户购买习惯的转变、业务范围的准确定位、战略推动合力的形成等都需要过程和时间。爱德华·琼斯和美国 State Form 的例子也证明了这一点。"罗马不是一天建成的"，"一口气吃不成胖子"，在运营上必须杜绝"杀鸡取卵"、"急功近利"的做法，尤其是直接面向客户的产品和服务，如果条件不成熟，承诺做不到，就不能仓促上马。

对华安连锁门店战略目前存在的问题和困难，一定要用历史唯物主义的观点，必须遵循经济运行规律，必须充分研究考虑宏观金融形势，将华安个体发展放入客观经济金融全局发展的大脉络中看待，将现在的华安放在华安发展的历史过程及发展前景中来看，这样既客观面对困难，又对战略充满信心，只有这样才能认识事物的本质和规律，找出解决问题的方法。

（五）深入打造推广华安的"责任文化"，找好老师、当好老师、带好队伍

华安文化的核心是责任文化，这种文化特质是区分是否是真正华安人的重要特征，尤其在考量各级领导干部是否称职方面，责任文化是重要标准。责任文化潜移默化地影响各级领导干部工作和生活的方方面面，就工作而言，领导干部不但要切实履行工作职责，敢于决策，敢于承担责任，对下属而言，更要承担带好队伍的责任，传承公司的责任文化。所以，我们提倡领导与下属的关系更像老师与学生的关系，筛选提拔干部，在一定意义上就是选择好的老师，称职的领导干部首先要当好称职的老师。

第一，近期个别中高级管理干部在践行公司文化中出现一些不好的倾向。

首先，在战略的理解和执行上，个别人对公司战略理解不透彻、执行不到位，比如，公司对工作重心进行调整，就妄加议论，说公司战略不执行了；对战略实施信心不够，出现问题就灰心丧气；不能创造性执行公司战略，等、靠、要思想比较严重，连锁工作重心调整到运营后，销售业务暂时没有上来就开始观望，"大家都不行，我不行没有关系"、"等标杆、靠标杆"的心态加重。此外，部分分公司班子成员不分管连锁营销工作，不仅认为连锁建设和自己没关系，还以局外人的身份评价或议论连锁营销工作。

其次，经营过程中缺乏责任意识、经营意识和成本意识。少数人热衷于应酬、享受、讲排场、比阔气，对公司、对股东不负责任；客户服务工

作量少了，客户服务意识也没有了，对社会、对客户不负责任；工作方法简单，出现问题推诿给下属，不喜欢员工提不同意见，员工提出的问题不能及时处理，不关心员工思想和需求，对员工不负责任。

最后，不遵守公司制度，执行力欠缺。公司明明有明确的规章和要求却不遵守，做了那么点工作就自以为是、自我膨胀、唯我独尊、搞特殊化；"私事公化"变为"以权谋私"；对自己要求不严或利用公司资源办私事，缺乏职业道德和敬业精神。人力资源部、各分公司在这方面一定要承担起责任，坚决杜绝这种不良现象的发生。

第二，找好老师、培养成好老师是对领导干部的基本要求。

要真正找好老师、培养成好老师，根本途径在于以优秀文化来熏陶和引导，当然也不排除辅之以有效的制度。汤池的老师为何能背井离乡，十年如一日，就是因为他们有着对文化、信仰的追求。反观华安的"老师"们——总公司部门和分公司班子成员在理解和践行公司文化时的表现，则难免让人担忧。既然在现阶段我们无法以公司的文化来保障公司战略的有效推进，那就必须代之以相应的制度。

首先，董事会对经营班子要严格要求，严格按照保监会规章制度和公司法人治理结构的要求，授权清晰、明确责任、权责对等、科学评价、奖惩公开，严格按照私事公化的制度要求，反对搞特殊化、杜绝特权行为。公司要求分公司班子成员、总公司部门班子成员做到的，总裁室成员首先要做到。

其次，总公司对各部门、各分公司班子成员重点是明确工作条例、加强作风建设、严肃司容司纪，个人作风问题从严管理、从重处罚。干部提拔、干部奖惩要公开透明，推行过程公示制度，接受全系统的舆论监督。优化工作流程，环节清晰、责任到人，强化岗位责任监督和追究。这次会议我们出台了总裁室层面的责权对等的制度，建立六个管理委员会，随后就要出台部门层面和分公司班子层面的责权对等制度。要让部门和分公司的负责人真正负起责任来，当好老师。

最后，分公司对支公司和门店管理，重点是加强计划考核、成本管控和预算管理，发扬艰苦奋斗的工作作风，树立全面的经营意识和成本观念。加强对分公司经理和门店店长等基层管理干部的培训工作，强化门店店员的工作量管理，让年轻干部得到充分的锻炼和培养。

第三，当好老师的关键是以身作则。

"学高为师，身正为范"是教育家陶行知先生的至理名言，被引用为很多著名师范院校的校训，陶先生提倡的教育不是简单的施教，而是给予学生全面和谐的教育引导，具体地说教师的自身素质十分重要。"学高为师，身正为范"是做教师的基本功，打铁先要自身硬。具体到对华安系统各级领导干部的要求，就是要文化过关、态度过关、专业过关，现阶段能力和专业欠缺一点没有关系，但首先应该也必须做到"身正为范"，就是要以身作则，并且持之以恒地坚持。门店店员的老师是店长，店长要以身作则；门店店长的老师是分公司的领导干部，分公司领导干部要以身作则；总公司部门、分公司班子的老师是总裁室领导，总裁室领导要以身作则。反之，如果门店店员听说总公司某领导搞特殊化，他看到老师的老师都这样，他会怎么想？我说不规范的保险代理制度害了两批人，就是那些刚进入社会、涉世不深的学生们向那些所谓的"道貌岸然"的老师学坏的。他会认为老师说的那套只是冠冕堂皇的说辞，他甚至会对整个公司文化产生质疑，你又有什么权威要求别人做这做那？每个人心中都有一杆公平的秤，今后就是要把各级领导干部的成绩和不足都公开，让学生们来评判。所以说，自上而下的以身作则是当好老师的关键。

第四，带好队伍是找好老师、当好老师的自然结果。

老师能不能带好学生，领导干部能不能带好团队是一个结果，决定这个果的因在于过程，即老师有没有培养好，老师有没有以身作则。"人之初，性本善"，人都是可以教好的，良好的文化氛围一旦形成，不符合文化的人和事就很难有生存的环境土壤，30个老师改变汤池小镇社会风貌的经验，清晰地证明了这一点，这就是文化的力量。

（六）集合各方资源，推进公司战略，坚定信心、齐心协力、共渡难关

万家连锁是一项伟大的金融创举，是一个系统性金融创新工程，不是某个点、某个面上的技术改良。它从居民的人性化需求出发，洞察客户对金融产品安全感的潜意识心理需要，从源头打造服务链条；它从打造百年老店的愿景进行战略规划，源源不断地沉淀使华安基业长青的客户资源；它的建设和运营成本巨大却将价值不断沉淀到门店本身；它的更大意义在于庞大网络形成后，金融产品交叉销售将带动金融服务从内容到品质积累到质变，从而实现价值井喷。这样一项浩大的系统工程，其复杂性、艰巨性不言而喻。目前适逢国际、国内经济不景气，金融业进入冬天的预兆增加了我们战略推进的难度。而更让人备感焦虑的是我们队伍中的个别同志到现在仍然对这项战略领悟不透、执行不到位。现实对华安提出了严峻的考验，我们必须坚定信心、齐心协力，共渡难关。

如何坚定信心？大家可以回想一下华安 2002 年以来的发展历程，在举步维艰的条件下，我们尚且能够集全公司之力，历经种种艰辛，到今天取得为业界公认的成绩。当前的困难只能算是大海前行中的一点小风浪，创新实践中的一点小波折，如果因此就消融了士气，丧失了斗志，就不是华安人的责任文化和奋进精神。2002 年刚刚入主华安时，我代表股东说过"华安是我们大家的"，大部分人当时对此不屑一顾，之后我们推行了"天使计划"，再后来又在酝酿员工持股计划；2003 年设计理财险开发时，大家认为 100 亿的目标是痴人说梦，现在对我们来说游刃有余；2005 年董事会提出"双五"计划时，还是有一些人不相信，认为言过其实，忽悠大家，结果我们提前一年破"双五"目标，历史性地实现了连续两年盈利。那么，到现在，事实摆在面前，大家应该有充足的理由相信我们股东对华安的信心，相信董事会决策的能力，相信我们最终完全能够实现战略目标。今天，我还要重复那句话，"华安是我们大家的"，大家的华安需要大家坚定信心，共同努力、共同为之奋斗。

如何齐心协力？这几年来，在责任文化的熏陶下，不少华安干部沉心静气、潜心修炼，无论境界、视野、责任心、大局观等都得到升华，管理水平显著提升，这是董事会由衷感到欣慰的事情，也是做老师感觉最快乐的事情。他们往往能从公司的根本利益出发考虑问题，破除工作中的偏见和消除存在的隔阂，领导干部的素质是公司上下一心、群策群力的基础。

怎样共渡难关？华安仍处在发展的初级阶段，未来三年内必须要挺过"三关"：市场关、管理关和战略关。市场关取决于经济周期的景气运行规律，宏观金融形势的变化不会因个人主观意愿的变化而变化，在这个过程当中我们要韬光养晦，急躁不得。管理关就是要苦练内功、夯实基础，管理薄弱不但是我们的软肋，而且要实现真正的管理透明和权责对等也需要时间来磨合和沉淀，所以既失误不得又急躁不得。战略关是我们目前的核心任务，耽误不得、失误不得、急躁不得。当前我们要调动系统内外一切积极因素服务连锁门店战略：我们的股东不但倾其所有于华安，甚至不惜牺牲自身利益利用其社会影响力整合各方资源助推华安渡过难关；董事会锐意进取，充分借助外脑，引进罗兰·贝格、IBM 等专业管理咨询机构，大力推动管理转型；系统内大批有责任感的华安人充分配合战略，有点子的出点子、有能力的发挥能力、还有很多员工在公司困难的时候对华安也是不离不弃，坚守自己的理想和对公司的信任和期望，公司目前正在考虑员工持股计划，这一方面是公司需要忠诚于华安事业的员工、干部与华安共渡难关，另一方面也是出于对真正认同华安理念和文化的华安人负责任的态度。我相信只要全体华安人团结一致、坚定信心、齐心协力、系统作战、整盘推进，我们一定能够顺利渡过难关。

同志们！华安的核心战略已经进入深入推进的阶段，它标志着华安的整体发展也进入了关键阶段。在这样的特殊历史时期，我们必须做到：实现管理透明化，构筑企业和谐发展机制；找好老师、当好老师、带好队伍；找准定位，做好本分。在这样的特殊历史时期，为保障核心战略的成功推进，需要辅之以制度和文化两条管理线，需要强化执行的，要以制度来约束，并最终上升为文化；需要文化来引领的，要根植于文化，并具体化为制度；需要探索和积累的，要在制度执行中上升为文化，在文化宣导中具体为制度，二者并行不悖。我希望我们全体华安人都能做到遵守制度、认同文化，在这个过程中推进并体会华安的发展！

树立信心　把握风险　积极应对国际金融形势[*]

(2008 年 10 月 5 日)

一、召开投资业务管理委员会会议的主要背景

假期还没有休完，但因为明天就要开市了，所以今天占用大家的时间，组织公司与资产管理相关的股东代表、董事会成员、班子成员、资产管理中心以及资产管理公司筹备组的主要成员一起开会。早在 9 月底我和李安民同志参加天津达沃斯论坛时，安民同志就提议召开这次会议，我十分支持，说也请董事会成员袁长安、李晓，资产管理中心和资产管理公司筹备组的有关人员列席会议。投资工作在华安是一项非常重要的工作，尤其在目前的世界金融经济背景下，更加凸显其重要性，所以在此，我想与各位就刚刚结束的安徽会议进行交流，特别是有关公司法人治理结构完善及与投资关系的工作。

（一）安徽会议上对公司法人治理结构进一步完善

安徽会议上形成的共识是华安的管理是以行政线为主，目前行政工作由蔡生负责，我在安徽的董事会上已正式辞去总裁职务，由蔡生出任总裁，李安民是主管投资工作的副总裁，秦亚峰与彭建华是资产管理中心负责人。另外一条线是六大管理委员会，与投资工作紧密相关的是投资业务管理委员会，委员会的主任委员是李安民，委员由杨智、李军、秦亚峰、彭建华组成，执行秘书是谷纯悦。这一投资业务管理委员会是直接对总裁室负责，同时与董事会下设的风险管理委员会对接，董事会风险管理委员会由三人组成，一是公司独立董事蒋光辉，一位是蔡生，还有一位是袁长安，袁长安不参与投资业务管理委员会工作，但作为董事会派到风险管理委员会的执行董事，负责协调对接等工作。还有一条线是保监会所规定的

* 2008 年 10 月 5 日在投资业务管理委员会第一次会议上的讲话。

四个责任人，即合规责任人、风险管理责任人、精算责任人和审计责任人。

这三条线中，行政线是主线，六大管理委员会是保证、保证公司资源的调动，四大责任人主要负责风险控制、监督等，符合监管要求。这就是公司目前的组织架构，各位作为华安资产管理工作关键岗位人员，要清晰公司目前的工作体系。我作为董事长，是董事会战略发展委员会的委员，此前的许多投资工作由我亲自指挥，今后公司的投资工作由李安民负责，投资业务管理委员会要按照相关管理办法认真开展工作，要逐步做到制度化、规范化、流程化，每个人都应该明白自己要做什么，行政线上每个人都应明确自身的权力与责任，大胆工作、大胆决策，投资结果好坏都与你有关系，最终做到"透明管理、权责对等"，这也是安徽会议所确定的要求。高盛在这次金融危机中能够幸存下来，最主要的原因是把合伙人的治理结构发挥到了顶峰。我们应该要借鉴这种治理结构经验。关于我们此次在治理结构上的调整与完善，蔡生总裁已经代表公司向保监会领导进行了汇报，并得到了保监会的认可与赞赏。

（二）对投资业务管理委员会工作要求

今后投资业务管理委员会召开的每一次会议，每一位委员都必须要发表自己的看法，并且记录在案，如果是扩大会议，列席会议人员的意见也要记录在案，作为考核、评价各位工作的原始依据之一。你对市场的判断，尤其是委员，必须发表明确意见，这会迫使大家在开会前做好充分准备，工作过程更加严谨，不能开会时没有表态，一句话不说，或者随意决策，

感觉与己无关，今后决不能再这样，这实际上是一种倒逼的管理办法。我相信大家各有所长，对事物的把握各有各的本领，希望大家能够积极参与、献计献策。会议只是一种形式，如果大家有好的建议或者有特殊的信息来源渠道，也可以通过其他方式向投资业务管理委员会反映并记录在案。投资业务管理委员会不仅要听取各委员的意见，还要吸取各方面信息，集中、集中、再集中，提炼、提炼、再提炼，尤其要听取不同意见，综合归类，最终形成决策。

（三）充满信心，应对金融市场形势

目前，国际金融市场动荡不安，百年不遇的金融风暴已经来临，金融市场变幻万千，例如美国政府的救市方案先是肯定，后被否定，然后又被通过，市场表现每天都不一样。我们作为金融市场的参与者，也不能独善其身，在这一过程中，如何生存下来，怎么发展，怎样把握机遇，是不是在这一过程中我们就无所作为了？这些问题都需要认真思考。目前，金融风暴已经影响到了实体经济，实体经济反映到金融经济可能又会掀起一浪。尽管有了金融救援计划，但是大部分人都认为世界经济还将进一步下滑，不是说美国一有了金融救援计划，形势就会好转。我认为这一判断是客观的，但这一过程中是不是就没有投资机会了？我们面临的风险到底有多大？该如何把握？明天开市后，市场到底会是怎样的反应？近段时间中国政府有关部门在做什么？将如何应对？这些问题都值得我们深入研究。在这次天津达沃斯论坛上，温家宝总理发表了两次讲话，总理在此次世界金融危机之下对中国的经济还是充满信心的，而我个人也认为总理的看法是很英明的，是在困难面前能看到成绩，我也是充满信心的，但对华安来讲，我们必须要落实到每天的具体操作中。

二、认清金融市场形势，准确把握中国市场

美国前几天的市场十分不稳定，而近期的中国市场也会如此，明天以及未来一个月、一季度，我们都要谨慎应对。大家要多想想，多接触市场人士、政策理论专家，要跳出市场看市场，或是从非技术性层面、从旁观者的角度看市场。去年5000多点在往6000点走的时候，我曾和几位其他业界人士吃饭，吃饭过程中大家都在热烈地谈论股票，感觉比我这个做投资的懂得多，有个人就问我："你不是搞投资的吗？我把钱给你，你能给我多少的年回报率？"我就告诉他，一年20%—30%的年回报率我大概可以承担这个责任，一听这话，他马上不和我谈了，谈的都是翻三五番、翻十番的东西。现在再见面就说知道了，股票市场并不是谁都可以弄懂的市场。要认清市场，认清事物的本质，我提出以下几个建议。

首先，我们要研究我们的中国共产党。这次市场状况与历史上的任何一次都不一样，对中国原先关起门的时候不一样，何况现在的门已经开了，华尔街金融风暴对中国的影响我们是躲不开的，在这种环境下，我们

需要好好研究中国共产党，因为与党中央保持一致的公司往往能够生存得更长久。我认为，地球上任何一个国家的任何一个政党都不如中国共产党，只要中国共产党把一件事情彻底弄明白了，就肯定能把这件事情做好，做得非常漂亮。这次华尔街的金融风暴让我党基本上弄明白了，这实际上是一剂良药，逼着你必须闹明白。这次参加天津达沃斯论坛的时候，温家宝总理在做正式报告前，全球选了 100 个 CEO 与其进行一次私人会面，我也在内，温总理说："把中国的事情做好了，就是对世界的贡献"，总理还说了："细心的人应该感到我们已经在行动。"这次华尔街的金融危机促使我们必须弄明白到底是哪儿出了问题。

其次，在目前的大环境下，中国能否成为世界强国？是否会成为世界经济的领头羊？对于这些问题中国政府一直都比较低调，是要先把自己做好。2008 年恰好是中国改革开放 30 周年，各领域都在进行总结，在这一时刻遇到美国华尔街金融风暴，可以说是坚定了中国政府走自己的路的信心。因为华尔街的金融风暴恰恰是在一定程度上对西方经济学以及西方价值观的一种讽刺和否定，是对完全的市场经济、自由经济，以及西方人生价值观、社会文化不足之处的一种否定。包括我们的资本市场，此前西方一直认为中国的政府干预过多，应该完全按市场走向走，但如今美国的市场经济也需要政府大规模的调控，实际调控效率和力度还不如中国。

再次，中国目前有钱、有市场、更有执行力，并且对于这次金融危机已经基本弄明白了。美国是没钱借钱花，但中国现在是有钱，政府有钱，老百姓也有钱，储蓄多得很；其次，我们有市场，我国有八亿农民，虽然他们现在的消费能力不强，但如果财政政策、社会保障等方面逐步配套，鼓励消费，还是有很大市场空间的；再次，我们有执行力，例如大小非的问题，哪个国有企业老总敢做非分之想？马上把你拿下，一分钟都不耽误，这是欧美市场做不到的。所以，对于中长期市场来看，我是比较乐观的。这也是温总理曾说过的，信心比黄金、比货币更重要。

对照华安文化，我发现华安的"责任、专业、奋进"与总理的几个观点不谋而合，对于我们这样以责任当头的企业，更应该对未来充满信心。政府现在是确实想做一些事情，中国只要能抓住这 5—10 年时间，步骤不能乱，不跟在别人后面走，出自己的牌，就能抵御世界经济危机对我们带来的负面影响，实现超常规发展。中央汇金公司先期购买 200 万的股票只是开始，当中央需要的时候，他还会随时出手。我认为中国市场整体上不会下去，政府还是能办到的，因为我党是一个负责任的政党，外面的风浪虽然很大，但是大家也不应太悲观，总理在达沃斯论坛上也反复强调，不要太悲观，经济学家、企业家的血管里应该要流着道德的血液，要创新，信心非常重要……在达沃斯论坛上总理还喝了牛奶，以示对中国奶粉业的支持。华安作为一个责任当头的企业，此时此刻也不能太悲观，要树立信心。这是我从非技术层面发表的一些看法，但我至今仍非常认可易中天讲的刘邦和项羽的故事，项羽为什么败给刘邦？在一个人、一个事业的成功过程中，非技术因素占成功要素的80％，技术因素只占10％，在目前的形势下，大家一定要跳出来，多加分析，从多条线、多种信息、多个因素支撑，集中集中、提炼提炼，一步步接近事物本质，这才是我们要做的。这时候，华安不作为是不行的，不仅与总理的要求相违背，也是与华安的文化相违背。华安作为一家民营保险公司，这时候更应该体现出把握市场、把握风险、在动荡中找到机会，才会获得社会的真正认同。

回顾改革开放历程，优化华安发展战略；
弘扬我党优秀品质，树立事业必胜信念[*]

(2008 年 11 月 3 日)

今天我讲两个方面的内容，一是从战略视角补充谈谈"科学发展保险业务"的思路；二是通过对我党优秀品质和光荣历史的再认识，提高我们克服当前面临的困难的信心。

一、从战略视角审视我们华安"科学发展保险业务"的思路

大家知道，近几个月来，以美国次贷危机为导火索，国际金融市场发生了翻天覆地的变化，华尔街金融风暴逐步演变成波及全球的经济危机，中国金融业和保险业不可避免地受到了冲击和影响。但是，任何事物都要一分为二，中国不同于美国，我们在感受危机的同时更应该清醒地看到：首先，中国经济的未来——发展的机遇大于挑战。在中国共产党的领导下，中国经过 30 年改革开放，综合国力得到极大提升，加之这些年金融体制改革的不断深化，中国金融行业整体抗风险能力大大增强了，在全球经济金融危机面前，中国成为世界上为数很少的避风港湾，也正因为此，中国在这次危机中的国际地位也得到很大的提升。其次，中国保险行业的未来——发展的机遇大于挑战。在中国保监会的正确领导下，全行业的风险控制体系日趋完善，并未受到华尔街金融风暴太大的直接影响，加之行业规范经营的决心和力度都是前所未有的，行业新一轮的大洗牌正在拉开序幕，市场结构将趋于合理和优化，行业新的发展机遇期已经到来。最后，我们华安的未来——同样是发展的机遇大于挑战。目前，我们华安和其他众多保险主体虽然共同面临经济环境上的困难，但是，这些都是暂时的，因为国家和行业美好的前景是毋庸置疑的，而且华安自身还有许多独

---

* 2008 年 11 月 3 日在"2009 年公司运营工作部署大会"上的讲话

特优势，比如前十年的历史包袱得到清理，经过近几年的艰苦努力，规范经营的基础打得比较好，总资产规模行业排名靠前，法人治理结构完善，等等。最为关键的因素是历经几年的市场洗礼，华安的队伍整体素质不断提高，已经逐步打造出了一支有共同理念、能打硬仗、有战斗力的铁军，这是华安赖以生存的根本。所以，我们的困难是暂时的，我相信，只要大家按照统一部署，上下同心、坚定信心、努力工作，就一定能够攻克难关！

今天的视频会议是公司一次非常重要的全国工作会议，是继上个月安徽会议后，公司战略推行的进一步优化。刚才，来自全系统的1000多名管理骨干和党员干部，聚集在视频前认真听取了蔡生同志代表总裁室所做的关于2009年运营工作部署的报告。蔡生同志的报告系统全面地介绍了2009年的整体工作规划：以"发展"和"提高盈利能力"为宗旨，清晰阐述了"四前一后"的业务发展模式（"四条前线"即连营业务、公司业务、金融保险业务和投资业务，"一条后线"即组织保障工作）；明确下达了各条业务线的基本任务目标；重点强调了对二三级机构的考核力度；整体构成了一套经纬纵横、条块分明、考核立体的运营管理模式。这份规划也鲜明地勾勒出以"开源节流"为主要内容的2009年发展坐标，一方面吹响了华安向常规业务进军的号角，其前提是在规范经营、风险可控等原则下的"科学发展"；另一方面号召发扬艰苦奋斗的工作作风，着力降低经营成本，其目的是提升人均产能、提高资源使用效率、使资源合理配置并向一线倾斜。

下面我进一步就如何从战略视角审视"科学发展保险业务"思路，谈些看法。

第一，从战略抉择来看，对于任何一家企业而言，没有通用的战略，也没有永恒不变的战略，只有不同发展时期最适合它的战略。这种适合主要基于两方面的考虑：宏观环境和自身条件。目前，全球金融行业大多数都面临前所未有的经营困难和现金流压力，我们华安的运转在承受着庞大的成本压力的同时，受制于资本市场行情的疲软，也在承受着很大的利润压力。巨大的运营成本如何消化？稳定的现金流如何保证？仅仅指望尚在摸索中的连锁营销服务部显然是不现实的，因此在坚持核心战略方向不变的前提下，发展常规保险业务是我们必然的选择，而且必须是科学发展，而科学与否的根本标准，就是我一直强调的"规范经营"和"风险可控"："规范经营"是红线，触犯了将一票否决；"风险可控"是根基，只有彻底变革以个人代理为主的营销模式，只有公司掌握业务源头，只有客户资源公司化才能真正实现"风险可控"。红线不可碰，根基不可动。只有这样才能保证常规业务发展的科学性，也只有这样才能保证我们战略推进的有效性。

第二，从战略沿革来看，华安对于保险业务如何规范发展的探索从未停止过，华安也从来没有说过不发展常规业务，只是在不同的时期和条件下，必须有所为有所不为。2005 年初的明华会议提出"风险可控下的规模发展"的思路与今天的要求并无多大区别，只不过当时华安业务发展的模式，是依赖个人营销员的人海战术，客户资源、承保质量都无法有效管控，因此"风险可控"也就成了一句空话。"皮之不存，毛将焉附"？之后的太原会议提出的利润生存战略，以及"比出险客户的亲人早到三分钟"的强化客户服务战略，无疑是非常正确的，之所以对于改变业务质量和结构也并未起到太大的实质性作用，原因同样还是由于业务的源头并不能由保险公司掌握，更多的意义只是在于灌输了经营利润和客户资源的概念。让"风险可控"从理想变成现实可行性的两次选择，是规范经营战略和连锁营销战略。"不破不立"，规范经营战略打破了行业潜规则，但严格按照保监会的要求，由于"生态环境"不具备，我们近两年做不来业务；连锁营销战略虽然树立了有生命力的新模式，但还需要较长时间的培育。事实上，无论是规范经营战略还是连锁营销战略，推进的目的都是科学发展保险业务，先舍才能取，有放弃才能有选择。

随着保监会 70 号文的适时出台，行业规范自律的决心和勇气昭告天下，事实也证明了华安战略的前瞻性、科学性和一贯性。在当前的环境和条件下，我们必须做出选择，这种选择就是进攻，否则我们将错失再次发展的历史机遇。总结以往的经验得失，我们必须切实把握"风险可控"的基本原则，选择精英团队式展业模式，实现常规保险业务的科学发展。

第三，从战略愿景来看，董事会对公司未来的战略定位是"以保险连锁营销服务网络为平台，以金融产品交叉销售为特征，以资产管理为核心竞争力的金融控股集团"。反观现实，资产管理目前虽然也是我们的核心竞争力，但是与资产管理相匹配的另一只"轮子"——保险业务就显得有些畸形了，常规业务保费收入很少，绝大部分是理财险保障金收入。事实上，理财险保障金的成本从长远来看是很高的，尤其是经济不景气的时候，给付压力会更大。如果能有长期稳定的保费收入沉淀用于投资业务，资金成本和投资风险都会降低很多，盈利能力自然也将大幅度提升。

因此，如果我们的常规保险业务能够实现科学发展，在保证自身盈亏平衡甚至微小亏损的基础上，为公司的资产管理提供稳定、充足的现金流，那将是为公司长期战略的实现做出的最大贡献。目前，对华安而言是机遇大于挑战，因为行业规范的步子迈得越来越坚实，可以预见到行业即将迎来新一轮的大洗牌，常规业务的发展也将进入一个新的机遇期，而我们早已在行业内率先规范，这两年已做足了准备，正蓄势待发，也必将能厚积薄发！

二、中国共产党是世界上最能克服困难的政党

在党的领导下我们有信心克服暂时困难。

接下来我讲第二个方面的内容。通过长期的学习和观察对比，以及自己所经历的实践，我得出了"中国共产党是世界上最能克服困难的政党"的结论，由此我认为，有中国共产党的卓越领导，我们完全有信心克服目前的暂时困难。

今年是改革开放 30 周年，是非常值得纪念的事件，各行各业都在总结反思，我一直希望华安在这方面应该做点什么。最近我不断思考 2008 年中国发生的几件大事：战胜冰雪灾害、抗震救灾、举办奥运、"神七"飞天，等等，更加强化了一个观点：中国共产党是地球上最优秀的政党，是世界上最能克服困难的政党，什么事情只要它搞明白了，认清了事物的本质和发展规律，它就可以做到最好。当然，中国共产党 87 年的历史在不断证明，改革开放 30 年的巨大成就也再一次证明了党的卓越领导。我以自己的经历，从党史研究的角度解读改革开放 30 年，探究 30 年成功背后的历史原因及关键因素。今天全系统的管理骨干和党员干部都在视频前，机会难得，让我们用这种读史的方式共同纪念改革开放 30 周年。毋庸讳言，当前我们华安在发展中遇到一些暂时性困难，因此我也希望大家能以史为鉴，回到中国共产党的发展历史中寻找解困的答案，重振我们的信心，因为"信心比黄金、货币更重要"。这就是我今天讲话第二方面的主要内容，也是我要讲的重点。

中国共产党是当今世界上最优秀的政党。建党 87 年来，中国共产党从初期的几十个人，发展到今天的"两个七千多万"，即有 7000 多万党员和 7000 多万作为后备军的共青团员，两者加起来超过 1.4 亿人，这是人类历史上任何一个政党所没有达到的规模。执政近 60 年来，从连续执

政时间、执政的经济体规模、执政成就等三个方面综合来看，也没有任何一个政党能与中国共产党相比。改革开放 30 年来，从所执政的国家的经济增长、政治稳定、文化发展、社会和谐的程度来看，也没有任何一个政党能与中国共产党相比。中国共产党的光辉成就鲜明具体地体现了它的优秀。

中国共产党的光辉成就是与其优秀品质分不开的。中国共产党的优秀品质体现在它的宗旨、行动和能力上，即为人民服务的宗旨、科学发展的行动和强大的能力。对于中国共产党来说，凡事只要它弄明白、搞清楚了事物的本质和规律，就没有它办不成的事，而且能做到最好。中国共产党的优秀品质对中国社会影响深远，我们华安文化"责任、专业、奋进"理念的形成深受其感召，同时也是对我党优秀品质的具体弘扬。我们要研究学习中国共产党的优秀品质，促进华安的健康发展。在华尔街金融风暴——全球金融海啸已经影响到中国的情况下，这样做更有必要。

下面我谈几点认识供大家参考。

（一）中国共产党是为人民服务的政党

中国共产党的优秀品质首先体现在它全心全意为人民服务的宗旨上。自从建党以来，中国共产党就一直把"立党为公"写在它的旗帜上。1921 年，在党的一大上，提出"一切生产资料归社会所有"等纲领。1945 年，在党的七大上，提出"全心全意为人民服务"，并把它概括为我党我军的根本宗旨。1992 年，在党的十四大上，把包括"是否有利于提高人民的生活水平"在内的"三个有利于"规定为判断各方面工作是非得失的根本标准或最终标准。2002 年，在党的十六大上，把包括"代表最广大人民的根本利益"在内的"三个代表"重要思想写入党章。

"立党为公，执政为民"，中国共产党是这样说的，也是这样做的。尽管在不同的历史阶段，有不同的追求，不同的具体任务，但中国共产党都把人民利益、社会责任、民族使命放在重要位置，并为之不懈奋斗。建党到执政前的 28 年，为了民族的独立和解放，多少共产党员抛头颅、洒热血。执政以来的近 60 年，为了国家的繁荣富强和人民幸福，多少共产党员恪尽职守、鞠躬尽瘁。可以说，中国共产党一直在忠实践行"立党为公，执政为民"的理念和宗旨。

今年关于汶川大地震的抗震救灾活动，集中体现了中国共产党为人民服务的宗旨，以及对人民的责任心、使命感、服务力。这是大家都耳闻目睹的。汶川大地震甫一发生，党中央领导就急赴一线，靠前指挥，此后又多次亲临抗震救灾现场指挥。党领导的人民军队迅速动员起来，突破自然障碍，挑战人体极限，冒死救人于危境。当地党员干部舍小家、顾大局，尽力奔走，维护党组织和政府的有力领导。党中央还号召共产党员缴纳"特殊党费"支援抗震救灾重建，号召举国上下向地震中罹难的同胞哀悼。在这场罕见的自然灾害面前，体现了举国同心的凝聚力，也体现了中国共产党以人为本、把人民利益放在第一位的执政理念。

另外，执政以来，尤其是改革开放以来，中国共产党又塑造了中国的负责任大国形象，也在一定程度上扩展了所服务的范围。例如，派出援外医疗、教育、交通建设等工作人员，向其他受灾国家和地区捐赠钱物，积极参与联合国组织的国际维和行动，提出"和谐世界"的思想引导建立和平、发展的世界。

中国共产党为人民服务的优秀品质，起源于中国传统文化中的"大同"理想、"天下为公""治国平天下"、"达则兼济天下"的思想熏陶和马克思、恩格斯等人的共产主义思想的影响，中国共产党很好地继承、结合和发展了这些思想。

（二）中国共产党是注重科学发展的政党

中国共产党的优秀品质也体现在它的发展思路和实践方法上。综合中国共产党在不同时期提出的理论及其实践，我们可以发现，中国共产党的思想精髓是解放思想、实事求是、与时俱进、科学发展。任何探索和前进都不是一帆风顺的。在中国共产党87年的历程中，有曲折，有反复，有这样那样的困难和挑战，甚至是生死存亡考验，但它能不断总结经验、吸取教训，自我解剖、自我调节、自我完善，总的趋势是不断前进和发展壮大。这是与中国共产党注重科学发展分不开的。翻开中国共产党的历史，这样的事例比比皆是。

中国共产党对于实践证明正确的事情和方法就一贯坚持。例如，中国共产党注意尊重群众的智慧和首创精神，注意团结各界力量，长期坚持党对军队的领导，长期坚持独立自主的党际交往、国际外交的政策，长期倡导和践行艰苦奋斗的精神。又如，改革开放以来，坚持"一个中心，两个基本点"的基本路线不动摇，坚持灵活运用先试点再渐进展开的改革策略。

中国共产党对于实践证明已经不符合发展要求的政策措施，就根据具体情况变化实行调整更新，做到与时俱进。例如，从革命时期的"农村包围城市"到建设时期的以城市为中心辐射和带动农村发展；从长期坚持的以阶级斗争为纲到改革开放以来的以经济建设为中心；从推行"一大二公"到建立社会主义市场经济体制和促进非公经济的发展；等等，这是从大的方面举的一些例子。较具体的政策方面也是如此。比如，从改革开放前期给予外资税费等优惠待遇以吸引外资，到2008年统一内外资企业所得税，以真正落实国民待遇；从简单考量GDP的经济增长，到考虑生态环保以及社会和谐的经济发展；从新闻严格监控和内外有别，到这次四川抗震救灾的一线实时采访向国外媒体开放，中国共产党及其执政的中国政府有很多类似的转变。

中国共产党善于反思总结，勇于否定自己。它不避讳曾经走过的一些弯路和犯过的一些错误，并敢于批评与自我批评，敢于承认错误，敢于承担责任。这样的事例也很多。

回顾改革开放30年，如果回头总结，问什么是我们所做的正确的事情，那么回答应该就是：符合"三个有利于"就是正确的，否则就不正确。把握住了这一点，就把握住了改革开放思路的关键和灵魂。大家应该至今还清楚地记得，1992年年初邓小平在视察南方时，针对当时党内和国内不少人在改革开放问题上迈不开步子，以及理论界对改革开放性质的争论，指出"要害是姓'资'还是姓'社'的问题。判断的标准，应该主要看是否有利于发展社会主义社会的生产力，是否有利于增强社会主义国家的综合国力，是否有利于提高人民的生活水平"。这段话直指问题的症结，切中要害，令人心豁然开朗，由此而引导中国特色社会主义探索进入了一个新的阶段。三句话，明确了中国特色社会主义的根本尺度，解开了理论上长时间纠缠不休的疙瘩；回答了在改革开放问题上，是用概念衡量实践还是用实践检验概念的问题，因此，这是实践标准彻底的贯彻，彻底的实事求是和思想解放。无数历史事实证明，空洞的概念之间的争论是一个陷阱，往往混淆实际的是非，白白耗费精力，而且无休止地制造矛盾，只有具有这样彻底的实事求是精神才能彻底摆脱它。

（三）中国共产党是具有强大执政能力的政党

中国共产党的优秀品质也体现在它的执政能力上。20世纪八十年代后期开始的世界范围内的社会主义国家剧变，共产党长期执政的苏东国家顷刻间纷纷亡党亡国，而中国虽然也有动荡，但中国共产党和社会主义中国却顶住了国内外敌人搞颠覆的压力，中国特色社会主义事业依然快速发展。种种事实证明，凡事只要弄明白、搞清楚，中国共产党就能做到最好，就没有中国共产党办不成的事。在这个方面，还有一些比较明显的事例。

例如，我国的军事建设和航空航天事业。在中国共产党领导下，当年在面临国家经济困境加剧和国外援助尽失的情况下，我国依靠自己的力量和智慧，自主创新，自主强国强军，以令世人惊异的速度搞出了"两弹一星"，而近几年又实现"神舟"系列飞船的研制发射成功。这种低成本、高速度、强威力的自主创新研发成就，为世界所惊叹。

再如，北京2008奥运会的申办和举行。在第一次申办奥运失败后，当时并没有紧接着申办下一届，而是加快北京的基础设施建设，改善软环境，"打扫好屋子再请客"，积极向世界展示改革、发展、稳定的中国，而后申办2008年奥运会，并以高票申办成功。申办成功后，动员全国力量，引进国外人才，合理预算，着力打造平安奥运、科技奥运、人文奥运。最终，用国际奥委会主席罗格的话说，北京奥运会办成了一次"无与伦比的奥运会"。

又如，我国对1998年亚洲金融危机的应对。1998年的亚洲金融危机波及中国，刚刚回归的香港受到国际投机资本的恶意侵扰，我国出口也受到严重挤压。这是中国共产党执政以来，我国面对国际金融直至国际经济领域里的第一次严重考验，史无可鉴。在内需启动乏力的情况下，连续几年，我国采取增加基础设施建设支出的积极财政政策拉动投资，采取降息等措施刺激消费，支持稳定香港市场，最终不仅维护了香港的繁荣稳定，内地也走出了通货紧缩，从那以来，我国一直是世界上经济增长速度最快的经济体之一和大国里面经济增长速度最快的国家。

还有，中国共产党最近已经基本上弄明白了这次起源于华尔街的全球金融风暴。在这次金融风暴中，各国尤其是一些市场化、开放度比较高的国家，从高度虚拟的金融到一般金融都大幅度动荡，实体经济受损迹象也开始显现。这次市场状况与历史上的任何一次都不一样，华尔街金融风暴对中国的影响我们是躲不开的，而且对我国金融业和实体经济的间接、隐蔽的影响已经有所显现。这实际上是一剂良药，逼着我们去弄明白到底是哪里出了问题。这次在天津举行的达沃斯论坛就恰逢华尔街金融风暴期间。在这次论坛上，温家宝总理说，"把中国的事情做好了，就是对世界的贡献"，"细心的人应该感到我们已经在行动"。作为强盛多年的世界经济一极，美国的市场经济也需要政府大规模的调控，但其实际调控力度和效率恐怕不如中国。在回顾总结改革开放三十年来的经验教训的时候，遭遇华尔街金融风暴，也让中国坚定了走自己的路的信心，以及采取灵活审慎的经济政策的策略。中国有雄厚的资金基础，有广阔的市场空间，有迅速高效的执行力。所以，对于中国中长期市场来说，我们应该比较乐观。

当然，我们也要看到，中国共产党和中国还面临着这样那样的问题，但其他政党、其他国家同样也有这样那样的问题，许多国家存在的问题远比我们大。与其他国家相比，中国的问题不多不大，也客观上证明了中国共产党的强大执政能力，证明了中国共产党的优秀；正是中国共产党优秀，中国共产党有强大执政能力，问题也就能得到又快又好的解决。

最后，联系以上所说，我再讲讲华安。

我们华安文化的"责任、专业、奋进"，深受中国共产党优秀品质的感召，同时也是对其精神的弘扬。在中国，凡与中国共产党的信念和宗旨保持一致的企业往往能生存更久，能做得更大更强。华安在"责任、专业、奋进"方面的具体行动和成绩，大家有目共睹，毋庸多言。但是，我们仍然要继续一以贯之地坚持研究学习中国共产党的优秀品质，积极而充分地弘扬"责任、专业、奋进"的企业文化，促进华安的健康成长、发展壮大。

当前，受制于大环境，华安面临着一些现实问题的挑战。比如核心战略的推进速度，可能受到华尔街金融风暴的间接影响，等等。这些问题，华安人或者已经基本弄明白了，或者正在努力弄明白。已经基本上弄明白了的，我们就不怕它，就有办法对付它，就有办法战胜它，就有可能做到最好。我们还没有弄明白的，要继续努力弄明白。我们有自己的比较优势。市场也给我们提供了各种机遇。我们要坚定信心，发挥比较优势，寻找并抓住各种机遇，"信心比黄金、货币更重要"，这一点我们首先要明白。

回顾了30年改革开放的历程，重温了我们党作为优秀政党的品质，再结合我们华安的发展经历，我想大家都应该明白这样的道理：我们的党把要做的事情弄明白了，于是以为人民服务为宗旨，立党为公、执政为民，并善于总结和反思，勇于否定自我，在不断的调整和改进中引领着我们的国家不断向前发展、走向成功。我们研究和学习我们的党、我们的政府的所作所为，就是希望大家也都能弄明白我们要做的事情，明白了之后才会做得更好。

　　前途是美好的，道路是曲折的。为了成就我们共同的事业，需要全体华安人上下一心、坚定信心、共渡难关。从中国共产党优秀品质的研思和回味中，我们首先为华安"责任、专业、奋进"文化的先进性而豪情满怀，这是支撑我们坚持走下去的不竭的精神动力。通过总结改革开放30年丰硕成果，学习领会我党为人民服务的宗旨、实事求是的科学发展观以及强大执行能力，董事会有了更加深刻的认识：今后，无论是公司战略的选择和调整，还是经营管理的改革和创新，以及基础日常的业务及管理工作，都要用以下标准来衡量，那就是是否有利于华安责任文化的弘扬与发展，是否有利于行业创新的推动与实践，是否有利于公司客户价值的提升与创造，是否有利于公司综合实力的提升，是否有利于公司管理效率的提高等等。今天，我在这里代表董事会就信心问题与大家共勉：科学发展保险业务吹响了华安进攻的号角，只要相信我们的党，相信我们的政府，相信公司董事会和总裁室，相信你自己，坚定信心，敢当责任，敢于创新，华安将很快成为巨轮，在蓝海中纵横驰骋！

十年寄语 *

（2006 年 10 月）

今天，华安走过了它的第一个十年。这 10 年，算不上是一座丰碑，却是一块踏踏实实的基石，她让我们有理由坚信，华安的下一个 10 年、20 年……将会更加美好。

回顾华安 10 年历程，让我百感交集。这 10 年，华安经历了风雨砥砺，这一路，我们走得并不容易。但在全体华安人的开拓创新、奋发图强、励精图治、共同努力下，在各级监管领导的正确指导、大力支持下，在广大华安客户的真挚信赖下，我们终于实现了设立 25 家分公司、300 余家下设机构的全国战略布局；团结了万名华安同仁共创辉煌；走上了规范经营、稳健发展之路；拥有了超百亿元的资产规模；实现了全面赢利的初期战略目标……

在这个特殊的日子里，我更想表达的，是由衷的感谢。

华安 10 年，我要感谢监管部门给予华安的大力支持。华安保险作为全国首家民营资本控股的民族保险企业，当我们在发展的过程中遇到挫折、陷入困境时，是中国保监会及各地监管部门给予的信任和支持，支持华安走了一程又一程……

华安 10 年，我要感谢给予华安十分信赖的华安客户。是你们的鼓励给予了弱小华安前进的力量；是你们中肯的评判，给予了华安提升的动力；是你们的一路相伴，让华安走向全国……

华安十年，我更要感谢与华安不离不弃，一路同心、同行的华安人。感谢你们为公司发展付出的心血，感谢你们对公司、对股东的信任，感谢你们把华安当作自己的事业用心经营……

"骐骥一跃，不能十步；驽马十驾，功在不舍"。华安今后要走的路

---

* 本文曾发表于 2006 年《华安保险》十年特刊。

还很长，作为民族保险业的先行者和探索者，要取得真正的成功，还要继续风雨兼程，勇往直前，我们还有无数条河要涉，有无数道坎要过。2006年，中国保险业迎来了又一个发展的春天，借"国十条"东风，华安要继续勇担社会责任、历史使命，要坚持规范经营、坚持关注弱势群体，才能闯出华安的一片蓝海。10 年华安心，万家灯火情，华安保险只有真正成为为广大普通老百姓服务的保险公司，才算真正实现了华安的价值。

"关山初度尘未洗，策马扬鞭再奋蹄。"让我们继续携手，一同奋进，共同见证华安美好明天！共同描绘华安广阔蓝图！

愿华安一路走好。

从学贷险看华安人的责任[*]

——写在《2006 中国保险前沿问题研究》出版之际

（2006 年 11 月）

在《中国保险前沿问题研究 2006》出版之际，华安保险针对贫困大学生，帮助他们上学读书的保险产品——学贷险取得了实质性的突破，仅云南省就有 3 万多贫困大学生因为这个产品而取得助学贷款。我们华安人为此感到无比的欣慰和自豪。

最近，国内外各大媒体都非常关注一个人，他带给金融业颠覆性的思想革命。这个人就是孟加拉国的穆罕默德·尤努斯，2006 年度诺贝尔和平奖的获得者，他的最大成就是创造了一个给穷人、给乞丐贷款，并取得空前成功的孟加拉乡村银行（也称格莱珉银行，Grameen Bank）。格莱珉颠覆了传统银行业的经营准则，坚定地相信穷人是讲信用的，他们可能只需要一点点帮助，就能摆脱贫困。比施舍、捐款更有效的是，尤努斯找到了能真正帮助贫困人口摆脱贫困的方法，格莱珉银行也因此无愧于真正意义上勇担社会责任的现代企业典范。

与格莱珉银行相比，我们华安还存在较大的差距，但重要的是，我们的初衷和信念是相似的。华安保险多年来从没有自诩为社会的慈善家，却一直致力于勇担社会责任，坚持为普通老百姓特别是为弱势群体服务，实现国家利益与企业利益的统一。这一目标始终是华安保险思考并努力实践的主题。

2002 年，以特华投资为主的一批民营企业入股华安保险。从进入华安的那一刻，我们就满怀振兴华安、振兴民族保险业之志，决心将华安打造成为民族保险业的先行者、探索者与成功者。几年来，华安在寻求自身健康发展的同时，也在努力探索着为社会弱势群体提供更多保险服务的创新产品。2006 年推出的"华安大学生助（就）学贷款保险"就是一个典

---

[*] 文本系作者为《中国保险前沿问题研究 2006》所写的序言。

型范例，董事会从战略高度向经营层提出战略要求：学贷险是华安持续发展的动力与源泉，并向华安上万名员工发出号召："齐心协力，让更多的穷孩子读得起书"。华安的这一创新之举，源自我们这批民营股东立志振兴中国民族保险业的情怀，源自于勇担社会责任的时代使命感。

大学生助（就）学贷款险种在推出之日，曾遭受"待字闺中"的尴尬境遇，承受着"品牌炒作"的各方质疑，但经过华安人数月以来的执著追求和推介，目前的工作进展已经显示出华安"圆十万学子的上学梦"这一理想即将成为现实。

回顾 2006 年，这一险种牵动着万名华安人的心，每个人为它倾注的感情变得越来越单纯：即一笔学贷险，就打消了银行对一名贫困学生日后偿还能力的质疑，圆一个寒门学子的上学之梦。这样的"成就感"远远超过保费不断攀升带来的"满足感"。

关于公司中一些人对这一险种推出后的种种顾虑，我曾在很多场合讲过：有人顾虑大学生个人诚信问题，我认为他们的诚信应该不是问题，如果大多数受过高等教育的人都不讲诚信了，那么，我们这个民族素质就有大问题了，民族都败落了，留着华安还有什么用！也有人顾虑大学生还款能力问题，我认为绝大多数人应该有还款能力。如果一位风华正茂的大学生，毕业 10 年仍还不起 3 万—4 万元的助学贷款，那只能说明中国的经济出了大问题，真要是中国经济出了问题，华安即使不搞学贷险，也不能自保！因此，大家不要盲目担忧，要站得高一点，看得更远一点，以对国家、民族高度负责的情怀，来正确认识学贷险产品的"盈亏"问题。

我们应该坚信，大学生有足够的诚信去圆他们的大学梦，为了中国成千上万学子的这个梦想，华安人义无反顾。这种信任，是发自内心的一种呐喊，是一种坚不可摧的意志力，这种毅然决然，想必与尤努斯当初决心建立格莱珉银行的心境是相似的。

"慈善是一种功名"，有人这样描述："大多数慈善是寻找一种美妙的感觉——一种与衣锦还乡相似的感觉。"这种说法可能不很恰当，但华安人可以确定的是，我们要做的不是慈善家，而是在寻找既能促进企业发展，又能承担社会责任的华安发展之路。需要说明的是，华安学贷险只是一个能为寒门学子提供帮助的保险产品，不是捐款，也不是赠与，她立志于既能扶贫帮困，又能实现公司的财务平衡，并在这一平衡点上使更多的学子从中受益。正如格莱珉银行向贫困农户发放小额贷款模式一样，华安保险也在寻求一个扶助广大寒门学子的保险模式。

今天，格莱珉银行已经取得成功，而华安的这一创新探索才刚刚起步，等待我们的，还有很多无法想象的艰难历程，我们努力去做的，就是坚守这份信念，在中国金融业全面开放的新形势下，做一个勇担社会责任的民族保险企业。

大家都来研究客户到底需要怎样的服务[*]

（2007 年 3 月 16 日）

多日以来，各位忙碌于规范经营战略和营销模式变革，大家辛苦了！

我们之所以坚持不懈地推进一系列变革和创新，是因为我们始终在苦苦探寻着与保险业自身发展规律相协调的华安发展模式。保险企业的性质是金融服务企业，华安发展模式的实质就是"如何服务社会和服务客户的模式"，"服务"是华安永恒的宗旨，"如何服务"是华安永远面对的课题。

华安目前所进行的规范经营战略和营销模式变革，正是服从于"服务"宗旨：如果没有"规范经营"，我们就不可能从恶性竞争的"红海"脱身，就没有时间和精力去研究"服务"，因为有了"规范经营"才自然延伸到"营销变革"，如果没有"营销变革"，我们就不可能有"服务"的基础平台，就没有客户让我们去服务，我们也不知道该为谁服务。

随着变革步伐的一步步推进，最近我深入思考的问题是：客户到底需要怎样贴心的服务？具体来讲，如果你是客户，哪些细致服务内容能让你感动，并使你成为保险公司忠实的客户群体？这一问题看似简单，内涵却很深刻而且意义重大，因为它解决的是华安未来五年、十年以至更长时间的发展的根基问题。我把这一重大问题交给各位，希望各位从对人性的理解出发，提出至少十一条具体贴心的服务内容，包含但不局限于与保险有关的服务，并于下周一前发至我的邮箱。

同时，请杨智牵头，就服务内容问题在全系统范围内进行大讨论，并按建议频度对服务项目汇总排序，结果报我。

---

* 2007 年 3 月 16 日凌晨写的致总裁室同仁的一封信。

引领财险销售模式革命是华安的使命和机遇 *

（2007 年 3 月）

华安提出"全面规范经营"战略以来，外界对我们这一战略褒贬不一，众说纷纭。有相当一部分人对这一战略的主要困惑，或者说是主要质疑，集中在"华安是不是不做保险了"这个问题上。提出这样的疑问，无论是善意还是居心叵测，我们都能理解。因为按照中国财险业现有的市场状况和各个保险公司现行的销售模式，全面的、彻底的规范经营就意味着一般业务人员（营销员，保险代理人）不会再将业务做到华安来，华安也就没有多少保险业务可做了。因此，从业界人士的固有的传统思维出发，也就意味着华安不再做那种保险业务了。

我们不能说这种思维没有它的根据，因为我国财险业的现状就是如此。但我们更不能说这种思维正确，因为这种思维所依据的是我国财险业的现状，而存在不等于合理，现状如此并不等同于财险业本该如此、理该如此，舍此而别无他途。恰恰相反，正是不合理的制度依赖和自我强化这种现状造成了财险公司的效益很差、举步维艰、难以为继，不规范、无效益的增长无异于饮鸩止渴。华安人正是清醒地认识到了这一点，才痛下决心，刮骨疗毒，实行全面彻底的规范经营。但这并不意味着我们放弃保险。恰恰相反，我们不但要继续做保险，而且要做好保险，更要创新保险，全方位、宽领域、深层次发展保险。与以往所不同的是，我们要摒弃业界固有思维，引导保险销售模式革命，走出一条符合市场规律、有利保险业发展、提升保险公司品质的新的道路来。这就是我们对那些疑问的回答。

---

* 本文曾发表于《华安保险》月刊 2007 年第 3 期。

一、财险业销售模式的现状

提起银行，绝大多数人都会想到一个个标志鲜明的网点、宽敞明亮整洁的营业场所或是无所不在的 ATM。当你需要银行服务时，你可以方便快捷地找到它，而它也会清晰明了地提供你所需要的资讯和服务。而提起保险尤其是财险，很多人第一时间想到的会是保险代理人，他们可以殷勤周到地为你提供一条龙服务，从推荐保险公司和险种到收取保险费和代理理赔，而你可以毫不费心，甚至可以不知道你所投保的公司名称和地址。不可否认，保险代理人、销售团队和以车行为代表的销售渠道为财险公司的发展和财险业务的增长做出了很大贡献。但同样不可否认，这些人员、团队和渠道构成了财险公司的销售主体，财险公司的销售模式就是依赖他们与客户打交道，以至于发展成财险公司离开这些销售主体就无法开展业务、无法做保险。这就是财险业销售模式的现状。

二、现状带给我们的现实

我国财险业的现状是这种不规范的营销代理制大行其道，似乎根深蒂固，而它带给各个财险公司的现实却令人担忧，甚至于残酷。这种现状最直接的后果就是造成了"两个远离"。

第一个远离，是保险公司远离客户，丧失市场把握能力。这种不规范的营销代理制使保险公司不了解客户的真实状况、真实要求，有些甚至连客户的真实姓名都无从知晓。而客户也不知道财险公司的真实状况、业务政策和服务内容，更不可能对财险公司有认知度和忠诚度。因为客户都掌握在业务人员手里，客户的一切情况都要通过业务人员才能反馈到保险公司。尤其是在财险市场总量急剧增长的情况下，各个财险公司为了迅速扩张业务、抢占市场，忽视客户关系管理，放任业务人员掌握客户资源，使得财险公司和客户之间始终横亘着一道关卡，那就是保险业务代理人。更为可怕的现实是，这道关卡不但拦阻了财险公司与客户的信息交流，而且截流了财险公司与客户的利益交换。财险公司给客户的折扣、优惠不能为客户所享有，客户并不知道财险公司给了他们这些折扣和优惠，他们依然会按照业务员的说法上交折前价、或者是被业务员打了反折扣的折后价，而财险公司所收到的保费却是折实价再减去高昂的外部成本。此外，业务人员和车行等销售渠道、汽车修理厂等中间环节由利益潜规则走到了一起，互相勾结，运用假赔案、定损虚高等多种手段，从财险公司拿到高额的赔款，而这些赔款却只有很少的部分用于客户，或者完全为这些利益关系所侵吞，客户和保险公司的利益大受损害。信息交流的不对称直接导致利益分配的不公平，财险公司效益不佳或亏损、客户没有得到真正的实惠，而相当一部分业务人员却盆满钵满，更悲哀的是财险公司与客户渐行渐远。

第二个远离，是财险公司总部远离承保理赔第一线，丧失风险管理能力。我们知道，保险机构像其他金融主体一样，实行一级法人、多级代理的方式经营。分、支公司与总公司是授权代理关系。为了管理如此众多的业务人员、销售团队和渠道，财险公司设置了分公司、子公司和营销服务部等四级机构，管理层级的增多使得管理半径加长，信息沟通和执行力大打折扣。可即便如此管理，业务人员仍然掌握着客户资源，也就等同于掌握着财险公司的命脉，他们可以炒单，也可以炒自己。客户的单在这家公司给他们带来的利益少，他们可以把单给别家公司做；这家公司不留他，他们可以立马就换家公司，因为他们掌握着销售主体这一源头。与之同步的是，一些原本规规矩矩做业务的业务人员应得的利益长期得不到保证，或者说非法妄为者的利益远远在他们之上，这部分好的业务人员的积极性和正义感不断被打击、消磨，他们无可奈何地或是离公司而去、或是被同化，"劣币驱逐良币"的法则在保险领域出现，只是变成了"坏人驱逐好人"。正是在这种局面下，财险公司总部远离第一线既是各公司近乎无奈的选择，也给各个公司的风险管控造成了巨大隐患。各个公司无法确知如此业务队伍所做成的业务是否都符合公司的销售政策，又到底会出现多大赔付率，风险控制难乎其难。

可以肯定地说，这两个远离都是有悖于经济理论、违背经济规律的。第一个远离违背了市场规律，市场规律要求企业了解客户，近距离甚至是零距离与客户交流，掌握客户资源，从而为客户提供更好、更符合其需要的服务，而财险业目前的销售模式有违于此；第二个远离违背了管理法则，管理法则要求减少管理层级、缩短管理半径，从而使信息上下通畅，执行、监督快捷高效，而财险业的现行销售模式使得其管理模式有悖于此。就是这样明显存在弊端的现状，很多人不但安之若素，甚至竟奉为圭臬。

而我们华安不这样认为，我们要将某些人奉为圭臬的东西弃之如敝屣。华安作为民营保险公司的先行者，一直以探索中国财险业的发展道路为己任，改变财险销售模式的现状就是我们当前的任务。

三、我们正在探索的销售模式

我们正在探索、准备实行的销售模式，属于对症下药，改变财险公司依赖现有销售主体进行销售的现状。也就是说，我们将在销售渠道上予以拓宽，加大直销、银保合作销售等销售渠道的力度。我们将建立起类似于银行网点的保险产品销售和客户服务中心，这些中心将分布在城市各个客户相对集中的地段，比如较大的社区，统一采用醒目的标志，配备精干的服务人员，客户在中心里可以办理投保、理赔等一条龙服务。保险公司的业务场所将不再是藏在深闺人未识，而是会星罗棋布、旗帜鲜明地亮相于客户面前。而客户需要保险服务也将不再首先想到找业务代理人、营销员，他们可以像去银行存取款、像去超市购买商品、像去电话公司交话费一样直接找到保险公司，找到我们的服务中心。而且，在这个中心里，我们不但提供此前代理人所提供的全部服务，而且还有交叉销售、增值销售、折扣销售，服务也更加全面周到和快捷高效。

同时，我们将加大客户关系管理。对每一客户逐一建档，掌握客户的真实情况，倾听客户的真实要求，跟踪客户的真实反馈，并通过客户分级管理给客户提供量身订制的不同优惠措施，从而培养客户对公司的认知度和忠诚度。

总而言之，我们要做的就是让客户了解我们，让我们了解客户，让公司真正掌握客户资源，为客户提供实实在在不被他人打任何折扣的优质服务。基于此，我们依然欢迎业务人员、销售团队，但他们必将是我们销售渠道的一个有机组成部分，是我们服务中心等其他销售渠道的延伸和补充。也就是说，他们必将同样遵守公司直接面对客户这一政策。

四、对新销售模式探索的意义

我们即将进行的新销售模式探索对华安有重大意义，因为它不但将告诉世人华安将继续做好保险，是一家负责任的保险公司，而且将使华安在市场获得核心竞争力中领先。因为华安从此将摆脱那种不规范市场引导下的恶性循环，以销售模式革命引导者的形象领跑于市场，从而一举走上良性前进的发展道路。

对财险业界来说，华安的新销售模式探索将不啻于一次革命。因为这一探索将引发意义深远的"两个改变"。

第一个改变，是客户对财险行业认识的重大变革。正像前面所说的，不但业界人士认为财险业务离不开业务代理人、营销员，客户也如此认为。而华安的这一新探索将使客户豁然发现，原来保险也可以这么买，简单得就像去银行存取款、去超市购物；原来保险公司能直接为客户提供这么多服务，不但可以买车险，还可以买人身险、家财险，而且同时购买、交叉购买多种保险优惠更多；原来保险公司还给客户提供了如此众多的优惠和折扣，客户自己也可以根据自己掌握的全面信息货比三家，自主选择。如此一来，财险公司和客户直接接触，信息交流畅通了，彼此信任加深了，财险服务必将向更深层次和更广领域发展。财险改革的主旋律就是比服务、比技术、比管理，而不是打价格战。

第二个改变，是作为财险公司对自己认识的改变。客户从我们这一探索实行的模式中得到的实惠将使他们能用脚投票，而业界马上就能认识到原来保险也可以卖，可以直接卖给客户而不用通过那么多的中间环节，而且这样卖能更好地为客户服务，能砍掉许多本身并不合理的成本。销售模式的改变也将带来管理模式的变革，财险公司将能够简化管理环节、减少管理层级，并使强化总部管理职能、高效实时管理成为可能。财险公司将不再是少赚钱甚至不赚钱的形象，而是能够真正实现财险公司、客户的双赢。

经济理论和行业发展轨迹告诉我们，这种改变是中国财险业未来发展的有利选择，也必将进一步促进中国财险业的规范经营、良性发展。《国务院关于保险业改革发展的若干意见》明确提出："健全以保险企业为主体、以市场需求为导向、引进与自主创新相结合的保险创新机制"，"运用现代信息技术，提高保险产品科技含量，发展网上保险等新的服务方式，全面提升服务水平"。由此可见，我们的探索既是保险行业发展的大势所趋，也是国家对保险业的要求和期望所在。国务院在《若干意见》中同样明确将会"进一步完善法规政策，营造良好发展环境"，这必将为我们的探索创造良好的体制环境、市场环境和监管环境，极大增强我们此次探索的信心和决心，保障我们的革命性探索取得成功。

也正因为如此，引导这场财险销售模式革命，不但是华安立志作为财险行业探索者的使命，也是华安获得市场领先地位的机遇。我们在行动上要只争朝夕，积极探索，为财险行业发展改观闯出新路，为华安可持续发展争取时间和空间。我们相信，现在的华安既有坚定的决心，又有足够的实力。因此，我们必须马上开始行动。

不懂历史的人只能成为历史上的匆匆过客*

（2007 年 3 月）

所谓历史，就是人的活动史。人是历史的出发点，是历史的中心，是历史的主体。历史是人类社会活动轨迹的记载。"横着看人类，便是社会；纵着看人类，便是历史。历史就是社会的变动。"在所有的科学中，唯有历史能使我们与古人神交，与历代大师对话。所以，我们不必感叹个体生命存续时间的短暂，活动空间上的狭小，因为读史可以弥补这一切。人生即便百年，在历史的长河中，也不过是白驹过隙而已。当无数亿芸芸众生匆匆成为历史的过客消失于无形时，也有些人被一代一代流传下来。透析这些被后人铭记的人，我们发现，他们无一例外都是懂得历史，善于汲取历史上的经验教训，从而站在巨人的肩膀上，以至于在历史上留下了自己的印记。

不懂得过去的人就不能把握未来

一个不知道过去是怎样来的人，就不会知道将来会如何去，对社会、对人生也会失去方向感。圣经上说：日头底下无新事。中国也有句古话：月本无今古，情怀自浅深。虽然人类的生活方式、外部环境在以往的几千年间，发生了难以想象的变化，但人性、人情、人的思维方式以及人与人的关系，变化则并不很大，即使发生变化，也依然有规律可循。福尔摩斯的一句名言是：假如你真切地了解了一千起案件的所有细节，而对第一千零一件案子不能解释，那才是怪事呢。对于英美来说，判例法至今仍是他们国家法律体系的主要部分。判例法就是把以往发生过的判例作为法律来指导和规范现在的法官判案。在我们的日常生活中，我们所烦恼的许多问题，从人与人的相处到人与社会的关系，从职位的升迁到家庭的和睦，不知已经困扰了多少代人。而解决这些问题的方式，其实从规律来说也大同

---

* 本文曾发表于《华安保险》月刊 2007 年第 4 期。

小异。如果你能将前人的经验烂熟于心，并运用到自己的实践中，你与成功就能实现亲密接触了。读史就有这样一种功效，它能超越个人经验的樊篱，从历史中解读前人成功的经验和失败的教训，从中吸取为人、处世、办事的智慧，用以指导你自己的人生。前事不忘，后事之师。而忘记历史，就意味着背叛。中国历代王朝的兴衰更替，就是因为统治者们没有做到尊重历史。诚如杜牧在《阿房宫赋》中的警世之言：秦人不暇自哀而后人哀之，后人哀之而不鉴之，亦使后人而复哀后人也。毛主席在解放战争时期取得三大战役胜利后，正是因为吸收了历史上项羽的教训，才做出了正确的决策，"宜将剩勇追穷寇，不可沽名学霸王"。

读史是智慧的事

智慧是人类认识事物和运用知识解决问题的能力，人类正是具有这种智慧和对智慧的不懈追求，才成为大千世界的万物之灵。历史典籍是人类智慧的沉积，读史使人明智，正如毛主席所说：读史是智慧的事。

智慧来自于知识。历史是一门包罗万象、总括万殊的学科。马克思说过：我们仅仅知道一门唯一的科学，即历史科学。中国史学在传统文化中是一门最辉煌的学问，天文地理、文治武功、士农工商、物性事理、风俗民情，无不储集其中，是真正庞大无比的百科全书。诚如梁启超所言：中国古代，史外无学，举凡人类知识记录，无不丛纳于史。后人的智慧，大多源于历史知识的汲取与升华。

智慧来自于伟人。历史上那些伟大的思想家、政治家、军事家、文学家、科学家等等，他们都如同一座座知识和智慧的宝藏。他们对客观世界的认知，出奇制胜的创造，机敏应对的韬略，都闪烁着智慧之光，朗照历史的穹宇。采撷这些火光火种，烛照在案头，千古之智慧就会奔涌在眼前，源源不断地激活你的思绪和才情。把历史伟人的智慧变成你自己的智慧，如同在心中点燃了不灭的明灯。我们不仅可以从思想学术伟人老庄孔孟，从伟大的军事家孙武毛泽东，从政治伟人秦皇汉武唐宗宋祖直至毛泽东那里得到智慧，也可以从企业家伟人范蠡、吕不韦、胡雪岩那里得到智慧。后者如福特、泰勒、本田宗一郎、戴尔这些或远或近的人物的发家史，不是也能给我们智慧么？

智慧来自于对历史整体的评价和研究探索。中国一向有治史、学史、用史的传统，西周时期的周公就提出"殷鉴"思想。司马迁作史，意在述往事，思来者。后来的《资治通鉴》则从丰富的历史事件中提升出

"道"。清人龚自珍明确地提出"史"与"道"的关系：出乎史，入乎道。欲知道者，必先为史。历史关注的是势，是天下总体的局面形成和变化的基本规律。诸葛亮在隆中对刘备说的那一席话，之所以让刘备茅塞顿开，是因为诸葛亮从天下的总体局面着眼，为刘备确定了正确的战略、指明了前进的方向。

历史的丰碑永远属于伟大的德者和智者

在历史长河中，虽然逝者如滚滚东流水，一去不复返，但历史却以其浩然正气，常存天地间。人以文传，或文以人传。那些以血肉之躯，浩然之气，奋进之举，弄潮于时代巅峰的社会栋梁们，他们那卓然独立的高尚人格，深沉痛切的忧患意识，兼济天下的博大胸襟，愈挫愈勇的坚强信仰，"苟利国家生死以，岂因祸福避趋之"的无畏气概，在饱经岁月风雨、人间沧桑之后，更显其永恒价值，它积淀为中华民族自强不息的精神，催人上进。鲁迅说过：我们自古以来，就有埋头苦干的人，有拼命硬干的人，有为民请命的人，有舍身求法的人——这就是中国的脊梁。

历史传统是一根永远也割不断的金带，不管我们愿意与否，承认与否，它都先于我们而存在，并成为我们生存的总体基础。一方面是由于历史时间的流动性和不可逆转性而造成的历史遗忘；另一方面又由于人类存在的永不间断的延续性而唤起的人们灵魂深处的历史记忆。历史永远不会终结。历史不一定会重演，但历史往往会有惊人的相似。历史把无数的个人连成一个整体，从而把有涯的个体生命变成了无涯的整体生命。"长江后浪推前浪"，"你方唱罢我登场"告诉的正是大江东去，并没有淘尽千古风流人物。一切对社会作出过重要贡献，对历史发生过重大影响的人，都同他们的思想和名声一起，永存于历史之中。从仁者爱人、克己复礼的孔子到"先天下之忧而忧，后天下之乐而乐"的范仲淹；从从政能献计兴邦却功成身退、经商则富可敌国又散财济世的范蠡，到既能正确运用统一战线策略联吴抗曹、又能独创正确的民族政策七擒七纵孟获的诸葛亮；从"人生自古谁无死，留取丹心照汗青"的文天祥到"天下兴亡，匹夫有责"的顾炎武；从天下为公的孙中山到全心全意为人民服务的毛泽东……他们树起了一道道丰碑，永远矗立在历史中，走向永恒。

任何妄图割断历史的所谓文化都是无源之水，无本之木；任何妄图割断历史的人必将变成时代和社会的弃儿。正如一位史学家所说："不要拒绝历史，因为历史给我们以智慧；不要忘记历史，因为忘记历史意味着对事业的背叛；不要漠视历史，否则将受到历史的惩罚；不要割断历史，因为否定昨天也就将失去明天。"以尊重历史的态度求学，则真理可明；以尊重历史的态度做人，则人脉可丰；以尊重历史的态度做事，则功业可成。反之，不懂得历史的人，在历史上就永远只可能是一个过客，如同飘洒在浩瀚沙漠中的水滴，不会留下一点痕迹。

　　一个学习历史、懂得历史并从历史中汲取智慧的人，才可能成为一个有人格、有才智、有功绩的人，才可能成为对历史负责的人，对社会有益的人，从而也才能成为不朽的人。

论资本运作与地方经济[*]

（2007 年 5 月 25 日）

引子

  家乡的父母官要我向大家讲讲资本运作，我作为一个多年在外打拼的益阳游子，面对生我养我的故乡热土，我倍感荣幸。为家乡的经济发展和父老乡亲的生活改善尽微薄之力，我也义不容辞。

  我个人认为，作为地方父母官，如果要达到为官一任，有所建树，就必须让辖区的百姓安居乐业。安居要有房子住，乐业要有业可就。安居还好说，就是三尺床，人均十几个平方米。按益阳市的房价，赫山、资阳区一季度的均价，多层每平方米 1500 元左右，人均不到两万元就可解决，这不算难。难的是乐业。乐业先要就业，然后才有业可乐。就业需要岗位，现代制造业、高科技产业每个就业岗位动不动需要几十万元的投资。资金就是大问题。因此，各级政府无不对招商引资寄予极大的热情和期望。因为引进资金，确实可以为当地老百姓带来就业岗位，还可以带来税收，增加当地财政收入。由于经济发展能解决这些问题，所以，各个地方政府都是聚精会神抓经济，一心一意谋发展。而资本运作在经济发展中，具有一定的杠杆效应，放大效应，乘数效应，用好了，可以加快经济发展速度，迅速扩大经济规模和提高经济效益。所以，许多地方的党政官员，都急切希望用资本运作的手段，以加快区域经济、地方经济发展。益阳市以蒋书记为首的党政领导，尤其是蒋书记本人，对资本运作功能认识之深、决心之大、行动之快，我非常钦佩，把握住了时代的脉搏，这是我们益阳百姓之福。我作为益阳游子向非益阳籍的蒋书记、马市长等党政领导表示深深的敬意和诚挚的谢意。

  对于资本运作这个课题，我以及我带领的这支团队一直在探索、在实

---

 * 本文系 2007 年 5 月 25 日在湖南益阳市向市直机关处以上干部大会作专题汇报的材料。

践，而且准备花毕生精力来做这个没有止境的课题。我今天所讲，主要是个人和特华团队在资本运作领域多年实践中的体会，向父母官、同学、同事汇报我这 20 多年的工作心得。如有不妥、错误的地方，还请各位父母官指正。

正式汇报前，我简单向各位父母官汇报特华投资控股公司的有关情况，实际上也是介绍我自己 10 年做一个资本运作的案例。

特华成立于 1998 年初，是一家以金融投资、财务顾问、投资管理等投资银行业务为核心，以创业投资、企业并购和金融研究服务为特色的投资控股公司。公司总部设在北京，下设投资银行总部、投资管理总部、中国博士后特华科研工作站和北京特华财经研究所等机构和部门，其业务辐射全国（包括港澳台地区）。特华的情况我简要地谈以下三点。

1. 提炼形成了一个有竞争优势的企业文化——以"四个四"理念为核心的责任文化。

特华的企业文化可以概括为坚持四个"四"：站在四个源头，坚持四个说话，摆正四种关系，反对四种倾向。站在四个源头，即站在政策、知识、信息、操作源头来做事业；坚持四个说话，即坚持用资本、知识、本事、事实来说话；摆正四种关系，就是要坚持国家利益至高无上、社会利益高于公司利益、员工利益高于股东利益；反对四种倾向，就是要反对个人英雄主义、小团体主义、享乐主义、平庸主义。这是特华在公司发展过程中积累的体会，也因此而得到了众多的赞誉。

2. 聚集形成了一个有竞争优势的研究团队——特华博士后科研工作站、北京特华财经研究所。

（1）特华博士后科研工作站。经国家人事部批准我们建立的特华博士后科研工作站，是目前中国在社会科学方面最大的企业博士后工作站，民营企业研究社会科学最强的研究机构之一。自 2000 年成立以来，面向海内外公开招收了八批共 130 多名博士后研究人员，2005 年 10 月，特华博士后科研工作站被国家人事部评为唯一的社科类"全国优秀博士后科研工作站"。我们工作站聘请了 100 多位指导专家，他们都是我国金融、经济理论和实务界的精英。

（2）北京特华财经研究所。为了坚持"发展企业，服务社会"的办站方针，工作站依托博士后的研究力量，于 2001 年 6 月成立了北京特华财经研究所，其宗旨是立足于中国经济改革发展的需要，对经济和金融领域的重大问题、重点课题进行前瞻性和实证性研究，为政府和企业提供具有可操作性的战略规划、咨询服务和对策方案。研究所成立以来，每年完成学术专著、行业研究报告和承担委托课题近 100 项，每年一届的"特华金融论坛"已经形成品牌效应，引起业内专家和社会各界的广泛关注。

3. 打造锻炼出了一个有竞争优势的操作团队——经济顾问能力、治理整合能力极强。

担任省市政府的经济顾问。特华投资控股公司成立以来，已担任 16 个省市政府的经济顾问。与北京、天津、广西、陕西、湖南、内蒙古、安徽、广州、济南等多个省市、自治区建立了战略合作关系。先后为湖南白沙集团、中国民生银行和江中集团等 30 多家大型企业提供了专业化咨询服务近 100 项次。

担任一些行业主管部门的顾问。五年来，特华先后承担各级政府和相关部门委托的研究课题约 20 余项。如银监会的"信托业发展与改革"，中国人民银行的"中国金融业征信体系建设"和保监会的"中国保险业诚信建设"、"保险资金运用研究"，北京市的《北京市金融业发展战略研究》等系列研究报告。

收购整合好了一批企业。如华安财产保险股份有限公司（国内财产公司资产总额排名第 4 位）、铜陵精达铜材（集团）有限责任公司（控股上市公司"精达股份"）、广州白云皮具贸易中心（国内最大皮具批发交易中心）等众多经营状况良好、资产优良的子公司，管理资产合计超过 200 亿元人民币。

下面我开始汇报正题。

一、我对资本的理解

在具体说资本运作之前，我想先讲讲我对资本的理解。

马克思曾经说过：资本来到世间，从头到脚每个毛孔都流着肮脏的东西。这句话一针见血地揭示了资本追逐剩余价值、追逐利润而剥削雇佣劳动者的实质。这当然是特指资本主义的资本。那么，一般地说，资本是什么呢？资本是不是就是钱、货币，一般的钱、货币是不是就是资本呢？我的看法是，从形式上看，钱，货币，不一定就是资本，资本也不一定就是货币这种形态。你拿 1000 元钱去商店买了一台电视机回家看，这 1000 元就不是资本，因为它换来了最终消费品，而没有用于增值。

我理解的资本是这样的：一切能为所有者（权益所有人）带来增值

的物质和非物质形态的权益（权利），都是资本。

如果这个理解不错，那资本的外延就非常广阔了——

政府拥有的土地使用权、矿产开采权、广告展示权、无线电频率使用权是资本；与这些权益相关的审批权、核准权、否决权、管制权也是资本。

在城市中心、沿海地区，国道、铁路附近，便利的交通位置是资本。我这里特别要说明的是，在我们益阳山区的安化，拥有种植茶叶、加工茶叶特殊技术的农民是资本，当地海拔几百米的荒山野岭也是茶叶行业的优良资本。

比如说安化的荒山，我认为比益阳市区的土地升值潜力更大，有更高的回报率。在座的可能有不同意见，他们可能认为现在市区的土地很值钱。我是说潜力，是用发展的眼光看问题。安化有 4600 平方公里的面积，是益阳市版图最大的县，平均海拔 300 米的高度，非常适宜种植高端茶叶。我们调研发现，按现行农村集体土地政策，承包 30 年山地，做优质品种的茶园开垦，前期投资平均 4000 元一亩，第 3 年开始产生回报，第 4 年全面投产后，可累计回报 30 年左右。其间每年可产生 3000 元左右的产值，其中大部分为工资费用，还有 1000 元左右的投资利润。茶叶生产是劳动密集型和土地密集型产业，今年收购价格比去年上涨一倍多，比房地产涨幅高得多。因此，若干年后，承包的茶园产出，远远超过三线城市的房地产业。

安化 96 万茶农也是资本。安化县人口有 96 万人，这是全国仅有的特殊的 96 万人。为什么这样说？因为安化几乎每个家庭都会种植茶叶和加工茶叶。这个资本是自清朝开始流传下来的，非常宝贵。中国第一所茶叶技术学校，是晚清政府 1903 年在安化建立的。只是近年来，很多种茶能手、制茶能手出外打工，没有外出的，也有很多人成天打麻将度日。为什么？茶贱伤农！我们调研结果表明：20 世纪 50 年代 1 公斤砖茶可兑换 1 只羊，到 90 年代初，要 10 公斤砖茶才能换回一只羊。有个安化的茶农两口子现在外出做保洁工作，女主人原来在老家采茶，一个工可以摘 18 斤，是采茶能手。但是收购价格只几毛钱一斤，因此，采茶不如外出务工。茶业是个劳动密集型和土地密集型的产业。与安化气候条件类似的其他山区如果大力发展茶业，需要培训数以万计的熟练技工。在安化发展茶业，不需要培训。只要将外出务工的茶农号召回乡就够了。这是成本竞争优势。挖掘出来，利用充分，就可以借茶业这个载体获得超越茶业行业平均回报的增值。

安化茶品牌是资本。大家都知道茅台酒，股票价格高达 100 多元一股，高档的酒卖万元一瓶（一斤装）。安化红茶与茅台同时双双获得 1915 年巴拿马世博会金奖。你说安化茶是不是资本？再比较茅台酒的发展现状，安化红茶是不是闲置资本？不仅是闲置，在我们的调研过程中，非常痛心地听到各种损害这个国宝级品牌的现象。有以次充好的，有任意挂牌的，现在，市场不知道安化茶的优质，因为有称为"湖南名茶"的（出口使用"湖红"品牌），也有使用"益阳名茶"的。这些现状对原产地品牌的恢复和发展，对国宝级品牌资本的盘活，极其不利。浙江杭州有个"龙井茶"。我们从来没有听说过谁挂"浙江名茶"的品牌来推销，也没有看到用"杭州毛尖"来扩大龙井茶产品知名度。这是种植业农产品的原产地特征。牵强附会地认为扩大，即使出发点是为了扩大优质产品的生产和市场，最后结果也是适得其反。

专利权、著作权是资本，拥有广泛知名度的名人也是资本。羽毛球冠军故乡是资本，益阳清代的陶澍、胡林翼、黄自元是资本，现当代的三周（周扬、周谷城、周立波）是资本，我们南县的段德昌烈士，是彭德怀元帅的入党介绍人，毛主席签发的中华人民共和国第一号烈士证就是他的，这也是资本。像我们这类出身益阳，现在出外做企业的人，数以千计，也是资本。

管理效率、制度设计、政策激励是资本。产品和市场相同的两个企业，在不同的政策环境中，会有不同的经营结果，在不同的产权制度、管理制度下，也会有不同的经营结果。同样，对于一个地方政权，政府的管理效率、制度设计、产业激励政策的不同，也会产生不同的社会效应，最终影响这个区域的经济增长、财政收入、人民生活水平的提高速度和程度。

这里我特别想说明的是，落后的管理制度、落后的政策环境，也是资本。特别对于新一届政府领导来说，有更多机会，通过创新、改善来提升经济发展水平，提高地方整体竞争优势。因为在那种情形下，科学管理的效率和有利于地方经济发展的激励政策，可以看成是被闲置了，你拥有这方面的闲置资本。所以，你只要改善这个管理效率，改善这个政策环境，就可以获得激励经济增长、吸引资金流入的积极效应。前提是，你要改善。只要你开始改善，你就会比一些经济发达的地方获得更多的增值。因为在那些制度政策建设比较完善，管理水平比较先进的地方，能够再加以改善的余地已经不多了，这个领域改善的空间有限。打高尔夫到100杆容易，到90杆或80杆就难了。用经济学的说法，你现在落后，你就有后发优势，有更大的边际效应产生。而同样的改善力度，在东莞就会出现边际效应递减现象。

为加深大家的印象，我讲一个说招商引资的段子："开门招商，关门打狗；上面很好，下面好狠；优待外商，打成内伤。"这些描述是否带有普遍性，我没有调研数据，但是绝对不是个别现象，否则刚才大家不会对此引起这么大的共鸣。因为，它直白地说明了某些地方政府、某些部门在各不相同的利益驱动下，很可能发生的行为模式。这里先不深究它到底是否普遍，也不在益阳做查证研究。大家应该赞同一个观点，那就是，凡此种种，都会降低投资回报，阻滞经济发展。所以我认为，一个不关门打狗的政府，一个不对外来投资好狠的政府，一个不把外商打成内伤的政府（这要包括它的各部门、各基层政权），就是资本运作的高手。这里运作的资本，都是政府所拥有的各种权力。在座的都是副处级以上领导干部，运作这类资本，经验丰富，轻车熟路，堪称我的老师，特别是书记和市长，我衷心希望你们能带领在座的各位领导，把益阳人民和党赋予各位的这笔资本运作好。

我进一步了解蒋书记，也是从蒋书记在上海、北京亲自指挥参与资本运作而逐步深入的。我认为蒋书记在我们益阳市做一把手，就是益阳最大的一笔资本——他的发展观念、投资理念、敬业精神、为民谋利为地方谋发展的策略就是培育资本运作大环境的前提条件。

今天我也非常高兴地注意到：第一，我和卢德之能被邀请来汇报讲课，正体现出新一届政府领导对资本运作的重视；第二，安化的"茶"资本价值已经在政府的主导下开始发掘了；第三，益阳现在也兴建了高尔夫球场，这也是政府为留住人力资本所采取的措施。总之，我们益阳的父母官已经从许多细节方面开始关注、发掘、运作资本元素了，而且很多方面已经取得了巨大成功。我作为一个益阳游子，感到很骄傲，我作为一名经济工作者，感到很欣慰。

二、我对资本运作的几点看法和体会

上面介绍的各种形态的资本，是我个人对资本概念的体会，也是我下面汇报关于资本运作的几个观点的认识出发点。其中对资本形态的介绍中，列出来许多地方政府拥有的权益。这是我特地罗列出来的，是想说明经济落后的地方，并不一定穷，最缺的并不一定是资本，最缺的可能是高效率的资本运作。

（一）什么是资本运作

究竟什么是资本运作呢？我们先来了解两个概念：

市净率——放大到 4 倍卖出

市盈率——放大到 20 倍卖出

当然，这只是从技术层面、操作层面讲资本运作的后半段，因为资本运作可以简单概括为八个字："发现价值，退出机制。"我的体会是，理想的资本运作，应该是将拥有的资本，借助适当的金融工具，选择并投入适当的载体，在一段时期内，取得一定的回报。这个解释有点抽象，不太好理解。如果要用白话讲，那就是——拿自己的可以变钱的任何合法的东西，通过市场定价（发现价值），合法地变成钱（退出机制），再让这些钱去合法地生更多的钱——合法的权益，合法的方式，合法的交易。

接着，我还想和大家在一个更高更广的范畴，思考资本运作的问题。成功的资本运作专家，一定是对伦理道德、人文历史、哲学宗教等领域都有较深修炼的人，也是对当今社会各个层面以及市场的各环节把握能力较强的人。我经常对公司的专业技术干部说，专业技术很重要，无论是财务的还是法律的，是产业的还是科技的，但这些只是资本运作成功的要素之一，重要性大约占整个资本运作的 15%（可参见易中天评刘邦、项羽）。一个资本运作项目也是牵涉到方方面面，绝非是"项目好就会有投资回报"那么简单。所以地方政府一旦重视资本运作在经济运行中的作用并遵循规律，对经济发展就会产生巨大的推动作用。

记得我小时候读书时，老师经常叮嘱我们说，"熟读唐诗三百首，不会做诗也会吟"，逼我们背书。到了背熟书还做不出像样的诗时，又告诉我们，真正要做好诗，工夫在诗外。这里，我以一个学生谈体会的心情，和大家交流一个多年来资本运作实践的体会。那就是，真正要做到高效率的资本运作，首先确实要熟悉金融业的运行规律，要熟读唐诗三百首。但是即使做到这样，也并不意味着打开眼睛就能看到钱，早晨醒来就能捡到钱。真正来钱的，创造增值的资本运作，在于对身边闲置资本的发现、发掘，并设法高效率地运作它。在别人还不以为然的时候，别人还没有发现的时候，你发现这个闲置的资本了，你根据这个资本的产业发展规律，把它运作起来了（比如云南的普洱茶、江苏宜兴的中国紫砂壶），把闲置的资本（普洱茶、紫砂壶的历史品牌、功能）作为产业载体，围绕这个产业链进行原料、基地、宣传、品牌、市场、产业政策的运作，你在这个领域的资本运作就成功了。所以，我体会成功的资本运作，确实是工夫在钱外，在资本运作外。

所以我认为蒋书记、马市长及益阳的领导班子就是资本运作的高手，他们在资本运作外已经下了很多工夫。

（二）我国资本运作与地方经济发展沉淀的模式

我们可以把资本按是否在恰当地运作，分成高效率资本运作和低效率资本运作、不当资本运作三类。

之所以要对资本运作效率分类，是因为判断资本运作的成败与否、效率高低需要时间。单位时间内，同样的资本一个创造了比较大的增值，另一个只创造了比较小的增值，就出现了高效率资本运作与低效率资本运作的情况。

中国的资本市场已发展了20年，客观来看，在短短的20年内，党和国家利用资本市场这个经济杠杆发展经济，从全局来讲，从整体来讲，是非常成功的。尽管有不尽如人意之处，并受到一些指责，但与欧美资本市场发展初期比较起来，中国资本市场简直是太文明了。资本市场中的研究者、操作者一提起欧美（尤其是美国）资本市场的发展史，就觉得一股浓烈的血腥味扑鼻而来——他们怎样打着诚信旗号干不诚信的事；尔虞我诈、你死我活的争斗局面持续时间之长（1929年世界经济大危机时，在美国，几百万加仑的牛奶倒进太平洋、几十万头生猪赶进密西西比河淹死，等等）——这些都是中国市场所不能比拟的。所以，我们不要老是埋怨，不要一味地指责，读读世界经济发展史、资本市场发展史，你就会觉得我们的党和政府是一个开明的党，负责任的政府、包容的政府（比如对德隆集团和唐万新的处理，可谓"皇恩浩荡"）。

按照我国资本运作的结果，我总结了在江浙成熟市场经济环境下，地方政府过去20年来发展经济的三大模式：

苏州模式：以吸引外资为主，外资消耗了当地的土地、污染了美丽的环境、带走了利润、税收（逃税）甚至工人的血汗钱，仅仅留下了没有多大实质意义的GDP增长。

南京模式：以本地企业为基础，通过增资的方式，由国内资本来控股，吸引各类经济资源投入本地企业，留住税源，外地资本可以分配拿走应得的利润。

杭州模式：以本地企业为基础，吸引当地资本投入当地的国企，并允许当地资本控股国企；通过税收政策，推动当地企业发展；严格治理环境、杜绝一切环境污染、确保企业和社会的长远发展；不仅留住了税源，而且企业给股东的分红也留在当地，带动当地居民的消费，形成生产和消费的良性循环。

下面我重点介绍一下历来号称天堂（所谓"上有天堂，下有苏杭"）的苏杭两种模式。

1. 苏州模式。

"月落乌啼霜满天，江枫渔火对愁眠。姑苏城外寒山寺，夜半钟声到客船。"

古诗里的苏州，其特色是文化的沧桑与历史的厚重。城里的繁荣与寒山寺的孤寂，经济的发达和思想的空灵，夜色之静跟耳畔钟声，全部融进如画的美景。很多看似矛盾的东西和谐地交织在一起，构成人们心中抹不去的印象。

如今的苏州，同样有多张面孔，同样有多种声音的交叉，但不和谐。一边是 GDP 增长跟外资的趋之若鹜，另一边是"只长骨头不长肉"和民族名牌的淡出；一边是优惠政策与科技园区建设，另一边是资源代价和"飞来经济"；一边是政绩工程与政府主导经济的苏州模式，另一边则是普通市民的相对贫困和干群之间新的"二元结构"。

从某种意义上说，苏州的外向型经济是"房东经济"，即提供良好的投资环境，让外商来发展以攫取高额利润。劳动者以打工为主，拿到的只是"辛苦钱"，苏州不仅拿不到"优势利润"，而且政府税收还得免若干年再减若干年，减免到期再换块牌子（仅仅改变企业名称）又继续减免。

在环境保护方面，苏州面临着严峻的形势。国务院经济发展研究中心刘奇洪博士介绍说：目前，水面占到总面积 42.5% 的苏州，由于工业污水随意排放，近 600 万城乡居民已面临水质型缺水的难题。很多县级市大多获得了"国家卫生城市"或"国家园林城市"等称号，但沿江化工、冶金、造纸工业园等依然在 100 多公里的长江沿线一字排开，这些工业园大多位于沿江城市取水口上游或附近；苏州城区、昆山、吴江等地，虽然不把冶金、化工、造纸等产业作为重点产业，但重点发展的电子通讯制造业，对外排放的废水中含有重金属、放射性元素，对环境的污染更大。

20 世纪 80 年代乡镇企业兴起，苏州一时名噪四方。当时苏州也出现了一些行业内排名靠前的全国品牌，如"香雪海"冰箱、"孔雀"电视、"春花"吸尘器、"长城"电扇等，人称苏州"四大名旦"。可如今，"长城"倒了，"香雪海"被三星吞了，"孔雀"被飞利浦抓了，唯一继续以自有品牌出现的，就剩一枝"春花"了。但这么多年来，"春花"基本上是停留在传统的吸尘器行业，没什么大发展。除"四大名旦"外，苏州当年还有"虎丘牌"照相机、"登月牌"手表等精密产品，以及非常发达的丝绸织造业，但这些企业后来都相继没落。看似精明的苏州人在品牌问题上却犯起了糊涂。金字招牌的大量流失，好像并未引起苏州人的重视。

2. 杭州模式。

眼下的杭州，"天堂硅谷"和"休闲之都"相映齐辉。作为杭州"天堂硅谷"建设的主战场，杭州高新区经过十多年的发展，已初步形成了以现代通信设备制造、软件、集成电路设计、数字电视、动漫与网络游戏等为代表的"两强、两优、两新"高新技术产业群。同时，在技术创新、特色产业基地和孵化器建设、高科技人才培育与引进方面也取得了长足的发展。如今，杭州正加快推进以"信息港"、"新药港"、杭州高新技术产业开发区、经济技术开发区、江东工业区、临平工业区和高教园区"两港五区"为重点的"天堂硅谷"建设。

在经济快速发展的同时，杭州的城市环境并没有因为经济发展而遭到破坏，相反杭州的环境质量在不断改善和提升。杭州自确立建设"东方休闲之都"的目标以来，创造休闲生活环境成为政府投资的重要方向。近年来，杭州相继实施西湖综合保护工程，免费开放西湖周边景区，实施西溪湿地保护工程，等等，大大提升了杭州的知名度和美誉度。联合国人居奖、国际花园城市、中国人居环境奖、全国环保模范等称号，便是对杭州城市环境的最好肯定。

"大气开放"构筑"和谐创业"。"精致和谐、大气开放"是杭州的人文精神。"和谐创业"正是植根于杭州人文精神"土壤"上成长起来的创业模式，它兼容了苏南、温州两大模式的优势，实现了文化力向生产力的现实转化。

目前，杭州市正努力追求生活与创业、文化价值与经济运行、个人创业与整体发展、政府与民间、对外开放与内生创新"五大和谐"；积极营造"鼓励成功、宽容失败"的创业氛围；改善人文、体制、硬件、法治、治安、政策、政务、人居和生态等和谐创业的九大环境；并深入实施支持创业的 20 项举措。专家认为，"和谐创业"的杭州模式创造了一种新型的城市发展模式，创新发展途径、提升发展品位，是落实科学发展观、构建和谐社会的有效载体，对全国具有借鉴意义。

（三）成功高效的资本运作的特征

为了便于大家理解真正的资本运作，以便能够把资本运作与金融欺诈区别开来，我把高效率的资本运作作为典型情况，对高效率的资本运作进行剖析，找出几个明显的特征。毛主席说过，有比较，才能有鉴别。我这是通过与那些金融欺诈案件比较后，得出的心得。

高效率的资本运作具有的特征：

1. 设计目标——利益多赢的特征。

一般说来，金融欺诈只考虑自己的利益，不会考虑其他方面的利益；不当的资本运作也只考虑合作相关方面的利益，不主动考虑老百姓的利益，不考虑政府的利益、民族的利益；规范的资本运作或我所说的高效资本运作，它考虑的或设计的目标则是多赢——交易双方、社区居民、国家民族的利益都得兼顾。因此，多赢局面是衡量一个资本运作方案是否高效率的重要标志。过去曾经流行"双赢"（交易双方赚钱）的说法，也就是忽视老百姓利益的资本运作，我历来不赞成。经过一段实践的考察，我发现，这些做法由于罔顾民众利益和社会利益，因此没有良好的生存条件，也就没有生命力。现在在以胡锦涛同志为核心的党中央领导下，我们正在构建社会主义和谐社会，这就更要从"权为民所用，利为民所谋"出发，考虑多赢、实现多赢，即实现政府财政增收，社会就业增加，老百姓（特别是不能忘了农民）增收，投资者获得应有的投资回报，环境可持续发展并对子孙后代有交代等方面结合起来考虑。只有利国利民再利己的投资项目，才是高效率的资本运作。只考虑投资方利益，或者还加上政府目标，而忽略老百姓利益的资本运作，是不受老百姓支持的，因此也是难以持久、难以成功的。为了加深大家的印象，我在这里举几个不成功的例子。

华北油田持续亏损

华北油田是个国有大油田，由于建设期间没有充分考虑当地农民拆迁离地的利益，简单地用补偿款解决，补偿又低，当地农民的生计问题没解决好。华北油田投产后，其输油管多处被农民挖开，黑炼油厂、黑市原油交易遍地都是，屡禁不止。最终，这个油田长期没有摆脱亏损的局面。

东莞水源严重污染

在过去的 20 年中，广东东莞的经济确实发展很快，但综合看来，并不算很成功。我这样说的根据，是它在这个过程中，由于对资源的不合理利用、城市化的过度、不合理的规划等这一系列由经济发展所引发的后遗症对东莞市的环境造成了严重的破坏，使得东莞从一个生态优良城市转变成了现在的一个迫切需要治理污染的城市。这当中对水源的污染最典型。根据东莞环保局的统计资料显示，2003 年市区污水处理率为 37.5%，全市污水处理率仅为 6.1%，城市生活垃圾无害化处理率为 4.74%，均处于低水平。在农村，为了增加农民收入，东莞市曾经鼓励当地农民养猪，仅江河沿岸的养猪场每年的存栏量为 28 万多头，据统计，1 头猪的污染相当于 6 个人的污染，它基本上不经处理就直接排入江河之中。工业污水排放就更严重。2004 年，全市工业废水排放总量为 2.25 亿吨，其中有 10%以上治理未达标或根本就未曾经过治理的污水直接排入江河。而这些污水的产生源主要是一些规模小、技术力量薄弱的从事塑胶、五金、漂染、电镀的企业，像这类企业，指望他们能够自己通过技术手段和资金来解决排放的污水问题根本不可能，所以污染日益严重。东莞市各镇区内有大小河渠（包括天然河渠和人工河渠）共计约 400 余条，40%属于重度污染、18%根本就是恶臭熏天，许多根本就只能看到黑色的泥浆伴随着阵阵的恶臭。这些污水通过支流涌入干流，然后排入东江，东江被广东人称为"生命之河"，现在则是"东江乌黑，恶臭袭人"。东莞那种增长模式对水体的污染开始出现恶果。2005 年，广东全省各类疾病的发病率从大到小依次为：感冒、皮肤病 6.1%；咽喉炎和呼吸道感染 3.5%；胃病头痛2.6%；关节炎、水土不服、青春痘 1.3%，在整个中国地区都基本上是最高的，而东莞的发病率之高在广东又居于前列。

扬州古运河被污染

2002 年 7 月，扬州古运河城区段突然爆发大面积"绿藻"，整个河面一片绿色。古运河氨、磷总量严重超标，使河水呈富营养化，这成了绿藻大规模爆发的主要原因。为何氨、磷总量会严重超标？这些年扬州古运河仅高寺至黄金坝段就有主要排污口 66 个，同时还有七条支河的污水排入古运河，各项排放指标均超标，且呈每况愈下之势。特别是有机化工厂、啤酒厂、制药厂、农药厂等工业废水、污水的排放量很大，加之该段古运河弯道多、水流速度慢、自我净化能力差，要真正达到旅游景观水质的基本标准有很大差距。在两岸环境方面，除新改造河段失去古运河原貌之外，沿线还有大量风格与形态各异与之极不协调的建筑，特别是一些工厂的厂房、烟囱、冷却塔、码头与道路等，对古运河的视线走廊形成了不良影响。

2. 操作过程——公开真实的特征。

资本运作不是资本欺诈，过程要公开透明，信息要真实并充分披露。有句俗话说得好，假得一时，假不得长久。比如资本市场中，好的治理结构的公司，投资者一般愿意高出正常估值 30% 的价格来兼并重组。这方面好的事例很多，反面典型也有。

前两年大家可能看过中央电视台经济半小时的一个节目，说的是中央财经大学一位研究人员揭露叫蓝田股份的上市公司造假，受到蓝田公司的人身威胁，搞得北京的派出所派民警保护这位研究人员的事。湖北省洪湖地区原来有个叫做蓝田股份的上市公司，对外宣称生产藕制饮料产品、渔业等一条龙，特别是谎称"莲藕汁销量惊人"，每年营业额和利润增长十分惊人。但是由于数据是虚假的，捏造出来的，虽然曾经在资本市场融资很多（用行话来说，就是圈了很多钱），那不过是违反国家财务规定、违反证券法规，欺诈投资者和银行的行为，最后还是纸包不住火，暴露了出来。这不是资本运作，这是金融欺诈。

3. 操作主体——遵循规律的特征。

遵循客观经济规律，这是资本运作的前提。资本运作的载体一般是某个产品、技术、公司、市场。这些要素的正常运行，要符合市场经济的客观规律。而市场经济有自己的运行节奏，宏观经济有自己的景气周期，不同行业的产品有不同的生命周期。这些周期与我们的政府换届周期，可能不太吻合。因此，资本运作的项目不可能随着领导人的乔迁、工作岗位的异地交换而转移。

在这方面，云南有关政府部门对普洱茶产业发展的操作就有典型意义。一个时期以来，在高价格高利润的引诱之下，云南某些地方政府一方面是放任对野生茶树及古茶树的掠夺性采摘，另一方面，是盲目地热衷于搞大量茶园的开发，尤其是很多地方领导动辄就搞"万亩茶园"或是几万亩连片，使山岭植被单一化的程度加剧，导致生态环境日益恶化，各种病虫害流行的几率由此大增。而小片分散的种植形态却没有这样的弊端，所产茶叶的品质更为上乘。单一化植被与多年大面积种植单一化一个农作物具有相同的病虫害问题。一般情况下，人们对大面积的单一化作物，采用轮作其他作物的方式避免这种病虫害现象出现。茶树是多年生植物，又无法轮种。因此，几万亩连片的茶园，将带来严重的生态环境恶化。

不遵循客观经济规律的另一个恶果，是危及产业、企业和产品本身。地方政府影响云南普洱茶长远发展的一个核心问题是，政府在普洱茶标准的制定方面太过于急功近利。2006 年的新标准将晒青后压紧的茶也归入普洱茶，便是一大危害。普洱茶，本应是发酵茶，只有在发酵后，才可称作普洱茶。而烘青、炒青的茶叶陈化之后就几近垃圾，现在竟将其归入普洱茶范畴，久而久之，普洱茶的特殊风格和品质内涵将逐步消失。此举看来能扩大普洱茶的总产量和种植面积，但从长远看，将是普洱茶健康发展的致命杀手，从根本上危及普洱茶的品牌信誉，贻害无穷。

第一、二、三产业经济的发展各有自己的周期，这不会因为五年一届的政府班子到期而改变运行规律。资本运作（金融）的风险、成本、效益客观上都有滞后性，短期内看不出，如果变来变去，成本和风险会更高。所以，新的一届政府选举上任后，新领导适当保持和维护原来已经形成的资本运作项目的连续性，有利于资本运作成功。

关于这一点，我在这里班门弄斧，讲个成语典故，叫做萧规曹随，我认为用它来说明这个问题，比较贴切。刘邦建立汉朝后，可谓知人善任。他用萧何为相国（丞相），萧何治国安邦很有本事，特别是他主持制定了一整套的法律条例规章制度，天下大治。萧何死后，曹参继任相位。"参代何为相国，举事无所变更，一遵萧何约束。""萧规曹随"一语，最早见诸《汉书·扬雄传》，传中录有扬雄所作《解嘲》，其中有这样一段话："夫萧规曹随，留侯画策，陈平出奇，功若泰山，响若坻颓。"（《汉书》，中华书局 1979 年版，第 3573 页）曹参的可贵之处，就在于有自知之明，不随便否认前任，没有对萧何所定下的规章制度和战略安排作重大变更，保持了政策的连续性。对于这种无为而治的方式，刚开始时连刘邦的儿子汉惠帝都不理解，曹参对他耐心解释说：陛下，既然您的贤能不如先帝，我的德才又比不上萧相国，那么，先帝与萧相国在统一天下以后，陆续制定的许多明确而完备的法令、政策措施，在执行中又都卓有成效，我们就不应该乱加改动，而应该谨慎从事，遵照执行。汉惠帝听了觉得有道理。曹参担任丞相期间，极力主张清静无为不扰民，遵照萧何制定好的法规处理政务，维护了国家政治稳定，促进了经济发展和人民生活水平提高。他死后，当时的百姓编了一首歌谣称颂他："萧何为法，讲若画一；曹参代之，守而勿失。载其清靖，民以宁壹。"曹参得到了当时人们的赞誉，并因此而名垂青史。后来的人们就用"萧规曹随"这个典故，来形容那些不随便搞"新桃换旧符"以制造政绩，而以继续推行原执政者的战略和政策为己任的继任者。这个历史掌故流传下来，精练为成语，我认为从历史角度看，对曹参的不作为，是褒义的。

当然，我举曹参这个例子，绝不是反对与时俱进，也绝不是反对创新。我这里讲遵循客观规律，而规律并不是三天两头就变的，也不是领导一换届就变。我的意思是，不仅对本事平平的领导干部来说，能向曹参学习，尊重前辈和前任，是"善莫大焉"，就是那些综合素质比前任强的领导干部，也未必时时处处事事都强，必须充分肯定前任的成绩，继续推进前任已经开始的对人民群众有利的事业，要懂得站在巨人的肩膀上的好处——你把巨人打翻了或踢开了，只站在地面上，你能有多高呢？更要命的是：党怎么看你？同僚怎么看你？群众怎么看你？尊重历史、尊重别人、尊重群众，就是尊重你自己，就是成功的一种基础。

4. 运作规则——可持续发展特征。

资本运作不是杀鸡取卵，是养鸡下蛋；不是排干水捞鱼，而是蓄满水养鱼。

益新泰的事可能大家都熟悉，自从（湖南）省政府利用指标强拉硬凑三家纺织企业上市后，确实圈到了一次钱。但是现在怎样？据我了解，益阳麻纺厂从上市公司中退出来了，因为从益新泰上市首发以后，再没有享受过资本市场的融资功能可带来的发展机遇。这是大股东华升集团不尊重资本市场规律，以短期的局部利益牺牲企业的长远战略利益的必然结果。

利用 IPO（IPO 是首次上市募集资金）达到圈钱目的、不考虑下次再融资的公司，上市后也会被 ST，迟早要退市。欠债还钱，古今一理，世界上没有免费的午餐，资本市场也一样。所以，企业一旦上市融入资金后，就一定要对投资者负责，考虑我在上面所说的"四赢"，把上市公司做强做大增加价值，你才能源源不断地从资本市场来再融资，保持可持续发展。

上面我就资本运作的几个重要特征，谈了些个人体会，供大家参考。主要是想让各位了解资本运作与金融欺诈有明显的区分，想让各位知道资本运作的客观规律我们不能随意违反，违反了就要付出代价。

（四）实施高效率资本运作的几点体会

1. 发现资本——分析当地经济中具有比较优势的闲置资本（资源）

因素。

任何经济实体要想在竞争中立于不败之地，能够发展和壮大，首先要确认自身的优势资源因素，并将其转化为发展的竞争力，这种优势资源因素分为硬资源因素和软资源因素。对于一个地区经济而言，硬资源因素比较容易理解，例如本区域拥有的专属性或垄断地位的矿产、特殊物产、区位优势，以及在全国乃至世界范围内具备了比较优势的企业或产业集群。软资源是什么呢？我认为第一重要的是一方行政长官及其下属官员群体的市场化运作的思想意识，这种思想意识说起来简单，但它却是地区经济未来发展成功的首要关键，这种意识体现了地区整个官员群体的思维风格、做事态度、行政效率，最终体现出该区域经济在全省、全国经济格局中的态势与发展成败。

我有个很好的朋友去年来到湖南与某县搞合作开发，县委书记和县长定了调子、签了协议，他也打来了款子，可真正运作起来，下面开发区和各职能部门的领导的"工作原则"和"研究精神"就出来了。后来听说本来预算的前期200万元成本，现在已经翻倍了，开工建设却还没有时间表。也许当地的有关部门还暗自窃喜，又多捞多沾了外来投资者不少利益、不少好处。实际上这些人很愚蠢，他们不知道，这样做实际上是对市场经济游戏规则最大的破坏，也是对本区域最核心的软资源的最大伤害，整个政府信用的缺失将会使我们丧失地区经济发展最重要的软资源。

当然政府的产业政策、财税政策、金融发展度、交通基础设施、环境等方面也是软资源的重要因素，这里就不一一列举了。

2. 保护资本——对资本进行有效分类。

在我们分析地区优势经济资源或资本时，我们要有长远的眼光、整体的眼光和发掘的眼光。比如对于硬资源来说，垄断类的专属资源我们就要注意分析该资源的上下游产业生态和效益链条，这是我们培育未来区域经济优势产业群的胚胎和种子，政府一定要通过政策和行政的效力加以引导与呵护，要以整体的大思路去开发运用，避免为了短期效益破坏了专属类资源的整体价值。

我举两个例子。（1）江苏宜兴是中国紫砂壶的故乡，以往普通的一把紫砂壶也就卖个几十元、上百元，近年来当地政府意识到要用大思路来发展宜兴的紫砂文化，通过提升文化品位和价值，来增加紫砂壶价值。于是政府汇集财力和运用政策，把以往的烧制紫砂原料企业悉数收购、整合，每年定额供应原料，同时加强对紫砂文化的宣传与运作，这样一来市场供求关系发生变化，紫砂壶价格大幅上升，各方趋之若鹜，当地的文化旅游业也随之提高了品位加快了发展，专属的紫砂资源的整体品牌价值也得以深度发掘和大幅度提升。（2）湖北省宜昌地区是磷矿资源的聚集地，从去年初开始，地方政府加强了资源管理和控制，对于高品位磷矿不允许对外进行开采权或股权的转让，原则上只欢迎外来企业在当地设立合资企业，并且鼓励进行精细磷化工产业的发展建设。地方政府这种思路和政策非常对。假以时日，当地政府通过垄断性源头的资源运作，当地就会发展起一批精细磷化工企业群，这样的结果与单纯地发展矿山开采、销售原料，孰优孰劣大家肯定一目了然。

因此，在对本地区优势资源分类时，我们要有敏锐的市场意识和感知力去发现哪些资源具备发展地方产业集群的潜力，同时考虑到如何配给我们的软资源、通过什么样的步骤加强我们的资源控制力，从而尽快培育出具备独特竞争力的区域产业和重点企业群，这些产业和企业就是地区资本运作和金融发展的基础和平台。"巧妇难为无米之炊"，有了实体经济这碗米，才能做好金融、资本运作这锅虚拟经济的饭。

另外，这里有一点要强调一下，大家听了我上面举的例子，千万不要误解，不要认为一个地区必需有点稀有矿产才能发展出像样的产业集群。例如浙江义乌什么矿也没有，仅仅是一种当地自发形成的地摊批发市场以及当地人乐于经商、善于经商的人文环境，加上当地政府的优势的软资源辅助，最终成就了一个令全世界都刮目相看的"小商品海洋、购物者天堂"的独特产业群，不仅国内商家，连外交部采购中心、联合国采购中心等赫赫有名的组织都选择义乌，还有9000多外国商人落户义乌。去年，义乌这个县级市的住宅房地产价格就已经超过2万元一平方米。博鳌亚洲论坛秘书长、原中国加入WTO首席谈判代表龙永图说：我平时不喜欢逛商场，但逛过义乌市场后，对商品的数量、价格很吃惊，数量太多了，价格太便宜了。国外商品的价格与义乌的相比，大致把美元折换成人民币后还可加上5倍。这种价格优势，吸引了来自全国各地、全球各地的商人。义乌不只是浙江的义乌、中国的义乌，而且是世界的义乌。当然浙江还有许多"打火机之乡"、"拉链之乡"、"小家电之乡"等通过不断强化区域的比较优势而形成的独特产业群。这对我们应该有启发。

（3）最大价值运作资本——集中有限资源实施资本价值最大化运作。

开始说这部分之前要和大家谈两个概念，"工厂"和"企业"。工厂是成本中心，衡量一个工厂的好与优秀，主要是看他能否用最少的成本产出最多的产品；而企业是一个利润中心，衡量一个企业是否优秀，主要是看他近期是否获得了很好的利润，未来还能否获得更多的利润。之所以要与大家讨论这两个概念，是因为请各位父母官一定要注意我们拿出有限的资源支持发展的是"工厂"还是"企业"，我注意到中国很多地方政府招商引资过程中很喜欢世界500强或是著名大企业来本地投资，不惜以零地价、优惠税率等一系列软资源配合，可最终三五年过去了他们只是建了一个工厂，这个产业链环节只是消耗了大量的本地资源、相当量的环境污染、整个工厂基本是微利或是亏损，基本没有带来税收，只有短暂的GDP的上升。过了五年、八年之后，当我们的资源没有了，人力成本上升的时候，他们也就会走了。可是会留下什么呢？是资源的耗尽、需要花巨资才能恢复的蓝天绿水、蹿升的失业率，而不是一个像样的有特色的区域产业和可持续发展的地方经济核心企业群。所以我们的父母官在集中有限的软硬资源进行招商引资、发展经济培育企业的时候一定要注意，我们需要培养的是真正的"企业"，是根植于本地的利润中心和负责任的企业群落。子午线轮胎项目——非常高兴，总部设在益阳，而不是加工厂设在益阳。

如何去集中有限资源运用金融和资本杠杆实施资源价值最大化运作？我举一个我们公司服务的客户例子——安徽省铜陵市，这是一个位于长江南岸边的小型地级市（只辖一个县），总人口约70万人（市区人口30万人），这是一个工矿型城市但矿产资源大部分濒临枯竭，我在2002年初与该市的市长认识，随后铜陵市请我们做总体经济顾问，我们经过多次认真的调研选取了五六家利润过千万的公司确立为重点培育对象，政府在如下几个方面倾力支持：

加速股份制改造，政府主动为历史遗留问题买单，财政成立投资公司，对资本金实力不足，资金缺乏的公司主动进行增资，同时积极寻求市内和省内的实力企业入股优势企业，该轮次引入资金近亿元，政府主动买单近2亿元。

加强税收返还等优惠政策，资金即时到位，对企业上市的利润补税问题市长亲自协调各级税务机构落实到位，给人一种言而有信、勤勉执政的诚信政府形象。

市长亲自坐镇北京，联合我们公司现场解决问题，运用一切资源为企业上市保驾护航。

三年时间过去了，共有4家企业先后在上海交易所上市，加上原有的两家上市公司，70 万人口的铜陵小城目前已有 6 家上市公司，总市值近 300 亿元。上市首次募集资金总计 10 多亿元，而且今年共有 4 家进行了再融资，到账资金也近 10 亿元，目前该市已形成了有色金属采炼、铜及深加工产业、大化肥与磷精细化工、电子元器件四大主导产业群，其中四家上市公司都是位于行业前三甲之列。公司控股的精达股份（600577）就是国内最大的、世界第五大优质电磁线制造商。同时，原来政府财政投入的入股资金收益也有 10 倍以上，铜陵市政府依托这几个日益成熟的产业群，税收与财政收入高速增长，增长率已经连续 3 年居安徽省第一名。该市的市政基础设施也得到了巨大发展，对外经济交流活跃度也日渐提高。我个人认为，铜陵也是属于中西部的一个小型城市，各种硬资源条件也不十分突出，但是铜陵地方官员们的思路是开放的，市场意识是积极的，政府信用是可靠的，这就使该地区具备了软资源的比较优势，最终正是这种软资源的比较优势，使得他们在安徽地区间经济发展的竞争中获得了成功，取得了先机。

　　同时，值得一提的是铜陵市主要银行的支行实现利润在安徽省内都是名列前茅，银行用于支持当地经济发展的放贷额大大高于储蓄额（益阳这个数据是存款 300 亿元，贷款 150 亿元），这就表明由铜陵市政府通过资本市场培育出来的优秀企业群落业已成为银行等金融机构的优质客户，他们为金融企业实现了大量利润，同时也吸引了更多的资金和金融资源由外省市注入铜陵。这种产业与金融的互动双赢、良性循环，又会进一步加强该区域的软硬资源的比较优势深化巩固，从而再次正向激励该区域经济的可持续发展。

　　4. 从资本运作获取超额利润——加强软环境改造和经济结构的深化调整，获取超额的整合利润。

　　我认为任何资源也好，企业也好必须经过资本市场的洗礼，才会发现价值、挖掘价值、放大价值，因为资本市场的功能就是合理资源配置和企业定价。我们有些地方政府十分短视，有时为了暂时的困难或短期利益考虑，直接去卖资源，获得了少量的资金，失去的却是一个发展地区特色产业和企业集群的机会。我还拿我们公司控股的精达股份来举例，精达股份在未上市整合之前，只有不到 3500 万的资本金，利润额近 1000 万，格力电器就想收购他将其作为一个专为格力配套的工厂。当时开价收购金额大约 8000 万，市政府在多方论证并征询了企业管理层的意见后，最后拒绝了收购，因为被格力收购后精达这个企业就变成了格力的工厂，在扣除职工身份买断和奖励后市政府虽然能得到 4000 万急需的资金，但同时也丧失了一个企业成长为行业巨人的可能。精达股份在随后整合成功上市，又通过了一年多的发展，卖给我们时价格已经是 2.26 亿元，而且随后的三年内精达每年的纳税增长平均超过 30%，当然精达股份在我们三年多的国际化的进程和资本市场的自身整合中，价值也在不断增长。

因此，作为地方政府的领导一定要有市场意识，还要有资本市场的意识，一种资源或是一个企业只有经过整合，具备了整体的品牌或是具备了完善的产业价值，他的市场标价就会成倍的上升，这就是资本市场最美妙的价值放大效应。地方政府要学会应用这种资本的魔方获取超额的市场整合利润，而后再去改造地区软环境，进行新的区域产业结构调整，培育出新的产业和企业群体，保持经济的可持续发展。

（五）资本运作过程中可能出现的几种风险

1. 理念问题——理念不清晰、不坚定会放大"机会成本"。

许多在座的领导都是从事经济工作的。经济学就是研究一个经济社会如何对稀缺的经济资源进行合理配置以期获得最佳效益的科学。从经济资源的稀缺性这一前提出发，当一个社会或一个企业用一定的经济资源生产一定数量的一种或几种产品时，这些资源就不能同时用于其它的生产用途方面，这就是"机会成本"。也就是说，这个社会或企业所获得的一定数量的收益，是以放弃用同样的资源来生产其他产品时所获得的收入为代价的。一个企业也必须将有限的企业资源用于能够取得更大收益的业务项目，才能实现企业的社会价值和经济价值；一个政府必须将有限的社会资源投入到最能实现社会发展总体目标的社会部门，才能促使社会进步。

从经济学"机会成本"原理来看，政府的资源是稀缺的，需要运作。对于政府组织而言，实施资本运作的过程也是一个艰难选择的过程，但是做正确的事比正确地做事要重要得多。

资本运作的机会成本：

（1）闲置成本（如上述安化茶园、茶农）；

（2）贱卖资本（资源）——资源是有限的，卖了就没了，卖给甲就不能卖给乙了；

（3）没有充分发现价值，没有充分享受资本市场功能作用所带来的收益。

从制度经济学的角度来讲，许多政府组织深陷一种"路径依赖"和

"自我强化"的状况。路径依赖是指一种制度一旦形成，不管是否有效，都会在一定时期内持续存在并影响其后的制度选择，就好像进入了一种特定的路径并只能按照这样的路径走下去。"自我强化"是指人们由于从这个制度中得益，便积极地遵守它、主动地适应它。并且又创造了与这个制度安排相适应配合的制度安排，其中既有正式规则，也有非正式规则，即潜规则。"路径依赖"和"自我强化"的状况会时刻动摇侵蚀政府组织实施资本运作的理念。

2. 资本运作主控权出让的风险。

这里说个丧失资本运作主导控制权的真实案例，供大家参考。西北轴承股份有限公司是宁夏银川市一家大型国有骨干企业。他们产品中的铁路轴承一项，中外合资前占全国市场的 40%，利润占全公司的 40%。他们的 NXZ 商标是国家驰名商标，利税是宁夏回族自治区的支柱大户。2001年，本着"市场换技术"的意图（鬼知道是什么意图！）与德国 FAG 轴承公司组建合资企业——富安捷铁路轴承有限公司。通过合资—控股—独资的"三步走"策略，该合资公司的技术、品牌、市场最终全部被德方控制。关于控股权的问题，合资时德方提出他必须控股，如果不控股他就不来（合资）。地方领导人为了政绩，就对德国资本出卖国家利益，妥协的结果是中方占股份 49%，德方占 51%，比中方多了两个点，但就是这关键的两个点，恰恰决定了合资公司所有的经济运行和利益流向。答应了德国资本控股，谈判成功，中方以土地、厂房、设备、品牌、市场以及生产资质入股，德方出资 852 万欧元，当时合 6000 多万人民币。合资公司投入运转，但西轴人很快就发现不对了，企业是双方的，中方却毫无发言权。德方不仅毫无诚信可言，100 万欧元的无形资产技术投资根本不再提起，而且玩起了肮脏资本的惯技，连续两年将公司做亏，第一年，合资公司亏损 980 万元，第二年，又亏损 1300 万元。原利润即使不计，2001 年没合资时西轴仅向国家纳税额就是 3711 万元（而合资的 2002 年、2003 年两年纳税共 67 万元！）连续两年亏损后，德方要求继续增加投资。中方当时没钱。你出不起钱，就只能卖给他，合资就变成了外方独资：德方出资 2900 万元（整个一个西轴连设备，带品牌、带市场、带技术全部卖了 2900 万，而两年前投入的设备费就有 3100 万元！）买下了中方原持有的 49% 股份，合资公司变成独资公司。这 49% 的股份拿回来 2900 万，也就是合资前西轴正常运行时候的一年半左右的利润，外加多年打拼的品牌、市场、生产资质等多年打拼的成果的损失。

更为严重的、超出个别案例的丧权就是"拉美化"问题。所谓"拉美化",是指拉美国家在 20 世纪 80—90 年代,由于选择"外资主导型"开放道路,而获得的阶段性经济快速发展,是以丧失对本国经济、资源的控制权为代价的。从而引发了严重的经济危机和社会动荡等一系列问题。至今在一些领域造成的阴影还依然挥之不去。拉美国家走入危机怪圈,应该说是从进行金融自由化改革开始的。直到现在,拉美金融危机悲剧还在不断重演。据统计,从 1980 年到 2000 年的 20 年间,拉美地区的人均收入仅增长了 1/10,本国货币对美元贬值平均下跌 50%—70% 左右,各国 GDP 平均下降 5% 以上,经济危机还引发了严重的政治危机,让我们印象深刻的就是阿根廷在 2001 年底的两个星期内连续换了五位总统。前些年,中国经济发展模式与拉美国家所走的道路有某些相似之处,即经过主要靠外资拉动 GDP 高速成长期。但是,我们也应清醒地看到:跨国公司在最优惠开放政策吸引下,大举进入我国垄断领域的同时,而国内企业,尤其是民营企业仍然还被捆着手脚,他们在自己的国家却得不到应有的"国民待遇"。这样的"不平等"竞争如果再持续 10 年 20 年,岂不就重蹈了拉美国家的覆辙?这已经严重危及到了国家经济安全。

同样令人担忧的是,某些地方政府的经济管理部门,仍然存在这样的心理:他们既不相信国有企业能搞好,也不信任民营企业能做大,于是为了"寻求政绩",或推动本地经济增长,盲目争相引进外资,过度超前开放,甚至大搞"外资崇拜"和"内资歧视",所谓"一洋就灵"。但是,我们应清醒地看到,外资是为牟利而来,为了百分之百的利润他们敢冒上绞刑架的风险,他根本不愿意也不会在中国承担社会责任。如此下去,中国的民族经济靠谁来振兴?好在从去年开始,我们党和政府已经深刻认识到并调整了政策,采取了一些调控措施。

3. 权力寻租带来资本定价方面的风险——贱卖。

政府决策人拿出准备进行资本运作的权益进行资本运作,免不了要对这部分资本进行价值评估,与合作方好定价。一方面,由于种种原因,国内外很多腐败现象产生于大规模的资本运作过程中,集中地表现在对资本的定价合理性方面。许多国有资产流失、贱卖国有资产的案例中,经常与权力寻租的腐败行径有内在联系;另一方面,由于缺乏资本运作常识,大部分在净资产价值上下成交(如银行股权)。

这方面的案例很多,包括几大资产管理公司打包向外商出售资产,包括最近一年多吵得很热闹的国有银行贱卖问题,这些大家都知道,我就不展开讲了。

4. 经营管理风险。

在日常经济工作中，我们时常可以发现一些人把本来很好的事做砸（锅）了。我有一个观点：烂尾楼往往在最好的地段。最好地段的房子本来可以卖个好价钱，获得高利润，就是因为不懂资本运作、不善经营管理，做砸了，变成烂尾楼。引进资本运作一定要充分考虑、考察投资者运作团队的操作能力以及历史成功案例，光有资金还远远不够。

资本进入一个新领域，经常会因为缺乏专业人才导致资本运作项目不能按时按质量完成，目标不能充分实现，从而影响资本运作的整体效率。所谓隔行如隔山，不熟不做，属于经验之谈，进入新领域一定要慎重。

资本运作涉及许多方面，特别是进行整个产业链的资本运作过程中，以前没有实践经验的环节，无论是多么具体的细节问题，都可能成为资本运作的重大成功（或失败）因素。所谓成功在于细节，或者说"细节决定成败"，就是这个意思。因此，对于地方来说，引进投资者要考察他们的团队。地方政府要搭资本运作平台，更要做好自己的人才储备。

5. 届别机会主义带来的风险。

现阶段各地政府都想加快本地的发展，特别是政府财力紧张的地方。问题是，不从地区进行整体分析、科学统筹，而是急功近利，只图本届政府政绩，布置各个部门和基层单位"广开财源"，造成各种乱收费合法化，虽能暂时地改善政府的当期财政状况，但作为投资环境的竞争优势，则可能因此而丧失和遭到破坏。这样就会造成严重的后果，投资者敬而远之，财源建设欲速不达，这就是低效率运作资本。东莞、苏州模式就是这方面的反面例子。

老百姓喜欢有为的政府，但他们最怕的就是政府朝令夕改，换了个领导就换一个发展思路，把国计民生当成自己思路的一块试验田。

浙江义乌的幸运之处，就是历届政府始终举着一面鲜明的旗帜，坚持正确的发展战略，执著不变，所有的力量用于一处，在两点之间走着一条尽可能直的线路。在"十五"期间，义乌市 GDP 年均增长 15.3%，人均GDP 突破 5400 美元，城市竞争力列浙江省县级市首位，综合实力居全国百强县市的第 15 位。

1982 年，义乌率先创办了小商品批发市场，20 多年来，始终坚持兴商建市的发展战略，以中国小商品市场繁荣发展为社会经济的引擎，推进市场化、工业化、城市化和国际化。义乌市市委书记楼国华认为，义乌目前的成就是长期坚持以商建市发展战略的结果。在 20 年前，义乌是一个有名的贫困县。谢高华（1982 年出任义乌县委书记）到任后面临需要解决的问题，就是尽快带领义乌市人民脱贫致富。摆在谢高华面前的义乌是地少人多，致富需要寻找新的途径；资源短缺，不可能凭着大自然的恩赐使人民早日脱贫；工业基础薄弱，更不能以扩散产品的方式来发展乡镇企业。唯一的优势就是义乌经商的风气比较浓厚，有一批农闲从事"鸡毛换糖"的商人。传统的商业文化和现实的经济发展要求一结合，兴商建县的基调就水落石出了。1984 年，政府因势利导提出了"兴商建县"的战略口号，实行"以贸易为导向，以贸工农结合，城乡一体化，兴商建县"的经济发展战略。发展战略一确定，20 年间，从谢高华到郑尚金，从严高文到楼国华，义乌历任县（市）委书记就再也没有改变过。20 世纪 90 年代初，义乌政府提出"商业城、工业镇、专业村"；1995 年前后提出"以商促工，贸工联动"；2000 年前后提出"建立商贸名城"，2002年提出"建立国际商贸城"，虽然口号有些差异，但兴商建市的宗旨却自始至终一以贯之。

　　所以，新时期的地方领导者一定要放弃过去旧有的简单化、功利化的经济发展恶性循环之路，即：

　　因为贫穷——卖资源获得少量资金——修复环境——耗尽资金——更贫穷——更多的卖资源——最后环境极度恶化，经济濒临崩溃边缘。

　　为官一任造福一方，父母官们要学会运用金融和资本的手段把我们的经济带上良性发展的轨道上来，最终实现社会和谐，经济可持续发展，即：

　　贫穷——科学分析优势资源——选取重点培育特色企业——抓住机遇整合产业——借助资本市场发现放大价值——合理套现——优化环境强化比较优势——形成新的产业群——再整合——再套现——经济可持续发展百姓富足。

三、我对益阳市资本运作的几点建议

（一）更新观念，统一思想

　　"思路决定出路，出路决定财路。"小到企业经营、中到地方政府、大到国家民族，资本运作都是一个高效发挥资源潜能的思路，当然这也是一项复杂的系统工程。"幸运总是降临有准备的头脑"，更新观念和统一思想是前提。如何更新观念？我们这里要强调两点：一是革命性地更新，就是要彻底摒弃脑袋里的那些狭隘的条条框框和陈旧的观念，勇于接受新思想。二是做好党政干部系统性的培训工作，可以聘请有丰富的实践经验并且业内知名的投资银行做顾问，结合实际项目参与操作并进行案例教学。对于任何一个组织而言，坚定的信念和统一的思想都是最宝贵的一种资本，这是高效进行资本运作的前提。

去年年底，中央电视台推出了一部以世界性大国如何成为强国的历史为题材的大型纪录片——《大国崛起》，该片以 15 世纪后陆续崛起的葡萄牙、西班牙、荷兰、英国、法国、德国、日本、俄罗斯、美国等九国作为研究对象，分析世界性大国崛起的历史，研究其兴盛背后的原因。我十分推崇这部片子，据蒋书记说，此片为市委、政府干部必看的电视片，九国的崛起历史发人深省。我认为，九国的成功、发展都有其各自必然的理由，有其成功的国家战略，但无论是做海盗、文艺复兴，还是学习西方，都是因为各个国家的民众团结一心，有强烈的危机意识，有坚强不动摇的强国信念，才实现了最后的崛起。反观地方经济以及企业发展，要取得成功，也必须坚决彻底更新旧观念、树立新思维，统一全局思想，坚持既定的发展战略不动摇，永不放弃做大做强地方经济和地方企业的信念。

（二）梳理政策，营造环境

由于资本（或资源）是有限的，地方政府对当地产业的政策倾斜会带来连锁性的经济波动。产业政策是一柄双刃剑，所以政府要运用科学的资本运作的方法组织落实产业政策。"不破不立"，建议益阳地区各级政府成立垂直管理的专门机构，对现行的各地产业政策进行梳理，全局考虑，全盘策划，反复论证，逐步出台新制度和新政策，出台的东西政府要兑现，说到做到，各部委区委执行要上下一致，以逐渐树立诚信政府的新形象。

要尊重商人、尊重资本，培育企业家或商人，营造企业家成长环境。社会普遍认为湖南人不善于经商，我有不同看法。过去之所以人们认为湖南人不善于经商，是因为近代以来，三座大山压在人民头上，湖湘文化孕育出的三湘儿女用鲜血和生命参与革命，救国救民压倒一切，没把心事放在商业上。一旦意识到现在经商（经济工作）也是强国富民之路，我相信，湖湘文化下的商人必定是志存高远的大商人，是和国家民族命运息息相关的国家经济安全的顶梁柱。当然，我这是从可能性上说的，可能要变成现实，需要政府有正确的作为。说到这里，我很自然地又想到浙江义乌。

义乌财富密码：民有呼，政有为，"尊重人民群众的首创精神"。

仔细审视近20年义乌经济发展的历程，我们可以发现，义乌政府都是在历史发展的节点上，顺势推了一把，促成了本地经济质的飞跃。在"政府的有为"上，谢高华的经验是："政府要充分尊重群众的意见，因为群众才是真正的英雄。"

20世纪80年代，义乌小商品市场发展起来了，出于降低成本的考虑，一些有条件的经营户开始了"前店后厂"的运作，在市场的带动下，还出现了一村一品的专业村雏形，义乌政府就顺势提出了"商业城、工业镇、专业村"的口号；90年代中期，随着劳动密集型产业向内地转移，义乌政府因势利导，出台政策，提出"引商转工"、"贸工联动"，引导商业资本转向工业制造领域，已完成原始积累的经营户纷纷投资办厂，"新光"、"浪莎"等一批行业龙头企业应运而生。当一些市场经营户"试水"国际市场时，政府就出台了"关于鼓励出口和拓展国际市场的若干政策意见"；当市场经营户拥有了自己的品牌，到处参加会展，亟须提高品牌的知名度时，义乌政府就在家门口办起了中国小商品博览会。

（三）搭建平台，系统规划

现在搞地方经济流行一个说法："政府搭台，经济唱戏。"我这里讲的"搭建平台"与一般人讲的"政府搭台"不完全一样，我的意思是，不仅要搭让别人来唱戏的硬平台，还要搭让政府自己来唱戏的软平台，就是说，政府不但要搭台，还要自己唱戏。我不反对在资本运作领域政府行为企业化，相反这才是尊重市场规律的表现，为中国的市场国情决定，完全让市场那只看不见的手去控制，无论是从理论还是事实都是经不起推敲的，关键是这场戏中政府如何找好自己的角色，如何把一个国家或地区当作一个实体来企业化运作。比如美国布什政府的运作，这几年它每次到中国来，主要都是为了经济利益，包括最近向我国政府要求增加QFII的额度这种非常具体的问题；比如新加坡，国家虽小，但政府举全国之力成立淡马锡控股，政府直接参与国内产业整合并且抢夺国际稀缺资源，事实上很成功，比如在中国就获得了巨额利润；再比如我们国内A股市场的泰达股份（000652），就是天津滨海新区大开发的总规划师，最近在停牌，就是政府剥离其非金融资产，组建控股集团进行专业化的金融资源整合。"泰达模式"的意义在于政府通过市场化运作，既对关乎全天津经济命运的一部分行业龙头进行控制（股权），又充分享受了资本市场发现价值功能所带来的成倍回报，原来 1 元钱一股的股权可以 10—20 元或更高价格卖出。建议家乡益阳也考虑此种模式——政府有操作平台，做加法不做减法。

"在计划经济里面发展市场，在市场经济里面有计划"，这是义乌的一大特色。

翻开义乌市场的发展史，审视义乌经济的发展轨迹，还可以清晰地发现，政府有形之手积极干预的"斧凿痕迹"。义乌市场 8 次搬迁，11 次扩建，市场每向前发展一步都带有浓浓的"计划"色彩。

一直到 20 世纪 90 年代初期，武汉汉正街、成都荷花池市场、沈阳五爱市场、江苏常熟市场，与义乌市场几乎处于同一水平线上，但经过十几年，那些市场始终徘徊在原来的层次（有些甚至已衰落），无法找到提升的阶梯，而义乌市场却一跃成为世界性的品牌。彼消此长，原因何在？就在于政府对市场的有力引导，义乌政府归口一家企业办市场，把所有的市场资源整合在一起，五指握成拳；而在别的地方，一个区内就有企业办的市场、集体办的市场和某些主管部门办的市场，互相争利、扯皮，无法形成集聚效应，那样的市场能长大吗？

在市场经济的环境中，义乌政府十分注重市场量的扩张和质的提升，注意商品市场发展规划的研制，注重商务成本洼地的营造，注重销售网络、运输网络的建设，注重嫁接现代流通业态，注重经营主体的培育、培养和培训。在义乌国际商贸城，一个经营玩具的摊位，市场价格在 100 万元以上，但政府只以一年 1 万元的费用租给经营户；在市场上，只允许工商管理部门一家可以收取费用。独家办市场、独家管理市场、独家收费，这就是政府"计划"的力量，也就是为什么义乌市场硬件可以三级跳，市场却始终处于低成本运作中的奥妙所在。

谢高华说，政府有为与无为之间，要掌握一条尺度，就是该管的管，不该管的就放手。在改革开放的初期，市场经济没有形成气候，靠个体经营户来营造环境很难，必须强调政府的引导作用，这个时候以政府的行政行为培育市场推动市场发展为主；进入 21 世纪，市场的主推力应从"有形"转向"无形"，政府"作为"的领域主要集中在对市场的整体规划上，营造低成本的竞争洼地上，创造公平、公正、诚信的经营环境上。

（四）突出特色，推出益阳

益阳的特色和优势到底在哪里，要抓住亮点放大，如：地下的：有色金属之乡，锑、钨、钒、石蜡等；地上的：茶、麻、竹、棉等；政府环境：市政府的开明思想、服务意识、工作效率营造了不断趋好的投资软环境；人文居住环境：傍省会城市、新型工业城、居住旅游城；高新技术基础等。

（五）集中财力，先予后取

政府集中了资源，前期就有了运作的资本，但是政府运作还是不同于企业投资，政府的运作是为了实现社会目标最优化，企业投资是追求利润最大化。政府集中财力，把社会目标通过企业化经营实现，实现共赢，这就是资本运作的神奇。当然，政府必须懂得"舍得"精神，有舍才有得，有舍必有得，就像送有出息的孩子上学、培训、深造一样，就像农村姑娘出嫁之前梳妆打扮一样，就像铜陵市政府费心扶植企业上市一样，政府的资本运作要有远见。像安徽铜陵市政府当初舍2亿而募集1亿，就是为了达到战略目标采取先予后取的高明之举。又比如我们特华这些年的资本运作，很多时候就是先予后取，开始作财务顾问甚至分文不取，反倒是无往而不利；像特华博士后工作站的建立、华安推出的"学贷险"，都是先予后取，舍得付出，然后必有收获。

（六）筛选主体，参与运作

政府应站在资本运作的角度，整合区域资源，让对产业发展有利的企业优胜，让对资源破坏的企业劣汰，比如赶走污染严重的企业、关闭能源消耗过度的企业。建议学习杭州模式、铜陵模式，政府在益阳当地筛选一批竞争力强的国有企业、民营企业各20家。挑选的把关标准就是利益"四赢"特征：即从政府未来的财政增收、就业增加，老百姓和农民增收，投资者获得应有的投资回报，环境可持续发展并对子孙后代有交代等四方面结合起来考虑。以区内企业为主（杭州模式，把消费留在本地，益阳蒋书记已经做到了）入主本区资本运作平台，参与本区资本运作，带动益阳产业群的发展。

（七）专业策划，上市辅导

在资本市场中，企业上市前需要财务顾问进行辅导，目的是发现、显现价值，与市场标准接轨。现在市场竞争激烈，"酒香'也'怕巷子深"、"皇帝的女儿'也'愁嫁"，我们益阳当地很多很好的企业和产品也需要一个"上市"的过程——也就是发现价值的过程，建议政府近期筛选出30家（种）本地优秀企业或产品，对资本分类，一个一个逐一落实操作主体；对名牌产品进行大规模策划，提高其知名度和内涵价值。建议尽快落实5—8家优质企业列入上市辅导日程和做好上市筹划。资本市场的功能就是把未来的盈利价值发现后及时贴现，不断地筹集生产发展所需要的资金。

（八）内资为主，严进宽出

招商引资在国内火了这么多年，许多地方政府纷纷效仿，作为提升政绩的重要手段。其中的问题是，一方面，政府由于缺乏统筹运作，片面地强调引资的数量，造成资本使用效率低下；另一方面，引资来的企业抱着"淘金"想法，捞一把就跑，导致资源开采过度，影响当地的可持续发展。因此，招商引资过程中需要精挑细选国内外投资者，资金多少只是其中一个要素，我认为关键是要符合当地政府的资本运作规划，更重要的因素是考察投资者的文化理念、团队的投资增值能力、管理能力以及责任意识。铜陵市政府选择特华收购铜陵精达股份后，只给管理层提出两个要求：一是员工待遇不能少；二是不能出现上访情况，给政府添麻烦。以"严进"为前提的"宽出"是符合资本市场运行规律的，发现价值、实现价值之后必然要有退出机制，赚了钱后可以允许你走。

（九）回报资本，良性循环

招商引资对象一旦确定，就不能搞"非国民待遇"，政府在实现整体资本运作规划过程中要履行承诺，要从各方面支持投资者并最终获得回报，这样有利于提升政府的诚信形象，有利于进一步的市场融资。在信息相对公开的资本市场，事实胜于雄辩，一旦区域产业孵化器的定位得以确认，这样一传十、十传百，地方经济资本要素流动会加快，更优质的资本也会被吸引过来，优胜劣汰，就能逐渐形成资本配置的良性循环。

著名经济学家厉以宁在考察义乌后的评价是：义乌能实现"小商品

大市场”，重要的一点就是有了服务型的政府。义乌市把政府的角色定位在调控有度的有为政府上。党委总揽全局、把好发展方向，政府调控有度、搞好公共服务，这是义乌全面建设小康社会、走科学发展之路的根本保证。

义乌市领导说：义乌发展的所有秘密，只有简单一句话："百姓发财，地方发达。"义乌政府也有品牌啊，那就是服务！义乌的官员是"服务"牌，这个"服务"是为经济发展服务，也为义乌人、新义乌人和谐共存、一起致富服务。

中国小商品城之所以有今天，是因为从谢高华（1982 年出任义乌县委书记）开始，当地历届党政主要领导的高度重视和正确决策。因此，中国小商品城的成功之道很大程度上归结为当地开明的政府。所谓开明的政府，一方面，像谢高华书记那样，在关键的时候能做出正确的决策；另一方面，政府见商家发财不眼红。几年前在中国小商品城调研期间，就听当地人介绍："我这个摊位在 10 年前每年的摊位管理费是 800 元，现在我们一年销售上千万元，摊位管理费仍然是 800 元。"正因为如此，才保证了中国小商品城的商业费用在全国最低，商品价格在全国最低。结果，全国各地的商品都要经过义乌再流向全国乃至全球。

从操作角度来看，以上九点从实施时间上有逻辑先后顺序，也可以理解为"资本运作九步走"。前面的一步基本上都是后一步的操作前提，比如，政府政策的梳理一定是在观念更新的前提之下，对运作主体的上市辅导又是在选好标杆企业的前提之下。但是，从实施空间上而言，每一步却又相对独立运行，连续而不间断，这样可以理解为"资本运作九个关键点"，比如，政府政策开始梳理的时候并不意味着更新观念的工作就可以停止了，相反应该时常反省，反复强调观念和思想的问题，只是不同阶段的工作重点不同。总之，资本运作的过程要从时间和空间上协调好几个关键环节，需要好好地用系统工程的眼光统筹对待，这可能是一个相对长时间的过程，一定要力戒浮躁，一定要有锲而不舍的韧性和战斗精神。

我在看《大国的崛起》时有一个很深的感触：一个国家的崛起要以世纪论（少则半个世纪，多则超过一个世纪），一个行业的兴衰要以十年论（以人寿保险为例），特华发展到今天才有一点成绩，也用了十年。同样，地方经济的整体繁荣至少也要十年时间的积累，这也是我多年从事投资银行工作的感受，也是经济发展的客观规律。资本运作一定要树立全局性、系统化的理念，千万不能急于求成，否则会受到经济规律的惩罚。做企业要打造"百年老店"，做父母官不能不想着泽被子孙后代啊。

我和我的团队愿意和家乡父老一道，立足长远的宏伟目标、以沉心静气的实干精神、严谨稳健的规范运作，通过家乡经济实力快速稳健增长，坚持不懈地探索"益阳模式"在中国大地的成功之道，这是所有益阳人，包括我们这些益阳游子，共同的使命和责任！

在报告的最后，我想送给大家一首打油诗，前几年回家乡，进入益阳界的路上看到一幅巨大标语："只要来益阳，一切好商量"，我就以此为开头，作一首益阳资本运作打油诗，热切期望它成为益阳政通人和的经济环境的真实写照：

> 我的家乡——益阳
> 只要来益阳，一切好商量；（宽松环境）
> 欢迎到益阳，一起寻宝藏；（多赢设计）
> 资本投益阳，保你银满仓；（回报投资）
> 安心在益阳，共同奔小康。（百姓和谐）

最后，祝愿家乡益阳的优质企业群体在资本运作功能推动下，沿着宽阔的益阳大道，走出益阳，走出湖南，走出国门，走向世界，向世人展示湖湘儿女不仅能成为思想家、政治家、军事家、外交家、文学家，而且有更多的人能成为有社会责任感的大企业家！

对历史负责

（2007 年 5 月）

  历史是对过去的真实记录和客观评价。因而历史是无法改变的。任何尘封的往事，总会被时代的风雨涤净。抹的黑、涂的红，也都会被无情地剔除，显露其本色。这就是真实的力量、历史的力量！中华民族原本就有秉笔直书写信史的优良传统。中国古代史学家强调"史德"，他们在修史时坚持善恶必书，书必直言，客观、真实、质朴是史家笔法。为了保持史家的情操，有的人不惜以生命作为代价，文天祥在著名的《正气歌》中所写的"在齐太史简，在晋董狐笔"就是对这种优良传统的赞扬。史学家必有"为天地立心，为生民立命，为往圣继绝学，为万世开太平"的情怀。这种史家风骨归根到底就是对历史负责。在这种史家秉笔直书中留传下来的历史人物有的是流芳百世，有的是遗臭万年。由于种种复杂的原因，自古以来，历史人物可谓是善始者多，善终者少，能善始善终的人实在是凤毛麟角。古人说："靡不有初，鲜克有终"，就是这个意思。

  历史作为公正的裁判员，个体生命的"始终"，他的价值和地位最终会由历史来评定。一个人是否以对历史负责的态度来做人做事，就决定了你的人生在历史上的地位。

  从历史来看，以对历史负责的态度做人做事的人，由于其际遇不同，个人的"始终"就会有两种结果：

  第一种是当朝廷开明，皇帝是英主时，个人就会善始善终，这不仅是指生命意义上的善始善终，还包括历史意义上的善始善终。

  在中国历史上，比较公认的盛世有三次，即从"文景之治"到"武帝极盛"再到"昭宣中兴"的西汉盛世、从"贞观之治"到"开元全盛"的大唐盛世和清代的"康雍乾盛世"，其间都涌现出了大批能善始善终的名人。

西汉时期，卫青和张骞在中国历史上书写了自己辉煌的一页。卫青一生七次率兵击匈奴。用兵敢于深入，奇正兼擅；为将号令严明，与士卒同甘苦；为人处世谨慎，恪尽职守。张骞是中国西汉时期外交家，不畏艰险，两次出使西域。尤其是第一次作为使者，经匈奴时被俘。在西域生活十年余，娶妻生子，但始终秉持汉节。后设计逃出，历尽千辛万苦，于十三年后回到长安。汉能通西域，由张骞创立首功。张骞沟通了亚洲内陆交通要道，开拓了丝绸之路，完全可称为中国走向世界的第一人。纵观这两人一生，虽有被朝廷曲解误会的时候，但终因自己卓越的功绩，高尚的人格赢得皇帝尊重，也赢得了后世尊敬。

唐朝的魏征，以直谏扬名天下。魏征曾向太宗面谏五十次，呈奏十一件，一生谏诤多至"数十万言"，其次数之多，言辞之激烈，态度之坚定，在中国历史上恐怕只有魏征一人。创造了历史上君"畏"臣之先例，树立了历代君臣关系的典范。尽管唐太宗有时也会因他不留情面而恨之，但当魏征一死，太宗也大发感慨："魏征殁，朕亡一镜！"

清康熙年间名臣辈出，即使在崇满贬汉的大氛围中，汉族中也出了不少善始善终的名臣，像姚启圣、陈廷敬，都是凭借自己的人格魅力终获皇帝认可。姚启圣曾在不到 5 年工夫即从一个无名知县升到福建总督。晚年，虽受他人诽谤诬陷，含冤被贬，但后来耿精忠在福建叛清，他又升任总督，招抚台湾郑氏集团兵将以平之，终于留下一代廉吏的美名。陈廷敬纵横官场 50 余年，历任工、吏、户、刑四部尚书，最终成为文渊阁大学士，乞归后仍被召回，最后老死相位。当是时也，清官多酷，陈廷敬清廉而宅心仁厚；好官多庸，陈廷敬人好而精明强干；能官多专，陈廷敬能干而从善如流。陈廷敬赢得了时誉，也赢得了历史。

第二种情形是当朝廷黑暗，昏君主政时，个人生命可能有始而无善终，但历史往往会记下他的丰功伟绩，给予他正确的评价，如南宋的岳飞。岳飞为抗击金兵，由其母背刺"精忠报国"四字。南宋绍兴十年岳飞挥师北伐，在郾城大败金兵，并取得了著名的朱仙镇大捷。岳飞那篇脍炙人口的《满江红》正是在此时此地所作。当岳飞即将收复东京（今开封，当时为宋朝首都）时，贪恋皇权的皇帝在卖国的宰相秦桧等策划下却在一日内连下十二道金牌，令其收兵，岳飞扼腕长叹"十年之功，毁于一旦"。后被赵构、秦桧等以"莫须有"的罪名杀害。岳飞虽然被杀害了，但他的业绩并没有被磨灭，他的英名也永载史册。在这种情形中，个体虽然不能获得生命意义上的善终，但历史会给予正确的评价，得到历史上的"善终"。

以上这两种情形都属真正意义上的善始善终。

与对历史负责的做法相反，在历史上还有另一种情形：有的人玩弄权术，追求私利，不能以正确的态度做人做事，虽然在生命中可能获得一时的荣耀，他们中的多数人甚至可以获得肉体生命的善终，但最终会被历史无情地抛弃，被钉在历史的耻辱柱上，如秦桧、和珅，这种情形就是真正意义上的未得善终。

比如南宋奸相秦桧，卖国求荣、残害忠良，虽在世时荣华富贵，但死后却长跪于西子湖畔的岳飞墓前，永遭世人唾骂。又比如清代的和珅，本是一位才华横溢的文人，深受乾隆赏识。在中国官吏史上，是个创造纪录的官员，他一人同时兼任清王朝数十个重要官职。但俗语说得好，小人得志便猖狂。和珅在谋得高官后，不久就原形毕露，推崇所谓的官场潜规则，卖官鬻爵，贪得无厌，在中国王朝历史上，成了史无前例的贪官，他的家产是当时清王朝 15 年国库收入的总和。枉法、弄权、谋私换来的只是一时的荣耀，最后不但误了自己的性命，还落下了个千古骂名，在历史上遗臭万年，不得善终。

由此可见，唯有以对历史负责的态度，才能换来个人的"善始善终"，虽然过程有时候比较曲折、复杂和艰辛。

如果我们能认真总结一下，就会发现在历史上真正能够善始善终的人，都是人格高尚的人：志存高远，信守承诺，无私奉献，为人正直。做事先要做人。做什么样的人呢？用毛主席的话来说，就是做一个高尚的人，一个纯粹的人，一个有道德的人，一个脱离了低级趣味的人，一个有益于人民的人。人生回避不了历史的检验。要做到对历史负责，就要加强人格培养。人生的伟大目的，是培植人格。唯有人格，是我们能够带入永恒的东西。要水发出蒸汽的力，必须先把水烧到摄氏一百度，水一定要沸腾，才能发出蒸汽，才能运转机器，才能推动火车。世间很多人都只把眼睛盯在"石穿"这一结果上，不能将眼睛盯在一小滴水上，他们无视"水滴"的过程。伽利略在面对罗马教廷的威胁逼迫，明知自己可能有被烧死的危险时，依然坚持说：地球是转的。所以，作为一个大写的人，我们在面对人生时，没有理由失掉自己的人格。对于人格的追求，我们要像《老人与海》中那位绝不低头的桑提亚哥老人那样，哪怕最终带回的只是一具鱼骨头也绝不放弃。人的肉体可以被毁灭，但人格是不可能被摧毁的！

系统作战　整盘推进　重点突出　讲求实效[*]

——关于连锁式营销服务部战略的两点思考

（2007 年 9 月 18 日夜）

　　看到连锁式营销服务部项目的高效推进，我甚感欣慰！感谢你们为了华安事业夜以继日、加班加点的辛勤付出；我看到了华安团队在战斗中的适应能力、学习能力及快速的成长，我为这个能打硬仗的团队引以为荣；我也看到了我们宏伟的战略蓝图正在逐渐清晰，我坚信一个又一个阶段性的胜利将接踵而至，梦想必将成真！你们每一个人都在华安新的一页上书写着自己的历史，让我们一起来分担华安再造过程的艰辛，让我们一起来见证新华安的诞生！

　　多日以来，当各位在操作一线奋勇拼搏的时候，我始终没有停止过对未来战略的深入思考。连锁式营销服务部的建设是华安未来五年的核心战略，战略方向的正确性是毋庸置疑的，主体的战略规划是有的，同时，战略的实施也是一个分阶段、分步骤完成的过程，不同的阶段和步骤相互关联并影响，并且在不同的阶段和步骤下工作重心有所不同。我一直在强调：连锁式营销服务部的建设要"系统作战、整盘推进、重点突出、讲求实效"，即整体战略的主要阶段和关键步骤需要通盘考虑并提早准备，只是在某一具体时间区间内要突出重点任务。以目前的进展来看，购房和装修是操作的重心，但同时我们也必须用前瞻性的思考着手开业后的基础准备工作。以下两点是近几天的所思所想，可能尚不成熟，提出来供大家参考，希望能起到抛砖引玉的作用。

　　第一，如何引导需求、创造需求。

　　需求需要引导创造，连锁式营销服务部开业后面临的最直接问题是如何把社区居民吸引进来？目前的保险产品对社区居民的吸引力十分有限，一方面，开发适销对路新产品的工作不能耽误；另一方面，能否借助其他

---

　　[*] 此系 2007 年 9 月 18 日夜写给杨智、黎克虎和项目管理中心各同志的信。

服务渠道提供增值服务，创造需求，吸引居民？举例来说，如果营业场所内有银行自动柜员机、代售基金、代办证券开户、有股市行情的大屏幕显示……这些满足居民实际金融需求的措施能不能迅速打开社区市场？据此，我们的社区店是不是可以定位为"社区的金融顾问"？当然，我还不知道项目管理中心是不是做过这样的定位论证，但是如果这样的定位能够确定，目前就需要有专门的团队与银行等金融机构谈判合作条件，一方面谈判需要时间；另一方面也会影响目前正在开展的工作，比如招聘人员的素质要求、培训内容的准备、装修时是否预留柜员机位置……这里只是一个关联性的例子，其实，整体战略的各个环节之间大都相互关联并影响，所以"系统作战、整盘推进、重点突出、讲求实效"的原则就显得很重要。

第二，注重电话尤其是网络销售渠道的同步建设。

网络销售也是一种直销方式，这种方式越来越在白领等高端消费群中普及，并且未来会继续深刻地改变普通人日常的生活消费方式，招商银行发达的网银服务聚集了大批优质客户，携程网在美国被投资者追捧也是得益于此。电话和网络渠道如果与直销门店结合将再一次提升价值，为社区居民提供虚实结合的立体服务。目前我们也应该开始研究和准备。

以上两点思考可以结合项目管理中心的工作进度一并考虑一下。其实，我真正希望我的思考能给大家带来一些思路和方法上的启示，比如说，各层级在安排任务的时候，既要重点突出，也要统筹兼顾，要保证各个环节之间的交流顺畅、信息对称；再比如说，每个人在努力完成眼前任务的时候，经常留意一下自己在整个战略链条上的位置和环节，多考虑考虑与其他环节的衔接，正所谓"既要埋头拉车，也要抬头看路"。

从目前来看，整体项目有一个良好的开端，"好的开始是成功的一半"，希望大家再接再厉，发扬团队精神，调动一切积极因素，系统作战、整盘推进，争取更大的阶段性胜利！

差距　风险　机遇*

——参加达沃斯夏季大连论坛有感

（2007 年 9 月 9 日）

　　始创于 1971 年的达沃斯论坛被视为经济界的奥林匹克盛会，是非官方的世界级经济最高级会议。2007 年，达沃斯论坛首次从欧洲走到中国，从达沃斯来到大连，这让我们看到了中国经济在世界经济中举足轻重的地位，它的到来也令中国经济界为之振奋。9 月 6—8 日，我十分有幸参加了这次在大连举行的首届夏季达沃斯年会，了解海内外政商名流对世界热点的思考与关注，和世界各地经济界的新领军者进行了一次近距离的沟通交流，这三天的时间我想可以用弥足珍贵来形容。

　　此次参会让我充分感受到了"世界是平的"这一理念（《世界是平的》一书作者托马斯·弗里德曼也应邀参加了这次论坛），当今世界已经被新技术和跨国资本碾成一块无边界的平地，达沃斯论坛更让人感受到地球的大社区概念。听不同语言，不同肤色的各地经济领军者对世界经济的三天热议，给我留下了三个最深刻的感受：一是差距、二是风险、三是机遇。

　　我参加论坛的第一个感受是差距。差距感来自于视野的变化，在论坛的交流中，对照领先企业，检视自身不足，对比中我们的差距很快显现眼前。华安作为全国首家民营资本控股的保险公司，有我们自身的灵活优势，但也有着不容忽视的种种不足。当中国的新领军者们已经在思索如何加入引领世界潮流之列、提高国际竞争力之时，我们却还在为摆脱"红海"，寻求华安生存之道苦苦探索。为此，我们在提前实现华安"双五计划"的前提下，在 2007 年提出了新的战略定位，要做一个有价值的保险企业，成为产险公司新发展模式的引领者。在这一战略指导下，我们开始着手建设华安连锁式营销服务部。我们看到，绝大多数同志已经积极地动

　　* 本文发表于《华安保险》月刊 2007 年第 9 期。

起来了，各项准备工作也在有条不紊地推动中，但仍有个别同志对这项事业持观望态度。我以为，他们之所以还在观望，是因为站的位置不对，还站在井底，没能跳上井台，看到外面的世界。

对于华安的这项事业，我们必须站在一个足够高的战略高度，只看短期利益，只低头看眼前的保险，只看每月的保费收入，就只能是井底之蛙。随着中国经济地位的提高，中国的价值观、文化和政策对全世界的影响也日益增强，中国人也逐渐加入世界领军者之列，而新中国成立后曾经停滞20年的中国保险业，原本就已经落在其他行业后面，在今天全球化给各国带来巨大机遇的时刻，我们如果还不能解放思想、从"路径依赖"的惯性中摆脱出来，那就只能是坐以待毙。换个角度看差距，也就意味着我们还有巨大的上升空间。正如会议主题"变化中的力量平衡"所言，世界经济是在不断的此消彼长的变化中实现平衡，今天来自中国、印度等国越来越多的成长型企业在论坛中的崭露头角，让我们看到潜在的无穷力量，也让我们坚定了参与竞争的信心。

我参加论坛的第二个感受是风险。近年来，几乎所有新兴发展中国家的发展，首先受益于全球化带来的巨大贸易机会。全球化的发展让人类体会到地球村的生活，没有一个人、一个国家能置身于全球化潮流之外。华安作为一家金融机构，更不能置身在真空空间中谈我们的发展，我们需清醒地认识到，全球化带来的还有全球性的风险，在今天全球经济一体化进程层层深入之时，我们观察经济风险的角度，也要超越中国本土的这960万平方公里，置身世界经济环境，全盘考量华安发展。

中国工商银行董事长姜建清在夏季达沃斯论坛上对风险的论述很有一番见地，他认为风险总会持续性地出现，就像一年四季，总会遇到坏天气。如今不同风险的层出不穷表明，我们面临的最大风险就是风险的不确定性。而在全球化发展背景下，这种风险危机的传播性也在加强。例如美国次贷危机，在发达国家发生，但很快就向其他发展中国家蔓延，包括中国。

达沃斯带来的不仅仅是一场"思想风暴"，也给中国企业搭建了一个走向世界的广阔平台，在这个世界级盛会上，中国企业家的熠熠风采也让世界为之喝彩。中国工商银行董事长姜建清，中国进出口银行董事长兼行长李若谷，中国银行的副行长朱民，伊利集团董事长兼总裁潘刚，中国远洋集团公司总裁魏家福，联想集团董事长杨元庆等等中国企业领军人物代表，以及联合国经济社会事务副秘书长沙祖康、证监会主席尚福林、银监会主席刘明康、科技部部长万钢、天津市市长戴相龙、西安市市长陈宝根等政府要员的个人魅力都让人们感受到中国的自信。

我参加论坛的第三个感受，是感受到了或看到了机遇。在这场剖析政经现实、预见发展未来、引导世界主流的经济论坛上，在看到我们面临的差距、风险的同时，我也看到了机遇。在国门大开，全面开放的今天，正处在新型工业化和城市化快速推进发展阶段的中国，有着日益增长的市场需求，丰富的劳动力资源，稳定的社会政治环境，以及一批通过改革创新成长起来的富有活力的企业，这些优秀条件都在吸引着外资的大量涌入，而中国企业家们也在苦练内功的同时，审时度势，抓住各方机遇，不断探索跨国企业的成功之道，与世界分享全球经济一体化带来的强有力的驱动力。

看到了机遇，或是说只一般地去抓机遇还不行。我们面临的机遇有许多，但不一定都是我们能做的，必须发现适合我们做的，与我们的优势特别是核心竞争力相匹配的机遇，才能凭风借力乘势而上，运筹决胜。机遇的形成是主、客观相互作用的结果，华安这几年在外在压力与内在动力的共同"倒逼"下，走坚决彻底的规范经营道路，在努力把握行业风险的同时，获得的成长也十分巨大，在今后的几年间，我们须更加提高华安的应对能力与核心竞争力，才能把握住机遇，乘势而上，实现我们的目标，成为引领财险销售模式革命的、有价值的保险企业。

论坛结束后，有媒体评价，在新的机遇和挑战面前，中国企业应该目光远大、勇于领军。我想，华安也应该勇于接受挑战，勇于向这群世界级的领军者看齐。

以"琼斯模式"为镜 检视华安发展战略[*]

（2007 年 11 月 22 日）

　　欧阳修在《新唐书》中有段名言："以铜为鉴，可以正衣冠；以人为鉴，可以明得失；以史为鉴，可以知兴替。"这里的"鉴"是"镜子"的意思。今天我也要给大家推荐一面国际金融市场中的"镜子"——"琼斯模式"，用来对照检视我们决定实行的连锁式营销服务部经营模式的发展战略。

　　关心资本市场的同事可能经常听到"美林"、"摩根"、"嘉信"这些名气大的国际投资银行，但是研究国际金融市场的行家们都知道另一家公司——爱德华·琼斯公司，该公司是全美金融服务业里最大、盈利最高的零售经纪商，其发展模式和公司理念都有其独特之处。

　　创建于 1922 年的爱德华·琼斯公司，距今已有近百年历史。该公司依靠开发不为大多数券商所关注的散户市场，通过实施大散户战略，走农村包围城市的发展道路，早在 20 世纪末就成为全美金融服务业规模最大、盈利最高的零售经纪商。这家公司在美国、英国和加拿大拥有 8000 多家分支机构，连续多年被评为美国、加拿大最佳证券投资公司，被誉为"华尔街的沃尔玛"。即使在美国股市暴跌和投资者质疑的双重打击下，2001 年该公司的股票回报率仍为 24%，远远超过美林的 19%，嘉信理财的 13%；虽然其证券包销业务只占公司收入的 3%，但其年均回报率仍高达 40%，超出投资银行霸主摩根的 39%。

　　如此卓越成就的背后原因，看起来有些老套：爱德华·琼斯公司在自身的发展中自始至终坚持四个理念——以社区为基础，以个人客户为基础，保守的策略，长期的策略。爱德华·琼斯公司的理念并不被市场普遍认同，北美的投资银行界对爱德华·琼斯公司的发展和营运模式争议很大。但是，事实胜于雄辩，在 2000—2001 年国际金融市场普遍走下坡路

---

　　* 本文发表于《华安保险》月刊 2007 年第 12 期。

的形势下，爱德华·琼斯公司仍然获得了近 30% 的增长，并被美国的《财富》杂志评为一百个最佳雇佣公司的首位。

爱德华·琼斯公司的发展战略和公司理念被称为"琼斯模式"。简单归纳该模式的独特性包含：

固执地坚守差异化战略没有左右摇摆；

深入人心的企业文化；

平民化、小型化、高速扩张的庞大服务网络；

恪守传统的一对一交易方式；

超业务的客户关系；

对员工高度信任；

高效深度的员工培训，等等。

这些简单词汇之后包含着丰富而深刻的内涵，我在这里就不具体解释了。

纵观华安保险的改革历程，我们在价值追求上贯穿着"居安思危，超越自我"的宗旨，思想观念上要求"沉心静气、不浮躁"，战略选择上"寻求长期稳定的盈利模式"，这些理念与爱德华·琼斯公司的文化根源如出一辙，不谋而合。比照目前我们连锁式营销服务部战略的标准和要求，与"琼斯模式"竟是如此相似，有异曲同工之妙。"琼斯模式"经过近百年的实践检验，历久弥新，很值得我们深思、学习、对照和借鉴，所以我为大家推荐四篇与"琼斯模式"相关的文章，希望全体华安人仔细研读并反复体会，用好这面"百年明镜"。并以此为契机，在全系统范围内形成大学习、大讨论的学习氛围，广开言路、广纳贤言，不断修正完善我们的战略，更快更好地推进连锁式营销服务部的建设。

贯彻"四个四"的文化理念
尽快建立科学系统的干部评价"法治"机制[*]

（2007 年 12 月 11 日）

最近，我详细看了杨智同志报给我的人事调整方案，这引发了我对人力资源这一课题的深入思考。这种思考源于华安又超越华安：从华安过去价值评价的扭曲想到这几年正本清源的努力；从保险行业的人海战术、低人均产能想到其他优秀金融企业如何"以人为本"；从这些年一些家族式企业的迅速衰败想到民营企业如何与"国际化"接轨，等等。马克思在《资本论》中早有论断：人是生产力中最活跃的因素；有研究毛泽东思想的学者认为：毛泽东对马克思主义最重要的发展就是重视人这个最活跃的因素，提出了人的因素第一，即人是第一生产力。人力资源的重要性无须多言，这里我想深入探究的是目前华安在干部选拔和使用过程中的制度化和标准化问题。

一、华安要迅速建立科学、系统的干部评价"法治"机制

首先，我们一定要懂得什么是"法治"。"法"就是规则，是契约社会最重要的机制。对国家而言，"法"是法律；对市场而言，"法"是经济规律、游戏规则；对企业而言，"法"就是公司制度。企业里的"法治"就是依据大家共同商定好的契约——公司制度来管理企业；与此形成鲜明对照的是"人治"，即不尊重客观规律和"游戏规则"、个人主观色彩浓厚的管理方式。用人来管人，而不是用制度来管人，这是"人治"与"法治"的根本区别，在干部选拔的过程中，"人治"必然偏颇，许多耳熟能详的大企业多因家族式管理而轰然倒塌，"法治"才是华安未来打造标准化服务平台的基石。

---

[*] 2007 年 12 月 11 日写给总裁室各位同仁和陈爱民、蔡生同志的信。

其次，华安的干部选拔机制经历着从"人治"到"法治"的过程。回顾华安发展沿革，"推荐制"是高级管理干部选拔和晋升的主要决策方式，以小部分决策者的个人尺度为多元标准，缺乏对干部评价系统科学的统一标准，这是典型的"人治"方式。以总公司部门班子和分公司班子成员的选拔任用为例，人选由总裁室成员推荐后讨论决定，这种方式的弊端显而易见，容易触及我们文化理念中所反对的"四种倾向"：自己推荐自己熟悉的管理线的人，条线明显、本位加剧；态度强势的领导推荐的人可能上得快，隐藏矛盾、产生内耗；牵头人不得已甚至用交换的方式平衡各方要求，瞻前顾后，难免偏颇。华安现在的干部选拔工作已经有了质的变化，以上问题基本上不存在了，班子成员基本能够客观负责地讨论决策，但由于缺乏统一的"法治"标准，尚需真正从机制上和制度上解决问题。

再次，金融行业有许多科学做法可供参考借鉴。比如：有些单位把所有干部分成大类 A/B/C 等级分类管理，每级借助 KPI（关键行动指标）建立科学统一的评价标准，通过考核进行排名，排名靠前者自然晋升，排名靠后者视情节可予淘汰。而且我们现在正在借鉴利用外脑，我相信，如果请罗兰·贝格来做人力资源评价模型至少应该有这样的基本功能。"建立新的价值评估体系"我已经提出来很久了，经营班子一定要抓紧落实。

最后，今后总公司一定要搭建成一个公平开放的用人平台。试想一下，未来五年内华安的员工可能会达到七八万人，这个平台有多大。华安的舞台是为天下人设计的，提供给天下人的，首先要为体系内的优秀人才提供施展空间。在思想领域，要广开言路，繁荣文化；在培训方面，打造长期的学习型团队，并把学习培训纳入个人考核；要多维度了解系统内的干部队伍情况，为干部选拔提供依据和参考。

二、目前干部选拔工作的几个导向

华安识人用人的指导思想源自"四个四"的文化理念。"摆正四种关系"明确了员工利益高于股东利益的原则，人事工作要贯彻"员工利益是企业利益基石"的价值取向，华安的平台必须为每一个员工提供充分的发展空间，提供一个充分展示自己智慧和才能的舞台，让他们更好地为社会尽责尽力，实现自己的人生价值。我们要"站在四个源头"规划整盘的人力资源管理，站在政策源头明确人力资源优化方向；站在知识和信息源头系统分析人力资源状况，建造科学评价方法和决策机制；站在操作源头前瞻思维、大胆创新、领跑金融业人力资源管理新模式。最重要的是，我们要以"坚持四个说话"和"反对四种倾向"为原则，作为干部选拔的基本准绳。

一年前，在一次宴会上，我曾开玩笑似的做了一首打油诗：名字就叫《咏才》：

左顾右问"五"字头，

能上能下"六"字头，

重点起用"七"字头，

战略瞄准"八"字头，

人性回归"女"字头。

结合华安目前的实际情况，今天我再加一句：

门店挖掘"青"字头。

以上五六七八分别代表20世纪50—80年代出生的干部，"女"字头"青"字头代表女干部、青年干部。打油诗里面已经把目前干部选拔的几个导向描述地很形象了：

第一，实践出真知，实践练才干。在连锁式营销服务部建设及运营过程中，必定会涌现出许许多多有创新能力的优秀人才，这不仅包括目前仍在公司的建设初期表现优异的老员工，还包括未来运营中源源不断加入华安团队的店长、店员等新鲜血液。我们就是要站在操作源头，不断地深入"挖掘"这些人才，这里要强调是主动去"挖掘"而不是简单去"留意"或"发现"。

第二，大胆起用年轻干部。不管是"重点起用'七'字头"，还是"战略瞄准'八'字头"，以及"门店挖掘'青'字头"，我一贯都主张支持大胆起用年轻干部。年轻干部有许多优势，比如他们更珍惜发展平台；他们更容易能上能下、能"挨打挨骂"，人事调整中机会成本小；他们学习能力强、接受新事物快；他们点子多、想法新、创新意识强……这些特质都是华安新生最需要的阳光和养分，新华安在老华安的躯壳中重生，在这块新鲜土地上让新种子扎根发芽，这也是华安的独特优势。

第三，华安就是试验田。"燕雀安知鸿鹄之志"，华安的志向岂在眼下这么点小成绩，华安就是块永不休止的试验田，华安走过的就不是一条寻常路，华安现在要走的更是领跑之路，华安用人为什么不能大胆创新？人力资源工作的创新思路可以再新些、胆子可以再大些、步子可以再快些。我常在想：为什么不能让"八"字头的年轻干部去独当一面，比如去筹建分公司？他们做得能差到哪里去？会比唐龙、葛可真这些老保险还差吗？这一系列的问题请班子成员好好思考，好好评估。

三、此次人事调整方案的指导意见

第一，这样大规模的调整是个过程，不能一蹴而就，要处理好"两个同步"：（1）人事调整要与罗兰贝格帮助建立的新人力资源评价模型同步。这一新模型需要实践检验，此次人事调整就是检验新模型的过程。（2）人事调整要与连锁式营销服务部建设挖掘人才的过程同步，要兑现董事会"过程发现人才"的承诺，要给厉兵秣马的有识之士留有盼头，要给将来发现的人才留有空间，要明确总公司用人导向并持续调动全系统的积极性。

第二，在实施过程中，步骤有先有后，环节有轻有重。"牵一发而动全身"，我认为，在整个人事调整方案中，目前的出发点和当务之急应该以连锁式营销管理部和公司业务部搭建为首要任务。

第三，要利用总部女干部较多的优势充实一些部门和分公司。我认为，应该因势利导，原则上总公司部门和分公司可以配备副职女干部，同时可以发挥女干部的优势，优化到一些党、工、团、妇的领导岗位。另外，在女干部的调动安排上，要充分考虑她们承担较多家庭责任等实际情况，要充分尊重其个人意愿，体现人性化关怀。

第四，总公司部门班子建设问题，坚持"知识说话"。今后更强调该级别干部的知识性和专业性，打造学者型和专家型的总部中层核心管理团队。

第五，分公司班子建设问题，坚持"本事说话"和"事实说话"。人力资源要适当倾斜分公司班子建设，优化结构、科学组合，打造由行政名流型、风控管理型和本地资源开拓型干部组合而成的班子团队。

第六，干部交流问题。继续加大三种干部交流形式：总分干部交流、总公司部门间轮岗、分公司之间轮岗，这几种干部交流方式要逐渐制度化、周期化，形成干部培养和选拔的良性循环。

以上是我近期关于人力资源优化，尤其是干部选拔机制方面的所思所想。对于一个组织而言，人的问题始终是最关键、也是最难驾驭的问题。"兼听则明"，我的这些理解希望能起到抛砖引玉的作用，欢迎共同交流。

企业治理结构探析 *

(2008 年 4 月)

中国的企业改革进行了 30 年，就改革方式而言可称之为渐进式改革，因为特殊的国情决定了我们没有完全可借鉴的模式，摸着石头过河是次优选择。从利改税、放权让利到两权分离，建立现代企业制度，表面上看来毫无经验的摸索，其中也隐含着清晰的主线，这也是中国的企业改革所无法绕开的问题——产权。党的十四届三中全会提出要建立现代企业制度，其内容就是"产权清晰，权责明确，政企分开，管理科学"，产权清晰是基础。现在政府主管部门和监管部门对相关企业的要求更关注的也是其是否具有健全的治理结构，并把企业治理结构的完善作为评价企业的重要参考指标。那么，究竟什么样的治理结构才是相对完善的？为了完善治理结构，提高效率，企业该如何规划？

一、企业治理结构与股权结构

企业治理结构，或称公司治理结构源于英文"Corporate Governance"。目前理论界对其含义的界定仍存在着较大的分歧。柯克伦和沃提克（Cochran P. and L. Wartick，1988）认为，"构成公司治理结构的核心是：（1）谁从公司决策/高级管理阶层的行动中受益；（2）谁应该从公司决策/高级管理阶层的行动中受益？当在'是什么'和'应该是什么'之间存在不一致时，一个公司治理结构问题就会产生"。归根结底，"公司治理结构问题是包括在高级管理阶层、股东、董事会和公司其他利益相关者的相互作用中产生的具体问题"。[1]

---

* 本文系与李世朗博士（特华博士后科研工作站博士后）合作。

① Cochran P. and L. Wartick，1988，*Corporate Governance*：*A Literature Review*，Financial Executives Research Foundation.

　　南开大学公司治理研究中心主任李维安教授认为，公司治理结构有狭义和广义之分，狭义的公司治理，是指所有者（主要是股东）对经营者的一种监督与制衡机制，其主要特点是通过股东大会、董事会、监事会及管理层所构成的公司治理结构的内部治理；而广义的公司治理则是通过一套包括正式与非正式的内部或外部的制度或机制来协调公司与所有利益相关者（股东、债权人、供应者、雇员、政府、社区）之间的利益关系。[①]

　　当然，对于企业治理结构的界定还有其他许多有代表性的观点，但这不是本文所重点关注的。我们认为，企业治理结构是一个复杂系统，涉及委托—代理、经营者激励约束机制等诸多方面的问题。而事物的发展都有主要矛盾，矛盾也有主要方面，不把主要矛盾处理好，不把矛盾的主要方面处理好，其他任何形式的努力都将是徒劳的。就企业治理结构而言，我们认为它的主要矛盾就是股权结构，体现的是企业所有者之间的制衡关系。高效的治理结构必然是以优化的股权结构作为基础的，优化的股权结构是高效的治理结构的必要条件。明确了这样一个分析前提，我们将把分析的重点放在企业股权结构层面。

二、企业股权结构比较分析

　　为了得出有效的结论，我们将对不同的股权结构进行一般性的比较分析，并结合具体的实例加以佐证。

（一）股权结构的一般性比较

　　作为一般性的比较，我们粗略地将企业股权结构模式分为两类：一类是以英美为代表的分散的股权结构模式，另一类是以德日为代表的相对集中的股权结构模式。

　　1. 英美式分散的股权结构。

　　英美公司股权结构的分散性是其典型的特征，投资者以自然人和机构投资者为主，个别股东发挥的作用相当有限。这种股权结构的形成同其融资模式密切相关，因为英美拥有世界上最发达、最成熟的证券市场，两国的企业主要靠在证券市场上直接筹集资金。公司股权结构的分散性直接导致了股权高度流动性的产生，股权结构的高流动性虽然可以对公司经营层

[①]　李维安等，《公司治理》，南开大学出版社，2000，第31—33页。

形成有力的约束，但同时股权结构的分散也在股东中产生了"搭便车"的现象，为充分享有"搭便车"的收益，股东持股的目的无非是从股票的波动和增值中受益，而基本不关心经营层的工作绩效。

2. 德日式相对集中的股权结构。

德日企业的股权结构具有相对集中的特性，其持股主体以银行、保险公司等法人为主，且交叉持股比较普遍。这种股权结构限制了股权的流动，有利于维持企业经营的长期稳定，防止敌对企业的兼并收购；但同时也导致了这些国家资本市场的发育迟缓和相对落后。另外，由于银行实力的强大，其对关系企业的治理结构产生极大的影响，而这种影响在经济下滑或经济状况恶化的条件下将是负面的，日本的经历就是明证。日本主银行制度在 20 世纪 60 年代和 70 年代特定的制度环境下作为一种治理机制曾经发挥过重要作用，但到了 80 年代，由于制度、技术和国际环境的变化，它开始出现一些不适应的征兆，而到了 90 年代终于酿成一场严重的金融危机和公司治理结构的真空。

（二）案例研究

曾几何时，美日两国公司股权结构分别作为英美模式和德日模式的代表，一直被认为是两者的成功典范。然而，东南亚金融危机暴露了日本高度依存的银企关系及相互持股这种制度安排的弊端；安然、世通等一系列公司丑闻的发生也粉碎了美国模式"完美"的神话；次贷危机拖累了花旗、美林，拖垮了兴业，也凸显了高盛作为合伙制企业在风险控制机制方面的严谨和高明。

辉煌已成为过去，失败却历历在目，我们需要思考为何几乎完全对立的股权结构同样会出现盛极而衰的情形，而曾经几乎被遗忘的合伙制重又成为人们关注的对象。

1. 日本山一证券。

10 年前的 11 月 24 日清晨 6 时，日本第四大证券公司——"山一证券"的社长野泽正平在东京证券交易所声泪俱下地宣布公司决定"自主停业"，即宣告破产倒闭。山一证券是日本在第二次世界大战后倒闭的最大企业，它的倒闭给日本金融界带来了空前的冲击。

对于山一证券倒闭，一般的观点认为主要有这样几个方面的原因。其一是山一证券的倒闭缘于日本泡沫经济的破灭，因为山一证券同样卷入了虚幻的资产膨胀催生的泡沫经济，而当日本政府为解决泡沫经济问题而推行紧缩政策时，山一证券大量的不良资产问题接踵而至。其二是经营不当，包括不善经营和违法经营。经营不当造就了山一证券巨额的债务，信誉严重受损。其三是监管不严，日本当局对证券公司设有检查监督体制，以防证券公司的违法行为。1995 年 11 月，大藏省曾对山一证券进行了检查，1997 年 9 月日本银行也对其实施了核查，但山一证券的违法行为都未暴露，日本的金融监管形同虚设可见一斑。

我们不否认以上的原因在一定程度上促成了山一证券的倒闭，但我们认为这些原因并不是山一证券倒闭的根源，其根源在于企业僵化的、已形成稳固的利益群的股权结构。在这种股权结构安排下，法人相互持股的目的并非是简单地获取红利和股票升值的收益，而是为了加强企业之间的联系，而这种联系纯属一种消极的联系，其奉行的是法人股东之间的互不干涉和稳定持股，导致的是企业经营权和所有权高度一体化，经营者权利膨胀、不受制约、腐败盛行，企业内部监管机制不健全，责、权、利界定不清，形成严重的内部人控制，而企业股票的流动性差，不仅有损于中小股东的利益，更是弱化了资本市场对经营者的外部约束。因此，山一证券的破产绝不是偶然的，这实际上是市场对这种不再合时宜的股权结构的唾弃。正如一位日本经济学家所说，这实际上也是宣告了日本封闭、保守的金融制度的破产。

2. 美国安然事件。

安然曾经是叱咤风云的"能源帝国"，1985 年由两家天然气公司合并而成，在短短十几年内一路飞腾，2000 年总收入高达 1000 亿美元，名列《财富》杂志"美国 500 强"中的第七。在其最辉煌的年代，安然掌控着美国 20% 的电能、天然气交易，而且还是涉足电信、投资、纸业、木材和保险业的大户。2001 年 10 月 16 日，安然公司公布该年度第三季度的财务报告，宣布公司亏损总计达 6.18 亿美元，引起投资者、媒体和管理层的广泛关注。安然公司财务亏损曝光后，遭到了媒体的猛烈抨击，其股票遭到投资者的抛售。2001 年 11 月 30 日，安然股价跌至 0.26 美元，市值由峰值时的 800 亿美元跌至 2 亿美元。2002 年 12 月 2 日，安然公司正式向破产法院申请破产保护，破产清单所列资产达 498 亿美元，成为当时美国历史上最大的破产企业。

安然事件连同美国"9·11"事件、世界通信公司会计造假案和安达信解体，被美国证监会前主席哈维·皮特称为美国金融证券市场遭遇的"四大危机"。对于安然的破产，人们习惯于从财务造假的角度进行批判，而安达信则理所当然地成为罪魁祸首，直至其最终宣布停止在美国市场上承担上市公司审计业务。美国政府所采取的补救措施也是从此入手，2002年7月30日，为挽回投资者对美国资本市场的信心，美国总统布什签署了由国会通过的《萨班斯－奥克斯利法案》（Sarbanes-Oxley Act，简称萨班斯法案），萨班斯法案被布什称做是"自罗斯福总统以来美国商业界影响最为深远的改革法案"。

事实上，"安然事件"的爆发所反映的绝不仅仅是会计制度的问题，更深层次的还在于它暴露了美国过度分散股权模式的致命的弊端。股权结构是公司治理结构的基础，对企业行为和经营绩效产生重要影响。股权结构的分散化安排固然有利于资本市场对企业经营者的控制和约束，使投资者充分享有"用脚投票"的权利，但这种安排不可避免地导致大量小股东的"搭便车"行为，最终导致所有者控制权的削弱和经营者对企业控制权的强化，大公司经理人权力过大、待遇过高、玩忽职守、谋取私利就是明证；另外，与股权流动性过高相对应的自然是企业股东的频繁更换，这种频繁的更换势必造成股东对短期收益的过度偏好，而经营者为迎合这种偏好，就有动力去弄虚作假、违规经营，使企业行为短期化，不利于企业的长远发展。

3. 高盛"逃离"次贷风波。

高盛作为华尔街的顶级投资银行，其一举一动都让世界关注，美林、摩根士丹利也是如此，但在此次次贷危机中他们惹人关注的焦点则大相径庭。美林于2007年10月24日公布计提次贷损失79亿元，今年1月11日再次公布次贷损失可能造成150亿美元损失，几乎是原来预估的两倍。摩根士丹利2007年11月7日公布次贷损失额达到37亿美元。相反，一个发人深省的现象是，本来偏好次贷业务的高盛一派繁荣，[①] 而那些本应平稳运行的机构却焦头烂额。

高盛为何能"逃离"次贷风波，他是如何控制这种风险的？从表面上看，或者说从技术层面来分析，高盛业绩大增的部分原因在于，该公司早先就做空美国抵押贷款，从而远远抵消了次贷相关头寸所造成的损失。同时，做空交易还帮助高盛的固定收益、外汇和大宗商品业务净收入创下历史纪录。但透过这种表象，我们认为，基于数理模型建立的风险控制体

---

　　① 截至2007年11月30日的财务年度，高盛净利润116亿美元，比上年上涨22%，净资产回报率32.7%。

系在各大金融机构之间并无本质区别和技术上的水平高低之分，高盛"逃离"次贷危机的根源在于它的文化。

有着 130 多年历史的高盛，一直采用的是合伙制，直到 1999 年出于业务发展的需要而谋求公众化选择。但即使是高盛上市之后，它仍保留着合伙制的一些特点，例如合伙人仍然持有公司大量股份，并依据自己积累的客户资源继续给公司服务，等等。毫无疑问，合伙制是最好的风险控制机制之一，它要求对共同利益进行高度的互相监督。合伙制意味着合伙人承担了由于业务失误或是公司业绩下滑、业绩虚假带来的全部连带责任，这种沉重的压力使得合伙人更重视产品质量的控制和风险的把握，而在美林、花旗那些大型金融机构，风险管理常常沦为纯粹的合规行为，在这样一种文化中，交易员总会找到绕开规定的办法。另一方面，合伙制所形成的企业文化使得高盛的雇员通常将自己看成是企业的伙伴，而不是公司挣钱的机器，表现出一种很强烈的责任共担风气，但在美林、花旗等其他金融机构，等级制度分明，不同业务分支带着不同的利益更像是竞争对手，缺乏配合和协同。

三、初步的结论

（一）企业治理结构一定是以相应的股权结构为基础的，完善的治理结构必须以优化的股权结构为前提，优化的股权结构是完善的治理结构的必要条件

企业治理结构包含多方面的要素，如经营者激励约束、投资者保护、外部审计，等等。但最根本的要素在于股权结构。因为企业内部的股权结构集中体现了企业内部各利益主体间的力量对比状况，不同的股权结构决定了公司不同利益主体的控制权差异。在不同的股权结构安排下，产生公司管理层的机制不同，委托人对代理人行为承担的风险和获取的收益不同，对代理人的监控能力和积极性的调动方式也就不同。这些不同所形成的不同的治理机制将使企业设定不同的行为目标，产生不同的市场行为和竞争态度，最终将导致不同的组织效率和公司绩效。

健全的公司治理历来为众多企业和监管部门所推崇，从美国模式到日本模式，对治理机制的完美的追求使得人们过于注重形式而舍本逐末，进而忽视了企业治理结构的根本——股权结构。以美国模式的企业治理结构为例，高度分散的股权结构决定了中小股东利益极易受到侵犯，为防止公

司高级管理层利用股权分散滥用职权，美国十分注重引入独立董事制度，并要求独立董事主导提名委员会、审计委员会和薪酬委员会的工作。安然公司 2000 年度的年报显示，其 17 名董事会成员中，除了董事会主席和首席执行官外，其余 15 名董事均为独立董事，审计委员会的 7 名委员全部由独立董事组成，且其中不乏业内资深人士。但即便如此，企业治理结构对高管层的监督约束仍形同虚设，投资者损失惨重，安然的破产自然水到渠成。

安然的破产使我们充分认识到股权的过度分散导致的公司治理缺陷——董事会缺乏独立性和管理层控制；而山一证券的倒闭则说明德日过度集中的股权结构模式难免会导致经营者权力膨胀，且极易陷入一荣俱荣、一损俱损的恶性发展怪圈。

（二）股权结构的优化是一个动态的概念，是一个过程，要不断地优化，不只要依据企业所处的发展阶段，同时也要结合行业的不同特点和整个宏观经济的发展水平

一般来说，企业发展初期，相对集中的股权结构有利于企业的快速发展；而当企业进入成长期后，出于融资的需要以及其他方面的考虑，股权结构相对分散，这本身就是一个优化的过程，也可以促使企业更健康地发展；当企业的实力不断壮大，行业地位不断提高，到达成熟期后，更加分散化、大众化的股权结构是大势所趋，是更加合理的、优化的。

为了证明这个结论，我们援引企业生命周期理论来进行阐述。1972年，美国哈佛大学的葛瑞纳教授（Larry E. Greiner）在《组织成长的演变和变革》一文中首次提出了企业生命周期的概念，并把企业生命周期分为 5 个阶段。对于企业生命周期的划分，不同的学者有不同的确定标准，出于分析的需要，本文倾向于将企业的生命周期分为创业期、成长期、成熟期、衰退/再生期四个阶段（Miller、Friesen，1980）。

任何事物的发展都要经历产生、发展、灭亡的过程，企业也不例外，同其他组织一样，其发展具有阶段性，企业的发展就是一个从较低的阶段向较高的阶段过渡的过程。在不同的发展阶段，企业面临不同的环境，[①] 有着不同的需求，企业表现出的特征也不同。在创业期，生存是企业面临的主要危机，经营上的丝毫差错和迟疑都可能危及企业的生

---

① 这里的环境是一个广义的概念，包括宏观经济环境、政策环境、市场环境等诸多能够影响企业行为和资源配置的因素。

存，这就需要企业的领导和决策层具有前瞻性的商业意识和果断的决策能力，而这种能力必须是建立在相对集中抑或是"一股独大"的股权结构基础上的。浏览成功企业的发展史，我们尚未发现哪家企业在发展之初就是美国式分散的股权结构。相反，处于创业阶段的企业因股权结构分散、不合理而导致失败的案例倒是不在少数。以国内第一家专业性综合类证券公司——巨田证券为例，巨田证券共有四大股东：中国华能集团公司、中信国安集团公司、深圳市盐田港集团有限公司、上海交运股份有限公司，分别持股 17.51%，其余股份由六家法人机构分持。大股东的平行排列所形成的股权结构，在当时处于发展初期且很不成熟的市场环境下还能够生存，但当先发优势不复存在，企业面对市场竞争之时，这种畸形的股权结构便成为企业发展的瓶颈。外有压力，却内无动力，效率低下，最终导致企业经营不善，违规占用客户保证金。等到证监会清理整顿之时，由于未能按期完成整改，巨田证券被证监会限制其部分业务的经营。而此时的四大股东竟无人愿意出手，巨田证券最后的命运只能是遗憾地告别历史舞台。

当企业取得了一定的成功，其主要目标便是规模扩张，于是企业进入成长期。在这一时期，由于企业高速发展，面临着资金瓶颈、制度不健全、组织结构调整、管理者能力有待提高等诸多矛盾。这些矛盾不解决将无法保证企业进入成熟期，甚至直接进入衰退期。而要解决这些矛盾，优化股权结构是关键，这种优化就体现在高度集中的股权结构趋于相对分散。因为股权从高度集中过渡到相对分散，不仅可以缓解企业资金瓶颈的矛盾，同样可以通过股权结构的调整，在健全企业制度、优化组织结构等方面完善企业治理机制，而完善的企业治理机制无疑将有助于企业避免管理失控、错失商机，从而为企业发展进入成熟期提供保障。

在成熟期，企业规模扩大到一定程度后相对稳定，资产结构趋于合理，面临的主要问题是如何应对对手的竞争以及如何保持自身的优势。这个时期的企业多采取多元化战略，而无论是横向、纵向，还是混合多元化，都意味着企业层级在增加，管理复杂化，大企业时常出现的 X—非效率情况极易发生。这个时期治理结构对企业的健康发展至关重要，企业需要引入成熟的战略投资者和先进的管理经验。拿平安集团的案例来说，其成功绝不仅仅在于其引入了汇丰等国际战略投资者，而主要在于其在企业发展适当的时候优化了股权结构，进而完善了公司治理。

另外，企业股权结构的优化也是同行业特征和宏观经济发展水平密切相关的。以行业特征来说，那些对资本规模要求不高，产品（服务）差异化特征不明显的行业，如制鞋业，企业不适合也没必要形成分散化的股权结构；而那些对资本规模要求较高，产品（服务）差异化明显的行业，尤其是那些关系国家经济命脉的行业，企业则不宜采取过度集中的股权结构，如金融业。就宏观经济发展水平而言，当一国经济处于起步阶段，经济总量相对较小，企业数量不多，国家需要的是集中力量办大事，企业则需要超强的执行力，这时的股权结构宜相对集中；随着宏观经济总量的持续扩大，企业数量逐渐增多，国家对经济发展的目标倾向于保持经济的平稳运行，避免大起大落，这个时期一般来讲，企业也应该顺应宏观经济发展要求，根据自身的发展需要，降低股权集中度，引进拥有先进管理经验的战略投资者，完善公司治理结构。

（三）中国民营企业生命短暂，不能真正强大的原因，除了常见的外部不利因素外，一个关键的内部因素就是其治理结构不能与时俱进，表现在股权结构上，典型的"一股独大"甚至是100%控股，表现在经营管理上则是"内部人"身居要职却往往并不具备相应的能力和素质，效率低下。

事物的发展总是由外部因素和内部因素共同作用，且内因是事物发展变化的根本原因。民营企业对中国经济发展的贡献有目共睹，[①] 但它们在大众心中却并非如此强大，因为当我们真正将要感受其强大之时，它们可能已经离我们远去了。

不可否认，中国民营企业的发展存在着政策、制度等影响企业生命周期的重要变量，这些变量的存在不只影响了企业的市场行为，同样也影响了市场绩效。在这些外部因素的作用下，中国的民营企业面临许多不利和不公平的竞争环境，夹缝中求生存，行为短期化，经营管理缺乏计划和目标；投机意识强，风险意识差；不擅资本运用和优化资本结构，等等。因而当企业遇到复杂情况或困难时缺乏应变策略和抗风险能力，从而导致生命周期大为缩短。但我们仍然可以看到众多成功的民营企业，阿里巴巴、新希望、力帆、三一重工……他们同样也面临着严酷的外部环境，为什么可以持续发展壮大？绝对是内因在起决定作用。这些成功的民营企业与那

---

① 在 GDP 构成中，除国有及国有控股经济以外的广义民营企业所占比重已达 65% 左右，而中国经济发展的增量部分，70%—80% 来源于民营经济。

些昙花一现的企业同样是经历过创业期，不同之处在于大多数民营企业在经历创业期之后就销声匿迹了，原因就在于后者不懂得顺应企业生命周期，适时调整企业内部治理机制，股权结构仍旧高度集中，经营管理越发僵化、落后，用一种固定的思维和模式去经营时刻在变化的企业，是注定要失败的。

以客户价值为中心，践行金融企业的社会属性*

——美国次贷风波对中国产险市场的警示

（2008 年 6 月）

"以人为鉴，可以明得失；以史为鉴，可以知兴替。"在经济全球化、金融全球化的今天，研究和把脉中国产险市场的运行及发展趋势必须立足于世界，站在更高、更广的视角来审视问题。

对于始于去年年初的美国次贷危机，众说纷纭，但焦点往往集中于次贷危机对全球经济的影响以及如何控制和消除这种影响。身处中国的产险行业，我们可能并没有太多地感受到次贷危机对我们的影响，但我们感到了不安，感到了责任。因为我们清醒地意识到，现阶段中国产险市场的运行与美国次贷危机的形成有着根源上的雷同，过程上的相似，如果我们不能防微杜渐，危机也许真的就距我们渐行渐进了。

一、美国次贷危机的根源——利益驱动下的运营模式

对于次贷危机产生的根源，有这样几种比较有代表性的解释。

一是房价下跌直接导致了次贷危机的产生。房价下跌导致贷款人手中的房屋资产急剧缩水，有的人根本无法支付高额房贷，只能拒交贷款。次贷公司随即成为直接受害者，即使收回抵押的房产，由于房价走低，房产已资不抵债，进而引发了次贷危机。

二是金融创新。有研究者称，所有金融危机背后，都有金融创新的影子。确实，所有金融创新都是为了两个目的：一个是避险，一个是增值。所有金融创新都是手段，是工具，而不是目的。但是正如马克思的异化理论所说的那样，当工具和手段成为主宰时，目的反而成了奴婢。而金融创新的魅力所在就是它的杠杆作用，以小搏大，但这种杠杆作用是双向的，

---

* 本文系与李世朗博士（特华博士后科研工作站博士后）合作。

当反向的杠杆作用被人们彻底忽视的时候，危机也就发生了，这时候，金融创新所隐含的风险就淋漓尽致地表现出来了。

三是评级机构。在美国次贷危机爆发后，穆迪、标准普尔、惠誉等主要评级机构成为最直接的批评对象，对同一产品评级结果存在重大差异，对危机预警是如此滞后。甚至有观点认为，评级机构对相关次级抵押贷款证券产品的不负责任评级，是次级债危机爆发的一大诱因。

四是楼市泡沫引发次贷危机，但根源在于格林斯潘时代过于宽松的货币政策。批评人士指出，2000 年底美国科技股泡沫破裂后，格林斯潘并没有让美国经济经过合理的调整过程，而是让利率从 2000 年底的 6.5%降至 2003 年中旬的 1%，并停留了长达一年之久。过于宽松的货币政策为美国社会提供了大量廉价资金，催热了房地产市场，继而催生了过多的抵押贷款，导致了房地产泡沫，从而引发了危害甚广的金融危机。

我们来分别对这四种观点进行分析。首先是房价下跌。房价下跌充其量只是次贷危机爆发的导火索。确实，如果房价永远非理性地上涨，次贷危机肯定不会发生，因为所有人都可从中获益，不存在资金链断裂的风险。就像股票市场一样，若股市能持久性地非理性上涨，如同 2007 年 5 月 30 日之前的中国 A 股市场，投资者只要很随意地投入资金即可，根本不必担心亏损。但事物的发展总是周期性的，即使趋势向上，也应该是螺旋式上升。而这种螺旋式上升在投资者不必承担超于其承受能力的额外成本（也就是说，投资者的资金是自有资金或者是贷款但付息成本完全在个人可控范围之内，房价的涨跌丝毫不能影响其对房屋的产权）的时候是不能引致危机爆发的。事实永远是这样，当所有人都看涨的时候，往往也就是风险高度积聚，危机即将爆发的时刻，这方面的实例不胜枚举。

其次是金融创新。金融创新也不该成为替罪羊的。因为有需求，有空间，金融创新才得以产生，创新的目的是为了满足需求，而不是为了产生危机。我们必须承认，金融创新的不断推动，提高了全球金融资源配置效率，促进了实体经济的发展。而只有当金融创新成为牟利工具而被滥用时，它才会导致金融危机的爆发。次贷危机中，滥用的创新使得金融工具在投资者和所投资的终端产品之间制造了太多的分离层面，且其中没有足够的透明度。就拿许多拥有被再打包过的 ABS、CDO 产品的投资者来说，他们根本不了解在自己之上还有一个巨大的优先级贷款层，而自己手中的 A 级债，不过是危险级中被分层出来的相对安全部分，这样的 A 级债在次贷危机中将不可避免地成为垃圾债，遭受损失是必然的，只是全部和部分的区别而已。

再次是评级机构。我们习惯于抨击评级机构的不公正和缺乏独立性。确实如此，作为评级机构而言，保持应有的独立性是其有效发挥金融中介作用的根本前提。但我们可再深究，为什么世界顶级评级机构也不能独善其身？利益使然，利益驱动的不规范使然。试想一下，收入主要来源于证券发行商的评级机构，如何要求他们规范自身的行为，如何要求他们对市场投资者负责。

最后是宽松的货币政策。从表面上来看，廉价资金自然给资产泡沫火上浇油，持续的低利率在一定程度上使次贷危机变得更为严重，但这并不是深层次的根源所在。因为资产泡沫的始作俑者在于过剩的流动性，而低利率政策并不必然导致流动性过剩，隐形交易市场化、资产证券化、未来收入流资本化等都是导致流动性"过剩"的重要原因。货币政策对应的最重要的指标是通货膨胀率，数据显示美国2001—2003年的通货膨胀率分别为2.85%、1.58%、2.28%，随后的几年里也都未超过3.4%，这说明货币政策虽然宽松，但依然在合理的范围之内，不能说是造成次贷危机的根源。

从以上对次贷危机根源的分析，我们可以看到，房价下跌、金融创新、评级机构、货币政策，事实上也包括其他原因，都不能简单地说是导致次贷危机的根源，但其背后却总有一根无形的线将它们联系在一起，那就是利益，不当的利益驱使不规范行为的产生，风险的积聚，责任的缺失，最终导致危机的爆发。而在这样一种利益驱动的运营模式下，在这根"利益"——无形的线的背后，我们看到的是政府的默许、监管的失职以及众多金融机构对企业社会属性的漠视、对客户的不负责任，这在本质上是价值观的异化，是文化的危机。比如产品设计，为什么美国的银行和房屋按揭机构敢于且乐于降低信贷标准，向一些次级信用的申请人发放按揭贷款，而不担心违约和坏账的风险？因为他们设计次贷产品的初衷并非为满足消费者需求、为客户创造价值，而是通过设计这种产品，转嫁风险并获取利益。可想而知，以获取"无风险收益"这种违背常识和公理的理念为支撑的"金融创新"行为，一开始就注定了其最终危机的结局。再比如误导客户，正常而言，金融行业的健康发展需要有大量的专业性中介机构的支持，因为它们可以解决金融产品的信息不对称问题，但事与愿违，如同美国前财政部长劳伦斯·萨默斯对评级机构的评价，"次贷危机之于信用评级机构，好比安然事件之于会计师事务所"，如果没有信用评级公司的参与，次贷危机或许根本就不能发生。为什么这样说？不是因为它们的专业水平不够，而是因为它们扮演了不光彩的角色，它们存在的价值不是体现在为客户分析市场、明辨真伪、判断风险，而是完全从一己私利出发，为次级抵押债券层层包装、粉饰，直至最终把大量投资者引入信用陷阱。正像马克思在《资本论》中提到的，"一旦有适当的利润，资本就胆大起来。如果有10%的利润，它就保证到处被使用；有20%的利润，它就活跃起来；有50%的利润，它就铤而走险；为了100%的利润，它就敢于践踏一切人间法律；有300%的利润，它就敢犯任何罪行，甚至冒绞首的危险"。

围绕住房按揭贷款的多种金融创新为社会提供了巨大的购房资金，但利益的驱使也带来了严重的结构性问题。这种结构性问题主要体现在利益的获取和风险的承担方面。在金融创新之前，放贷者和风险承担者是同一家机构，风险和收益对等，可想而知放贷行为自然不会随意。金融创新之后，基于按揭贷款形成的长衍生链使得资金的最终提供方与最终使用方之间的距离过于遥远。这样的操作方式必然造成两方面的不利后果：首先是多环节的委托代理关系必然导致道德风险，致使证券市场信息失真；其次是代理环节不透明，与借款方直接打交道的中介商，审计公司、证券评级公司等都不承担相应的责任，只有收益而不必承担风险和责任的不对等造成衍生品的泛滥，风险持续增加。正如著名经济学家张五常教授所言"花别人的钱永远不如花自己的钱小心"，两方面后果的交互作用最终将使个别风险转化成系统性风险，并以危机的形式集中释放。

二、次贷危机与中国产险市场的风险对照

联系到中国的产险市场，我们同样看到了引致危机爆发的根源。中国的产险市场潜力无限、空间广阔，这几乎是所有人的共识。在这种共识下，谋求市场份额，进而获取市场领导者或垄断者地位成为保险公司获得持续稳定收入及利润的最优选择，但这种选择的实现并非那么轻松。20世纪80年代末，"保险代理人"制度引入国内，自此保险市场就形成了以中介代理为主体的营销体制。不可否认，这种"人海战术"的销售模式在保险业发展的起步阶段对于扩大保险宣传面、迅速增加保费收入起到了重要的推动作用。但遗憾的是，行业发展初期不成熟的思维和激进策略引致众多产险公司纷纷采取了最"简捷"的方式——高返还、高手续费、

高保障范围、低费率等低层次的不规范竞争手段。可悲的是，以"代理制"为主体的营销体制，割裂了管理链条的两端，形成"两个远离"：即保险公司远离客户和保险公司总部远离承保理赔一线。这"两个远离"同按揭贷款证券化形成的长衍生链几乎如出一辙，委托代理关系松散，代理机构专注于代理费用的获取，保险公司则专注于保费规模，所不同的只是中间代理环节的多少而已。

在这种体系下，两个方面的扭曲造成了整个行业的竞争无序和灵魂缺失。首先是市场方向为中介代理所主宰。出于"有保费就有灰色收入"的趋利引导，整个行业拼命追求保费规模，非理性的、疯狂的、自杀式的恶性竞争随处可见。其次是产品设计以代理机构为中心和主导，而无视客户需求和客户利益。交强险，保险公司不赚钱费率也要降，保额也要提高，因为保费中很大一部分流入了中介的口袋；航意险，20 元的价格保险公司只能得到 2—4 元，70%—80% 的手续费留给了销售商。试问这样的产品，如何满足客户的需求，如何能保障客户的利益？更为严重的是，为谋求自身不正当利益，一些业务素质不高的代理人以模糊性、欺诈性描述，诱导客户购买保险，为保险合同纠纷埋下了隐患。可以说，这种不规范的营销体制和经营模式，只能起到"饮鸩止渴"的作用，最终保险公司尤其是中小股份制财产险公司必将因此一步步逼近死亡线。而从整个中国产险行业的情况来看，若不能下决心摆脱目前的恶性循环，势将积重难返，类似美国次贷的中国产险市场的危机也许离爆发也就不远了。

毫无疑问，危机的形成就是风险的积聚过程，当风险积聚到一定程度后必然通过危机的形式来释放。如果能够在风险不断积聚过程中意识到问题的严重性并采取有效的措施，即使是已经积聚起来的风险也将被逐渐化解，反之，危机爆发将成为必然。

就美国次贷危机而言。从产品设计的出发点来看，一般而言，无论是金融服务业还是制造业等其他行业，其产品设计都要基于满足消费者的需求，为客户创造价值，但次贷产品绝非如此，可以说是起点与"价值实现"归宿的高度统一，但这种统一显然是违反规律的异化的统一，随着内部熵值的不断扩大，系统迟早会崩溃。从投资者来看，他们可能会意识到自己暴露在次贷风波中，但他们并不理解问题到底出在哪里，有多严重，他们也只能猜测自己的损失大概有多少。这种缺乏依据的预期反映在市场上就是挤兑行为，而这种挤兑行为无疑会放大风险，助长危机。从监管者来看，因为无法公开信息，监管部门只能通过事后的贷款机构财务状况的好坏来加以判断，而财务状况事实上很难及时反映当前贷款的质量。直到资金链断裂之时，监管当局才意识到问题的严重，可惜这已为时过晚。

中国的产险市场也是同样的道理。行业运行不规范，保险公司为提高市场份额，不惜血本恶性竞争，违规批退、阴阳保单等违规行为大幅提升行业运行成本，导致行业承保理赔能力孱弱，资产质量不断下降，偿付能力日益不足，不利于社会经济的发展。有的保险公司可能意识到了问题，但苦于整个产险市场的环境而无力自拔；有的保险公司可能根本就没有意识到不规范经营终将导致风险集中释放。对于客户而言，为转移风险本身就要承担一定的费率成本，而这种成本在潜规则的支配下会被无端地扩大，就如同次贷危机中投资者不知道他的经理人拥有次级贷款一样，投保人同样不知道他的投保可能因为中介机构的虚假陈述或误导等不规范行为而导致最终出险而无法获得理赔，甚至其投保的保险公司可能也面临着因此而产生的合同纠纷和无法履行赔负责任的风险。监管部门处境也是比较尴尬，深知不规范经营不是长久之计，不仅会损害投保人利益、保险公司利益、行业利益，甚至会影响国家的金融稳定，虽三令五申，怎奈行业潜规则根深蒂固，非一朝一夕所能够改变。至于代理机构，卖出保单从而收取代理费是第一要务，至于由于其不规范行为所形成的潜在风险，他们则不必负任何责任。可想而知，制造风险的却不用负责，这样的机制在"经济人"的"理性"思维下极易成为危机滋生和爆发的温床。

如果中国的产险市场继续如此运行下去，我们可能会看到这样一个形成危机的路径：为争市场份额不规范经营，中介机构推波助澜——恶性竞争——高费率导致高成本，保险公司竞相亏损——"路径依赖、自我强化"导致保险公司深陷泥潭而难以自拔——偿付能力严重不足，风险积聚——企业破产，行业危机。

三、以客户价值为中心，践行金融企业的社会属性

尽管在目前的时点上探讨中国产险市场的危机可能不合时宜，但厘清次贷危机的根源及形成过程无疑对中国产险市场的健康运行有着十分重要的借鉴意义。

根据以上的分析，我们认为从根源上解决次贷危机的方法在于以一种新的制度安排来减少衍生链中的委托代理环节，同时使每个环节中的交易

主体都能勤勉负责，保证"花别人的钱同花自己的钱一样小心"；同理，中国产险市场的防患于未然也要做到消除不当利益驱使，保证每个环节的参与主体都要承担责任，而不是像现在，保险公司一心做大保费规模而无动力、无能力监督中介机构，保险中介机构则只要卖出保单就有固定的代理费。

我们无意危言耸听，而只是置身于全球范围内思考我们面临的问题和风险。中国的产险市场运行至今，虽然取得了不菲的成绩，但其中存在的隐患绝对是不容忽视的，若不能及早防范，采取措施，等到危机形成之时再想挽回，势必要付出更大的成本。既然找到了问题的根源，我们就应该从源头上采取措施，杜绝风险的不断积聚，防止危机的形成。

首先，不折不扣地执行保监会的有关监管政策。作为市场主体的保险公司要充分理解和践行金融机构的社会属性，承担社会责任，为构建和谐社会做出应有的贡献。就目前中国的保险业发展阶段而言，保险公司至少应贯彻监管部门的政策，打破有损行业健康发展的潜规则，摒弃不规范经营模式，走规范经营的人间正道。比如保监会 2006 年下发的 17 号、19 号、71 号文件，都是要求保险公司规范经营、践行金融企业社会属性的纲领性文件，从制度层面强化了保险行业抗击风险、抵御危机的基础。

其次，监管部门宜实行差异化监管，有奖有罚。差异化监管的对象首先是在保险公司和保险中介机构之间，将监管重点放在中介机构，因为中介机构数量、人员众多。据中国保监会公布的数据，截至 2008 年 3 月 31 日，全国共有保险专业中介机构 2345 家，兼业代理机构超过 14.5 万家，营销员 200 多万人。2007 年，全国保险公司通过保险中介渠道实现的保费收入占到 82% 以上。但是，很多保险中介机构诚信意识和依法经营意识淡薄，业务合规性、财务真实性和内控严密性较差，既制约了自身的健康稳定发展，又对市场秩序和行业信誉造成破坏。差异化监管其次是针对保险公司，对于那些遵循政策法规，致力于创新，切实践行保险企业社会属性的保险公司应予以政策和资源倾斜，支持他们做一些有益的尝试和探索；而对于那些违法违规，恶性竞争，扰乱市场秩序的保险公司要严惩，可以在业务范围、机构开设、资金运用等方面进行限制，约束其市场行为，以促进行业健康发展。

再次，强制性推出相关责任险产品。以保险中介机构为例，投保人通过保险中介购买保险产品的同时，中介机构须随保单免费赠送一份责任险，主要内容为：当投保人因中介机构的虚假宣传、误导，超越保险公司授权范围经营，伪造和变造保单等不规范行为而遭受损失时，有权通过法律等途径向中介机构索取赔偿。

最后，要鼓励科学创新。创新不只是一个企业，也是一个行业永久的生命力所在。创新首先要落实在理念上，体现在文化和价值观上，要彻底摒弃那种以自我为中心的经营模式，转向以客户为中心，致力于为客户创造价值，这样才能实现最大程度的共赢。实现这样的创新，主要解决两方面的问题：一是解决营销模式的变革问题，解决"两个远离"，这是促进中国保险业持续健康发展的关键所在，借鉴金融领域其他行业的经验，实行与客户面对面直接沟通、交流的连锁经营模式不失为一项有益的探索和尝试；二是在产品设计方面解决从以自身利益为中心向以满足客户需求为导向的转变，这要求保险公司在与客户面对面直接沟通和交流的基础上，研发和设计能够真正满足客户需求，为客户创造价值的适销对路的产品。

价值链视角下的保险连锁营销模式研究[*]

(2008 年 7 月)

我国保险业从 20 世纪 80 年代恢复以来，一直将间接营销作为主要营销手段，保险中介对中国保险业发展起到了重要的推动作用。然而，随着时间的推移，保险中介与保险公司、终端客户间的利益博弈越来越复杂，间接营销模式已难以适应当前保险业"又好又快"的发展要求，因此探索适合我国国情的新营销模式成为摆在理论界与实务界面前的重要课题。2007 年，华安保险公司率先提出并实施了"保险连锁营销服务"模式，这是在传统保险营销模式上所作的一次理论与实践的重要探索，也是具有重要意义的金融创新。本文试图从价值链角度，深入剖析这一营销模式的本质特征与现实意义。

价值链概念由著名战略管理学家波特（Michael E. Porter，1985）最早提出。他认为，企业的每项生产经营活动都是创造价值的经济活动，企业内所有互不相同却又相互联系的生产经营活动，构成了创造价值的一个动态过程，即价值链。此后 20 多年中，价值链理论得到巨大发展。*Andrew Cox* 和 *Peter Hines*（1997）将波特的价值链重新定义为"集成物料价值的运输线"，把顾客对产品的需求作为生产过程的终点；*Jefferey F. Rayport* 和 *John J. Sviokla*（1995）提出开发虚拟价值链的观点和"数字资产"概念，强调把顾客的知识转换到新产品与服务中。近年来，由于互联网与电子商务的发展，价值链的边界变得模糊。许多学者认为，依托信息技术，企业通过优质服务以及与商业伙伴建立战略联盟，形成一张联系客户的价值网，同样可以实现价值增值。20 多年来，许多成功企业的实践证明，价值链思想是研究竞争优势的有效工具，它对于当前保险业的创新与发展有着重要的理论与实践意义。

---

* 本文系与王建伟博士（特华博士后科研工作站博士后）合作。

一、保险企业的价值链结构

保险企业的价值链既有一般企业（包括其他金融机构，如银行、证券公司等）的"共性"，也有其自身"特性"，这主要由保险经营对象（纯粹风险）的特殊性所决定。本文根据经典的保险企业管理理论①，将传统保险企业的价值链（这里指狭义的价值链，主要是业务链）描述为以下四大环节（见图1），而每个环节内部又包含相应的子价值链：

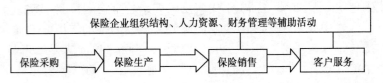

图1　保险企业的基本价值链

第一，采购环节。对影响企业运行的生产要素的购买及消耗进行管理，实现一定利润目标下的成本最小化。因此，如何科学地降低成本是价值管理的主要内容。考虑到沉没成本因素，以及生产要素本身的价值增值可能性，还应将员工能力的提高、房地产价格的上升等作为重要因素加以考虑。

第二，生产环节。主要是对输入的生产要素进行科学配置，并提供风险保障以及投资收入的过程。在该环节中，生产技术水平（包括保险产品的研发、承保、理赔和投资等）以及管理水平（行政管理、后勤支持等）决定了劳动生产率和利润率的高低，是企业价值增值的核心环节。

第三，销售环节。主要考虑如何开展系列营销活动，将保险产品和投资产品传递到客户手中，最终实现其价值的过程。通过销售环节，保险企业获得保费收入和经营利润。在实际工作中，保险企业的销售渠道决定了销售能力，从而也决定了企业的其他职能。然而，销售渠道很容易成为价值增值的瓶颈，以至有人说，"得渠道者得天下"。

第四，客户服务环节。主要考虑如何满足客户的各种需求，包括售前、售中和售后服务，即售前营销人员专业方案讲解的清晰度、售中公司承保流程的效率高低、售后保全理赔的速度及准确性等，各环节共同构成

---

① 根据德国保险著名专家迪特·法尼的解释，保险保障生产也是一个物流过程。

了公司对客户的整体服务状况。

在传统保险企业的价值链中，保险中介的存在造成了保险交易的信息不对称，阻断了传统保险企业与客户间的价值传导路径，使得保险企业远离客户，对价值链的管理往往侧重于产品的设计、开发及销售，片面追求通过内部经营管理创造利润，而把客户的需求和价值增值放在次要地位，无法为客户有效地创造价值。笔者认为，当前金融企业的基本要素主要集中在客户资源、营销网络、产品与服务等三者上，其中客户资源又是最关键要素，建立保险连锁营销模式对于保险企业改变当前保险营销的现状，建立稳定的客户资源，重构保险企业价值链具有重要的战略意义。

二、保险连锁营销模式的运作与管理

保险连锁营销模式是指通过金融服务直销网络来营销保险业务的一种营销方式，它是以国内城市社区为中心，以门店为平台，以保险产品和服务为龙头而建立的新型营销模式。从价值链的角度看，保险连锁营销网络属于保险公司价值链上的销售环节和客户服务环节，是为了克服企业价值增加过程中面临的诸多问题而建立的新型营销渠道。它是以"客户"作为企业价值取向的核心和起点，通过将价值链上的销售环节和客户服务环节合并为同一平台，使之成为价值链上的战略环节，进而改变企业整体价值链的构成和运作机理（见图2）。

图2　连锁营销模式下的保险企业价值链

1. 连锁营销网络的运作特点。从单个门店的运作看，每一个营销服务门店就是一个覆盖社区、学校以及大型企事业单位的零售直销点，它的目标市场是以门店为中心辐射社区居民的特定客户群。同时，每个营销服务门店是一个以保险为龙头的多功能综合服务平台，能满足客户的综合理财需求。依据当前保险企业的实际情况和现行法律监管，保险连锁营销门店将以保险产品为主，通过销售标准化保险产品占领市场。但从未来的潜在需求看，绝大部分客户需要的是一整套完备的风险管理和理财规划，因此连锁营销门店是一个以满足客户的综合性金融理财需求为目标的"社区金融超市"，其运作特点体现为"交叉销售，综合理财"。

从营销网络的功能看，连锁营销模式通过有效的资源整合，使分散在各地区的营销服务门店连成一张庞大的服务网络。依托信息技术和电子商务，实现资源共享和最优配置，降低经营成本，提供更快捷、方便和优质的服务，增加企业的信誉度；通过扩大销售规模，实现规模经济效应。另一方面，营销网络可与其他金融机构（如银行、证券公司等）甚至商业组织（例如社区物业管理公司等）建立战略联盟，在较少增加固定成本的情况下，通过提升员工的服务质量和数量，拓展金融功能，获取表外业务收益，实现范围经济效应。

2. 连锁营销模式的管理特点。标准化、网络化、信息化是保险连锁营销网络的管理特征。标准化就是实现产品标准化、流程标准化、服务标准化。标准化的优点在于降低了经营成本，容易实现规模化，具有通用性和互换性，容易形成统一品牌。通过标准化，公司不仅能形成一套良好的管理制度和运行机制，而且为将来的业务扩张提供良好平台。

网络化既包括信息网络化，还包括门店网络化。网络化的优势就在于实现资源和信息的集中和共享，这对于优化资源配置、降低运营成本至关重要。例如理赔问题，通过网络，可以很快查清客户情况，能以最短时间合理安排理赔人员在多个网点间流动执勤而不必采用定点方式。

信息化同时与办公自动化密不可分。由于是网络化、流程化经营，公司必然采取扁平化组织结构，而这一切都建立在办公自动化基础之上。从核保、签单、现金支付、客户交流、理赔等一系列操作环节都离不开计算机网络和办公电子化，否则，连锁营销模式的"快捷、方便、专业、可信"的优势就是一句空话。

3. 连锁营销模式的优势。与传统营销渠道相比，连锁营销模式的优势体现为：方便、快捷、专业、可信。理论上，传统的间接营销方式（通过代理人或经纪人销售保险产品）应当具有服务质量高的优势，更适合个性化服务要求；而从多年的实践经验看，代理人队伍的良莠不齐导致了社会公众对保险中介，乃至整个保险业敬而远之。间接营销的优势不仅没有完全发挥，甚至走向负面。相比之下，连锁营销模式的优势很明显：首先，经营场所固定，且地处社区附近，一旦客户有需求，往往能够快速、专业地提供服务；其次，改善了保险公司形象。原来的保险中介就像"游击队"，客户一旦遇到问题，很难通过保险中介解决。而连锁营销网通过发挥固定经营、标准化管理和信息优势，能及时、准确地帮助客户解决疑难，树立企业和行业形象；再次，有利于公司对营销渠道的控制，这使得公司的政策、理念能很好地传达和执行，降低执行成本。

三、连锁营销对保险企业价值链的再造

保险连锁营销模式是通过优先发展营销渠道，进而推动其他子系统改革的不平衡跨越式发展的一项重大金融创新。金融企业管理理论认为，企业的系统结构与流程应服务于它的金融功能，作为一种创新的保险企业子系统，连锁营销网络的构建与运营也是如此。根据"由顶至底"的设计理念，实施连锁营销模式的保险企业分为三个层次（见图3）：企业价值的实现、企业组织架构与运作流程、连锁营销网络。连锁营销网络的运作既是保险公司的整体运作的一部分，又是公司整体运转的核心，其成败的关键在于如何协调、管理企业的三条核心价值链：信息链、资金链以及业务链，进而推动组织结构的再造和企业价值的实现。

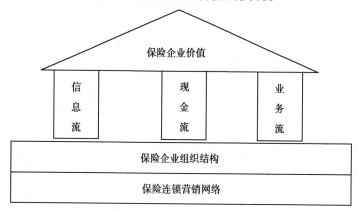

图3　连锁营销对保险企业价值链的再造

1. 信息链再造。连锁营销网将企业与客户的接触由"点"扩展到"面"，借助信息技术和电子商务技术，保险公司能够在门店快速、准确、及时地搜集和挖掘客户的需求信息，并由此形成强大的信息搜集、分析和处理能力，使公司能对市场变化保持快速反应的能力；在营销系统网络化条件下，采用何种管理信息系统直接影响业务链和资金链的运行效率和价值创造。以承保为例，核保、签单、收费等工作，如缺乏先进的信息系

统，将导致客户等待时间过长，从而引起客户不满。因此必须建立从门店到分公司或总公司的直接信息通道。

2. 业务链再造。连锁营销模式使保险公司能够零距离接触客户、服务客户，因此企业的业务流程必然向"以客户为中心"的价值观转变。按照以客户需要为驱动的原则，企业价值链上业务流程中各环节价值活动的目的都是为了创造和增加客户价值，因此，连锁营销将促使保险企业对要素采购、产品研发和设计、产品销售等各个环节按照顾客导向进行重组。与传统保险公司的业务链不同，连锁营销网络的业务链只包括采购链、销售链和保全链，不包括生产链。其中采购链负责购置必需的维持性生产资料；销售链负责执行各种营销战术行动，包括广告、促销等活动，其中产品的推介和销售是该环节的重点；保全链则承担售后服务、业务咨询、理赔、结案、投诉处理以及续保等工作。

3. 资金链再造。连锁营销网络作为资金链子系统不仅负责保费的收集与上缴，还包括日常资金消耗、赔付支出等，主要扮演了资金流的进出角色。它的支付系统将取代传统依赖保险中介收缴保费，加快企业的资金周转速度。

4. 企业组织结构再造。连锁营销网络是一个直接面对客户的综合化信息、服务和交易平台，能有效满足客户对"快捷、方便、专业、可信"服务的要求。这一直接营销模式的运营与传统依赖中介的间接营销模式截然不同，这就要求企业必须不断推进公司治理结构改革，明确界定前、中、后台的职责，实现机构的扁平化，建设以纵向单元垂直管理为主，横向分公司管理为辅的组织架构。

由此可见，保险连锁营销模式通过改变传统保险企业的管理方式、业务流程和组织结构，使各经营环节围绕连锁营销网络这一核心功能区，形成既相互关联，又具有处理资金流、业务流和信息流能力的新型价值链，从而降低企业组织和经营成本，获得核心竞争优势，提升市场竞争力。

四、连锁营销模式的价值创造

研究表明，在不增加边际成本的情况下，金融机构通过扩大经营规模、拓展经营范围，可大大提高资源的使用效率，降低平均成本，增加企业价值。建立保险连锁营销网络，实际上就是通过强化价值链上营销环节的功能，使之成为涵盖产险、寿险甚至其他金融业务的综合营销服务平台。因此，它是对传统保险企业价值链的再造，将为未来扩展业务范围，实现综合化经营奠定物质基础。根据价值链理论，保险公司的价值来自企业的核心能力（包括制度、管理以及核心技术等）、资产、负债、资源要素、客户等。保险连锁营销模式通过价值链的重构，使企业的资源和能力得到重新整合，企业价值因此得到大大提升：

第一，连锁营销网络的升值。这是连锁营销所带来的最直接收益。首先，企业价值的增加直接源于资源的增值，它包括地产、人员素质、固定资产与数据资源等。门店建设是保险连锁营销的重要一步，如果店铺选址得当，就能实现房地产升值；其次，通过营销网络平台实现企业资本增值。营销网络强化了保险公司的金融功能，拓展了销售能力，能实现保费收入及其他营业收入的增加，进而增强企业获取现金流的能力。保险连锁营销模式的标准化、网络化和信息化为金融功能的发挥提供了坚实的物质基础。可以说，未来门店的产品和服务将从标准化逐步走向特色化、个性化，这恰好是赢得市场的最重要因素，在这方面实施连锁式营销模式的保险公司具有先天的竞争优势。

第二，树立良好的企业形象，提升品牌价值。对保险连锁营销网络而言，"成也服务，败也服务"。全面、优质的服务既是连锁营销网络生存的基础，又是企业价值增加的主要来源。连锁营销门店贴近社区，贴近客户，因此也最有可能为客户提供直接、快捷、专业和可信的服务，门店员工的素质和服务水平也最容易被民众和客户所认可。一旦连锁营销网络建立了良好信誉，业务就会源源不断，进入良性循环轨道，产品和企业品牌由此形成；反之，则前功尽弃。

第三，建立庞大、稳定的客户资源。客户资源将是未来金融行业的稀缺资源，稳定有效的客户来源是保费收入的重要保障，而营销网络必将成为吸引和稳定客户来源的重要平台。中国的保险市场正在由不成熟走向成熟，民众的保险消费也将愈发理性。产品和服务是吸引客户的法宝。依托连锁营销网络，通过直接面向客户的销售方式，保险公司就能为客户提供真正能满足其需求的产品和服务；此外，通过联合相关单位（如物业公司、金融机构等），营销网点还能为客户提供更多更好的中间业务的金融产品以及更优质的便民服务，从而吸引和挽留大量的客户群，逐步建立企业声誉和品牌。

第四，高效的管理模式。首先连锁营销服务模式彻底改变了传统保险营销方式。从传统的营销价值链我们发现，保险中介的管理以及中介所耗费的直接成本占保险公司整个经营成本的相当比例，有些地方的中介力量甚至强大到可以与保险公司讨价还价，这对公司的经营策略形成倒逼机制，进而演变成公司利润的"榨汁机"。建立固定营销网络后，保险公司削弱了中介的渠道控制力，减少了中间环节的利润流失。其次，通过标准化、信息化管理，可以扁平化组织结构，优化业务流程和资源配置，降低管理成本。此外，通过建立网络化和综合化服务平台，扩大经营规模和经营范围，实现规模经济和范围经济效应。

综上所述，保险连锁营销模式是一项重要的金融创新。它突破了国内外传统保险代理人、经纪人主导的营销模式，将现代"金融理财服务理念"真正意义上引入保险行业。同时，保险连锁营销模式切实落实了中央关于"保险走入社区"的号召，对于重塑保险形象，提高保险行业的可信度具有重要意义，也将为保险公司综合化经营奠定坚实基础，为民族保险业的发展积累宝贵经验。

十万匹骆驼——从晋商的霸气说起*

（2008 年 6 月）

　　读史的目的不是了解，而是要理解、学习和扬弃。不懂过去的人不能把握未来，不懂历史的人只能成为历史上的匆匆过客。在商言商，为了让华安的同仁切实感受中国民族商人深厚的文化底蕴，2005 年的工作会议我们特别选在山西太原召开，我在会上还提出要学习晋商的"四气"，即霸气、底气、硬气和义气。伴随着华安的快速成长，规模越来越大，战略推进不断深入……处在这样的关键阶段，华安人应该对自己提出更高的要求，这种高要求不只是在执行层面，更主要的是要体现在思维、意识、文化等方面。从这期《华安保险》月刊起，我将和大家一起交流学习中国民族商业发展历史的体会，重点是体会中国民族商人的商魂。我这里先从晋商的霸气说起。

　　我这里所说的霸气，与豪气的意思基本相同，指的是英雄气概、豪迈气势。在经营实践中，表现为非凡的眼光、能力和胸怀。晋商的霸气，不只表现为他们从商的规模、气势，从商过程的历尽艰辛、矢志不渝，更表现为他们胸怀天下、忧国忧民的民族气节。正是凭借这种霸气，晋商，以及众多民族商人、商帮，成就了百千年的商业辉煌，也传承下了历久弥珍的民族瑰宝。

霸气之象——十万骆驼出漠北、万里茶路通罗刹

　　清王朝统一中国以后，为了防止倭寇入侵，防止海盗，实行海禁政策，茶叶无法运输。水路不通走旱路。随着边陲战火平息，满汉一家的民族政策的推行，山西商人反应迅速，立即组建庞大的商队，仅"大盛魁"的商队就拥有十万匹骆驼，穿越戈壁沙漠，气势恢宏！山西商人从福建武夷山、湖南的安化、湖北的"羊楼洞、羊楼司"收购茶叶，首先以船作

　　* 原载《华安保险》月刊 2008 年第 7 期。

为交通工具经长江把这些茶叶运到武汉，在武汉进行整装以后，用马匹驮运，一路北上，经河南入山西运到太原等地，再整装以后，以骆驼作为交通工具，北上库仑、恰克图、乌里雅苏台、伊尔库茨克，一直把它运到俄罗斯腹地。想当年，山西商人历尽艰辛，开辟万里茶叶之路，万匹骆驼运物资，举世无双。

十万骆驼出漠北，万里茶路通罗刹（清朝前期称俄罗斯为"罗刹"，见和珅等编著之《一统志》），晋商是何等的霸气。

晋商的霸气还表现在主动承担社会责任上。比如晋商代表人物之一的乔致庸，在灾民流散，饿殍遍野之时，他广施恩泽，不惜借债甚至倾家荡产也要开办救济灾民的粥厂；在国家危难、遭受外侮之时，他慷慨解囊，资助军饷，直至押运自筹的粮草，亲临战场。毁家纾难，万死不辞，一切都是为了"天下"！这就是晋商中佼佼者的霸气！

霸气之源——眼光、能力、胸怀

十万匹骆驼商队、万里运茶之路，这些展现是晋商的"霸气"。晋商之所以有这种霸气，源于他们的眼光、能力和胸怀。

组建十万骆驼商队也好，开辟万里茶叶之路也罢，首先要有开阔的视野，敏锐的眼光。现在人们常说"胸怀祖国，放眼世界"，几百年前的晋商差不多做到了他们置身于整个中国版图，视天南海北如街坊邻里，在放眼世界中以敏锐的眼光捕捉稍纵即逝的商机。在这样的前提下，还要有把握商机的能力。就国内而言，晋商渗透清代南方盐业经营就是很好的例子。谁都知道盐业实行政府专卖，想插足盐业必须有许可证，但这种稀缺的资源谁会平白无故地出让呢？唯有欲取先予。晋商当时并没有现代金融理念，但他们知道资金融通对于商业的重要，他们也有能力满足两淮盐商对资金的不时之需。于是，晋商正是以自己一次次的对产业提供资金，融通服务最终使自己稳居全国民间钱财流通主宰者的地位，实现了"汇通天下"的理想。

晋商开辟的万里茶叶之路，其贸易不仅促进了江南茶叶生产，大批茶农得到实惠，而且从江南到塞北，沿途百姓也都因此受益。然而到了19世纪50年代，战事频仍，茶路不通达数年之久，晋商中茶叶经营大户每年损失不下百万两银子，不少江南茶农则到了逃荒要饭，甚至卖儿鬻女的地步。乔致庸这个满腹经纶、胸有报国之志的杰出晋商，力排众拦，以乔家产业作抵押，说服几个茶商大户出银子，冒着生命危险，立志恢复先辈开辟的茶道。茶农们见到了历尽艰辛从山西来的大商人，敲锣打鼓报佳音。隐居在此的湘阴才子左宗棠，这位令林则徐相见恨晚、多位朝廷重臣向皇上推荐的江南奇才，见到乔致庸深有感慨地说："以乔家之富，乔东家不来江南贩茶，谅也不至于有饥寒之忧，可是乔家还是不避生死地来了，此事仅仅用商家重利本性解释是不够的……自古茶路通则天下路通，茶事昌则天下事昌。这几年茶路不通，在下以为天下事不可为也，惟有藏身此中，读书饮茶，遁世避祸。今日乔东家冒死来武夷山贩茶，茶路复通。在下以为，天下事还没有到不可收拾的地步……"（引自朱秀海《乔家大院》第 250 页）左宗棠当即放弃隐居，投奔两江总督总领六省军政的胡沅浦，为朝廷效力。胡沅浦颇为感慨地说：这个乔致庸，他此行南下疏通茶路对稳定天下民心起的作用，不比我们小。

《乔家大院》中叙述的这件事的相关细节不排除有作者的虚构，但清代晋商历尽艰险开辟茶路以及乔致庸在战乱期间疏道茶道，则是信史。以赚钱谋利为第一要务的商人比比皆是，但若不避生死谋发展，则不是一般商人之所为，它显然超出了作为商人重利聚财的单纯动机，需要更广阔的胸怀，这就是当年晋商的胸怀天下、忧国忧民。

霸气之果——汇通天下

晋商最为著名的商业活动当属他们经营的"票号"。晋商开办的票号，俗称"山西票号"，号称汇通天下，调度的资金流量高达上亿两白银，开中国金融业的先河。山西票号起源于明末清初时山西商人设在各地的分支机构在从事商品贩卖的同时兼营的钱银汇兑活动。汇兑活动的出现大大促进了商品交易和经济的发展，创办者又从中获利颇丰，于是 1821年第一家专营票号成立，短短十年中，票号不仅遍布全国，从山西始，经内地深入到新疆、西藏、香港、广西偏远地区，还扩张到与中国贸易往来较多的海外，蒙古、日本、朝鲜、印度、俄罗斯等国都有山西票号的身影，是名副其实的汇通天下。

应该说，"汇通天下"的本身就蕴含着要承担更多的社会责任，晋商对此从来是义不容辞，霸气之举彰显其忧国忧民的胸怀。比如分支机构遍及全国的山西票号，曾经成为清王朝所依赖的重要财政支柱，它不仅充当政府捐纳筹饷的办事机构，而且为户部汇兑、解缴税额，筹措和汇兑国外借款，还代理部分省关金库，票号从中获得过丰厚的利润，但在政府财政困难时，也作出过重要贡献，有人据清朝档案不完全统计，仅 1852—

1853 年，票号商人为清政府捐额就达白银 267 万辆。晋商把中国传统文化中的精华出神入化地融汇在对"利"的追求之中，使历来被轻视甚至蔑视的商人具有了一种高贵的品格，使商业成为一种不得不令人肃然起敬的高尚的事业，而不再仅仅是一种获利的工具。他们在汇通天下、货通南北的商业贸易中挥洒出一种令人钦佩的霸气，一种人格精神。从另一个角度来讲，也正是凭着这种霸气和胸怀，才有了"汇通天下"的豪迈。

中国历史上的民族商人克服了重重困难、历尽艰辛，以令人叹服的霸气实现事业的辉煌，就金融业而言，晋商在经济并不发达的时代就能做到"汇通天下"，我们应从中得到什么启迪呢？身为中国民族保险业的一员，华安、华安人该如何呢？

坦荡而思变——从晋商的底气说起[*]

（2008 年 7 月）

晋商在中国历史，特别是商业史上，占据了非常重要的地位。晋商在其数百年辉煌历史中，处处体现出特有的广阔的战略视野、积极的进取精神和精细化的科学管理。在骄人的业绩后面，是晋商对人生追求、事业目标的执著，对市场、时局的洞悉和自我能力的自信，以及软硬两方面长期积淀的雄厚实力，我将此称之为晋商的"底气"，并视其为晋商乃至其他中国商帮成功的重要因素来探究思考。

善思知变——思变乃行商

1. 农业底蕴，变末为本。

晋商的底气首先来源于厚重的历史文化底蕴。山西，自古以来就是中华文化的重要发祥地之一。历来有一个说法："二十年历史看深圳，一百年看上海，五百年看北京，一千年看河南，二千年看陕西，五千年则要看山西。"华夏民族的始祖——黄帝和炎帝都曾在山西活动；我国上古时代的三个帝王均在山西南部建都，尧的都城在临汾，舜的都城在永济，禹的都城在夏县；中国历史上第一个奴隶制国家政权——夏朝也建立在山西南部；在商代，山西是其主要统治区；山西在周朝时更加辉煌：周朝的第二位天子周成王"桐叶封弟"封叔虞于唐（唐的统治者又将唐改名为晋，就是现在的山西），使山西得到较快的发展，到东周晋文公时发展到称霸天下。山西可以说是华夏文明的发祥地之一，古代时拥有农业生产的适宜条件，尤其具有高度发达的农耕文明。

然而，经历了秦朝蒙恬屯垦、西汉引黄灌溉、唐代伐木建长安、宋代伐木建洛阳等数次大规模的植被破坏，到明初时，黄土高原的森林覆盖率已急剧下降。自然条件的恶化，是中国文明发源地数千年来一直经历的惨

———————————
* 原载《华安保险》月刊 2008 年第 8 期。

痛过程。在生态破坏的同时，人口却越来越多，人均耕地面积越来越小，水资源越来越匮乏，自然灾害越来越频繁，山西人民陷入困境。清朝时山西有一个读书人在谈到山西时，曾痛心疾首地说，"无平地沃土之饶，无水泉灌溉之益，无舟车鱼米之利，乡民惟以垦种上岭下坂，汗牛痛仆，仰天续命"。说到山西自然灾害的频繁，有一个粗略统计：在清朝 300 多年的时间里，山西全省性大的灾害就达 100 多次，平均三年一次。其中最长的一次旱灾长达 11 年，仅死于这次大灾荒的山西人就超过了 300 万。

自然条件所限，使得单一的农耕经济越来越难以承载山西的发展，人类生存困难，这在明清两代尤为突出。在生存的压力面前，山西人不是坐以待毙，而是选择了"走西口"这样的谋生手段和生活方式，弃被动为主动，变末为本（中国封建社会长期视农为本商为末，重农抑商），并以其深厚的文化底蕴和敏锐的商业意识抓住了明初屯军的商机，自成一体。晋商的兴起，看似传统农业经济困局下的无奈之举，实则是晋商善思而知变的本性使然。正是由于晋商不为"以农为本，以商为末"的传统观念所束缚，敢于选择新的方式以走出农本难续的困境，才最终创造出了晋商独有的商业文明。

2. 因地制宜，变而求通。

大自然从来是公平的，只要人们善于思考，积极寻求走出困境的方法，总能发现沙漠下的石油、荒原里的金矿。晋商正是在思索求变中找到了谋生的有利条件。山西虽然农业条件恶劣，在商业地理条件上却有很多可以倚重之处：自古既有的盐、铁等重要工商业成为贸易发展的基础；地处中原腹地，位于各省之间东西南北交通往来的必经之地；临近北部草原游牧民族地区，处于农耕经济与游牧经济两大经济区域的交汇处；明清以来在该地区政治军事的需要更为其创造了特殊的商业机会。由于善于思考，善于在恶劣境况中寻找生存机会，晋商从无到有，脱离了对农耕经济的依赖，开拓了新的生存空间。

晋商所寻求的摆脱贫困之道首先是盐业贸易。山西南部运城地区的盐池，是中国最古老的产盐区之一，有三四千年的生产历史。商贾的贾，就是出于鹽，意指山西解州的池盐。中国最早的重要商品就是盐，中国最古老的商人，恐怕就是山西商人。盐造就了中国古代第一批大商人，他们中有许多是山西人。明清时代的晋商，正依靠着盐业贸易而实现山西商业的振兴。

明初，朝廷为了对付蒙古势力，在北方实行大规模的军屯，驻扎了九镇120万的军队。大量的军需不能靠捐输的方式来满足，就需要商人的运输来补给。明朝实行了"开中制"①，给予民间商人盐等物资的经营权来实现军粮补给。山西商人利用自己靠近塞北边关且与河南、山东、江南等粮食产区交通往来便利的地理优势，大量剩余农业劳力可以从事长途运输的人力优势，向外移民而人际网络广泛的信息优势，通过粮食与盐引之间的交换，获得了资金的原始积累。

3. 因应时机，把握机会。

晋商在商业经营的过程中，总能够以十足的底气抓住新的商机，敢于做前无古人的大事业，开创新的大场面。"大盛魁"等商号通过不断拓展经营范围和经营区域，获得了更大发展，已不仅只限于明初盐引贸易的模式。在长期的积累中，晋商获得了一些扩展全国网络至关重要的条件：在全国各地建立了商业分支机构和人际网络，通过长期积累形成了资本雄厚的商帮，建立了晋商全国范围的可靠信誉，完成了人才的培养、积累并总结出了一些有效的业务技术和企业组织形式。多种货物的长途运输贸易和全国乃至跨国商业网络逐渐形成，晋商已成长为最显赫的货物贸易商帮。

清代中俄两国之间的茶叶贸易创造了"开中制"以后最大的商业机会。晋商完全抓住了这一新的国际贸易机会，垄断了该线路中国境内的运输和贸易。在欧亚大陆上形成的这条丝绸之路衰落之后的又一国际通道，被称为茶叶之道，规模很大，这三条线路其中一条的交易量，就一度占到当时俄国出口贸易的40%和中国的16%。新兴的茶叶贸易使晋商的实力进一步增强。

明清时期，随着工商业的萌芽，全国范围的市场形成，对流通手段的快捷汇兑往来方式的需求开始出现。在这样一个巨大的市场和商机面前，只有掌握了以上各种条件的晋商能够抢先一步，全国布局，实现垄断性的贸易与票号经营优势。在商贸往来中，雷履泰这样精明的山西商人敏锐注意到银钱汇兑是远程贸易的迫切需求。开始尝试用银钱票据往来的方式，代替施行了几千年的商业往来必须用金、银作支付和结算手段的老办法。为此，他开办了"日升昌"，其与众不同之处在于经营的商品不是一般货

---

① 开中制：明初为了防卫瓦剌和鞑靼对中原的袭扰，设立九边进行防御。由于九边距离遥远，后勤补给困难。为了减轻财政负担，洪武帝采纳"开中制"的建议，以盐引为交换条件，要求山西商人负责屯边军人的后勤补给。商人把内地的粮食等补给运到边防后，相应地运多少粮食获得多少盐引，然后拿这个盐引到盐场去领盐销售，进而获利。所谓盐引，是封建统治时期官方垄断盐业经营权情况下，特许运销盐的凭证。

物，而是票据、存款、贷款和汇款这些业务，它是中国历史上第一家做这样生意的商号。"一纸之符信遥传，万两之白银立集。"晋商凭借其敢为天下先的底气，实现了中国商业金融史上的创举。

由此可见，晋商的底气，不仅仅体现在弃农经商和弃仕经商的勇气，更体现在经商过程中，善于思考，善于从不利局面中找到有利因素，并且不断在情况变化中把握住重大机遇的自信和能力。

坦坦荡荡——学而优则商

1. 儒贾相济，崇尚文化。

商业文明与儒家伦理本没有冲突。在古代，商人之所以被排在士农工商"四民"中的末位受鄙视，乃出于封建集权统治的需要。重农轻商思想产生之前，五帝三王都积极发展商业以经世济民，春秋战国时期商业的地位也非常高，孔子的弟子子贡被公认为是最早的儒商。西汉，为了对付匈奴的需要，开始由国家机器将社会财富和资源集中起来以进行战争。于是，汉武帝废除私商，以官营垄断商业利益，并进而确立了"轻重论"等重农抑商的思想的统治地位。

晋商所面对的，是上千年的封建统治者为"家天下"的私利私欲所传承和强化的贬商文化传统，但他们却能把经商当作坦荡而纯粹的职业，一生勤商不倦，不以为耻，反以为荣。晋商之所以能够如此坦荡从商，是因为他们将儒家观念融入商业活动中，获得了事业上的成就感和道德追求上的满足感。儒家文化的深厚底蕴，浸透了三晋大地，也积淀成了晋商的从商底气。

山西人经商，不可否认有追求财富和物质的强烈欲望，当时的山西民谚中流传着"养儿开商店，强如做知县"、"买卖兴隆把钱赚，给个县官也不换"。不过，他们其实是看透了农家子弟要通过当时的科举制度出人头地几率太小，反倒是经商的天地更为广阔、门槛更低，只需要有吃苦精神和基本的盘缠便可"走西口"有机会发财。所以，山西经商的人之多、从商文化之厚，在全国都非常罕见。但单纯的物质利益追求，并不能解释山西很多富家后代在被选贡赴京入国子监后，却放弃这样的好机会而甘心为商人，以及已经有了官位而弃官经商的现象。

最初晋商为了谋生而经商，到后来逐渐将经商作为了一种理性的事业追求。晋商没有像徽商那样走"业儒仕进"的老路，而是以经商为人生事业的最终目标，主张"儒贾相济"。晋商鼓励子弟以经商为人生目标，不提倡应试求仕。雍正二年山西巡抚刘於义在奏折中就提到："但山右（今山西，在太行山之右）积习重利之念，甚于重名。子弟俊秀者，多入贸易一途，其次宁为胥吏，至中材以下，方使之读书应试，以故士风卑靡。"山西最优秀的人才，都是以经商为首选；不适合经商者，才考虑谋公职或考功名。

从唐宋到明清的一些数字，可以看出明代晋商文化兴起后，山西人的价值取向发生了重大的变化。唐代 196 名著名诗人中，山西所占人数排名全国第三；山西籍宰相占了唐代 369 名宰相的 1/6。但在明清两代共 543 年中，山西竟然没有出过一个状元，居全国各省之末；明清两代，晋商子弟科第的人数仅为徽商子弟的 1/10。由此可见，那时的山西人基本上断了读书做官的念头，而将读书应试的才华投入了经商富国的舞台。

那时的山西人不想做官，还在于彻底跳出了官本位思想桎梏、理性比较了商仕两途的利弊。条条大路通罗马，晋商的底气就在于跳出思想的樊笼，经商同样可以"修身、齐家、治国、平天下"。晋商是坦坦荡荡经商，将经商作为世间最好的事业来做。

我必须强调，不想做官并不意味着不读书。晋商已通过其长期的商业成就积淀，形成了其"儒贾相济"的商业文化，并真正为了培养商业人才而进行儒家的教育。山西经商有成者皆为第一流才俊，他们首先是经过了儒家教育，学而优之后才有机会成贾。没有学识积累，没有知识、道德、文化的"弃儒者"，就没有成为优秀晋商的机会。而商号、票号在对学徒进行训练和培养的过程中，处处以儒家文化的理念和为人做事之道来教育引导，注重员工的学习和全方位素质的提高。晋商作为五百年传承的商帮，非常注重形成自己的文化和底蕴，通过文化的熏陶，通过重要制度文化的借鉴、传承和创新，实现了事业的延续。晋商更主张在实践中学习，在经商中力行儒道，实质上追求的是儒家文明在商业领域的理想化实现。

2. 人生理想，融入商道。

精明强干的能人固然可以成为优秀的商人，但若没有更高的人生追求和事业理想，其视野必然有所局限，气魄必然有所拘泥，坚持必有所动摇。只有更高远的追求和更坚实的人生理念，才可能造就真正有传承力的商业文化。晋商、徽商等商帮，作为中国历史上为数不多的商业文化探索者、创建者，在这些方面作出了表率。

晋商注重个人商业道德的养成，注重行业规则的培养，追求商业人格的自我完善，这在流传至今关于他们的一些佳话中，得到了充分体现。晋商对员工、管理者、同业伙伴的道德要求，都达到了很高的标准，如"大德通"票号，对其入号学徒要求"皆读《中庸》、《大学》，盖取正心、修身，而杜邪教之入"；明代蒲州商人王文显提出了"利以义制，名以清修"的观念。

在修身立命的基础上，晋商也具有更崇高的博爱和更厚重的历史责任感，追求着儒家"穷则独善其身，达则兼济天下"、"修身、齐家、治国、平天下"的人生理想，继承与发扬了中国商人爱国的优良传统，注重商人对国家民族所担负的社会责任。从明嘉靖年间晋商募集 500 商兵抵御进犯扬州的倭寇，到清末仅用半月就集资 150 万两白银从英国福公司手中赎回山西煤铁矿权，以及灾荒年晋商慷慨解囊济世救民，等等，晋商的所作所为都体现出了这种积极承担社会责任、爱国爱乡的崇高价值观。

晋商的两个追求是始终如一的，一是对商业利益的追求，二则是对商人理想人格和行业规则的崇尚，以及商人的历史使命和人生理想的实践。正因为将人生理想融入了商道，晋商拥有了开创大事业、创造大成就的底气。也因为晋商有这样的底气，才取得了相应的商业成就，获得了客户、社会乃至历史的认可。

百折不挠——执著闯天下

1. 艰难困苦不畏惧，咬定青山不放松。

晋商的执著体现在对困难的坚强承受能力，有种聚沙成塔、水滴石穿的坚持。山西的地域文化本就有坚韧的一面，山西人自古以厚重勤勉、吃苦耐劳而著称。明代《山西通志》记载："士穷理学，兼集辞章，敦厚不华，淳俭好学，工商务实，勤俭……"乔致庸在给后人写的为人经商之道中，有"气忌躁，言忌浮"的说法，踏实勤勉、吃苦耐劳从来就是晋商传承中最重要的一部分。

很多显赫的商人家族，当初走西口时，大多还是一些小商小贩小伙计。曹家的祖先，是推着独轮车卖沙锅的；常家的祖先，在张家口摆摊卖布；而乔家的祖先乔贵发，刚到蒙古草原时，甚至连小贩都算不上，他靠卖苦力，给别人拉骆驼为生。但他们能以开创远大事业的追求百折不挠地执著闯天下，一代又一代的执著，最终成长为中国历史上最大的商帮。众多晋商外地机构里的雇员，三年才能回一次家，如果在商号工作 40 年，要远离家乡亲人达 30 年以上。尽管枯燥、艰苦、寂寞，但他们都能恪尽职守，非有执著的敬业精神是无法做到的。

晋商开辟万里商道的艰难险阻，是如今我们难以想象的。著名的中俄茶叶贸易通道中，张家口至恰克图一段约有一千多公里，地旷人稀，晋商要忍受非常的磨难才可通过。夏季需忍受酷暑饥渴，冬天则面临零下三四十度的寒冷，春秋两季则时常有漫天风沙，填路埋人。一路都会有冻死冻僵等情况发生，还可能遇到匪劫而丢命失财。每次运货都要历经数月至半年之久，运气不好一年也不能到达目的地。无论是早期的走西口，还是清代中俄贸易，埋骨异域的晋商都不在少数。但他们执著、崇商、敬业，因此，他们能长年累月奔波于险山恶水、漠北荒原，这样的执著的苦打苦熬延续了 500 年。

2. 追求完美，将事业发展到极致。

晋商的执著，不只体现在具体的经商过程中，更体现在对事业完美境界的不懈追求。中国传统思想中，"小富即安"的保守主义色彩浓厚，很少有商人可以达到晋商这样跨度、广度和深度都一流的境界。晋商将贸易商帮做到极致后，开始拓展国际贸易；在国际贸易也做到完美后，又开始进行早期金融业的探索，最终山西商号、晋商骆驼队和晋商票号都成了时人无法跨越的商业成就巅峰。在成就面前，晋商没有故步自封，而是不断追求、不断进取。

五百年的时间延续，本就是一个奇迹，须知其中经历了多少朝代更迭和动荡起伏，其中无数风险和挑战都能安然度过，体现出了晋商文化的生命力和自我更新调整能力。即便是现代工商业文明，兴起也不过两三百年，仍有很多可以借鉴晋商之处。在社会、市场动荡的情况下，晋商往往能靠其长期积累的信誉和威望，或得到同业伙伴的资助，或得到客户的谅解，从而安全渡过危机，始终立于长盛不衰的境地。

以晋商 500 年间商业成就所达到的高度，以及在当时世界范围内的领先程度，足以让今天中国的商业文明继承者和创新者的我们，感到汗颜和责任重大。清末山西票号在全国 100 多个城市开设了 450 家分号，经营的金额高达七八亿两白银，清政府的税收很大一部分也都由山西票号汇兑存储，山西票号获得了"汇通天下"、"九州利赖"的名声，就连很多外国人也对此慨叹不已。德国学者李希霍汾在他的学术著作《中国》一书中曾这样评价晋商："山西人具有卓越的商才和大企业精神，有无比优越的计算智能和金融才华。"

晋商独有的底气，是晋商文化绵延兴盛 500 年的首要前提。若没有底气，早期晋商便没有勇气丢掉锄头、别妻离子闯西口，去忍受塞北大漠的风沙和未知的刀兵匪劫。当经商贸易而有所积淀后，晋商以更大的底气去建设渠道、寻求战略合作伙伴、形成管理机制与文化，全面培养人才以实现规模化扩张。尽管置身于轻商的文化和官本位的封建集权中，晋商以其坦荡的底气追求着商业文明，展现着儒商的德才品格，完善着独立的商人人格，坦坦荡荡，大气地书写了一段属于晋商更属于中国民族商人的历史。

　　现今，重仕轻商的择业观念依旧束缚着中国年青一代的事业取向，无数大学生对考公务员趋之若鹜，以安稳安逸为追求，惧怕市场的挑战与考验。也还有相当多的国内企业缺乏足够的和世界一流企业竞争的底气，员工抱着打工思想得过且过，企业家缺乏深厚底蕴、远大追求和奋斗精神。回望那些屹立数百年的晋商深宅大院，高耸的屋脊、厚实的院墙依旧透出它特有的厚重底气……作为中国现代工商业文明的亲力亲为者，或许我们更应该重温历史，直面现状，深思未来。

束欲而有序——从晋商的硬气说起[*]

（2008 年 8 月）

晋商，这一深为世人瞩目与叹服的"东方威尼斯商人"，在中国历史上曾雄视商界五百余年，创造了辉煌的商业成就。众多的成就中渗透着晋商在困难和挑战面前一往无前的刚强张力，在企业管理上科学、严谨的坚决态度，在持家守业上坚持勤俭作风的底蕴和情操，我们将此称之为晋商的"硬气"。延展到整个中国民族商业，呈现在我们面前的，除晋商外，还有徽商、闽商等著名商帮，他们都有着一个共同点——凭借着一身硬气，展露出强势，映现着坚韧……

自强不息——逆境中奋进

1. "走西口，闯全国"的晋商。

清朝咸丰年间的《汾阳县志》（卷十）中记载到："晋省天寒地瘠，生物鲜少……人稠地狭，岁之年入，不过秣麦谷豆。"由此可见，至少到明清时期，山西人生活的三晋大地，自然环境和区域经济条件已经比较差了，其居民许多家常所需之物，皆是从远省贩运而至。在此情境下，勤劳智慧的山西人没有自甘潦倒，他们也没有抢掠造反，而是把坚毅的目光投向了家乡之外的广阔天地，纷纷远走他乡，闯天下、走上了经商谋生计之路。他们勇敢地迈开了脚步，或个人闯荡，或亲朋提携，或乡友引进，从"走西口"开始，克服着万里之外地域、乡风、民俗、习性、语言等重重困难和障碍，逐渐闯出了摆脱贫困、勤劳致富的康庄大道，走上了畅通四海、百业经营的财富之路。最初的"西口"，有具体所指，真正的名字叫杀虎口（从名字就可看出其险要），位于山西、内蒙交界处的右玉县（属山西）境内，它实际上是长城上的一道关隘。随着山西人外出从事"行商坐贾"范围的扩大，"西口"也就泛指以蒙古（当时尚无内蒙外蒙之

* 原载《华安保险》月刊 2008 年第 10 期

分）为主的我国西北地区。电视连续剧《走西口》，就生动地描述了山西人走西口的艰辛与悲凉，形象地再现了山西人用血泪、坚韧、诚信写就的奋斗历程。

山西有一个著名的旅蒙商号"大盛魁"，它称雄蒙古草原 200 多年，其"十万匹骆驼"的商队固然壮观，但这恢弘气势背后的辛酸故事又有何人得知？他们不畏艰辛拉着骆驼，千里穿沙漠、冒风雪，北走蒙疆；挂云帆济沧海，东渡东瀛，南达南洋。尤其是凭着一身硬气，坚忍不拔地"走西口"开拓出的一条以山西为枢纽（根据地），北越长城，贯穿蒙古戈壁大沙漠，到库伦，再至恰克图，进而深入俄境西伯利亚，又达欧洲腹地彼得堡、莫斯科的国际商路，成为我国继古代丝绸之路衰落之后在清代兴起的又一条国际商路。然而，有谁能想到浩瀚无垠的荒漠埋没了多少尸骨，烈日严寒吞噬了多少孤魂！在那遥遥不知归期的征途中，一群背井离乡、谋生在外的人，心中满怀着的是对父母、妻儿的无限思念，他们何尝不想安享天伦之乐的生活！是执著、坚定的事业追求在支撑着他们，是自强不息的精神让他们坚定地走下去，从而走出一个个晋商大贾。

商场如战场，险象环生。商人们不仅要克服地理环境之险，还常常遇到生命的威胁。清朝嘉庆以后，社会日益动乱，盗贼四起，商人经商随时面临着被杀伤抢掠的危险，但是晋商并未因此而退缩，依旧四处经商，毫不畏惧，终于铸就了晋商四百年辉煌。

2. 百折不挠的"徽骆驼"徽商。

徽商就是徽州商人。由于徽州地区农耕环境恶劣，适合耕作的土地少，特别是宋代以降，战乱频仍，中原地区的人民不断迁移到这个交通相对闭塞的"世外桃源"避祸，遂使地少人多的矛盾更加突出。徽州虽也人杰地灵、文化发达，能走仕途飞黄腾达的毕竟人数极少，其他人除了出外经商，恐怕很难找到其他更好的生存方法，而经商比种田又需要较高的素质，所以，徽商很多，明清时期已饮誉江南。由于创业艰难，又面对恶劣的经营环境，徽州商人普遍具有吃苦耐劳、坚忍不拔、百折不挠、勇往直前的精神，这与"沙漠之舟"骆驼的品性类似，徽商以此赢得了"徽骆驼"的美誉。"徽骆驼"后来成了人们表达对徽商尊敬、景仰之情的称呼。"徽骆驼"体现的是一种引领着徽商走向成功创业之路的精神，这无疑是值得我们学习的。

这里我只举一个例子。清代嘉庆年间著名的徽州盐商鲍直润，经营盐业之初曾一再失利，经营活动可称是"举步维艰"。但鲍直润从不气馁，在一败再败的情况下，他仍信念坚定，不畏挫折，将家中田产全部典押筹得资金，率领兄弟奔波各地，经营盐业，终有大成。类似鲍直润这样的拼搏事例在徽商中比比皆是。徽商们正是凭借着自强不息、百折不挠的精神，与自然界的恶劣环境顽强斗争，同商场的惊涛骇浪不懈拼搏，最终走出了那贫瘠的小山村，克服了资金困乏、人地生疏等诸多困难，逐步发展成为明清商界首屈一指的商帮。

3. "爱拼才会赢"的闽商。

自古以来，福建闽南人的敢闯敢拼是出了名的，今天，那首《爱拼才会赢》的闽南歌曲，不仅在闽南，在全国都家喻户晓。正如《爱拼才会赢》歌中所唱的那样，闽商就是一群敢打敢拼、不畏艰险、开拓进取的硬汉子。闽商闯荡世界市场最早可追溯至唐宋时期，福建三面环山，一面朝海，长期的临海生活积淀了贸易航海的经验，当自然条件恶劣且人口过剩的情况出现时，闽商毅然走上艰辛的海上贸易之路，并逐渐发展壮大。纵然在海上漂泊随时都可能有生命危险，但闽商勇敢的坚持，敢于同恶劣的海上环境作斗争，还勇敢机智地同海盗作斗争，在无数个风雨、坎坷中练就出来他们"不怕死"的奋斗精神，在与死神的不断抗争中开辟了滚滚财源。

在中国的民族商业历史里，人们或许认为闽商不是一个上好的表演者，因为他们的事业和名声不及晋商、徽商，但我们必须承认他们是不折不扣的实践主义者，他们总是不动声色地艰苦打拼、开拓着自己的事业，与困难顽强斗争，不停地创造、积累着自己的财富。在历史的长河中，闽商总是随大海的波浪四处漂泊，于是，他们更加深知如何自强不息地去生存、去奋斗，这背后，是一种刚强和坚持的力量在支撑，这也正是闽商能够在商海中成功并一直延续至今的重要原因之一吧。闽商同样能给我们以有益的启迪。

管理有序——立业于长久

晋商最发达的年代，朝廷对商业和民间金融业的管理基本上处于无政府状态，例如众多的票号就从来不必向官府登记、领执照、纳税，也基本上不受法律约束或监管。面对如许的自由，厚重的晋商却很少有随心所欲地放纵自己的习气，而是加紧制定行业规范和经营守则，通过严格的自我约束，在无序中求得有序，从而立业于长久。晋商在明清数百年间长盛不衰，得益于其有序的科学管理匪浅。管理背后折射出的晋商"硬气"，主要体现在制度和用人上，即在制度方面一视同仁、不搞特殊，并严格执行；在用人上坚持任人唯贤，以事实说话、以本事说话、以业绩说话。

纵览众多晋商制定的"号规"和制度，严密、切实，充满智慧，虽产生于一两个世纪之前，但以现代管理科学来衡量，仍很有价值，对我们今天的企业管理也具有借鉴意义。例如，在内部机制上改变一般的雇佣关系，把财东和总经理的关系纳入规范，总经理负有经营管理的全责，财东老板除发现总经理有谋私肥己的行为可以撤换外，平时不能随便地颐指气使的"经理负责制"；职员须订立从业契约，并划出明确等级、收入差别，定期考察升迁的"学徒制"；高级职员与财东共享股份，到期分红，充分调动整个商行上上下下的积极性，在利益上休戚与共、情同一家，从而增强内部凝聚力和在同业中竞争地位的"顶身股制"……凡此种种制度，不论经理伙友，一律遵守，不搞特殊。科学的制度得到严格的执行，搭建出一个比较公正、富有效率的平台，从而使商号上下努力做事，团结一致，勤奋进取，充满活力。许多商号的日常运作因此越来越规范和成熟，而晋商大贾们也就分得出精力去开拓新的商业领域，不必被已有产业搞得精疲力竭了。

晋商用人任人唯贤、唯才是举，坚持以事实说话、以本事说话，只要有真才实学，就能打破框框随机擢用。"得人者兴、失人者衰，认真察看则得人，不认真察看则不得人"，这是当年山西票号经理李宏龄的经验之谈，也是晋商用人之道的真实写照。凡票号聘任经理皆由财东亲自进行严格考察，通过后便敬以为用，且任人所长、不拘一格、人尽其才。同时，晋商对店员、学徒的录用和管理也极其严格，虽然对相貌、身高、家庭、文化等也有一定要求，但核心标准就是真才实学，坚持以才取人，且能够做到不分门户，不附裙带，不徇私情，不问出身，入号后无一例外地进行严格的职业道德和工作技能培训。山西民间有谚语云："十年寒窗考状元，十年学商倍加难"，由此可见一斑。由于要求严格，不少商业骨干人才脱颖而出。另外，商号对可能发生的种种陋习劣迹也有严格约束，一方面在平时的管理中推崇"诚信义利"的道德观念，另一方面通过科学严谨的制度去管理，从而使晋商队伍始终保持着强劲的生命力，创造出一个又一个奇迹和辉煌。

惠而不费——勤俭以持家

勤劳是一切财富之源，而节俭则会加速财富增长。居安思危、勤俭为尚，少一些安乐，多一份忧患，会使经商者进入佳境。晋商从艰苦卓绝的创业到大富大贵的富贾时代，一直遵守着老祖宗的遗训，留下了勤俭持家的美誉。晋商在创业之初不是做小伙计，就是小商小贩，都是出身贫寒，由于生活无所着落，靠着肩挑、手推、步行等方式白手起家，他们受到长期贫穷、创业艰辛和儒家思想的影响，因此大多克勤克俭。创业之初做到勤俭并不难，但晋商在发达之后的守成时期仍能将勤俭坚持下去实属难得。在通过了艰苦奋斗拥有了巨额财富后，晋商后裔们仍坚持做到富而不骄，惠而不费，忍耐克己，俭约自律，这就是硬气，傲骨凛然的硬气！

晋商的代表人物乔致庸就曾明确制定了家规家法来约束子弟勤俭持家，诸如不准纳妾、不准嫖娼、不准吸毒、不准赌博、不准酗酒，等等。面对上述条款，乔致庸本人带头执行，并要求乔氏子弟严格遵守。乔家大院老宅门上至今尚有"慎俭勤"三字，正是这几个字的耳濡目染和坚决执行，才使乔家在两个多世纪的经商岁月里克勤克俭，缔造了偌大的家业。

晋商"大盛魁"的祠堂前和财神座前，一直供奉着老祖宗创业时的一条扁担、两个货箱、一块石头、一碗稀饭，扁担是纪念肩挑贸易起家，木箱是创始人使用的货箱，石头是创业时称银子的衡器。他们长期供奉这些传家宝的目的，就是以此来警戒后世子孙牢记祖宗创业的艰辛，保持勤俭节约之风。大盛魁人都明白"一粥一饭，当思来之不易；半丝半缕，恒念物力维艰"，"大盛魁"就是靠艰苦卓绝的努力，一代又一代锲而不舍地发展壮大起来的。

"历览前贤国与家，成由勤俭败由奢。"古今中外但凡成功的企业家，无不经历过创业之苦，深知勤俭之于创业乃至守业的重要。勤俭不仅是经商的一种美德，也可以看作是创业精神的另一种体现，同时也是商业资本积累的一个重要手段。晋商怀抱着"勤俭持家"的信念，使其在创业阶段能够积累较多资金投入到商业活动中，并使晋商在有了一定实力后也能够保持良好的家风和号风，获得事业的发达、家族的兴旺。

必须指出的是，晋商的节俭绝对不是"抠门"和"小气"，而是"严于律己，宽以待人"。纵观历史，我们完全可以体会得到晋商对员工、对客户、对同行、对国家与社会所显示的慷慨大度的大气。例如，清政府在统一全国的过程中及历朝大规模的军事活动中，得到了国内商人在财政上的支持，晋商海内最富，实力最强，贡献当然也最大。

"读史使人明鉴"，学习历史的目的就是为了总结过去，服务现在，指导未来。晋商大贾们让我们明白——坚持自强不息，方能百战不殆；严格科学管理，才能规范、长久；俭约自律需贯穿在创业与守业始终。面对开放环境下的国际竞争，我们该如何以自强不息的斗志来应对？面对市场秩序的混乱，我们该如何严于律己、规范发展？面对取得的一点成绩，我们该如何坚守俭约自律，谋求持续成长？这一切都需要我们每个华安人汲取历史营养，一点一滴中用于实践中。

大商人心态——从晋商的义气说起[*]

（2008 年 8 月）

当年，以晋商为代表的中国民族商人处处以信待人，以义从商，对顾客货真价实、童叟无欺；对下属选贤任能、用人不疑；对伙伴笃信守义、勇于担当；他们胸怀坦荡，心系天下，心念苍生，所有这些我们称之为晋商的义气，亦即大商人心态。回顾历史，一代代中国民族企业家正是凭着信义披荆斩棘，留下了无数感人的从商佳话！

笃信守义——无市井之气

大商人以天下为己任，讲诚信、重仁义。诚信既是商业伦理，也是商业智慧，笃信守义的儒家伦理给商业注入了全新的内涵，也使得出入于市井之中的大商人，却不染市井之气，是所谓出污泥而不染也。信是修身立业之本，中国的民族商人正是凭借一个信字，创立了诸多历经千百年而不衰、名扬宇内的老字号，例如同仁堂、六必居、都一处等。信字虽简，然内涵极深，既有对顾客的诚信不欺，也有商业信用的创新，还包括用人不疑、疑人不用的驭人之信。

1. 待客之信：货真价实，童叟无欺

货真价实，童叟无欺，是任何买卖能持续经营并稳步扩大的基础，这是最基本的商业道德，古往今来的绝大多数商人在这方面皆是信誉卓著。例如，山西乔家在商业和金融业的经营活动中总是本着以信誉立足商界、以信誉扩大影响、以信誉求得盈利的指导思想，绝不做欺诈取巧渔利的一锤子买卖，更不做玷污字号招牌的勾当，即使赔本也笃守这一信条。清末有一年粮油歉收，油价一个劲儿地往上蹿，这时乔家复盛油坊正好从包头运大批胡麻油往山西销售，经手伙计想乘机捞一把，暗地掺假，以次充好。谁知"东窗事发"，被掌柜发觉，狠狠训责了手下，勒令追回假油，

---

* 原载《华安保险》月刊 2008 年第 11 期。

重新灌装了纯净无瑕的好油。那位自作聪明的伙计则被"炒了鱿鱼"，只得"卷起铺盖卷"走人。这次油市火红的良机，复盛油坊非但没有赚到钱，反而蒙受了一些损失。不过，他们赢得了客户的信赖，近悦远来，乔家字号重合同、守信誉的"美名"不胫而走，复字号也成为业内信誉的保证。

晋商如此，徽商亦然。清代婺源（当时属安徽）茶商朱文炽，他在广东经营茶叶贸易，每当出售的新茶过期后，他总是不听别人的劝阻，坚持在与人交易的契约上注明"陈茶"两字，以示不欺。安徽休宁的商人吴鹏翔曾做胡椒生意，有一次，与人签约后买进了 800 斛（中国古代量器单位，1 斛为 10 斗，后改为 5 斗）胡椒，但有人辨别出这批胡椒有毒。原卖主唯恐奸情败露，央求吴鹏翔退回原货，中止双方契约。然而，吴鹏翔竟不惜血本，将这批有毒胡椒付之一炬，以免卖主另售他人为害消费者。

2. 商业之信：利以信生，大胆创新

诚信不欺在成功的现货交易中就已经发挥着巨大的作用，而在赊购赊销的信用买卖中更显重要。信用通过创新的制度安排自然地衍生为一种新型的商品，既实现了资本经营的利润，更通过赊购赊销做大了买卖规模，提高了贸易利润，我国当年的这种制度的创新根植于晋商的诚信，也得益于晋商的诚信。旅蒙晋商与蒙人的贸易基本上就是凭信用维系，在对蒙贸易中，蒙人出售的各类畜产品是有季节性的，而他们所需用品则长年不断，故习惯从各商号的分店、支店或小贩那里赊购。根据蒙民的情况，晋商采取春赊货秋收账的交易办法，蒙民春季换季缺钱，商号尽量赊销以解其燃眉之急；秋季蒙人出售其产品时，再派人收账。这种以商品形式授予赊购者的信用，也就是晋商借信用关系把商品卖给蒙人的过程。

清代前期，晋商资本日益雄厚，商号遍天下，伴随商号之间的资金调拨和结算日益频繁，源自晋商长途贩运的大额资本需求，以汇兑为主营业务的山西票号应运而生。山西票号后来主要经营汇兑和存放款业务，初步实现了商业资本与金融资本的融合，成为当时民族金融业的执牛耳者。显然，这种融合的基础是建立在票号对客户的承诺之上，建立在诚信之上。因为当时的法律对这种行为并无保障，客户的真金白银换得的汇票能否再兑换为真金白银，完全取决于票号的信用。在银两、财产、账本动辄被抢的情况下，山西票号仍然坚持见票即付，正是这种诚信赢得了客户，也赢得了动荡之后更为迅速的发展。

3. 管理之信：唯才是举，用人不疑

所谓用人不疑，疑人不用，这是选贤任能的关键。选贤任能易，用人不疑难。所谓士为"知"己者死，"知"人则善用，善用则不疑，一个人如能遇到真正了解他并对其深信不疑的伯乐，死都可为，办事情他还能不尽心竭力吗。晋商深谙此道，因而在对人的管理中尤其重信，用人不疑，疑人不用。

当年晋商实行的是经理负责制，对于商号经理之聘用，用人唯贤，唯才是举。具体做法是：经理聘用之前，先由财东对此人进行严格的考察，确认其人能有所作为，能守能攻，多谋善变（商场如战场），德才兼备，可以担当经理之重任，便以重礼招聘，委以全权，并始终恪守用人不疑、疑人不用之道。一旦选中聘用，财东则将资本、人事全权委托经理负责，一切经营活动并不干预，日常盈亏平时也不过问，让其大胆放手经营，静候年终决算报告。经理颇似"将在外，君命有所不受"，一切由其处置。若遇年终结算时亏赔，只要不是人为失职或能力欠缺造成，财东不仅不责怪经理失职，反而多加慰勉，立即补足资金，令其重整旗鼓，以期来年扭亏转盈。正由于财东充分信任经理，故而经理经营业务也十分卖力。

晋商常家在张家口的油面杂货店"天亨玉"，开办很早，最后一任掌柜叫王盛林。王盛林开始上任时，由于市场疲软，出师未捷，赔本了。常东家分析了原因，认为并非人为的因素所致，非但没有撤王盛林的职，还为他补足了资金，让他继续努力。三年过后，"天亨玉"便扭亏为盈。至20世纪初，各商家纷纷"落马"，常家也发生危机，王掌柜力挽狂澜，在"天亨玉"无一分资本的情况下，改组为"天亨永"，负债继续经营。直到常家衰落，"天亨永"仍然支持着常家的开销。

利以义制——大商人心态

义是利的基础，义是利的源头，财以义生、利以义制是最早由中国商人明确提出的大商业心态。以义制利，行义的目的可以考虑利益回报，因为商人天经地义的目的就是要获取利益。明清之际，学而优则商的风气渐兴，很多读书人因为各种原因而弃儒从商，儒家仁义礼智信的道德观念很自然地渗入各类商业活动中，成为大商人从商活动时矢志不渝的信条。另外，山西商人最为仰慕敬重的是关公关云长，关公是山西人，旧时被看作忠义的代表，最早从隋代开始，关公就被人们誉为"义薄云天"、"义利分明"的武圣，大商人未从商之前就会很自觉地严格按照这种义利观要求自己，从商之后更以此为精神支柱，以关公的"义"来团结同仁，有效地规范各类商业行为。概括而言，义包括同舟共济的善待之义和国家兴亡、匹夫有责的民族大义，还包括倾囊不惜的苍生之义。

1."相与"之义：同舟共济，善待"相与"

"相与"是山西方言中的一个词汇，意思为往来朋友，对晋商而言意味着生意伙伴。"相与"这个词本身的历史传承就包含着商人的仁义与担当。不是每一个商人都能从其他商人那里获得"相与"的待遇，商家在结交之前一定慎重考察对方的人品信誉，否则哪怕利润再大也拒绝与之交往，一旦结为"相与"，就会竭力维持关系，即使在对方遇到困难时也会倾力相助，明知已经无利可图时也绝不中途退缩。

民国十一年（1922），包头双盛公、双生茂生意失败，欠复字号六万两白银无力偿还，乔东家乔映霞赴包头视察时，出于晋商"相与"之间一贯互相帮扶、勇于担当的义气，他不但没有逼迫对方尽快偿还，反而将欠款一笔勾销。守信誉、重义气，这正是生财有道的山西商人得以在商界立足的一贯经营作风。一般说来，那些得到恩惠的欠债者境况一有好转，便争相偿还欠款，以维护自己商号的声誉。因复字号素来信誉卓著，在和"相与"的生意往来中勇于担当，因此其他字号、小商小贩及市井庶民也都愿与复字号往来生意，光顾其店面。复字号则来者不拒，迎来送往，广交天下友，笑纳八方财。

晋商在义与利的权衡面前凭借大智慧、大胸怀，首先选择了义，以仁义为先，善待"相与"，与他们同舟共济，最终赢得了相与和客户的认可，进一步扩大了商业经营，践行了利以义制的命题。

2. 心系苍生的民族大义：天下兴亡，匹夫有责

学而优则商也好，弃儒从商也罢，儒家"天下兴亡，匹夫有责"的观念深入晋商的内心深处，晋商通过经商积累财富建立了自信，更希望通过开办实业来伸张民族大义，抵御帝国主义的经济侵略，做民族工商业的看门狗。清末民初，国难当头，晋商募捐100多万两白银，赎回矿权，积极筹办保晋公司，认购20万股，为全国各地纷起的保矿运动带了头。晋商积极参与保矿运动，使得商人的忠义人格永远载入了中华民族御侮自强的辉煌史册。

"民为重"，大灾大难面前最能体现晋商大义凛然的胸怀，体现晋商胸怀苍生、心念苍生的最大义。有史可鉴，众多晋商可以为了承诺的一个义字，为了天下苍生，不惜倾囊而出。光绪初年，山西连续遭灾，以致饥

民饿死。祁县商人乔致庸率先开仓放粮，县里其他富商群起效仿。结果祁县死亡、逃亡人数为各县最少。1930 年的中原大战时山西流通的是自己发行的"晋钞"，蒋阎冯大战阎锡山失败以后，晋钞大幅贬值，几成废纸。在这种情况下，晋商对要取存款的顾客该怎么办？他们完全可以趁机发一笔财，把晋钞换给存户。但是晋商没有这样做，他们把自己历年的公积金拿出来，还按照新的币值折给存户，给存户兑换。

　　上面我集中说的是晋商，其实民族商人，各地所在多有。比如近代华侨富商陈嘉庚致富后首先想到的是兴学报国。他说："国家之富强，全在于国民，国民之发展，全在于教育，教育是立国之本。"早在清光绪二十年（1894），他就捐献 2000 银元，在家乡创办惕斋学塾。民国八年，陈嘉庚开始筹办厦门大学，认捐开办费 100 万元，常年费分 12 年付款共300 万元，而当时他所积存的资产也仅 400 万元。陈嘉庚早在 1910 年就参加同盟会，募款支持孙中山的革命活动。"七七"事变后，他在新加坡组织"南洋华侨筹赈祖国难民总会"，首先把南洋各属 1000 余万华侨组织起来，募集巨款援助祖国的抗战。自 1939 年，陈嘉庚募集的抗战军费为国币 18 亿元，华侨汇祖国之款 11 亿元中捐款约占 10%。南侨总会抗战义捐约国币 5 亿元，主要是依靠群众用各种方式劝募。

群体精神——立不败之地

　　中国历代商人都注重群体精神，他们或利用宗族观念、乡里之谊，或通过灌输尚儒奉关的传统文化，或以合伙经营的方式，将众多商人紧紧团结起来，形成了以晋商、徽商为首的众多商帮。商帮就是群体精神最集中的体现。

　　徽商尤其注重群体效益。徽州人往往与同乡或同宗合伙经商，相互协作，共同致富。徽商程锁就曾因为家境贫寒而联合宗族"贤豪者"10 人，各出资白银数百两，合伙经商。由于他们同心同德，苦心经营，最后都成了远近闻名的大商人。清末闻名遐迩的屯溪"同德仁"药店，就是由徽商程德容、邵运仁等合伙经营的。在这种群体观念下，徽商合伙经商、结帮经营的现象十分普遍。

　　会馆文化是中国商业群体精神的一种典型反映，其中尤以晋商和徽商最为典型。江苏苏州宏伟壮观的中国戏曲博物馆就是原来的三晋会馆，它体现的不是晋商的富有和大气，而是促成晋商成功的群体精神。晋商将会馆的功能定位为"报神恩，联乡情，诚义举"，"报神恩"是通过祭拜神灵培养或加强共同的意识形态，建立群体精神的思想基础；"联乡情"不但加强同乡之间的感情联络，而且包括行为的协调和约束，通过同乡之间的信任纽带达成合作；"诚义举"则是互相帮助，相互之间提供保障。一般地，会馆通过公议制定行规以维护内部竞争秩序，代表"商帮"联合广大商家维护市场竞争秩序。会馆最重要的作用则是用"商帮"或"同乡"的群体力量维护同乡或同行个体的合法权益。如山西烟商在北京建有河东烟行会馆，乾隆时，由于"易州烟庄牙侩为奸，行中不通交易者几乎经年"，后来通过会馆力量与牙行（中国古代和近代市场中为买卖双方介绍交易、评定商品质量、价格的居间行商）交涉，终于取得胜利。山西在北京营销桐油的商人，则通过会馆借官府之力限制了牙行的勒索。

　　恪守诚信，方能为商，深明大义，才不愧为商，群体而起、相互帮扶，是为商立于不败之地的法宝。时至今日，中国商人的诚信如何培育，中国商人的大义又体现在哪里，面对全球化浪潮，中国民族企业该如何发扬群体精神？一系列的问题，需要企业家们用实际行动来回答……

后　记

　　自上一本《民族保险业的生存与发展之道》出版至今，时间已经过去了两年有余。两年来，在探索民营资本参与金融业的道路上，华安保险所获得的成绩和进步也已不可同日而语。从实施彻底的规范经营，到探索连锁营销服务战略；从提前半年实现"双五目标"，到立志打造"以保险连锁营销网络为平台，以金融交叉销售为特征，以资产管理为核心竞争力的金融控股平台"，可以说华安人探索的脚步从未停滞，华安人所确定的理想信念也从未动摇。摆在朋友们面前的《民族保险业的生存与发展之道（第二辑）》，收集了自2006年下半年到2008年我参与华安这段征程中的所言所想，其出版初衷一如第一集从未变化——就是请诸位继续对照检查，加以监督，看看华安股东从进驻华安那一刻起直到现在，说的和做的是否一致，让这本书继续映照华安执著坚定的探索历程。

　　即将过去的2008年，让许多中国人感慨不已。第29届奥林匹克运动会在北京的盛大举办，"神七"的完美飞天，改革开放30年的历史性总结，让人们为中国共产党领导下新中国的繁荣昌盛振臂欢呼；而面对南方百年难遇的冰雪灾害而能有效纾难，面对破坏性极大的"5·12"汶川地震而能快速救援，面对全球金融海啸的冲击而能指挥若定，国人更为自己有中国共产党这样强大政党的领导而感到欣慰与自豪。我经常和身边的同事交流这样一个观点：我认为中国共产党是目前世界上最优秀的政党，党的87年的历史在不断证明，改革开放30年的巨大成就更能证明，凡事只要我们党弄明白、搞清楚了事物的本质和规律，就没有她办不成的事，而且能办得最好。

　　任何探索和前进都不是一帆风顺的。在中国共产党87年的历程中，有曲折，有反复，有这样那样的困难和挑战，甚至是生死存亡的考验，但它能不断总结经验、吸取教训，自我解剖、自我调节、自我完善，这就使得她能不断前进并发展壮大。综合中国共产党在不同时期提出的理论及其实践，我们可以发现，中国共产党的光辉成就与其优秀品质分不开，与其解放思想、实事求是、与时俱进、科学发展的思想精髓分不开。

　　中国共产党的优秀品质对中国社会影响深远。华安文化"责任、专业、奋进"理念的形成就是它哺育的结果，同时也是对我党优秀品质的具体弘扬。我们党在其近一个世纪的奋斗中，不断地把要做的事情弄明白，于是以为人民服务为宗旨，立党为公、执政为民，并善于总结和反思，勇于否定自我，在不断的调整和改进中引领中国不断向前发展、走向成功。回顾改革开放这30年，我们党逐步真正弄明白了什么是社会主义和怎样建设社会主义，所以它能用正确的方法做正确的事。如果问什么是我党所做的正确的事，那么回答是：符合"三个有利于"——有利于发展社会主义社会的生产力，有利于增强社会主义国家的综合国力，有利于提高人民的生活水平，就是正确的，把握住了这一点，就把握住了改革开放思路的关键和灵魂。想想这些年，我们党所抓的大事，不都是"三个有利于"吗？

在华安12年的发展道路上，我们也在不断地提醒自己，把要做的事情真正弄明白。华安是要做一个有价值的即有利于国家民族和人民大众的保险企业，无论是公司战略的选择和调整，还是经营管理的改革和创新，以及基础日常的业务及管理工作，都要用这一标准来衡量，那就是：是否有利于华安责任文化的弘扬与发展，是否有利于行业创新的推动与实践，是否有利于公司客户价值的提升与创造，是否有利于公司综合实力的提升，是否有利于公司管理效率的提高。

作为国内首家民营保险企业，华安保险的发展也不是一帆风顺。2002年，华安如红军当年反对敌人的五次大围剿一样，冲出重重危机；2003—2004年，是华安"爬雪山、过草地"，艰难困苦的"长征"时期；通过自力更生、艰苦奋斗，在2005年胜利到达"延安"；2006年的华安，摆脱路径依赖和自我强化，进行着一场与自己作斗争的"解放战争"，终于彻底甩掉了历史包袱；2007年，华安开始探索连锁营销模式，寻求新华安之路……风雨考验中，华安资产规模的不断扩大，赢利水平的不断提升，令华安团队欢欣鼓舞、骄傲自豪。而这一切，是我们自觉地以党的指导思想作指导的结果，更与党和政府对民营经济所给予的正确指导、为中国保险业发展所缔造的良好环境密不可分。我这本书所汇集的这两年的讲话和文章，就是这方面的真实纪录。

回顾2008年，在波及全球的金融海啸面前，中国金融业遭遇巨大挑战，华安虽始终力求规范和严控风险，犹不能独善其身，在承受成本压力的同时，受制于资本市场行情的疲软，难免承受着较大的利润压力。尽管道路曲折，前途却是光明的。我在前面提到，面对全球金融海啸的冲击，我们党和政府指挥若定，我们应该有从"山重水复"迅速到达"柳暗花明"的坚定信心。中国有雄厚的资金基础，有广阔的市场空间，有迅速高效的执行力，在中国共产党的卓越领导下，在科学发展观的指引下，我们华安有坚强的决心和足够的信心克服暂时困难，发挥比较优势，寻找并抓住各种机遇，闯出华安事业的新蓝海！

回顾华安十几年的发展历程，华安人需要感谢的人有很多，是中国保监会及各地保监局的督导、支持，是各地政府的扶持、合作，是各界人士对华安的关心、帮助并与华安一路前行。我衷心感谢一直以来给予华安保险和我本人以悉心指导、积极支持、热情帮助和善意批评的领导、专家和朋友们！

李光荣

2008 年 12 月 5 日